杨国荣 著 作 集 ｜ 增订版 ｜

# 善的历程

## ——儒家价值体系研究

杨国荣◎著

华东师范大学出版社

·上海·

图书在版编目（CIP）数据

善的历程：儒家价值体系研究／杨国荣著. —增
订本. —上海：华东师范大学出版社，2021
（杨国荣著作集）
ISBN 978 - 7 - 5760 - 2365 - 7

Ⅰ.①善… Ⅱ.①杨… Ⅲ.①儒家—价值论（哲学）—
研究 Ⅳ.①B222.05

中国版本图书馆 CIP 数据核字（2021）第 266715 号

杨国荣著作集（增订版）

# 善的历程
## ——儒家价值体系研究

著　　者　杨国荣
责任编辑　朱华华
特约审读　张婷婷
责任校对　王丽平
装帧设计　卢晓红

出版发行　华东师范大学出版社
社　　址　上海市中山北路 3663 号　邮编 200062
网　　址　www.ecnupress.com.cn
电　　话　021 - 60821666　行政传真 021 - 62572105
客服电话　021 - 62865537　门市（邮购）电话 021 - 62869887
地　　址　上海市中山北路 3663 号华东师范大学校内先锋路口
网　　店　http://hdsdcbs.tmall.com

印 刷 者　上海雅昌艺术印刷有限公司
开　　本　700×1000　16 开
印　　张　29.5
字　　数　367 千字
版　　次　2022 年 1 月第 1 版
印　　次　2022 年 1 月第 1 次
书　　号　ISBN 978 - 7 - 5760 - 2365 - 7
定　　价　89.80 元

出 版 人　王　焰

（如发现本版图书有印订质量问题，请寄回本社客服中心调换或电话 021 - 62865537 联系）

# 目 录

# 导　论

如果把中国传统文化视为绵延不绝的历史长河，那么，其主流无疑是儒学。这里的文化，首先是就观念形态而言，它的深层内核则体现于价值观之中。广义的文化创造总是受到价值观的制约，文化本身在某种意义上可以理解为价值理想的对象化及其多样展现。作为中国传统文化的主流，儒学同样以其价值体系为核心；正是价值观，凸现了儒家文化的历史特征，而儒学对中国传统文化的影响，在很大程度上也是以其价值体系为中介。如上逻辑关系表明，忽略了价值体系这一内在结构，便很难对儒学作出适当的历史定位。

需要指出的是，作为文化体系核心的价值观或价值观念，与价值论或价值哲学在内涵上并不完全重合。价值论（Axiology）以一般的价值问题为对象，是关于价值的哲学理论,其讨论的内容包括价值实质、价值根据、价值形态、价值分类、价值评价、价值创造等等。作为成熟的、相对独立的哲学分支,价值论大致出现于 19 世纪末。[①] 尽管价值论的思想在传统哲学中并非一无所见,但就总体而言,对价值问题作系统的元理论阐释,应是晚近的事。作为传统的文化思想流派,儒家固然不乏价值论的见解,但较少表现出建构一般价值哲学的理论兴趣。在这方面的探讨,也确实显得相对薄弱。

与价值哲学的元理论研究有所不同,价值观(Values)是一种规范性的看法。它既涉及既成事物的评价,也包括对理想价值关系的设定。简言之,它是关于现实世界(已然)与理想境界(应然)之价值意蕴的基本观念和总的规定。展开来看,价值观总是基于人的历史需要,体现了人的价值理想,蕴含着一般的价值尺度及评价准则,形成为多样的价值目标及价值取向,并外化为具体的行为规范。作为价值的一般学说,哲学价值论往往也涉及价值观,不过,哲学价值论主要从元理论的层面讨论价值观的形成、作用,等等,而并不规定其具体内容。换言之,它侧重于对一种观念现象的解释。相形之下,价值观的特点主要不在于解释,而在于为行为提供一种内在的范导。它与历史实践、社会生活有着更为切近的关系,并总是作为稳定的思维定势、倾向、态度,制约着广义的文化创造过程。儒学在中国文化史

---

① 价值论的理论先驱是德国哲学家洛采(R. H. Lotze 1817—1881),他把世界分为事实、普遍规律、价值三大领域,并以价值为目的,从而规定了现代西方价值哲学的基本思路。奥地利哲学家布伦坦诺(F. Brentano 1838—1917)及其学生迈农、艾伦菲尔斯对价值问题作了更系统的理论探讨,新康德主义者文德尔班和李凯尔特则进一步将价值提升为哲学的中心问题。以后,现象学的代表人物之一舍勒及哈特曼亦提出了各自的价值论。与大陆哲学相呼应,英美哲学家也于 19 世纪末、20 世纪初开始重视价值论的研究,如乌尔班、培里、杜威、刘易斯等都对一般价值问题有所论述。

上的主导作用,首先也体现在这一方面。当然,以上是一种分析性的界说。就现实形态而言,价值哲学与价值观又有相互渗入、交错的一面。这样,在考察儒家价值观时,往往同时也要涉及其价值哲学。

按其内涵,价值观属于一般的价值意识。从理论上看,价值意识可以区分为两个层面,其一表现为自发的意向、愿望、动机等等,其二则是自觉的观念体系。前者更多地与日常世界相联系,带有常识的特点;后者则经过了自觉的理性反思,已形成为深沉的观念结构或模式。儒学内含的价值体系在长期的文化演进中,已逐渐渗入于日常的文化心理及行为方式之中。不过,在日常心理的层面,儒家价值观的体现总是带有自发的特征,只有在儒家思想的经典文本中,其观念体系才得到了自觉的、系统的阐述。正是基于这一事实,本书以儒家文本(儒学经典及儒学一系思想家的著作)为主要研究对象。同时,作为儒学的内核,儒家价值观并不是一种封闭的、孤立的形态,唯有将其放在整个儒学体系之中,才能揭示其具体含义。因之,在考察儒家价值观时,我们总是不能不联系儒学多方面的内容。

人的存在及文化创造是儒家的基本关注之点,儒家价值观即展开于与之相涉的一系列关系。它既有所侧重,又包含多重意蕴,并在总体上表现为一个相互关联的价值体系。天人关系的界定,可以视为儒家价值体系的逻辑起点。中国哲学中的天人关系既涉及天道观,又关联着价值观。儒家的注意重心,更多地指向后者。就价值观而言,所谓天,主要便与广义的自然(nature)相关。它既指作为对象的自然,也包括主体(人)自身的本然形态。与道家主张"无以人灭天"(庄子),亦即将自然状态理想化不同,儒家要求超越自然,并赋予自然以人文意蕴。不难看出,作为价值观的天人之辩,首先关联着自然原则与人道原则。尽管儒家(特别是原始儒家),并不完全忽略自然原则,但注重人文价值、追求自然的人化,确实构成了儒家的内在特点。儒家之贵仁、重人伦等等,则可视为人道原则的具体展开。当然,在儒家那里,人化往往更多地被理解为主体自身从自在走向自为。对自然(作为对象的自然)与人文统一性的强调,使儒家(特别是正统儒家)较少注意化外在的自在之物为为我之物的历史过程。

天人之辩的进一步引中,便涉及力与命的关系,力泛指主体的创造力量,命则往往是被神秘化的外部必然。对儒家来说,主体自身的人化(从自在走向自为),同时表现为一个德性完善的过程,而形成完善的德性,主要便取决于自我的努力。儒家对主体实现道德潜能的能力充满了确信,所谓"为仁由己","我欲仁,斯仁至矣"(孔子),等等,便表明了这一点。它从一个侧面体现了追求主体自由的价值取向。不过,儒家所向往的自由,往往主要限于道德领域。在非道德的领域,人的自由常常为天命所抑制。就小我(个人)而言,其生命存在、穷达贵贱等均非自我所能主宰("死生有命,富贵在天")。就大我(社会)而言,人固然有弘道的能力,但道(社会理想)究竟能否实现,则取决于外在的天命:"道之将行也欤? 命也;道之将废也欤? 命也。"(孔子)这样,道德领域的自由理想与非道德领域的天命论趋向并存于儒家的价值体系中,使之在力命之辩上呈现出二重特性,而这种二重性又与志(意志)智(理智)关系上理性自觉超越意志自主的传统相互交错。

道德意义上的自由,唯有通过具体行为才能得到确证,而主体行为则展开于人伦。人际的最一般关系,存在于群体与个体(自我)之间。从天人关系推进到人与人的关系,便会面临群与己的合理定位问题。与天人之辩上肯定人文价值及力命关系上确认为仁由己相应,儒家将自我提到了重要地位,并提出了"成己"、"为己"之说。所谓成己、为己,主要指主体的自我实现,其中内在地蕴含着对个体(自我)价值的注重。当然,在儒家看来,个体始终生活在社会群体之中,并承担着普遍的社会责任,成己、为己最后总是指向群体价值的实现,所谓"修己以安人"(孔子),即已规定了如上价值关系。于是,相对于个体,群体便具有了优先的地位。确实,就总体而言,儒家似乎更多地强调群体认同、注重主体之间的相互沟通,并要求化解群己之间的紧张。这一价值路向在拒斥自我中心主义、抑制社会冲突等方面,无疑有其历史意义,但群体原则的突出,同时又蕴含着导向整体主义的契机。在正统儒学的"无我"说中,已多少可以看到这一逻辑结果。

群己关系在现实的层面总是涉及利益关系,而利益的协调则以义利之辩为其理论前提。在义利关系上,儒家首先强调义有其内在价值,这种价值并非建构于功利基础之上。相反,唯有剔除了功利的计较,才能使作为当然的义得到净化。由此,儒家进而将义视为无条件的绝对命令,把行义(履行当然之则)本身当作行为的目的。于是,行为的价值主要便取决于是否合乎义,而无关乎行为的结果。所谓"义以为上"(孔子),"行不必果,惟义所在"(孟子),等等,便体现了如上价值信念。当然,强调道义原则的至上性,并不意味着完全否定功利在社会生活中的意义,在"因民之所利而利之"(孔子)的要求之后,便蕴含着对功利价值的某种确认。不过,依儒家之见,利只是一种手段的善(只具有工具价值)。正是这一点,决定了不能把功利追求作为规范行为的一般原则。一方面,这种看法显然注意到了片面逐利所带来的消极后果,但儒家由此认为"何必曰利"(孟子),却多少潜含着抑制合理的功利意识之趋向。从另一方面看,利首先与个人或特殊集团相联系,义则超越了个体的特殊利益,具有普遍性的品格。它在某种意义上以潜在的形式体现了普遍的公利,儒家要求"见利思义"(孔子),以义制利,意味着超越单纯的个体之利而确认人的族类利益。这里无疑表现了道德的历史自觉,但对普遍公利的强化,又始终使个体之利难以得到适当的定位。

义作为人的族类本质之体现,往往以理性要求的形式出现,利则以需要的满足为其实际内容,而这种需要常常又以感性的欲求为其表现形式。由此,义利之辩每每逻辑地展开为理欲之辩。儒家并不无条件地贬斥人的感性欲求,因为正是感性要求的适当满足,构成了人自身存在的基本前提。不过,在儒家看来,感性需要固然与人的存在相联系,但它并未使人与其他存在区别开来,人之为人的本质特征,更多地在于人的理性要求。这样,相对于感性的欲求,理性的要求便具有了更为重要的意义,后者相应地构成了儒家的关注重心。在"君子谋道不谋食"(孔子)的主张中,理性的优先地位已得到了确认:道无非是广义的社会理想(包括道德理想),谋道所体现的,即是理性的追求,在感性欲求(谋食)与理性要求(谋道)二者之间,着力之点首先便放在后者。儒家(特别是宋明新儒学)津津乐道的"孔颜乐处",可以视为如上价值取向的具体展开。它的基本精神,便是超越感性的欲求,在志于道(理想)的过程中,获得理性的满足。儒家的理欲之辩将理性精神的升华提到了重要的地位,并由此进一步展现了人作为道德主体的内在价值。不过,儒家的如上境界,同时又蕴含着理与欲的某种紧张。在孔颜之乐中,理性似乎可以在感性之外,甚至先于感性而得到发展,而谋道不谋食的主张,则使感性的要求多少受到了冷落。这种看法显然未能达到感性原则与理性原则的统一,而理性优先的逻辑引申,则往往是本质压倒存在。

作为理性的当然之则,义本身有如何定位的问题,这里涉及的首先是道德原则的绝对性与相对性的关系。儒家并不否认道德原则的理论伸张度,对权变的肯定,便表明了这一点。由权变观念,儒家又引出了慎独的要求,并注重具体境遇的分析。不过,与突出义的普遍制约性相联系,儒家又赋予道德原则以绝对的性质,主张"君子反经而已"(孟子)。这里固然表现出沟通境遇伦理与理念伦理、拒斥道德相对主义的价值要求,但对道德原则至上性的突出,又蕴含着导向独断论的因子。从孟子的辟杨、墨,到董仲舒的独尊儒术,我们确实可以看到儒学独断化的历史走向。随着儒学的衍化,如上价值趋向逐渐赋予儒家价值体系以权威主义的特点。当然,在权威主义背后,是与自然经济相应的"人的依赖关系",宗法制、等级结构等可以视为这种依赖关系的具体表现形式;而权威主义的原则,则是人的依赖关系在价值观上打下的历史印记。[1] 就另一重意义而言,道德既体现了人的普遍本质,又与人的具体存在相关。道德原则的绝对性从一个侧面突出了人的本质力量,而其相对性则折射了人在具体境遇中的存在。这样,当儒家强调道德原则的绝对性时,便不仅潜含了权威主义的倾向,而且同时进一步确认了人的本质力量。

儒家的价值追求最终指向理想的人格境界,正是成人(人格的完善)构成了儒家的价值目标。[2] 天人之辩上的人文要求(自然的人化),不外是由自在的人走向自为的人(使本然的我转化为理想的我);群己关系上的群体关怀(安人),奠基于主体人格境界的提升(修己);人的内在价值及其本质力量唯有通过人格的完善,才能得到展现和确证;治平(治国平天下)的外王理想,同样以内圣(完美的品格)

---

[1] 马克思曾把人的依赖关系视为人类历史的初级形态:"人的依赖关系(起初是完全自然发生的),是最初的社会形态,在这种形态下,人的生产能力只是在狭窄的范围和孤立的地点上发展着。"(《马克思恩格斯全集》第46卷上,北京:人民出版社,1979年,第104页)这一阶段大致相当于前资本主义时期,在该时期中,人还受到自然形成的血缘关系及普遍的隶属关系的束缚。儒家价值观基本上形成于这一历史阶段,因而不能不受到其制约。

[2] 杜维明认为,正是人格的完善,构成了儒家的终极关切,这一看法似已有见于此。(Tu Wei-ming, *Confucian Thought: Selfhood as Creative Transformation*, New York: State University of New York Press, 1985, p.52)

为其前提。总之,从自然的超越到人文世界的建构,"壹是皆以修身为本"①,社会理想与人生理想最后统一于人格境界。儒家的人格理想在总体上表现为普遍仁道的具体化,它既以诚(道德意义上的真)为内在特征,又外化于道德实践的过程(体现为善的追求),并同时在审美活动中"文之以礼乐"(形成人格美);作为内在品格,它不仅内含仁爱的情感,而且具有坚定的意志,二者始终又与自觉的理性相融合。这里既体现了真善美的统一,又以知情意的多方面发展为内容。当然,儒家将人格涵盖于仁道之下,似乎较多地强化了其伦理趋向:真与美在某种意义上统一于善,而知情意则从属于伦理理性(实践理性)。同时,内圣的突出,不仅多少抑制了人格的多样化(成人往往被等同于成圣),而且使外王理想的落实受到了内在的限制。

概而言之,儒学在其衍化过程中,逐渐形成了独特的价值体系。它以善的追求为轴心,并具体展开于天人、群己、义利、理欲、经权以及必然与自由等基本的价值关系,其逻辑的终点则是真善美统一的理想之境。在这一体系中,既有主导的价值原则和趋向,又包含着多重意蕴,从而表现出颇为复杂的特点。历史地看,儒家价值体系确实体现了对文化创造过程中基本价值关系的自觉反思,并从某些侧面折射了社会存在与发展的内在需要。正如其理论内涵具有多重性一样,其历史意义也很难仅仅从一个方面论定。

儒家价值体系形成于传统的社会结构。在步入近代以前,这种历史前提在总体上没有发生根本的转换,与之相应,儒家价值体系呈现出大致稳定的形态。然而,社会结构尽管相对平稳,但并非完全停滞不变;同时,作为一种观念体系,儒学与其他思想流派始终保持了一种互动的关系。汉代虽独尊儒术,但儒学之中已渗入了诸子之说;

---

① 《大学》。

魏晋时期玄学盛行,而玄学在某种意义上即是援道入儒的产物;宋明时期则出现了儒释道相拒而又相融的复杂格局,被视为新儒学的理学,便吸纳了佛道的某些义理。不同时期的历史变迁以及各种思潮的相互激荡,使儒家价值体系本身不可避免地经历了一个历史演进的过程。事实上,儒家的价值理想、价值目标、价值尺度、价值取向等等,既有其前后一贯的历史连续性;但同时其侧重之点、具体内涵等等,不断在历史演进中有所转换和调整,而它在价值观上的思维定势也正是在以上过程中逐渐形成和强化。从某种意义上可以说,儒家价值体系即展开于其历史演进的过程之中,如果忽略了这一过程,便很难真正把握其丰富的内蕴。

儒学在其历史演进中,既形成了正统,又有其支脉。一般而论,儒家价值观作为独特的价值体系,其基本精神及主导原则主要体现于儒学的正统;儒家价值观对中国传统文化心理、行为方式等的范导,也更多地通过正统儒学而得到展现。因此,考察儒家价值体系,其重心无疑应放在正统儒学之上。当然,非正统的儒学作为儒学的支脉,也从不同方面赋予儒家价值观以重要内涵,并往往影响着儒家价值体系的转换。对儒家价值体系的历史反省,同样不能忽视后者。

历史步入近代以后,儒学的文化影响并没有消失,而与之相伴随的,则是其坎坷的历史命运。走出前近代的历史要求,使传统的批判者一再将锋芒指向儒家价值体系,这种批判在五四时期甚至达到了相当激烈的程度。就其内容而言,近代的儒学批判着重揭示了儒家价值体系与近代化过程的内在紧张,其抨击的要点在于儒学中不适应近代化这一面。作为传统的观念体系,儒家价值观形成于前近代的历史过程,它的某些具体原则与近代化的要求往往并不一致。儒学批判者注意到这一点,无疑有其历史的合理性。不过,在全面抨击儒家价值观的同时,儒学批判者常常忽视了儒家价值观的多重意蕴,并较少注意其普遍的文化意义。这种简单否定的趋向,多少蕴含着近代化与传统相互脱节的可能,而后者又往往容易引发文化认同的危机及意义的危机。

与近代的儒学批判思潮相对,现代新儒家更多地侧重于对儒家传统的认同,并力图由此重新获得价值依归,以避免文化认同的危机。当然,新儒家向儒学的回归,同样以近代化(现代化)过程为其文化背景,这一历史前提也使儒学与现代化的关系成为新儒家的主要关注之点。按照新儒家的看法,传统的儒学与近代化(现代化)过程并非不相容,从儒家的老内圣,可以开出新外王。不仅如此,近代的工业文明本身已日益显露出自身的弊端,唯有引入儒家的价值取向,才能抑制近代化(现代化)过程的负面效应。这样,在现代新儒家那里,儒学即呈现出双重意义:它既内含着与现代化过程一致(适应现代化)的方面,又具有范导现代化过程的作用。相对于儒学批判者将儒学仅仅理解为现代化过程中的历史重负,现代新儒家无疑较多地注意到了儒学的正面意义。然而,由确认儒学的规范性,新儒学进一步强调以儒学为本位,并将维护儒家道统视为第一要务,这就不免冲淡了现代化的历史主题。可以看出,在以儒家价值观抑制现代文明消极面的主张背后,既蕴含着某种后现代的意识,又残留着前现代的观念,二者错综交织,构成了新儒家转换儒学的内在特点。

总之,排拒、否定与认同、复兴的二极对峙,构成了儒学在近代的悲喜剧,而二者的对峙始终伴随着对近代化方式的不同选择。如何超越如上对峙?这一问题的内涵,也就是如何理解和界定儒学的现代意义。儒学在近代的历史命运表明,在中国走向现代的过程中,儒学本身已构成了一种无法回避的传统,也唯有以这一过程为背景,才能真正把握其现代意义。现代化作为一种深刻的社会变革,总是离不开价值观的支持。所谓观念的转换,首先便是价值观念的转换。

从现代化的历史需要看,儒家的某些价值原则、价值取向等等,确实可能成为走向现代的阻力,近代的儒学批评者在这方面并非毫无所见。随着现代化过程的展开,对儒家的价值观显然应当作出相应的转换,后者首先表现为抑制其可能产生的消极效应。

然而,现代化作为一个历史过程,自始便内含着二重性:它既体现了社会演进的方向,又潜存着某些负面的后果。在西方的工业社会中,随着现代化过程的完成,其负面效应也越来越成为引人瞩目的问题。工具理性的膨胀和效率原则的强化,每每导致某种程度的技术专制及存在意义的失落;突出功利原则所带来的商品化,使主体的内在价值受到了挑战;与个体原则普遍确认相联系的权利意识与竞争机制,往往加剧了人际的紧张;作为反本质主义与非理性主义逻辑引申的存在优先,日渐将人们推入了喧嚣的感性世界;对自然的过度掠夺与占有,引发了日益严重的天人失衡及生态危机,如此等等。不难看出,这里内在地蕴含着形式的合理性(工具合理性)与实质的不合理性(价值层面的不合理性)之间的冲突,它在某种意义上表现为合理性的危机。如何克服现代化过程中的合理性危机?换言之,如何重建合理性?已经由现代步入后现代的西方工业社会,正面临着这一严峻的问题。① 从价值观看,合理性的重建总是涉及工具理性与价值理性、天与人、道义与功利、理与欲、群与己等关系,其深层含义在于化解二者之间的紧张,并使之由对峙走向统一。唯有通过价值关系的重新定位,合理性才能超越技术的狭义之域,在广义的文化创造中得到普遍的实现,而现代文明由此也将走向健全的方向。

作为一个后发展国家,中国正处于走向现代的历史过程。如何

--------

① 这一问题已越来越为当代思想家所关注,如哈贝马斯对社会理性化条件及过程的分析,在某种意义上便可视为重建合理性的一种理论自觉。

在完成现代化的同时,又尽可能抑制现代化的负面效应? 这一问题实质上也就是如何通过不断重建合理性,以避免现代化过程中可能出现的合理性危机。这是一个历史的难题,但又是一个无法回避的问题。它的解决,始终离不开价值观的范导,而在这方面,儒家价值体系无疑提供了重要的传统资源。也正是在这方面,现代新儒家表现出某种历史的自觉。如果说,扬弃并转换儒学中不适应现代化过程的观念,主要从消极面体现了儒学与现代化的关系,那么,儒学在重建合理性上提供的价值参照,则更多地展示了儒家价值体系在现代的积极意义。

# 第一章

# 儒家价值体系的奠基

儒学奠基于孔子。当我们探寻儒家思想之源时，总是不能不追溯到这位文化巨人。作为儒学的开创者，孔子不仅从天道观、人道观诸方面展开了儒家思想，而且也奠定了儒家价值体系的基础。从天人关系到社会人伦，从力命的分疏到义利的辨析，从人格理想到人生境界，儒家的价值原则已具体而微地内含于孔子的儒学思想之中。

## 一 天人之辩与仁道原则

中国哲学中的天人之辩包含多重意蕴，它既涉及天道观，同时又关联着价值观。从后一意义看，天即广义的自然及本然，人则首先指主体的创造活动（自然的人化过程)及其成果(表现为不同的文明形态)。对象世界及人本身是否应超越自然状态,人文世界应当以什么为基本原则,自然的人化与人的自然化如何定位等等,这些问题更多地指向价值领域。当孔子对天人关系的价值内涵作自觉反思时,人类早已由自然状态进入文明社会,自然(天)与社会(人)的分野,也已经历了一个漫长的历史进程。对文明的历史进步,孔子无疑有着深刻的感受。他曾从人与人之间的社会联系这一侧面,指出了这一点:"鸟兽不可与同群,吾非斯人之徒与而谁与?"①"斯人之徒"即超越了自然状态而文明化的人。作为文明时代的主体,人不能倒退到自然状态,而只能在人化的基础上,彼此结成一种社会的联系。在此,孔子以不容置疑的语气,肯定了人文的价值。

文明的成果,当然并不仅仅体现在人化的社会关系中,它有着更为广泛的历史内涵。在某种意义上,殷周的礼制便可视为文明进步的表征,而孔子对礼的考察,多少也是着眼于这一意义。他曾颇为动情地说:"郁郁乎文哉! 吾从周。"②这里固然表现出某种缅怀旧制的保守心态,但在它的背后,却蕴含着一种更为深沉的价值取向:周礼在此不仅仅是一种往古的陈迹,它同时也是一种广义的文明象征,从而,"从周"也相应地意味着确认人类文化创造的历史意义。孔子之注重"夷夏之辨",表现的也是一种类似的价值趋向:夏之高于夷,主要便在于其文明程度优于后者。也正是从相同的前提出发,孔子对管仲赞誉有加:"微管仲,吾其被发左衽矣。"③在此,管仲的功绩首先即表现在避免了文明的倒退("被发左衽")。

---

① 《论语·微子》。
② 《论语·八佾》。
③ 《论语·宪问》。

作为一种高于自然的人文存在，文明社会应当建立在什么基础之上？孔子提出了仁道的原则。孔子思想以仁为核心，这已是一种普遍的看法。早在先秦，便已有孔子"贵仁"之说。当然，"仁"这一范畴的提出，并非始于孔子。在《诗经·齐风·卢令》中即已见"仁"字："卢令令，其人美且仁。"《尚书·金縢》中亦开始提到仁："予仁若考，能多材多艺，能事鬼神。"不过，以上文献所说的仁，似乎只是仪文美备的意思，而并不表现为价值领域中一以贯之的理想或观念。在孔子那里，仁则第一次被提升为一种普遍的价值原则。

《论语·颜渊》记载了孔子对仁的界说："樊迟问仁。子曰：'爱人'。"这可以看作是对仁的内涵的最一般规定。以爱人界定仁，体现的乃是一种朴素的人文观念，它首先意味着确认人在天地万物中的至上地位。在《乡党》中，我们可以看到这样一段耐人寻味的记载：一次，马厩失火被毁，孔子退朝归来，听说此事，马上急切地询问，"伤人乎？"而并不打听火灾是否伤及马（"不问马"）。这里所表现的，是一种人文的关切。它意味着：相对于牛马而言，人更为可贵，因此，关注之点应当放在人之上。当然，这并不是说牛马是无用之物，而是表明：牛马作为与人相对的自然存在，只具有外在价值（表现为工具或手段）；唯有人，才有其内在的价值（本身即是目的）。在问人而"不问马"的背后，已多少蕴含着如上观念。

把人视为关切的对象，基本的要求便是尊重人。孔子说：

今之孝者，是谓能养。至于犬马，皆能有养。不敬，何以别乎？[1]

敬是人格上的敬重。如果只有生活上的关心（能养），而无人格上的

---

[1] 《论语·为政》。

尊重,那就意味着将人降低为物（犬马）。人作为不同于物的对象,并不仅仅是一种感性的生命存在。它具有超乎自然的社会本质（人化本质）,而这种本质首先是在人与人的相互尊重中表现出来的。对人的敬重,便是对人的内在价值的确认,或者说对人超乎自然的本质特征之肯定。孔子要求通过"敬",把对人的关系与对物的关系区别开来,无疑有见于此。尽管他在这里主要涉及亲子关系,但以人格的尊重来凸现人不同于工具的人文本质,其意义显然已远远超出了亲子之域。

表现为爱人、尊重人的仁道原则,以孝悌为基础:"孝弟也者,其为仁之本与!"①孝主要体现于亲子关系之中,弟（悌）则展开于兄弟关系之间。一般而论,亲子关系及兄弟关系首先以血缘为纽带,因而带有自然的性质。然而,这种关系一旦以孝悌的形式展现,便开始突破自然之域而带有人文的意义:孝悌本质上已是一种社会的伦常关系。孔子以孝悌为仁之本,其内在的含义便是要求将自然的关系人文化,它同时又从一个侧面强调了仁道原则超越自然的性质。按孔子之见,一旦人能从最初的自然关系（以血缘为纽带的亲子兄弟关系）中得到提升（使之进到人文的层面）,那么,人之为人的族类本质便可以确立,而仁道的实现也相应地有了内在的保证。

有一种常见的看法,即以为孔子主张"爱有差等",而"爱有差等"又构成了对仁道原则的限制。这种观点并非毫无根据,因为当孔子以孝悌为仁之本时,确实有突出亲子手足之爱的一面。然而,由此而否定孔子仁道原则的普遍性,则似乎缺乏根据。如前所述,孔子强调孝悌为仁之本,其真正的旨趣并不是以狭隘的血缘关系来限制仁道原则,而在于将原始的（最初的）自然关系加以人化。就其本质而言,

①　《论语·学而》。

人的文化总是意味着普遍化,它体现的乃是人的普遍的族类本质。事实上,在孔子那里,以孝悌为本与肯定仁道原则的普遍性,并不存在内在的紧张,毋宁说,前者乃是后者的逻辑前提。从孔子的如下论述中,我们便不难看到这一点:

> 弟子入则孝,出则弟,谨而信,泛爱众。①

在此,孝悌作为原始自然关系的人化形式,构成了人类普遍交往的出发点;从亲子手足之爱到群体之爱(泛爱众),表现为一种合乎逻辑的进展,而仁道原则本身则在这一过程中进一步升华为一种普遍的规范。后来孟子所谓"老吾老以及人之老,幼吾幼以及人之幼"②,体现的大致是同一思路。

就其要求超越自然而言,仁道原则无疑表现出天(自然)人(人文)相分的趋向。然而,天人相分并不意味着天人隔绝。在孔子那里,以"泛爱众"为内容的人道原则尽管突破了自然之域,但始终没有割断与自然的联系。这一点,从孔子对三年之丧的阐释中,即可窥见:

> 夫君子之居丧,食旨不甘,闻乐不乐,居处不安。……夫三年之丧,天下之通丧也。③

父母去世后,子女往往饮食而不觉味美,闻乐而不觉悦耳,这是思念父母之情感的自然流露,而三年之丧便是基于这种自然的心理情感。

---

① 《论语·学而》。
② 《孟子·梁惠王上》。
③ 《论语·阳货》。

孔子以为三年之丧是天经地义的，这当然不免有些陈迂，但他把服丧与人的自然情感联系起来，则有其值得注意之点。按孔子之见，服丧作为孝的形式，本身即是仁道的表现，既然三年之丧以人的自然情感为内在根据，那么，以孝悌为本的仁道原则，也就相应地合乎人的心理情感的自然要求，而并不表现为一种人为的强制。在此，孔子事实上从心理情感的层面上，对仁道原则与自然原则作了沟通。以"食旨不甘，闻乐不乐"等形式表现出来的心理情感固然并不能完全与自然的本性等而同之，因为它在一定意义上已或多或少被"人化"了，然而，不能否认，其中确实包含着某种出乎天性（自然）的成分。事实上，即使是情感中的人化因素，也常常是以一种自然（第二自然）的方式表现出来。

与上述看法相联系，孔子在强调超越自然的同时，又提出了"则天"的主张："唯天为大，唯尧则之。"①所谓"则天"，也就是顺乎自然。当然，这并不是要求从文明的社会回到自然状态，而是指不应当把人文的规范，变成压抑人的律令。在孔子看来，超越自然绝不能被理解为反自然，自然的人化同时应当看作是对自然的顺导与升华。《论语·先进》中有如下记载：

> 子路、曾皙、冉有、公西华侍坐。子曰："以吾一日长乎尔，毋吾以也。居则曰：'不吾知也！'如或知尔，则何以哉？"子路率尔而对曰："千乘之国，摄乎大国之间，加之以师旅，因之以饥馑，由也为之，比及三年，可使有勇，且知方也。"夫子哂之。"求！尔何如？"对曰："方六七十，如五六十，求也为之，比及三年，可使足民。如其礼乐，以俟君子。""赤！尔何如？"对曰："非曰能之，愿

---

① 《论语·泰伯》。

学焉。宗庙之事,如会同,端章甫,愿为小相焉。""点!尔何如?"鼓瑟希,铿尔,舍瑟而作。对曰:"异乎三子者之撰。"子曰:"何伤乎?亦各言其志也。"曰:"莫春者,春服既成。冠者五六人,童子六七人,浴乎沂,风乎舞雩,咏而归。"夫子喟然叹曰:"吾与点也!"

相对于子路、冉有、公西华的社会抱负而言,曾点所向往的,是一种自然的境界。这种境界当然不是与鸟兽同群,但通过"浴乎沂,风乎舞雩"而陶冶、渲畅情感,毕竟更多地体现了人与自然的联系。它意味着,在人化自然的同时,人本身也应当自然化(则天);文明社会的原则,不应隔绝于自然。"吾与点"的感叹所蕴含的,正是如上含义。

从价值观的角度看,孔子对自然原则的肯定,有其不可忽视的意义。作为价值的主体,人总是首先要经历一个从自然到人化(社会化)的过程,唯有超越了自然,人才能获得内在价值(使自身成为目的);但另一方面,作为人化结果的社会准则,特别是其中的伦理原则,也不应当敌视自然,相反,它需要逐渐内化于主体,成为主体的第二天性(第二自然),后者也就是所谓人的自然化过程。社会的规范(包括仁道原则)如果脱离了自然的原则,那就容易或者衍化为一种虚伪的矫饰,或者蜕变为外在的强制。孔子在提出仁道原则的同时又肯定自然的原则,无疑已注意到自然的人化与人的自然化不应当彼此排斥。

当然,就总体而言,在天人之辩上,孔子基本的价值取向是突出人文(仁道原则)。对孔子来说,自然原则的最终意义,便在于更完满地实现仁道的原则(使之避免蜕变为人为的强制)。可以说,正是仁道原则,从总的趋向上定下了儒家价值体系的基调,并赋予儒家以不同于其他学派的特点。相对于儒家之注重仁道原则而言,后起的道家所突出的,主要是自然的原则。他们以人的自然状态为理想境界,主张"无以人灭天",要求由文明(人化状态)返归自然。这种看法注意到了文明进步所带来的某些消极面,并有见于文明社会的规范与准则不应当违背自然,但同时却未免忽视了自然的人化及人的尊严问题。与道家强化自然原则不同,法家将暴力原则提到了至上的地位,强调"当今争于气力"(韩非子),并把刑法等暴力手段作为调节人际关系的唯一准则。如果说,道家的自然原则表现出非人道的特点,那么,法家的暴力原则则具有反人道的性质。相形之下,由孔子奠基的仁道原则,尽管仍带有抽象的形式,但毕竟更多地体现了原始人文主义的人道精神。

## 二 为仁由己和天命的预设

天人之辩内在地联结着力与命的关系。天的超验化,便表现为命,事实上,天与命常常合称为天命。儒家所说的命或天命是一个相当复杂的概念。如果剔除其原始的宗教界定,则其含义大致接近于必然性,不过,在天命的形式下,必然性往往被赋予某种超自然的色彩。与天相对的人,自始便蕴含着主体力量或能动作用等规定。这样,天人关系的考察,总是逻辑地引向力命之辩。

人能否把握并驾驭必然之命,必然之命是否为主体的选择提供了可能,主体权能是否有其限度,等等,这些问题便构成了力命之辩的基本内容。对命的把握与支配及主体的选择往往涉及理性与意志的关系,从而,力命之辩同时又与志知之辩相交错。从更广的视域看,无论是力命关系的探讨,还是志知(意志与理智)关系的辨析,最终都指向一个更基本的问题——人的自由。人类在从自然分离出来之后,便开始走向自由的艰难跋涉,而这一过程又始终是在必然性的制约下逐渐实现的。力命之辩在某种意义上,折射了自由与必然的如上纠缠。

如前所述,在天人关系上,孔子以仁道的原则为文明社会的基本价值规范。就其内在意蕴而言,孔子所提出的仁道原则不仅要求把人视为目的,而且意味着确认人具有行仁的能力:"为仁由己,而由人乎哉?"①"有能一日用其力于仁矣乎? 我未见力不足者。"②为仁主要是履行道德规范,在孔子看来,人不仅仅是被尊重、被爱的对象,而且是给人以仁爱的主体。作为道德之主体,人蕴含着自主的力量:为仁(道德行为)并不仅仅是被决定的,而是主体自身力量的体现(由己)。

由己与由人之分,在某种意义上表现为外在强制与内在自主的对峙。以由己否定由人,意味着将主体从外在强制中解脱出来,而这一过程又与意志的作用相联系。孔子很注重意志的品格:"三军可夺帅也,匹夫不可夺志也。"③不可夺志,既体现了主体的尊严,又表现为一种非外在强制所能左右的内在力量。作为主体内在力量的具体体现,意志的功能首先展开为道德选择:"我欲仁,斯仁至矣。"④欲即意向,它与"由己"相结合,便表现为主体的一种决定。在此,主体的选择(欲仁)即构成了达到仁这一道德境界的前提。

主体的力量当然不仅仅体现于道德选择与道德决定。在谈到人与道的关系时,孔子指出:"人能弘道,非道弘人。"⑤此处之道,泛指一般社会理想或原则。⑥ 人能制定社会理想,并通过自己的努力,使之化为现实,而社会理想在尚未获得现实形态时,并不能成为塑造人的

---

① 《论语·颜渊》。
② 《论语·里仁》。
③ 《论语·子罕》。
④ 《论语·述而》。
⑤ 《论语·卫灵公》。
⑥ 儒家所说的道,往往兼有法则、社会理想、道德原则等多重含义。此处之道与《论语·宪问》篇"道之将行也与? 命也。道之将废也与? 命也"中所说的道,意思相近,皆指社会理想或政治原则。

实际力量。正是基于以上看法,孔子及其门人强调:"士不可以不弘毅,任重而道远。"①这里表现的,是一种深沉的使命感。它从宽广的文化历史背景上,凸现了主体的历史责任:主体所面临的,已不仅仅是个人的道德选择,而是弘乎社会之道(理想);他不仅要对自我的行为负责,而且担负着超乎个体的社会历史重任。不难看出,在突出主体社会责任的背后,蕴含的仍是对主体力量更深刻的确认。事实上,"任重而道远"的使命感,即是以"人能弘道"的历史自觉为前提的。

正是基于人能弘道的信念,孔子遑遑栖栖,颠簸奔走于列国,为实现自己的政治抱负而不懈努力了几乎整整一生。尽管其"从周"的政治理想早已落后于时代,从而一开始就注定无法实现,但其"知其不可而为之"②的弘毅韧劲,确实不仅身体力行了"任重道远"的历史使命,而且以悲剧性的形式表现了对主体力量的高度自信。即使在屡遭挫折、理想几乎破灭的情况下,孔子的格言仍然是:"不怨天,不尤人。"③质言之,不是外部的力量,而是主体自身的能动作用,构成了孔子关注的重心。

可以看出,在孔子如上的论述及实践追求中,深深地蕴含着对自由的乐观态度。如果说,"为仁由己"、"我欲仁,斯仁至矣"等命题主要肯定了人的道德自由,那么,"人能弘道"的断论,则从更广的文化创造的意义上,确认了人的自由力量。作为肯定文明价值的思想家,孔子对人类文化的进步始终抱着欢迎的态度,而这种进步同时又被看作是人的自由创造的结果,并相应地被理解为人自身价值的现实确证。历史地看,人对自然的超越,同时也就表现为人的自由不断实

① 《论语·泰伯》。
② 《论语·宪问》。
③ 同上。

现的过程;自然的人化与人的自然化,总是伴随着自由的历史脚步。从某种意义上说,孔子是中国历史上第一个对以上的文明进程作自觉反思的哲人;而从道德关系及文化创造上强调人的自由,并由此进而突出人的主体性及内在价值,则表现了孔子的理论睿智。

作为具有自由品格的主体,究竟人的自主能力及创造性根源是什么?尽管孔子对人的自由本性表现出某种历史的自觉,但在解决如上问题时,其历史感却开始为思辨的趋向所取代。在孔子看来,主体固然具有内在的道德力量,但这种力量本身又来自一种超越的根据。当宋国的桓魋欲加害于孔子时,孔子的态度是:"天生德于予,桓魋其如予何?"①在这里,天之所命构成了主体道德力量之根源,并使主体能在外在强制(包括暴力)下不为所动。尽管如上观念是在特殊的境遇下表述的,但它显然具有普遍的意义。进而言之,文化的创造与存亡,也最终依存于天的力量:"天之将丧斯文也,后死者不得与于斯文也;天之未丧斯文也,匡人其如予何?"②文化的创造与延续通过人而实现,但人创造与延续文化的能动作用,归根到底又根源于天;一旦以天为最高根据,则任何力量都无法阻止文化的创造与延续。作为道德力量与文化创造的根源,天也就是天命,亦即超验化的必然性。所谓"天生德于予",无非是指"我"的行为体现了天命的要求;而"天之未丧斯文",则表明"我"的创造合乎天命之趋向。在此,孔子实际上为主体的力量规定了一个形而上的依据。作为认真反省文明进程的思想家,孔子有见于人的能动作用,然而他并不理解,人的自由创造的源泉,即在人的历史实践过程之中。在孔子那里,人的文化创造,主要是以"弘道"的抽象形式展开的,这样,当进而追寻人所以能

---

① 《论语·述而》。
② 《论语·子罕》。

弘道的根源时,孔子便不能不将目光投向超验的天命。

作为主体力量的形而上根据,天命同时又构成了主体活动的限制:它给人的自由创造规定了一个限度。人固然具有弘道的能力,但道究竟能否实现,则取决于命:"道之将行也与? 命也。道之将废也与? 命也。"①这样,一方面,人能自由地进行道德选择和文化创造;另一方面,这种选择与创造又始终不能超出天命的范围:一旦逆乎天命,则要受到天命的无情制裁:"获罪于天,无所祷也。"②从理论上看,自由并不在于离开必然性的支配而为所欲为。离开必然性的所谓"自由",只是黑格尔所说的任性,而非真正的自由。孔子的如上看法,多少在思辨的形式下注意到了人的自由不能无视必然。不过,孔子以为道之兴废最终取决于天命,则似乎又有强化天命作用的倾向:相对于天命而言,主体的力量基本上被置于从属的地位。对天命的如上强化,内在地蕴含着导向命定论的契机。事实上,当孔子要求"畏天命",并将其放在君子三畏之首时,确实已开始向命定论迈出了一步:天命似乎被规定为一种凌驾于人之上的至上力量,对此人们只能敬畏,无法抗拒。

当然,天命的至上性,并不完全排斥理性的作用。正是根据这一思路,孔子在要求"畏天命"的同时,又强调"知天命":"不知命,无以为君子也。"③所谓"知天命",也就是在认识天命的力量之后,自觉地加以顺从。对天命的自觉顺从,从另一侧面看又构成了对主体意志作用的限制。孔子固然注重意志的功能,并提出了"为仁由己"等命题,对此作了阐释,但在其整个观念体系中,理性无疑居于更重要的地位。在孔子看来,意志的作用如果离开了理性的制约,则往往将导

---

① 《论语·宪问》。
② 《论语·八佾》。
③ 《论语·尧曰》。

致逆乎天命,从而趋于盲动。当子路问"子行三军,则谁与"时,孔子的回答是:"暴虎冯河,死而无悔者,吾不与。必也临事而惧,好谋而成者也。"①徒手搏虎,无舟涉河,勇则勇矣,但却近乎意志的盲目冲动,很难说是知命的明智之举;唯有清醒的理智思考,才能使行为具有自觉的品格。孔子"不与"前者而倾向于后者,表现的是一种理性主义的态度。不过,孔子把理性的取向与"知命"联系起来,则使其理性主义原则很难摆脱命定论的纠缠。

可以看出,在人的自由这一问题上,孔子的思维趋向具有二重性:作为崇尚文明、确认主体价值的思想家,孔子对主体在道德选择、文化创造等方面的自由能力,表现出乐观的确信;但作为尚未完全摆脱思辨影响的早期人文主义者,孔子并不了解主体力量的现实根源,而是把这种根源推到了超验之域,并由此迈向了命定论。力命关系上的如上观点,又与意志与理智的关系问题联系在一起。天命对人力的支配,同时又表现为理性对意志的制约;从而,以理性(知命)自觉顺从天命,多少抑制了意志的自主选择。总之,人是一种自由的存在,但人的自由始终又以天命为形而上之根据并受到其限定。孔子的如上看法既表现了人对自身力量的肯定以及对自由的向往,又反映了自由的实现在当时还十分有限这一历史状况。就儒家价值体系的演进而言,它又构成了儒家力命之辩分化的契机。


## 三 修己以安人:自我实现及其逻辑归宿


天人关系论与力命之辩主要从主体(人)与外部自然及外部必然的关系上展现了儒家的价值理想与价值追求。作为主体性的存在,

①　《论语·述而》。

人即是类，又是个体。它既表现为统一的整体（群体），又以自我（个体）为其存在形式。与主体存在的这一基本结构相联系，便发生了群（群体）与己（自我）的关系问题。

如前所述，按照孔子的看法，人作为一种文明化的存在，总是内在于社会群体之中："鸟兽不可与同群，吾非斯人之徒与而谁与?"①"斯人之徒"即泛指社会群体。这样，"我"与"斯人之徒"之相与，便表现为群与己的关系。孔子首先将自我提到了相当重要的地位，并提出了为己之说：

> 古之学者为己，今之学者为人。②

"古"象征着孔子心目中的理想形态，"今"则代表了当时的现实。所谓"为己"是指自我的完善，"为人"则指迎合他人以获得外在的赞誉。在此，孔子以托古的形式，提出了个体的自我实现问题。当然，孔子所说的"为己"，主要是德性上的自我完善与自我实现，但这里毕竟蕴含着一个重要的前提，即自我有其自身的价值：所谓"为己"，无非是在道德涵养中实现这种价值。同时，以为己否定为人，也意味着将评价的标准从他人转向自我：个体的行为不再以他人的取向为转移。就此而言，为己说又包含着主体按自身的理想来塑造自己的要求。③

---

① 《论语·微子》。

② 《论语·宪问》。

③ 狄百瑞（DeBary）认为，儒家的为己学说包含着"自我的觉醒"、"独立的判断"等观念，似已注意到这一点，但他将儒家上述思想与个人主义联系起来，则容易引起混淆。（参见 DeBary, *Individualism and Holism: Studies in Confucian and Taoist Values*, Ed. by D. J. Munald, Ann Arbor, MI: The University of Michigan Press, 1985, p.334。）

以自我完善与自我实现为目标,决定了道德涵养主要与自我的努力相联系。孔子对主体的力量抱有乐观的自信,而主体的力量首先即表现于道德领域。在孔子看来,无论是在道德实践中,抑或在德性涵养中,自我都起着主导的作用;主体是否遵循仁道规范,是否按仁道原则来塑造自己,都取决于自主的选择及自身的努力,而非依存于外部力量。正是在此意义上,孔子强调求诸己而反对求诸人:"君子求诸己,小人求诸人。"①如果说,"为己"主要从道德涵养的目标上肯定了自我的价值,那么,"求诸己"则从道德实践及德性培养的方式上,确认了自我的能力及价值,二者从不同的方面表现了对个体(自我)的注重。

当然,作为道德主体,自我不仅仅以个体的方式而存在,它总是同时体现了类的本质,后者要求自我应当具有开放的性质,而不应导向自我中心主义。按孔子之见,自我的完善(为己)并不具有排他的性质,相反,根据仁道的原则,个体在实现自我的同时,也应当尊重他人实现自我的意愿。在忠恕之说中,上述原则得到了具体的体现。所谓"忠",即是"己欲立而立人,己欲达而达人"②;"恕"则指"己所不欲,勿施于人"③。一方面,自我构成了整个行为的出发点:立人、达人,首先以立己、达己为前提,就此而言,忠恕无疑体现了对自我的确认;但另一方面,主体又不能停留于立己、达己之上,而应推己及人,由立己、达己进而推展到立人、达人。不妨说,达人、立人事实上构成了立己、达己的内容:正是在成就他人的过程中,自我的德性得到了进一步的完成。后来《中庸》所谓"成己"而"成物",体现的是同一原

---

① 《论语·卫灵公》。
② 《论语·雍也》。
③ 《论语·卫灵公》。

则,它构成了儒家自我实现论极为重要的特征。

把立己与立人联系起来,同时意味着使个体的自我实现超越一己之域而指向群体的认同。事实上,在孔子那里,自我的完善内在地关联着安人。《论语·宪问》中记载:

> 子路问君子。子曰:"修己以敬。"曰:"如斯而已乎?"曰:"修己以安人。"曰:"如斯而已乎?"曰:"修己以安百姓。"

修己即道德上的自我涵养,安人、安百姓则涉及社会整体的稳定和有序,后者显然已超出了单纯的道德关系,而与广义的社会生活相联系。这样,我们便不难看到,道德关系上的自我完善(为己),最终乃是为了实现广义的社会价值(群体的安定)。孔子的如上看法既不同于无视个体价值的极端的整体主义,也不同于排斥群体的极端的自我中心主义,表现了将个体价值与群体价值、自我实现与社会安定统一起来的思维趋向。

不过,应当指出的是,孔子将安人、安百姓规定为修己的归宿,同时又内在地蕴含着突出群体的倾向:相对于安人而言,修己(自我实现)多少居于从属的地位。作为一个从属于安人的过程,修己的内容主要不是培养独特的个性,而是使自我合乎社会的普遍规范。这一点,从孔子的克己复礼说中,我们便不难窥见。根据孔子的看法,自我涵养的过程,也就是以仁道原则规范自己的过程;而仁道除了爱人这一基本规定之外,还与复礼相关:"克己复礼为仁。"[1]从广义上看,礼是一种普遍的社会准则。所谓"克己复礼",也就是通过约束自我而使之纳入礼所规定的普遍模式之中。一般而论,个体在实现自我

---

[1] 《论语·颜渊》。

的同时,总是要经过一个社会化的过程,而个体的社会化在某种意义上确实与群体认同(社会认同)相联系,复礼的要求无疑触及了这一点。但孔子将克己复礼提到了突出地位,以为"一日克己复礼,天下归仁焉"①,这就或多或少以群体的认同,抑制了个性的发展。孔子的及门弟子曾参发挥了孔子的如上思想。《论语·学而》中可以看到这样一段记载:

> 曾子曰:"吾日三省吾身,为人谋而不忠乎? 与朋友交而不信乎? 传不习乎?"

在此,反省的主体是自我(吾),反省的内容则是自我之外的他人(是否履行了对其他社会成员所负的责任),个性的涵养基本上归属于对他人的责任之中。

孔门的如上看法注意到了个体的社会认同(个体的社会化)及个体的社会责任,无疑有其积极的意义。事实上,后来儒家"先天下之忧而忧,后天下之乐而乐"的传统,便可以溯源于此。然而,在强调自我的群体认同及社会认同的同时,孔子对个体的自我认同未免有所弱化。从孔子的"绝四"说中,我们可以更进一步地看到这种趋向,所谓"绝四",即"毋意,毋必,毋固,毋我"②。这里固然包含着克服主观独断之意,但"毋我"的价值原则与克己的要求相结合,毕竟过分强化了个体对群体的从属性。这种趋向如果进一步发展,往往容易导致自我的普遍化(将自我视为某种普遍规范的化身)。在后来的正统儒学,特别是宋明新儒学(理学)那里,我们便不难看到这一点。

---

① 《论语·颜渊》。
② 《论语·子罕》。

当然,孔子所说的"毋我",还有另一重含义。与注重群体认同相联系,孔子对社会成员之间的交往予以极自觉的关注。而在交往中,"毋我"的要求即具体化为一种"群而不党"的原则:"君子矜而不争,群而不党。"①所谓"不党",强调的是个体间交往的开放性。按孔子之见,主体间的关系不应当导致彼此的否定(相争)和分离,而应通过交往达到普遍的沟通。在《论语》中,我们常常可以看到这一类的表述:"君子周而不比"②,"君子尊贤而容众"③。这些近乎律令的命题所含的意义大致相近,其着重之点是在交往中超越私人性和宗派性,建立主体间相互尊重、相互信任的关系。基于如上的看法,《论语》中对礼的作用作了规定:"礼之用,和为贵。"④礼作为一种广义的交往形式和规范,其原则首先表现为"和"。所谓"和",从消极的方面看,主要是化解主体间的紧张与冲突,正是在此意义上,孔子把无讼视为一种理想:"必也使无讼乎!"⑤"无讼"即消除人与人之间的相争;就积极的方面而言,"和"则指通过彼此的理解与沟通,达到同心同德、协力合作。⑥

交往作为人存在的基本形式,首先表现为对自我中心的超越。从某种意义上说,"党"、"比"等,即可以看作是自我中心的延伸。孔

---

① 《论语·卫灵公》。

② 《论语·为政》。

③ 《论语·子罕》。

④ 《论语·学而》。这句话虽出自孔子的学生有子之口,但表达的却是孔门的思想。事实上,孔子本人便一再强调"君子和而不同"(《论语·子路》)。

⑤ 《论语·颜渊》。

⑥ 主体间的沟通与协调已越来越为当代思想家所注意,如哈贝马斯的交往行为理论即对此作了相当系统和深入的分析。尽管哈氏突出了语言的中介作用,但合理的交往总是指向主体间的相互理解与彼此的沟通。(参见 J.Habermas, *The Theory of Communicative Action*, Boston: Beacon Press, 1984, pp.94 – 101。)

子以群而不党、周而不比作为交往的基本要求，实际上在更深的层面上扬弃了自我中心。但同时，交往又以人与人之间的相互沟通为目标，在相互沟通中，主体间呈现的是一种互为目的、相互尊重的关系，主体的内在价值并未融于他人或"群"之中。所谓"和而不同"，在某种意义上即体现了这一点。换言之，交往的普遍性与公共性，并不意味着排斥个体性原则。就此而言，尽管孔子多少表现出强化群体原则的倾向，但作为儒学的开创者，他对群己关系的看法在总体上仍较为通达。

## 四 义以为上与孔颜之乐

群己关系本质上并不仅仅具有抽象的道德意义，它同时指向具体的利益。如何以普遍的规范来协调个体与整体之间的利益关系，这一问题在儒学中即展开为义利之辩。义与宜相通，含有应当之意，引申为一般的道德原则（当然之则），利则泛指利益、功效等。从价值观上看，义利之辩首先涉及道义原则与功利原则的定位。广而言之，义在某种意义上体现了理性的要求，而利则往往落实于感性需要的满足，因而义利关系又内在地关联着理欲关系，正是通过对道德的内在价值、利益中的公私关系、人的理性品格与族类本质等方面的规定，孔子奠基的儒家价值观获得了更具体的内涵。

孔子贵仁，而仁与义又有内在联系。与注重仁道原则相应，孔子将义提到了重要地位。按照孔子的看法，义作为道德规范，本身便具有至上的性质："君子义以为质。"[①]"君子义以为上。"[②]在此，"质"、

---

① 《论语·卫灵公》。

② 《论语·阳货》。

"上"便是指一种内在的价值。正由于义有自身的内在价值，故不必到道德领域之外去寻找义所以存在的根据。孔子所理解的外部根据，主要便是指利，既然义有自身的内在价值而无需求诸外部根据，那么，结论自然便是不必喻于利，当孔子断言"君子喻于义，小人喻于利"①时，突出的也是这一点。不过，应当注意的是，如后文将要指出的，孔子把"喻于利"作为小人的品格而加以贬抑，并不意味着绝对地排斥利，而主要着重于将利从义之中剔除出去，换言之，他强调的是义作为当然之则，只有略去一切外部因素（包括利），才能使自身的价值得到净化。

根据"义以为上"观点，孔子认为，行为的价值主要取决于行为本身，而无关乎行为的结果。如果行为本身合乎义，则即使行为不能达到实际的功效或利益，它同样可以具有善的价值。孔子的学生子路曾以行道（推行道）为例，对此作了阐释：

君子之仕也，行其义也。道之不行，已知之矣。②

这一看法可以看作是对孔子思想的发挥。按孔门的理解，君子的特点便在于虽然意识到"道"无法实现，却仍然努力推行道，因为他们把推行道这一行为本身看作是"义"的体现。一般而论，所谓行为之合乎义，首先是指行为之动机的正当性。这样，以行为本身来评判行为之价值，便相应地意味着以行为的动机来评判行为。在这里，孔子及其门人赋予行为本身及行为之动机以绝对的价值，将"义"（当然之则）理解为一种无条件的道德命令，并把履行道德规范（"行义"）本

---

① 《论语·里仁》。
② 《论语·微子》。

身当作行为的目的,从而把道德评价归结为不涉及行为结果的过程。这种观点可以看作是"义以为上"说的逻辑推论:既然义有自身的价值而无需利(道德之外的因素)之介入,那么,行为的价值相应地也取决于行为本身,而与行为所产生的结果无关。

孔门的如上看法在某种意义上接近于康德的见解。在康德看来,真正的道德行为总是有其自身的价值,这种行为之所以为善,并不在于它能导致功利的结果,而主要在于它合乎道德律令的要求。换言之,只有当人们仅仅根据绝对命令的要求去从事某一行为,而完全不考虑这种行为是否能带来实际的利益,该行为才具有道德(善)的性质。孔子以"行其义"为行为之内在理由,而将行义是否能带来成功这一问题置于视野之外,这与康德的道德哲学多少有相通之处。康德在伦理学上具有义务论的倾向,当孔子以"行其义"为首要的关注之点时,似乎也表现出类似的特点。从伦理学上看,道德行为作为一种社会现象,总是具有二重性:从其起源、作用来看,它乃是以社会的现实关系为基础,带有工具的性质(表现为满足人的合理需要,调节人际关系,维系社会稳定的手段),但同时,作为人的尊严、人的理性力量的体现,道德又有其内在的价值,并相应地具有超功利、超工具性的一面;前者赋予道德以现实性的品格,后者则体现了道德的崇高性。义务论强调道德的价值即在道德自身,突出的正是道德的内在价值。就中国思想史而言,孔子在义利之辩上的贡献,首先也正在于把道德行为与一般功利的行为区别开来,并使之得到提升,从而将道德的崇高性(超功利性)这一面以强化的形式展现出来。孔子对义的如上强化与提升,在某种意义上表现了中国文化的道德自觉,并使人是目的这一仁道原则获得了更具体的内涵。当然,孔子由此而完全否定道德的现实功利基础,则又表现了义务论价值观的抽象性。孔子在义利关系上的所见与所蔽,为尔后的儒家价值观定下了基本的格局：对道德内在价值的注重与忽视道德的功利基础，构成了儒家区别于其他学派的显著特点，而儒家义利观的合理性与片面性，亦同时蕴含于此。

义的规定主要涉及道德的价值基础，与这一问题相关，义利之辩还涉及另一问题，即怎样调节利。如前所述，君子不喻利，主要是强调道德原则(义)之成立并不依赖于利，但这并不意味着可以完全忽略利。否定利是道德之价值基础与绝对地摒弃利，在逻辑上并不等价。事实上，孔子绝非完全弃功绝利。如他到卫国，并非仅仅关心那里的道德风尚如何，相反，倒是开口便盛赞该地人口众多。当他的学生问他："既庶矣，又何加焉"时，孔子即明确地回答："富之。"①"庶"、"富"在广义上属于利的范畴，以上所表现的，显然是对实际功利的肯定。在孔子看来，功利的追求并不是一种绝对的恶，从社会范围来看是如此，就个人而言也是这样："富而可求也，虽执鞭之士，吾亦为之。"②言不及利、摒弃正当的功利活动，以致贫贱交加，这不仅不足取，而且是一种应当否定的价值取向："邦有道，贫且贱焉，耻也。"③正是基于如上的看法，孔子一再要求："因民之所利而利之。"④

当然，肯定利在社会生活中的意义，并不表明可以无条件地追求利。那么，如何对利加以适当地调节？这一问题的解决，再一次涉及义与利的关系。按孔子之见，尽管义无需以利为根据，但利的调节却离不开义。如果不合乎义，则虽有利而不足取："不义而富且贵，于我如浮云。"⑤一旦仅仅以利本身为出发点，而不以义去约束利，则往往

---

① 《论语·子路》。
② 《论语·述而》。
③ 《论语·泰伯》。
④ 《论语·尧曰》。
⑤ 《论语·述而》。

将导致不良的行为后果："放于利而行,则多怨。"①所谓"放于利而行",便是指一味地追求个人之利,而如此行事的结果,则是引起普遍的不满(多怨),后者显然是一种不利的结果。换言之,以利为行为的至上原则,常常将走向其初衷的反面(不利)。正是在此意义上,孔子认为:"见小利,则大事不成。"②唯有以义制约利,才能避免这一归宿。

一般而论,利首先与个人或特殊集团相联系,而个人(或特殊集团)之利往往并不彼此一致,因此,如果片面地以利作为行为的唯一原则,总是不可避免地导致社会成员在利益关系上的冲突。相对于利而言,义则超越了个人的特殊利益,具有普遍性的特点:它所体现的,乃是普遍的公利,唯其如此,故能对特殊的利益关系起某种调节作用。这样,义与利的关系在一定意义上便表现为特殊之利(个人之利)与普遍之利的关系,而以义调节利,则相应地并不是为了消解利,而是旨在达到普遍的公利;孔子从"大事不成"这一功利角度反对执着于"小利",实际上便体现了如上思路。也正由于义体现了普遍的公利,孔子一再要求"见利思义"③、"见得思义"④,这种看法在某种意义上将义(道德原则)之价值与公利联系起来,从而不同于康德仅仅从当然之则本身之中寻找道德规范的价值。孔子的如上看法对其义务论倾向,也多少有所限制:它使孔子的义务论带有某种温和的色彩。

孔子以义制利的主张同时又是其群己之辩的具体化。注重义的规范功能与强调群体原则,在理论上彼此相契:义在一定意义上即是

① 《论语·里仁》。
② 《论语·子路》。
③ 《论语·宪问》。
④ 《论语·季氏》。

群体之利的体现。这种看法注意到了道德原则（义）在维护普遍的整体之利中的作用，并通过为利的追求规定一个合理的限度而避免了利益冲突的激化。与"义以为上"的命题一样，"见得思义"的要求所凸现的，乃是人的族类（社会）本质，它使人超越了个体的利益之争而真正地意识到了社会整体之利的重要意义。历史地看，人的道德自觉的尺度之一，便是由单纯追求个体之利进而确认族类（社会整体）的利益，这种确认实质上构成了社会稳定与发展的必要前提，孔子所开创的儒学，在某种意义上便反映了如上的自觉。

不过，孔子在强调以义规范利的同时，又潜含着一种倾向，即突出普遍的整体之利（公利）：在"见利思义"、"见得思义"的价值原则中，义所代表的整体之利，似乎被提到了至上的地位，这种倾向如果进一步发展，往往将导致以义抑制利，并相应地忽视个体之利，在尔后的儒家思想特别是正统儒学那里，我们便不难看到这一点。

义作为整体之利的确认与人的族类特征之体现，总是以理性要求的形式出现；利在广义上以需要的满足为内容，而这种需要首先表现为感性的物质需要，这样，义与利的关系往往进而展开为理性要求与感性需要的关系。与容忍合理之利相联系，孔子对感性的物质需要并不简单地加以贬斥。《论语》中曾记载，孔子平时"食不厌精，脍不厌细"[1]。食所满足的，是人最基本的感性需要，"食不厌精"表现了孔子对这种需要的肯定。不过，尽管孔子并不怀疑感性需要的正当性，却反对沉溺于此。在他看来，合理的态度是"欲而不贪"[2]。"欲"表现的是感性要求，而贪则是无限制地追求感性欲望的满足。感性欲望本身无可厚非，但一旦超过了适当的度，则将转向反面。要

---

[1] 《论语·乡党》。
[2] 《论语·尧曰》。

避免这种状况,便必须以理性的要求对感性欲望加以节制。

与肯定"义以为上"相联系,孔子更为关注理性的要求。在孔子看来,感性的欲求固然不应当忽略,但相对而言,理性要求具有更重要的意义。因此,人首先应当实现理性的要求:

> 君子谋道不谋食……君子忧道不忧贫。①

道在此指广义的社会理想(包括道德理想),谋道所体现的,即是理性的追求。在感性欲求(谋食)与理性追求(谋道)两者之间,后者显然具有优先地位。当然,不谋食并不是指完全摒弃感性欲望,而是使物质需要从属于理性的追求。一旦志于道,则即使处于艰苦的生活境遇,也可以达到精神上的愉悦。孔子曾这样称赞其弟子颜回:

> 贤哉,回也! 一箪食,一瓢饮,在陋巷,人不堪其忧,回也不改其乐。②

这种人生态度,也同样表现为孔子自己的道德追求:

> 饭疏食饮水,曲肱而枕之,乐亦在其中矣。不义而富且贵,于我如浮云。③

此处所描述的乐,也就是后来儒家(特别是宋明新儒学)常常提到的

---

① 《论语·卫灵公》。
② 《论语·雍也》。
③ 《论语·述而》。

"孔颜之乐",它的核心即是超越感性的欲求,在理想的追求中达到精神上的满足。孔颜的这种境界将精神的升华提到了突出的地位,强调幸福不仅仅取决于感性欲望的实现程度,从而进一步凸现了人不同于一般生物的本质特征。在理性对感性的超越中,人作为道德主体的内在价值,也得到了更为具体的展示。

不过,应当看到,孔门的如上境界,同时又蕴含着理与欲之间的某种紧张。在谋道不谋食、安贫而乐道的价值取向中,人的感性需要尽管没有被否定,却被理解为一种从属的因素;理性似乎可以在感性之外甚至先于感性而得到发展。这种理性优先的观点,显然未能真正达到存在与本质、感性与理性的统一,它在理论上潜下了以人的理性本质抑制人的感性存在之可能。

## 五 "大德不逾闲"的历史含义

孔子对义利关系与理欲关系的辨析,在总体上表现了注重义的价值取向。作为理性化的当然之则,义本身是否具有绝对性,这种绝对性是不是排斥可能的变通(它是否具有理论伸张度),如何解决道德原则与具体境遇的冲突,等等,这些问题在儒学中常常展开为经与权的关系。"经"所突出的,是道德原则的绝对性,权变则蕴含着对相对性的容忍。将"经"视为第一原理,往往容易导向独断论,后者在价值观上即表现为权威主义;权变的引入,则常常构成了对权威主义价值观的某种限制。从另一方面看,道德原则的绝对性在一定意义上表征着人的普遍本质,其相对性则折射了人在具体境遇中的存在。就此而言,经权关系同时又进一步展示了人本身的价值意义。

与确认义的至上性相应,孔子首先将关注之点指向道德原则的绝对性。以仁道而言,主体必须无条件地时时遵循,不可须臾相违:

纯,俭,吾从众。"①按照传统的礼,冠应以麻制,但当时人们从节省的角度考虑,已开始以丝来制作。对这种现象,孔子并未拘泥于正名的原则,而是采取了"从众"的灵活态度。这一选择表明,在孔子看来,礼所规定的一般要求,并非绝对不可修正,而是可以视具体的历史情景而有所变通。这种灵活性同样体现在处世原则上。孔子说:

危邦不入,乱邦不居。天下有道则见,无道则隐。②

主体是否兼善天下(履行普遍的社会责任),必须视其具体的社会状况而定,当社会没有为理想的实现提供必要的条件时,便不应当拘守兼善天下的原则,而要具有灵活的应变能力。这一点,即便在处理君臣关系上,也并不例外:"所谓大臣者,以道事君,不可则止。"③根据礼的要求,臣事君必须忠,但按孔子之见,忠的原则并非一成不变。是否运用这种原则,要依据处所的特定境况而定,一旦情形不适宜,则不必执着于此(不可则止)。

孔子的如上思想,已开始将道德原则与具体的情景联系起来。对此,孔子曾作过一个总体上的概述:

君子之于天下也,无适也,无莫也,义之与比。④

"义"本来指当然,但当与"无适"、"无莫"相联系时,便同时带有了适

---

① 《论语·子罕》。
② 《论语·泰伯》。
③ 《论语·先进》。
④ 《论语·里仁》。

宜、权宜之意。面对天下各种复杂的对象和关系，主体既不应当专执于某种行为模式（无适），也不应绝对地排斥某种模式（无莫），而应根据具体境遇选择合适的行为方式。孔子的这些看法已注意到了人作为道德主体，既体现了类的普遍本质，同时又是处于特定关系中的具体存在，道德行为既需要普遍原则的指导，又必须考虑人所处的特定境遇。从理论上看，道德规范作为普遍的律令，总是具有超越具体情景的一面。这种普遍性既体现了道德的内在价值与尊严，又在某种意义上为具体运用带来了困难。要使道德原则成为具体行为的规范，往往必须将一般的律令与特定的境遇结合起来，使之转化为具体的道德要求。在西方，从柏拉图到康德的理念伦理学注重的主要是道德律令的普遍制约性，对具体的道德境遇的分析则有所忽视，直到现代的境遇伦理学，才开始把后者提到了重要的地位。① 相形之下，孔子在强调仁与礼之绝对性的同时，又主张无适无莫，似乎已开始触及理念伦理与境遇伦理的关联。它对伦理原则上的独断看法，无疑有所限制。

不过，尽管孔子对道德原则的变通表现出某种容忍，但就总的趋向而言，他的注重点仍然放在原则的至上性方面。孔子的学生子夏曾对此作了发挥：

　　大德不逾闲，小德出入可也。②

具体境遇中的权变，乃是以坚持基本的原则为前提。例如，孝是基本

---

① 在广义上，实用主义、存在主义都可以归入境遇伦理学之列，而狭义的境遇伦理学则与弗莱彻在《境遇伦理学》一书中所阐释的这类伦理思想相关。

② 《论语·子张》。

的伦理原则,虽然这并不妨碍在某种条件下(如父母有过失)对父母可以有所规谏,而不一定要求无条件的顺从;但一旦这种规谏与父母的意志发生冲突(父母不接受劝告),那就应当唯父母之命是从。《论语》记载了孔子的如上看法:"事父母几谏。见志不从,又敬不违,劳而不怨。"①这里蕴含着一种观念,即在经(道德原则之绝对性)与权(道德原则在具体境遇中的变通)二者之中,前者是更为根本的方面。② 这种价值取向对尔后的儒学产生了不可忽视的影响。

## 六  作为价值目标的理想人格

孔子的经权学说要求在普遍的道德原则与具体的道德行为之间保持适当的张力,而这种张力又是通过存在于特定境遇中的个体而达到的。这样,个体人格在孔子的价值体系中便具有了特殊的意义:唯有造就完善的人格,主体才能在复杂的社会生活中对价值原则的绝对性与相对性作出合理定位。从更广的视域看,孔子以仁道为价值体系的基础,仁道则内在地包含着以人为目的这一观念,后者不仅表现于自我对他人的关系之中,而且展开为对自我本身的要求:以人为目的,一开始便意味着应当使自我在人格上达到理想之境;孔子之强调"修己"、"成己",其深层旨趣亦在于此。不妨说,正是成人(人格的完善),构成了孔子的价值追求。也正是在人格境界上,内圣与外王的价值理想开始得到了具体的落实,而儒家的价值目标,亦由此得到了规定。

①  《论语·里仁》。

②  郝大维与安乐哲注意到孔子肯定义与具体境遇、特定背景的联系,但却忽视了孔子赋予义以绝对性这一面,并由此否定义是一种普遍的道德原则(参见 D.L. Hall and R. T. Ames, *Thinking Through Confucius*, New York: State University of New York Press, 1987, pp.100 - 105)。这种看法与孔子总的思想倾向似乎相去过远。

（一）仁道涵盖下的人格境界

在孔子那里，人格的设定，始终关联着仁学：作为孔子思想的核心，仁既体现了人道的原则，同时又为理想人格提供了多重内容。仁的基本要求是爱人，这一要求决定了理想人格必须具有一种仁爱的精神。作为理想的品格，爱人不仅仅一般地表现为对他人的尊重、关心，而且更在于同他人在情感上的相互沟通，亦即以真诚之情对待他人。《论语·阳货》记载：

> 子张问仁于孔子。孔子曰："能行五者于天下为仁矣。"请问之。曰："恭、宽、信、敏、惠。"

恭、宽、敏、惠体现了对他人的尊重、理解及恩厚。信与诚通，主要是一种至诚（真诚）的情感。在这里，完美的人格（仁者）便表现为对他人的竭诚友爱。当然，与他人在情感上的相通，并不意味着不加区分地对人施以爱。仁者（理想人格）的特点在于既能爱人，亦能恶人："惟仁者，能好人，能恶人。"①恶即是厌弃、憎恨，它同样表现为一种情感；正如爱（好人、爱人）主要从正面表现了理想人格的情感内涵一样，恶（对缺乏德性之人的厌恶）从负面表现了同一品格。

作为人格的体现，仁同时又包含着意志的规定。孔子说："仁者必有勇。"②"勇"即可视为意志的品格。意志首先具有自主选择的功能："我欲仁，斯仁至矣。"③"欲"表现为主体的一种意向。在此，是否

---

① 《论语·里仁》。
② 《论语·宪问》。
③ 《论语·述而》。

以仁道来规范自己,即取决于主体意志的选择,一旦我选择了人道的原则(欲仁),那么,在具体的行为中便会体现出这一点。除了自主的选择外,意志还表现为一种一往无前的坚韧毅力。孔子说:

> 刚毅木讷近仁。①
> 志士仁人,无求生以害仁,有杀生以成仁。②

为了实现仁道,即使献出生命,亦在所不辞。正是这种意志的坚毅性,构成了完美人格的又一品格。对理想人格的这种看法,与力命关系上注重主体力量的价值取向相一致,它为儒家刚健自强的传统提供了历史的起点。

当然,至诚的情感、坚定的意志并非隔绝于理性之外。在孔子那里,仁总是与知联系在一起:"未知,焉得仁?"③如果我们对其忠恕之道作一考察,便可以进一步看到这一点。忠与恕是孔子所提出的行仁之方(推行仁道之途径、方式),而二者的基本前提便是仁与知的统一:一方面,"己欲立而立人,己欲达而达人"(忠),以及"己所不欲,勿施于人"(恕),体现了对他人的尊重、同情和友爱;另一方面,由己而推及他人,同时又展开为一个理性推论的过程。在此,理想人格中的情感要素,显然受到了理性的制约。④ 同样,意志也不能游离于自

---

① 《论语·子路》。
② 《论语·卫灵公》。
③ 《论语·公冶长》。
④ 因此,我们很难同意郝大维与安乐哲的如下看法:在孔子那里,对审美情感的注重已超越了理性的要求(参见 D. L. Hall and R. T. Ames, *Thinking Through Confucius*, Chapter 3)。这一观点似乎忽视了孔子思想中理性精神的主导意义。

觉的理性:"君子有勇而无义为乱,小人有勇而无义为盗。"①如前所述,勇主要体现为意志的品格,义则建立在自觉的认识之上,表现为一种理性的规范。勇作为意志力量的表现形式,本来是一种美德,但如果缺乏理性的规范,则将蜕变为一种消极的因素(导向乱与盗)。正是基于这一看法,孔子一再要求"士志于道",亦即以理性的原则范导主体的意志。

从如上的考察中可以看到,在仁道这一总的前提下,孔子对理想人格作了多方面的规定:它既具有仁爱的情感,又有坚定、自主的意志,而二者又与自觉的理性相融合,从而,完美的人格既涵盖于人道精神之下,又表现为知、情、意的统一。孔子的以上看法注意到了人格不能偏向一端,而应当在各个方面获得比较全面的发展,这种观念表现了原始儒学的浑厚性与深刻性。不过,在知情意诸要素中,孔子对知更为强调。他之以知为仁的必要条件("未知,焉得仁?")以及将情、意置于自觉理性的范导之下,等等,无不体现了这一点。作为人格的要素,知主要又被理解为一种伦理理性或实践理性,而有别于认识意义上的纯粹理性(理论理性)。可以说,在肯定知、情、意全面发展的同时,又特别突出伦理理性或实践理性,构成了孔子人格理论的基本特点之一,它对尔后儒家的理想人格学说产生了深刻的影响。

人格作为主体的内在品格,往往直接或间接地制约着主体的行为。一般而论,行为总是展开于具体的环境之中,行为所涉及的情况也往往千差万别。从一定意义上说,每一特定的行为都具有不可重复的特点,这一点,在境遇伦理学中已作了详细考察。如何使不同境遇中的行为保持内在的统一性(一贯性)? 这便涉及行为者(主体)本

---

① 《论语·阳货》。

身的品格。相对于行为的个别性、多变性而言,行为者(主体)的人格总是具有内在的稳定性和恒常性(绵延的统一性),这样,人格对行为便具有了一种统摄作用:它使主体在各种情景之下都能保持道德的操守,从而扬弃行为的偶然性,避免在道德与非道德之间的徘徊动荡。作为儒家人格理论的奠基者,孔子显然已开始比较自觉地意识到主体人格的如上功能。从孔子的如下论述中,我们不难看到这一点:"苟志于仁矣,无恶也。"①志于仁,即确立以仁道为内涵的人格,而一旦做到了这一点,那么,在具体的行为中便可以避免不道德的趋向(无恶)。反之,如果缺乏这种稳定的人格,则往往很难一以贯之地保持行为的善:"不仁者不可以久处约,不可以长处乐。"②孔子的这些看法,实际上从不同的方面强调了人格对行为的统摄性。

人格对行为的制约,同时也就是人格通过行为而外化的过程,换言之,人格不仅仅表现为一种内在的结构,而且有其外在展现的一面。作为行为者的主体,总是在复杂的社会关系和社会结构中占有一定位置,这种位置也就是所谓社会角色。孔子说:

君君,臣臣,父父,子子。③

君臣父子,都是特定的社会角色。在孔子看来,理想的人格不仅应当具有仁的内在品格,而且要自觉地承担好某种社会角色,质言之,善的内在德性应当在外在的社会角色中得到具体体现。孔子很重视主体人格的外在表现,他的学生曾子对此作了发挥:

---

① 《论语·里仁》。
② 同上。
③ 《论语·颜渊》。

君子所贵乎道者三：动容貌，斯远暴慢矣；正颜色，斯近信矣；出辞气，斯远鄙倍矣。[1]

"动容貌"、"正颜色"、"出辞气"，是主体在社会交往（承担社会角色）中的外部行为方式。而根据孔门的观点，这种方式又是人格高尚（远暴慢、近信、远鄙倍）的具体展现。

知情意统一的内在品格，在某种意义上也就是内在的我，而社会角色则可以看作是外在的我（展现于具体社会关系中的我）。孔子将仁的内在品格与君君、臣臣、父父、子子等社会角色的承担过程联系起来，实际上也就意味着把理想的人格理解为内在的我与外在的我之统一。这种看法与现代西方的存在主义似乎形成了一个对照。存在主义把自我提升到了本体的地位，而他们所理解的自我，主要便是内在的我。按照存在主义的看法，本真的、自为的我，总是具有内在的特点。尽管他们也注意到个体之间具有共在的一面，但对他们而言，这种共在更多地具有消极的意义：一旦内在的我外化于具体的社会关系，那就会失去本真状态，而成为一种沉沦的我。这样，在存在主义那里，内在的我与外在的我（展现于具体社会关系中的我）便处于一种紧张、对立甚至冲突的关系之中，而主体的人格则相应地被赋予孤独、焦虑、绝望等形式。相对于存在主义对个体、自我的理解，以内在的我与外在的我之统一为特征的儒家理想人格，无疑更多地表现了健全和现实的力量。

从更广的视野来看，人格的外化不仅仅与自觉承担某种社会角色相联系，它还有着更为深层的含义。后者具体表现为一种历史使命感。在孔子看来，主体能够在承担社会角色的同时，赋予这一过程以广义的历史内容。《论语》中记载：

---

[1] 《论语·泰伯》。

子路曰："愿闻子之志"。子曰："老者安之,朋友信之,少者怀之。"①

这是孔子的人生理想,而其中又明显地蕴含着一种继往开来的历史使命感:"老者安之",意味着承前代之业;"少者怀之",则意味着奠后代之基。人格的外化与这种深沉的历史使命感相结合,便开始泛化为所谓"外王"的观念。

作为理想人格的外在规定,外王可以有不同的形式。在君主那里,它表现为巍巍之功业:"大哉,尧之为君也!……巍巍乎!其有成功也。"②在志士仁人那里,它表现为受命于危难之际,慨然承担安定社稷之重任:"可以托六尺之孤,可以寄百里之命,临大节而不可夺也。君子人与? 君子人也。"③如此等等。外王的形式尽管多样,但有其共同之点,即都以社会理想的实现为主体的使命,并自觉地致力于这种历史过程。这样,以外王为理想人格的规定,同时即意味着赋予它以广义的实践品格。

人格按其实质而言,不外是道德理想的体现。不过,与一般的道德理想不同,人格理想只有进一步化为人格典范,才能获得具体的形态。事实上,孔子对人格理想内涵的阐述,总是与人格典范的规定相联系。综观《论语》,孔子所提出的人格典范大致有两类,即圣人与君子。《述而》篇记载了孔子对两者的区分:"圣人,吾不得而见之矣,得见君子者,斯可矣。"从这一提法中,我们可以看到,尽管圣人与君子同为理想人格的具体形态(在孔子那里,二者的内涵在某些方面交错

① 《论语·公冶长》。
② 《论语·泰伯》。
③ 同上。

重合),却分属两个序列。所谓圣人,按照孔子的理解,即是理想人格的完美化身,它构成了人格的最高境界。从逻辑上说,凡人皆可以成圣,但就现实性而言,圣人又是一种很难达到的境界。孔子本人即从来不敢以圣人自许:"若圣与仁,则吾岂敢?"①即使像尧舜这样的明君,孔子也不肯轻易以圣相称。《论语·雍也》篇中可以看到如下对话:

> 子贡曰:"如有博施于民而能济众,何如? 可谓仁乎?"子曰:"何事于仁,必也圣乎! 尧舜其犹病诸!"

尧舜尚且未能完全达到圣,一般人便更难企及了。这样,圣人实际上便具有了范导的意义:作为理想人格的完美化身,人们不断地趋向于它,但又很难完全达到它。

孔子对圣人的如上设定,包含着一个值得注意的观点,即道德理想的追求本质上是一个无止境的过程,人们不可能一蹴而就地达到某一个终点。同时,圣人作为一种范导的目标,为人提供了精神发展的方向,使人始终受到理想的鼓舞,从而能够避免世俗的沉沦,不断实现精神的升华。

相对于圣人,君子可以看作是理想人格的现实体现。它固然不如圣人那样尽善尽美,但也不像圣人那样难以企及,而是表现为一种现实生活中的典范。② 孔子对君子品格的描述,总是与现实的日用常

---

① 《论语·述而》。

② 柯雄文(A.S.Cua)认为,儒家的君子为人们的具体行为提供了一种效法的样式(models of emulation),这一看法已涉及了君子的人格典范意义。不过,柯雄文未能进而对圣人与君子的不同人格意义作区分。(参见 *Philosophy East and West*, No.1, 1992, p.59。)

行相联系,诸如"君子笃于亲"①、"君子不忧不惧"②、"君子泰而不骄"③、"君子和而不同"④等。这里没有什么高不可攀之处,一切都是那么平易切近。如果说,圣人这种范导目标使主体始终具有超越的要求(超越现实的"我"),并使理想的追求表现为一个无限延伸的过程,那么,君子这种现实典型则为人生提供了某种具体规范(操作规范),从而避免了人格理想的抽象化、玄虚化。二者的统一,使儒家的人格理想有别于思辨的构造。

不过,在孔子对人格典范的设定中,似乎蕴含着一种趋向,即人格的模式化与单一化。圣人与君子尽管有范导目标与现实准则之分,但这只是规范功能上的差异,两者在内涵上并无本质的不同:都是同一道德理想的体现。一般而论,人格总是以个体作为承担者。作为社会成员,个体固然应当具有某些共同的理想特征,但同时也应当看到它包含多样化的个性。如果完全以一种划一的人格模式去要求人,那就难免忽视个体的多样化发展。孔子以圣人、君子为普遍的人格模式,似乎未能注意到人格的多样化问题。这种思维取向在理论上与"克己复礼"(将自我纳入礼所要求的普遍模式)相一致,它或多或少使其人格理论呈现出某种负面意义。

(二)人性的设定与成人之道

理想人格作为道德理想的体现,构成了人生的精神境界。如何

---

① 《论语·泰伯》。
② 《论语·颜渊》。
③ 《论语·子路》。
④ 同上。

才能达到这种理想之境,这一问题所涉及的,也就是所谓成人之道①,后者同时可以视为人格理想的具体引申。在儒家那里,理想人格的培养总是与人性问题联系在一起。对人性的不同看法,往往导致了对成人之道的不同理解,而人性理论则从另一个侧面反映了儒家对人的本质之规定。正是以人的潜能及现实本质为出发点,成人过程进一步展现了真、善、美相统一的价值理想。

孔子在《论语》中曾提出了一个著名的命题,即"性相近,习相远"②。这一命题人们往往仅仅从人性理论的角度加以理解,其实,它的真正含义只有与成人之道相联系才能得到阐明。从理想人格的培养(成人)这一角度看,所谓"性相近",是指每一个人都有相近的本质(性),因而都具有达到理想人格的可能;所谓"习相远",则旨在提示:人究竟能不能达到理想人格,最终取决于人们的不同习行。孔子对成人之道的阐述,主要是围绕这两个方面而展开的。

《论语·述而》中可以看到这样一段论述:

子曰:"志于道,据于德,依于仁,游于艺。"

"志于道",在这里表现为对理想境界(包括理想的人格境界)的追求;德与仁的内涵大致相同:德即主体已有的潜能,仁则是这种潜能的具体内容。所谓"据于德,依于仁",亦即强调以主体已有的潜能为成人(达到理想人格)的出发点;"游于艺"则是成人的外部环节之一。③

---

① "成人"有名词与动词二重含义。作为名词的成人,是指完美的人格;作为动词短语的成人,则有成就理想人格之意。成人之道中的"成人",主要与后一含义相关。

② 《论语·阳货》。

③ 详见后文。

就其将"志于道"与"据于德,依于仁"联系起来而言,可以把这种看法视为"性相近"之说的展开。如前所述,"性相近"之命题已肯定了相近的本质为成人提供了可能,而在"据于德,依于仁"的主张中,这种可能则进一步以潜能的形式构成了成人过程的内在根据。

理想人格的培养,在某种意义上可以看作是自我的实现:它的目标在于使自我成为理想的我,因此,成人的过程往往表现为主体已有潜能的展开过程。根据现代人本主义心理学的研究,人除了基本的生物性需要之外,还具有爱、合群、自我实现等社会性、精神性的需要,后者在一定意义上构成了自我完善的内在根据。如果完全离开主体的内在根据,那么,人格的培养便会或多或少带有异己的性质,从而很难使道德理想在主体之上得到真正的实现。孔子将"志于道"(理想的追求)与"据于德"、"依于仁"视为相互关联的两个方面,无疑已开始注意到上述关系。

肯定成人过程不能抽去内在根据,意味着人格的塑造并不仅仅是一个外在灌输的过程,孔子说:

> 知及之,仁不能守之,虽得之,必失之。[①]

"知及之",亦即通过理性的教育等形式,使主体对普遍的道德理想或道德要求有所了解,但仅仅有所了解,并不表明主体已自觉地接受了这种理想。只有进一步将理性所把握的普遍规范化为主体的内在德性,并加以保持(仁守之),才能使人格结构具有稳定性(得而不失)。人格的塑造固然离不开外在的教育(启发主体了解普遍的道德规范及道德理想),但这一过程不能仅仅理解为单纯的输入,毋宁说,它更

----

① 《论语·卫灵公》。

是一个接受的过程。与输入主要表现为外部社会对主体的灌注不同,接受是一个主体本身的内在要求及潜能与外部影响交互作用的过程。正是通过接受的方式,社会的理想才融合于主体意识,并转化为人格的内在要素。孔子关于"仁守之"的主张,在一定程度上已开始看到,理性的教育要与主体的接受相结合,这一观点在儒家的一些后学中得到了进一步发挥。

人格的培养意味着从本然的我走向理想的我,因而它总是涉及本然的我与理想的我之间的关系。与人格的培养必须以主体的潜能为内在根据相应,走向理想之我的过程并不仅仅是对本然之我的否定,它同时表现为自我本身潜能的展开过程,换言之,在本然之我与理想之我之间总是具有一种连续性。这一事实决定了在人格塑造过程中,应当注意从正面发挥主体的潜能,也正是在同一意义上,孔子强调:"君子成人之美。"①亦即要求促进主体善的潜能(相近之性)的实现。这种看法,使成人过程(人格之培养)不同于对自我(本然之我)的简单否弃,它实质上通过肯定本然之我与理想之我的连续性,确认了自我的价值。

当然,普遍的潜能(相近之性)作为成人的内在根据,只是为达到理想的人格提供了可能。它本身还不是现成的德性,要使内在的潜能展开为现实的人格结构,便不能不通过后天的造就工夫。孔子以绘画为例,对此作了言简意赅的解说:"绘事后素。"②绘画一方面需要白的底色,另一方面又要以五彩加以勾勒;无素白之底固然难以成画,不描之以五彩也无法完成一幅画卷。同样,人格的塑造既要以内在的潜能为根据,又离不开文饰(人文化)的过程。孔子很注重后天

---

① 《论语·颜渊》。
② 《论语·八佾》。

的环境、教育、习行的作用,以为相近之性在不同的环境、习行作用下,往往会导致不同的发展趋向。所谓"习相远",强调的正是这一点。《论语》中还记载:

子曰:"里仁为美。择不处仁,焉得知?"①

里有仁厚之俗,方为理想的居住之处。孔子要求人们选择里仁之地而居,体现的正是对环境作用的重视,除了环境之外,广义的"习"还包括主体的践履(行)。在与弟子的对话中,孔子总是反复地提到"行",诸如:

君子欲讷于言而敏于行。②
古者言之不出,耻躬之不逮也。③
行有余力,则以学文。④

如此等等。正如相近之性构成了达到理想人格的内在根据一样,以环境制约与主体践履为内容的不同习行,为内在潜能的展开提供了必不可少的条件。

　　性与习相统一的成人过程,具体包括哪些环节? 孔子在答学生问时,对此作了多方面的阐述。《论语》中记载:

子路问成人。子曰:"若臧武仲之知,公绰之不欲,卞庄子之

---

① 《论语·里仁》。
② 同上。
③ 同上。
④ 《论语·学而》。

勇,冉求之艺,文之以礼乐,亦可以为成人矣。"①

这里的"成人"作名词解,指完美的人格,"为成人"即达到完美的人格。在孔子看来,达到理想人格的过程总是包括知、勇、艺等环节。所谓知,是指通过认识活动以发展人的理性能力。关于这一点,孔子的学生子夏曾作了发挥:"博学而笃志,切问而近思,仁在其中矣。"②当然,孔子之博学,主要是对社会人伦关系的把握,亦即所谓"知人"。在体察人伦及反省自我的过程中,主体便逐渐形成了自觉的理性,而这种理性同时构成了仁德的内在要素("仁在其中矣")。所谓勇,是一种意志的品格,它与"笃志"相联系,即泛指意志的磨炼。

礼本来指交往的形式,乐则是广义的艺术活动,礼乐并称,泛指与一般的文明交往相联系的艺术审美活动。而所谓"文之以礼乐",则含有通过审美活动以陶冶人的情操之意。孔子很注重审美活动在成人过程中的作用,他曾说:

诗可以兴,可以观,可以群,可以怨。③

"兴"是主体精神(包括情感)有所感奋而得到升华;"观"是了解诗人之志,并由此而与之产生某种共鸣;"群",孔安国解说为"群居相切磋"④,质言之,审美活动同时也是一个在群体之中彼此交流思想情感的过程;"怨"是通过情感的渲导而保持心理的平衡,从而达到健全的

---

① 《论语·宪问》。
② 《论语·子张》。
③ 《论语·阳货》。
④ 〔清〕刘宝楠:《论语正义》引。

心态。在此,孔子以诗的欣赏为例,对审美活动在人格培养中的功能作了具体的阐述:通过精神的感奋,情感的共鸣、沟通、渲导,人便能提升到一种较高的人格境界。孔子本人曾闻韶乐而"三月不知肉味",不知肉味,便是指音乐的美感使人的自然情欲得到净化,并使精神得到超越。正是基于如上看法,孔子主张:"兴于诗,立于礼,成于乐。"①

总之,按照孔子的理解,成人(达到理想人格)既要以普遍的人性所提供的可能为内在根据,又离不开习行等后天的条件,而二者的统一又具体展开于博学、笃志、文之以礼乐等过程之中。它在一定意义上,体现了真、善、美相统一的价值原则。

## 七　超越有限:存在的意义及其他

完美的人格在体现道德理想的同时,又以个体为承担者:成人在某种意义上便表现为个体的完成。作为人格的承担者,个体同时又是生命的主体:它必然要经历一个从生命的开始到生命之终结的过程。质言之,个体的存在总是有限的。个体存在的这种有限性,使人生的意义成为严峻的问题:既然人必然要走向死亡,那么,人的存在究竟有何意义? 人到底如何超越有限? 正是对存在意义的自觉关注,使儒家价值观提升到了终极关怀这一形而上的层面。

孔子将人格的完善视为主体实现自身价值的具体体现,而成人的过程即展开于现实的人生之中。这样,理想的追求虽然指向未来,但它并不具有超验的性质;达到理想之途径,始终内在于现实的社会生活。与这一致思趋向相应,孔子对超然于此岸的事很少表现出兴

① 《论语·泰伯》。

趣。《论语》中记载：

> 季路问事鬼神,子曰:"未能事人,焉能事鬼?"曰:"敢问死。"
> 曰:"未知生,焉知死?"①

鬼神是彼岸世界的对象,死则意味着现实人生的终结。相对于二者而言,人及其现实的存在(生)具有更为重要的意义。这里既蕴含了关心人甚于关心超验对象的仁道原则,又表现了将现实的人生置于超自然对象之上的理性主义精神。而二者的统一,又构成了一种不同于宗教迷狂的人文主义价值取向,它使儒学的终极关怀,一开始便疏离于彼岸世界的追求而植根于现实的人生。②

　　然而,当人们认真地面对现实人生的时候,却不能不正视一个基本的事实,即个体存在的偶然性与有限性。作为特定的存在,个体之来到世间,在某种意义上诚如海德格尔所说,具有被抛掷的性质:一方面,它的存在既非出于主体自身的选择,也非类的进化过程中不可避免的一环,因而带有某种偶然性;另一方面,作为生命的主体,个体的存在总是有它的终点:死是其必然的归宿。这样,就个人而言,人生诚然是现实的,但同时又是偶然的、有限的;正是后者,使人生的意义问题变得突出了:作为一种有限的存在,生命的价值究竟何在? 尽管孔子并不热衷于讨论生命的终结(死),但作为一个自觉反省人类生活的思想家,孔子始终严肃地关注、思考着如上问题。

　　对人生意义的考察,内在地关联着如何超越有限的问题。个体

---

① 《论语·先进》。
② 孔子虽然赋予命以超验的形式,但命本身更多地表现为一种形而上的设定,其理智的思辨意义往往超越了宗教情感。

的有限性首先是相对于类而言,而有限性的超越,也总是涉及个体与类的关系。与个体存在的短暂性相对,类的生命本质上表现为一个绵延不绝的历史长河,它总是超越特定的个体而在生命的前后相承中无限延伸。这样,如何超越个体存在之有限性,在某种意义上便可以转换为如何使个体的生命融合于类的历史长河。孔子所循沿的,基本上便是如上思路。从孔子对孝的注重中,我们便不难看到这一点。如前所述,孔子将孝规定为仁之本,并一再从不同的角度强调孝之重要性。作为一种伦理关系,孝主要展开于亲子之间,而亲子关系首先表现为以血缘为纽带的生命延续:前代的生命在后代之中得到延伸。这样,每一个体便构成了生命之流的中介:一方面,它承续了前代的生命;另一方面,它自身的生命又在后代之中得以绵延。在这种前后相承中,生命的长河绵绵无尽,而个体则通过融合于其间而最终超越了有限。总之,透过血缘、心理情感等形式,我们可以看到,"孝"的更为深沉的本体论内涵和价值意义,便是生命的绵延,从《诗经》"孝子不匮,永锡尔类"①,到孔子"慎终追远,民德归厚"②,再到尔后孟子"不孝有三,无后为大"③,无不体现了这一点。

通过融入类的生命长河而超越有限,并进而从生命的延续中寻找个体的存在价值,这便是孔子解决个体有限性与人生意义之紧张、冲突的大致思路,它同时构成了儒家在这一问题上的基本价值取向。可以看出,这种思路及取向与宗教的观念存在明显的差异。一般而论,宗教很少关注生命的绵延(后来的道教可能是个例外),相反,它在总体上强调的是生命的寂灭和灵魂的延续。在灵与肉的对峙中,

① 《诗经·大雅·既醉》。
② 《论语·学而》。
③ 《孟子·离娄上》。

它几乎总是以前者抑制后者,从西方的基督教到东方的佛教,莫不如此。这种观念不仅未能正视现实人生,而且将逻辑地导致对生命价值的虚无主义态度:从宗教对天国的追求中,我们不难看到这一点。相形之下,孔子在孝的形式下所表现的对生命绵延的注重,无疑从个体有限性的扬弃这一角度,确认了人的存在价值。它使人的终极意义从超验的天国,回归到了具体的历史过程。不妨说,正是肯定生命在前后相承中绵绵延续,使儒家始终与彼岸世界保持了相当的距离。

当然,生命的历史绵延,并不仅仅是一种生物学意义上的延续。在孔子那里,生命同时又是(或者说,更主要的是)一种广义的文化生命,而生命的前后连续相应地也具有人文的意义。在谈到孝的具体内涵时,孔子指出:

三年无改于父之道,可谓孝矣。①

在此,道便可以看作是一种文化理想,"无改于父之道",则是继承前代的文化理想,孔子以此规定孝,意味着将生命之河的历史延伸,同时理解为文化生命的前后相承。② 按照孔子的看法,正是在文化的承先启后中,个体进一步超越了自身的偶然性与有限性,并使自身的价值得到更为深刻的体现。当子路提出"愿闻子之志"时,孔子的回答便是:"老者安之,朋友信之,少者怀之。"③老者代表的是前辈,少者代表的是后代。在继往开来的文化演进中,作为文化存在的主体一方

---

① 《论语·学而》。

② 儒家的另一经典《中庸》曾引孔子语:"夫孝者,善继人之志,善述人之事也。"此语虽未必一定出自孔子之口,但同时却又从一个方面印证了把"孝"广义地理解为文化延续(继人之志,述人之事),是儒家的一个基本观念。

③ 《论语·公冶长》。

面继承了前辈的历史遗产,另一方面又为后代留下了新的文化成果。它在世界上固然来去匆匆,但它所创造的文化业绩却随着文化生命的延续而获得了恒久的意义。"子在川上曰:逝者如斯夫!"①这里没有任何伤感的情怀,相反,它表现的恰恰是对人生的乐观态度:人所创造的文化价值不会消失,它将融入于历史的长河,并进而奔向无穷的未来。

也正是基于如上的信念,孔子可以在困厄之中依然保持达观:

> 子畏于匡。曰:"文王既没,文不在兹乎?天之将丧斯文也,后死者不得与于斯文也;天之未丧斯文也,匡人其如予何?"②

作为生命(包括文化生命)长链中的一环,个体承担着文化延续的使命(所谓"天之未丧斯文",无非是这种使命的形而上表述),没有"我",则文化将中绝(后死者不得与于斯文);正是在完成这种历史使命与职责的过程中,个体存在的意义得到了体现,个体的价值也得到了确证。在"匡人其如予何"的反诘背后,蕴含的正是这种自信。

不难看出,根据孔子的理解,个体的有限性与存在意义(人生意义)之间的紧张,最终应当在生命长河的延续中加以化解。当然,这并不意味着个体可以避免死的归宿。超越有限的真正含义在于,尽管个体作为特定的存在必然要走向死亡,但死亡并不意味着归于虚无。作为生命长链中的一环,个体的存在价值与意义将随着生命长河的绵延而长存,并得到进一步光大:"后生可畏,焉知来者之不如今

---

① 《论语·子罕》。
② 同上。

也?"①从这一角度看,死亡本身对个体来说便不再是一种令人恐惧的归宿,"朝闻道,夕死可矣"②。这是一种对待死亡的从容通达的态度。儒家既不像存在主义(海德格尔)那样把死视为本真之我的实现形式,也不像后来的道教那样因畏死而追求个体的长生久视,这种健全的人生观在很大程度上便奠基于孔子的如上观念。

要之,孔子从生命的自然延续与历史延续(文化延续)中寻找有限的超越与存在的价值(人生的价值),使儒家一开始便避免了对彼岸世界的幻想,而努力在现实人生中追求和实现存在的终极意义,这种即有限而超越有限、乐生而不畏死的人生态度,无疑体现了积极的价值取向。不过,应当指出的是,由强调生命的绵延(主要是广义的文化生命的延续),孔子同时又表现出某种因循的倾向:在"三年无改于父之道"等要求中,文化的继承似乎被提到了至上的地位,孔子本人也以"述而不作"为取向,尽管如前所述,孔子并未否定文化创造的意义,但如何在"述"(承继)与"作"(创造)之间保持适当的张力,似乎并不是一个已经完全解决了的问题。

---

① 《论语·子罕》。
② 《论语·里仁》。

# 第二章

# 从孔子到孟子

孔子以后，儒家发生了分化。韩非曾有儒分为八之说。这八派分别由子张、子思、颜氏、孟氏、漆雕氏、仲良氏、孙氏、乐正氏为代表。[1] 根据后人的考证，韩非的八分之说并不十分确切。不过，儒学向不同方面的衍化，则确是事实。从思想史的角度看，更具有实质意义的相异衍化主要以孟子和荀子为代表。孟荀在上承孔子的同时，又对发端于孔子的儒学思想作了各自的发挥和引申，从而使儒家价值体系取得了不同的发展形态。

孟子曾受业于子思的门人，而子思乃系孔子之孙，这种师承序列使孔子与孟子之间一开始便有了一种历

---

[1] 详见《韩非子·显学》。

史的关联。不过,孟子之被视为孔子的传人并获"亚圣"之号,并不仅仅在于以上的师承关系:它有着更内在的思想史缘由。如前所述,孔子的价值体系以仁道原则与理性原则为主干,二者具体展开于天人、力命、群己、义利、经权诸辩及人格理想等学说之中。这一基本构架在孟子那里得到了进一步的展开并渐趋定型。当然,孟子于深化儒家价值体系的同时,又在某些方面使其固有的偏向表现得更为明显。

## 一　仁道原则的展开

孟子将人与禽兽之分提到了突出地位,并反复加以辨析。这一问题所涉及的,实质上也就是天人之辩。在孟子看来,禽兽是一种自然的存在,如果一个人回到自然的状态,则他与禽兽也就没有什么区别了。具体地说,人与禽兽之别究竟体现在哪里呢?孟子首先从内在的心理层面作了规定。按孟子之见,凡人皆有普遍的道德情感:"恻隐之心,人皆有之;羞恶之心,人皆有之;恭敬之心,人皆有之;是非之心,人皆有之。"[1]正是这种本善之心使人超越了自然的状态,并成为一种文明化(人文化)的存在。在谈到舜的"在"世方式时,孟子曾对此作了阐释:

> 舜之居深山之中,与木石居,与鹿豕游,其所以异于深山之野人者几希。及其闻一善言,见一善行,若决江河,沛然莫之能御也。[2]

这里的"几希"之性便是指以恻隐、羞恶等形式表现出来的心理道德

① 《孟子·告子上》。
② 《孟子·尽心上》。

情感。它的存在,使人即使生活在自然的环境之中,也依然保持人之为人的本质规定,并对人类社会特有的道德现象(善言、善行)产生巨大的向心力。

孟子把人与禽兽、自然状态与人化的社会区别开来,并要求超越自然的状态而提升到异于"野人"的文明(人化)层面,这无疑体现了奠基于孔子的儒家人文主义取向;而他从人性之中去寻找人不同于禽兽的本质规定,则表现了把仁道原则与内在心理情感联系起来的思路。事实上,在孟子看来,作为文明社会基本规范的仁道原则,便是人的内在心理情感的展开:"恻隐之心,仁之端也。"①孔子曾以思念父母的情感为孝(仁的具体形式)之根据,孟子的如上看法与此显然有相近之处。不过,孔子在谈到情感与孝的关系时,主要侧重于情感的自然流露,而孟子所谓"恻隐之心"、"羞恶之心"等则被视为人异于禽兽、野人的特殊本质(性),因而更多地带有理化(人化)的色彩,就此而言,孟子似乎更突出仁道与自然的区分。

当然,以恻隐之心等心理情感为仁道的内在根据,并不意味着将仁道仅仅限制在主体意识的层面。作为人化(文明化)的象征,仁道应当成为一种普遍的社会准则。正是基于这一看法,孟子进而由"不忍人之心"(仁心)推出了"不忍人之政":

> 人皆有不忍人之心,先王有不忍人之心,斯有不忍人之政矣。②

"不忍人之政"亦即所谓仁政,孟子曾对仁政的内容作了相当具体的

---

① 《孟子·公孙丑上》。
② 同上。

设定,概括起来,它大致包括两个方面:其一,制民以恒产,亦即使小生产者拥有一定的土地,使之"仰足以事父母,俯足以畜妻子"①,年成好能丰衣足食,灾年亦能免于饥寒;其二,实行德治,亦即通过教化等方式来安抚人民,而不是以暴力的方式来压服人。从当时的历史条件来看,孟子的如上主张自然不免有其迂阔之处;他以井田制作为制民以恒产的形式,更是逆乎历史发展的趋势。不过,孟子把被统治者的安居乐业作为自己的政治理想,并以此否定背离人民意愿的暴政,毕竟又体现了一种人道的精神,它实质上可以看作是"泛爱众"的观念在社会政治领域中的展开。这样,从孔子的仁道到孟子的仁政,儒家人文主义原则便表现为一个深化的过程:它开始由一般的伦理要求,进一步提升为社会政治生活的准则。

孟子的性善说("人皆有不忍人之心"或"恻隐之心")与仁政说分别从内在的心理情感与外在的社会关系上展开了孔子所奠基的仁道原则,并使之获得了更为宽泛的内涵和更为普遍的规范功能。可以看出,在孟子那里,儒家基本的价值取向已进一步趋向于定型。后世之所以孔孟并称,在很大程度上便是基于儒学的如上演进过程。

不过,在强化仁道原则的同时,孟子又表现出某种泛道德主义的倾向。按孟子的看法,仁政作为德治的形式,不同于"以力假仁",二者之区分,构成了所谓王霸之辩:"以力假仁者霸,霸必有大国;以德行仁者王,王不待大。……以力服人者,非心服也,力不赡也;以德服人者,中心悦而诚服也。"②"以力服人",表现的是一种暴力原则。孟子以德否定力,无疑从一个侧面体现了对人的尊重,但他由此又对道德教化功能作了不适当的渲染,将仁道视为社会政治生活的唯一原则:

---

① 《孟子·梁惠王上》。
② 《孟子·公孙丑上》。

三代之得天下也以仁，其失天下也以不仁。国之所以废兴存亡者亦然。天子不仁，不保四海；诸侯不仁，不保社稷；卿大夫不仁，不保宗庙；士庶人不仁，不保四体。①

城郭不完，兵甲不多，非国之灾也；田野不辟，货财不聚，非国之害也；上无礼，下无学，贼民兴，丧无日矣。②

仁人无敌于天下。③

如此等等。在这里，道德的力量渗透于社会的各个层面，它决定着个人的安危，国家的兴亡；在仁道的无敌神威之前，一切物质的因素都显得如此微不足道，以至几乎可以置之不顾。于是，道德便超越了自身而泛化为一种抽象的超验力量。这种泛道德主义的观点既在某种意义上将道德之外的因素加以道德化，同时又蕴含着轻视经济、政治等非道德力量的倾向，它使儒家的人文主义多少染上了一种温情的色彩，而相对地弱化了其历史深度。

就天人之辩而言，由仁政说及德力（王霸）说所展开的仁道原则，主要体现了对人文（文明）的关注和推崇，但这并不意味着天与人之间的对立。在孟子看来，天与人并非彼此对峙，二者有着内在的联系：

诚者，天之道也；思诚者，人之道也。④

从本体论上看，"诚"的基本含义是真实不妄（实然⑤），就伦理学而

---

① 《孟子·离娄上》。
② 同上。
③ 《孟子·尽心下》。
④ 《孟子·离娄上》。
⑤ 正是在此意义上，后来王夫之把"诚"界定为"实有"："诚以言其实有矣"（〔明〕王夫之：《张子正蒙注·太和》）。

言,"诚"则是真诚无伪。自然(天)是一种真实的存在(实然),而这种作为实然的"诚",同时又构成了作为当然(人之道)的"诚"之根据,这样,以实然与当然的统一为内容,天与人便合而为一。孟子的以上看法注意到了作为人道的当然,尽管超越了作为天道的实然,但二者并非彼此悬隔;当然总是不能完全离开实然的制约。

不过,孟子以诚为天人合一的中介,似乎又蕴含了另一种思维趋向,即模糊天道与人道的界限。诚作为实然,本来是当然之则的根据,但一旦二者的界线被模糊,则实然往往会被等同于当然,而天道也相应地容易被伦理化。事实上,在孟子那里,天与人的合一,往往与泛道德主义的取向纠缠在一起:"尽其心者,知其性也。知其性,则知天矣。"①将人之性视为天人相合的中间环节,显然是以赋予天以伦理规定为出发点的,不妨说,它实际上是在将天人化(伦理化)的前提下建立天与人的统一,就此而言,孟子在强化儒家的仁道原则,并由此走向泛道德主义的同时,对自然原则似乎又有所弱化。

## 二　力与命的内在紧张

孟子对仁道原则的注重,同时意味着确认人(主体)的力量:当他强调天下兴废系于仁人时,实质上即从一个侧面突出了主体的历史作用。与孔子一样,孟子一开始便怀有十分强烈的使命意识。他曾游说奔走于诸侯之间,为实现仁政的理想而不遗余力,而这种社会责任感,便是基于"舍我其谁"的自信:

---

① 《孟子·尽心上》。

如欲平治天下,当今之世,舍我其谁也?①

这当然不仅仅是个人的自大虚狂,毋宁说,它体现的乃是一种深沉的历史自觉:天下之平治,并不是展开于主体之外的过程,它最终通过主体的作用而实现;所谓"我",便可以看作是主体力量的象征。历史由人主宰的信念与自我的使命意识相融合,使儒家形成了一种以天下为己任的传统。

也正是以如上的信念为根据,孟子将身视为天下国家之本:"天下之本在国,国之本在家,家之本在身。"②这里的"身"并不是一个生物学的概念,而首先具有社会学的意义。从家、国,直到整个天下,形成了一个层层相关的社会构架,而这一构造的最终承担者,则是无数的个体。换言之,主体的活动不仅影响着历史的进程,而且构成了社会赖以存在的基础(本),可以看出,人的作用在此确实得到了空前的高扬。孟子的这一思维趋向为后来的《大学》所进一步发挥,并对整个儒家的思想产生了极为深刻的影响。

不过,在孟子看来,尽管人参与了历史过程并影响着这一过程,但人的作用同时又受制于主体无法支配的超越力量。平治天下固然离不开"我"("舍我其谁"),但这一过程的完成,却是以"五百年必有王者兴"为前提的③,后者乃是一种带有宿命性质的历史演变趋势,它在某种意义上表现为超验主宰的安排。当然,这种主宰并不是人格化的神,但它确实又超然于历史过程之外。从孟子关于舜继尧位的一段议论中,我们便不难看到这一点:

---

① 《孟子·公孙丑下》。
② 《孟子·离娄上》。
③ 参见《孟子·公孙丑下》。

万章曰:"尧以天下与舜,有诸?"孟子曰:"否。天子不能以天下与人。""然则舜有天下也,孰与之?"曰:"天与之。""天与之者,谆谆然命之乎?"曰:"否。天不言,以行与事示之而已矣。"①

社会政治权力的转移虽然通过人的活动来完成,但这种转移并不仅仅出于主体的选择。在它的背后,还有一种更为根本的力量(天),这种力量诚然不具有人格的形式(非谆谆然命之),却左右着人的历史活动。尽管在超验的"天"之后,蕴含着对"民"心向背的关注,但这里孟子显然并未放弃对超验之"天"的预设。可以看出,此处之"天",也就是孔子所谓"命"(在孔子那里,天与命本来即已相通),它在实质上表现为一种形而上化(神秘化)的必然性,而"五百年必有王者兴"的历史预设,则是这种形而上之天命的外化,孟子以此为人的历史活动及主体选择的前提,一开始便意味着给人的作用规定了某种界限。

天命的如上制约,是主体所难以抗拒的;主体可以成为家、国、天下之本,但在天命之前,却总是显得无能为力。在《孟子》中,我们可以不止一次地看到这种无可奈何的感叹。孟子曾提出了仁政的政治理想,并把这种理想的实现主要寄托于诸侯,但终其一生,其志向却始终未能实现,而在说明这种悲剧性的结果时,孟子总是将其委于命或天。他曾希望见到鲁平公和齐王,以一展自己的政治抱负,却因各种原因而未果。对此,孟子的解释是:"行或使之,止或尼之,行止,非人所能也,吾之不遇鲁侯,天也。"②"千里而见王,是予所欲也;不遇故去,岂予所欲哉? 予不得已也。"③往见鲁侯和齐王,可以看作是孟子

---

① 《孟子·万章上》。

② 《孟子·梁惠王下》。

③ 《孟子·公孙丑下》。

为实现政治理想而做的努力,但这种努力成功与否,却完全取决于人之外的力量(天),在无情的天命支配下,主体的意向(所欲)总是难以如愿以偿。

于是,我们便看到了力(主体的作用、力量)与命(形而上之天命)之间的紧张与冲突:一方面,主体肩负着历史的使命,应当参与并且影响历史的进程;另一方面,主体的选择、主体的作用又处处受到天命的主宰,其政治理想能否实现,完全取决于外在的力量:"所欲"与"不得已"所体现的,正是如上的紧张与冲突。如何化解二者的紧张,多少是基于解决这一难题的理论需要,孟子提出了划分"在我者"与"在外者"的思路:

> 求则得之,舍则失之,是求有益于得也,求在我者也。求之有道,得之有命,是求无益于得也,求在外者也。①

"求"表现为主体的自觉活动。在一定的范围内("在我者"之域),这种活动受制于主体自身,并能达到预期的目标;超出了这一范围(走向"在外者"),则主体便无法决定行为的结果:一切只能归之于天命。

孟子所谓"在我者",更多地与主体的德性涵养相联系。在孟子看来,主体究竟能否在道德上达到理想的境界,这并不是天命所能左右,它主要取决于主体自身:

> 自暴者,不可与有言也;自弃者,不可与有为也。言非礼义,谓之自暴也;吾身不能居仁由义,谓之自弃也。②

① 《孟子·尽心上》。
② 《孟子·离娄上》。

"暴"与"弃"表现为道德上的堕落和沦丧,而这种沦丧完全是主体自身选择的结果;孟子在暴与弃之前冠以"自",强调的正是这一点。反之,如果主体能够在实际践履中遵循道德规范,那么,便可以逐渐达到仁的品格:"强恕而行,求仁莫近焉。"① 在这里,人或多或少被理解为一种自由的主体。这种自由不仅表现为意志的自由选择(自暴或求仁),而且展开于强恕而行的行为过程之中。对道德自由的如上确认,可以看作是孔子为仁由己等观点的进一步发挥。

与"在我者"相对的是"在外者"。从广义上看,"在外者"泛指道德之外的各个领域,从富贵寿夭、感性需要,直到政治理想、历史过程等,都可以在不同程度上归入在外者之域。就个人的生命而言,年寿之长短概由天命决定,人只能俟之,而无法加以改变:"夭寿不贰,修身以俟之,所以立命也。"② 与此相联系,人的感性需要虽然体现了人的生命本能(自然之性),但它能否以及在多大程度上得到满足,也完全取决于命:"口之于味也,目之于色也,耳之于声也,鼻之于臭也,四肢之于安佚也,性也,有命焉,君子不谓性也。"③ 至于社会政治领域中理想的实现、权力的转移等等,则更难以完全离开天命的宰制,这一点,从前文的引述中已不难窥见。

当然,强调"在外者"受制于命,并不意味着完全排斥主体在这一领域中的作用。按孟子之见,主体在意识到天命的普遍力量之后,便应自觉地加以顺从:

> 莫非命也,顺受其正,是故知命者,不立乎岩墙之下。尽其

---

① 《孟子·尽心上》。
② 同上。
③ 《孟子·尽心下》。

道而死者,正命也。①

在这里,天命的主宰与自觉地顺从天命表现为同一过程的两个方面,而这一过程又与理性的作用(知命)相联系。可以看出,孔子所奠基的理性原则并没有被否弃,不过,这种作用同时又被纳入了顺命的过程。换言之,儒家的理性主义已开始与命定论纠缠在一起,二者的如上融合在以后的正统儒学中得到了新的发展,并构成了其重要特征。

孟子对"在我者"与"在外者"的划界,似乎使力与命的冲突得到了某种化解:"在外者"固然是天命的王国,人无法与之抗衡,但在道德的领域("在我者"),人却可以自主地选择和活动,后者构成了人的自由天地。从某种意义上说,孟子正是试图通过划界,为人的自由寻找一个较为稳定的基础。然而,孟子的如上努力很难看作是一种成功的尝试:在力与命的划界中,二者分别被安置在不同序列之中,这实质上只是转移问题,而不是解决问题;在孔子那里已经初露其端的力命之间的紧张,并没有得到真正解决,相反,它进一步展开为两个序列的对峙。从另一视角看,孟子将人的自由主要与"在我者"联系起来,同时又意味着将自由内在化:从平治天下舍我其谁到"求在我者",我们确实可以看到主体自由向个人的道德实践与心性涵养的靠拢,它从一个侧面表现了儒家的内圣走向。

## 三 独善其身和兼善天下

如前所述,在考察主体历史作用时,孟子曾将"身"视为家国天下之本,后者既意味着确认自我的力量,同时亦相应地肯定了个体的价

---

① 《孟子·尽心上》。

值。不过,在以上关系中,个体的这种价值还是相对于家国天下而言,因而带有外在的性质。按孟子的看法,除了外在的价值外,主体还有"贵于己者":

人人有贵于己者,弗思耳矣。①

作为超越了自然的存在,每一个体都有自身的内在价值。不过,这种内在价值并非为人们所自觉地意识到:如果"弗思",便往往会忽视其存在。不难看出,在孟子对"弗思"的批评背后,实际上蕴含着注重主体内在的价值的要求。

肯定自我的价值,意味着主体应当具有一种自尊的意识。就自我与他人的关系而言,如果不知自尊,则必然难以得到他人的尊重:

夫人必自侮,然后人侮之。②

"自侮"即自暴自弃,它的反题则是自我的完善。在此,自我的完善与主体尊严的维护表现为同一过程的两个方面。这里蕴含着如下观念:主体的价值并不是一种既成的禀赋,它首先形成并展开于主体自我完善的过程之中,而自我完善同时又伴随着自尊的实现。相对于孔子的"为己"之说,孟子似乎更多地注意到了自我的价值与主体自身作用之间的联系。

自我尊重与自我完善的统一,意味着主体在道德修养的过程中应当无所依傍:

---

① 《孟子·告子上》。
② 《孟子·离娄上》。

待文王而后兴者,凡民也。若夫豪杰之士,虽无文王犹兴。①

孔子曾提出"为仁由己"之说,并把由己视为一种高于由人的境界,孟子的无所待之说显然导源于此。与孔子一样,孟子所谓"兴",主要是道德上的自我挺立,而在孟子看来,这种道德挺立,主要依赖于主体自身的努力,而非外力作用使然。值得注意的是,孟子所说的无所待,包括无待于圣人(文王)。换言之,在圣人的影响与主体的努力二者之中,重心开始转向于后者。

无所待的进一步引申,即是不为外在的权势及地位所屈。按照孟子的理解,社会的等级与道德关系不能等而同之。从社会等级上看,人与人之间有上下尊卑之分,但从道德上看,每一个人都能达到自我完善,亦即都有其自身的价值。质言之,德性与社会等级之间并不存在对应关系。就君臣关系而言,君在地位上无疑高于臣,但在德性上却未必如此,因此,对一个真正达到自我完善的人来说,他根本无需在君之前妄自菲薄:

以位,则子,君也;我,臣也。何敢与君友也? 以德,则子事我者也,奚可以与我友?②

古之贤士何独不然? 乐其道而忘人之势。故王公不致敬尽礼,则不得亟见之。见且犹不得亟,而况得而臣之乎?③

可以看出,在位与德、势与道的区分背后,蕴含着对人格独立性的肯

---

① 《孟子·尽心上》。
② 《孟子·万章下》。
③ 《孟子·尽心上》。

定：作为具有内在价值的主体，自我在人格上是独立的，外在的权势与地位，并不能降低主体的人格。这种看法既是无所待而兴之论的逻辑结论，又是孔子所确认之个体性原则的进一步展开：如果说，孔子的"为己"、"由己"之说主要从道德涵养的目标及方式上肯定了自我的价值并相应地为个体性原则提供了历史的开端，那么，孟子的以上论点则从主体人格应当独立于外在势位这一角度，进一步深化了个体原则并使之获得了更为具体的内涵。自孟子以后，自我尊重与人格独立的观念便构成了儒家价值体系的重要方面，它对中国人，特别是中国知识分子的影响，是不容低估的。所谓"士可杀而不可辱"，便从一个侧面反映了这一传统。

就群己之辩的演进而言，孔子之后，墨子提出了兼爱的原则。这既体现了人道的精神，又渗透了一种为他的要求，而后者又与尚同的主张相联系。所谓尚同，也就是与在上者保持一致："上之所是，必皆是之，所非，必皆非之。"[①]这种看法固然注意到了个体的社会认同，但对个体的自我认同与主体的独立人格则未免有所忽视：在上同而不下比的原则下，个体的价值多少淹没在统一的意志之中。也许正是有见于此，庄子批评墨子"以此自行，固不爱己"[②]。对墨家的如上倾向，孟子同样持否定的态度。他之辟墨，固然主要是从亲亲的原则出发，但同时也表现了对墨家弱化个体性原则的不满，而他强调"人人有贵于己者"，并肯定主体在人格上的独立性，也确实在一定意义上纠墨家片面突出尚同之偏。

在孟子的时代，除了墨家的兼爱、尚同说之外，还有杨朱的为我

---

① 《墨子·尚同上》。
② 《庄子·天下》。

论:"杨子取为我,拔一毛而利天下,不为也。"①墨与杨虽然表现为两个极端,却往往可以转化:"逃墨必归于杨。"②杨朱以为我排斥为天下,在理论上表现为对个体性原则的片面夸大,并由此倒向了自我中心主义。孟子认为逃墨必归于杨,显然已注意到,对为他、尚同的否弃,常常容易走向另一极端——自我中心论,也正是有见于此,孟子在辟墨的同时,亦以辟杨为己任。

从辟杨的基本立场出发,孟子将己与人的沟通提到了重要的地位。在他看来,自我并不具有封闭的性质,自我的完善也不应成为最终的归宿:

> 有大人者,正己而物正者也。③
> 君子之守,修其身而天下平。④

在此,出发点是自我的完善(正己、修其身),而行为的终点则是正物平天下,换言之,自我价值的实现,乃是以群体的完善为目标。在由己向人的这种过渡中,个体的原则开始向群体的原则转化。孟子的如上看法与孔子基本上一脉相承,它在拒斥自我中心主义的同时,将群体的认同提到了显著的地位。

群体的认同当然不仅仅在于己与人的如上沟通,它有多样的表现形式。就人与人之间的关系而言,其内在的指向便是"和":"天时不如地利,地利不如人和。"⑤《论语》中曾提出了"和为贵"的看法,不

---

① 《孟子·尽心上》。
② 《孟子·尽心下》。
③ 《孟子·尽心上》。
④ 《孟子·尽心下》。
⑤ 《孟子·公孙丑下》。

过,它的侧重之点主要在于礼的协调功能;而孟子则进而从动态作用的角度,将和的实现视为社会力量之源:通过化解冲突与积极合作,社会便可凝聚为一种强大的力量,这种力量是外在的天时、地利所无法比拟的。而要达到群体之和,便必须与民同忧乐:

> 古之人与民偕乐,故能乐也。①

> 乐民之乐者,民亦乐其乐;忧民之忧者,民亦忧其忧。乐以天下,忧以天下,然而不王者,未之有也。②

这虽然是直接针对统治者而言,但它所体现的却是一种普遍的价值原则:对群体的关怀,应当成为个体行为的出发点。后来范仲淹"先天下之忧而忧,后天下之乐而乐"的主张,便可以看作是对这一原则的发挥。

至此,我们看到,孟子在由辟墨而深化个体性原则的同时,又通过辟杨而高扬了群体的原则。那么,二者在孟子的价值体系中究竟各占何种地位? 从孟子对独善与兼善关系的论述中,我们可以对此有一个总体上的认识:

> 古之人,得志,泽加于民;不得志,修身见于世。穷则独善其身,达则兼善天下。③

所谓"独善其身",主要是一种道德上的自我实现,其内容是不失其

---

① 《孟子·梁惠王上》。
② 《孟子·梁惠王下》。
③ 《孟子·尽心上》。

义,故穷则独善其身又称"穷不失义"①,义所体现的是普遍的社会责任,不失其义意味着履行普遍的社会责任。在这里,独善的过程完全不同于后来道家的归隐遁世,相反,它本身也是一种淑世的方式,所谓"不得志,修身见于世"便表现了这一点。这样,独善其身与兼善天下在本质上便体现了同一价值取向:二者在履行普遍的社会责任(不失其义)这一点上,并无二致。不难看出,作为淑世的一种特殊方式,独善其身事实上从属于兼善天下:道德上的自我实现(独善),无非是群体完善的手段。在这方面,孟子不仅承继了孔子"修己以安人"的传统,而且通过将独善其身与兼善天下统一于"不失其义"而将儒家的群体原则进一步强化了。

## 四　恒心的根据与惟义所在

孟子以不失其义为独善其身与兼善天下的统一基础,内在地蕴含着对义的注重。义作为一般的当然之则,其内化形式表现为主体的道德意识。就后一含义而言,不失其义也就是确立并保持稳定的道德意识,这种道德意识,孟子称之为"恒心"。恒心的形成以什么为前提? 孟子对此作了探讨:

> 若民,则无恒产,因无恒心。苟无恒心,放辟,邪侈,无不为己。……是故明君制民之产,必使仰足以事父母,俯足以畜妻子,乐岁终身饱,凶年免于死亡。然后驱而之善,故民之从之也轻。②

---

① 《孟子·尽心上》。
② 《孟子·梁惠王上》。

制民之产,是孟子仁政说的基本内容之一,作为仁道的引申与展开,它同时又被赋予了道德的意义:正是恒产,构成了恒心的必要条件。在此,孟子已开始注意到了道德意识与经济境况之间的关系:恒心总是建立在恒产之上。相对于孔子"义以为上"的命题,孟子的如上看法无疑已触及了道德的外在基础。

就其深层内涵而言,恒产与恒心所涉及的,乃是人的需要与道德要求之间的关系。所谓制民之产,无非是使人们能够获得一定的生产和生活资料,从而得以满足基本的物质需要("乐岁终身饱,凶年免于死亡"),只有在达到这一点之后,才可能产生道德的要求(使之从善)。关于这一点,孟子在另一处作了更明确的阐述:"圣人治天下,使有菽粟如水火。菽粟如水火,而民焉有不仁者乎?"①水与火在日常生活中总是多而易得,如果满足基本需要的生活资料(菽粟)能像水火那样充足,那么,要求人们去遵循道德规范便变得比较容易了。在这里,孟子实际上对人的感性需要采取了比较宽容的态度,并把这类需要的满足视为一种合理的要求。尤为值得注意的是,孟子以基本感性需要的满足为"仁"的前提,这就肯定了,不能把道德理解为远离基本需要的抽象规范。

不过,以恒产为恒心之前提,并不意味着可以将人与人之间的关系完全归结为利益关系。如果仅仅考虑利益得失,那就很难避免社会成员之间的紧张与冲突:

> 王曰:"何以利吾国?"大夫曰:"何以利吾家?"士庶人曰:"何以利吾身?"上下交征利而国危矣。②

---

① 《孟子·尽心上》。

② 《孟子·梁惠王上》。

人的存在固然离不开利,恒心的形成也不能完全撇开感性需要的满足,但利总是首先与特殊的集团或个体相联系,而不同的集团、个体的利益关系往往并不一致。这样,以利为行为的唯一原则(上下交征利),便无法保持社会的稳定:社会最终将在冲突中走向危亡。在此,孟子已清晰地看到了,把人际关系仅仅纳入利益框架必然会导致消极的社会后果,换言之,应当将人从单纯的利益计较中提升出来。

事实上,在孟子的无恒产则无恒心说中,已经蕴含着超越功利关系的要求:恒产固然是恒心的前提,但恒产本身并不是目的,制民之产的目的是为了使民形成恒心。作为道德意识,恒心无非是义(当然之则)的内化,而义作为普遍的规范,总是体现了一般的公利,因而能够对特殊的利益关系加以调节。当梁惠王问孟子:"亦将有以利吾国乎?"孟子的回答便是:"王何必曰利? 亦有仁义而已矣。"①所谓亦有仁义,即是以仁义为调节利益的准则。在孟子看来,义对利的这种规范作用,主要便是通过恒心而实现的,一旦普遍地确立了恒心,则"上下交征利"的社会冲突即可得到缓和。

作为一种价值原则,"亦有仁义"的要求与法家的主张显然不同。孟子的时代,法家已经崛起。在义利关系上,法家的基本倾向是重利轻义,商鞅便认为:"苟可以利民,不循其礼。"②此处之礼既是指政治制度,又包括一般的道德规范,法家以为变法不应当受旧制度的束缚,这固然有其历史的合理性,但由此将功利与道德对立起来,以功利排斥礼义,则又走向了另一极端。在有利则不必循礼的原则下,功利成为唯一的追求目标,由此构成的社会,必然将充满冲突与对立。事实上,在法家价值原则影响下的秦国,便明显地表现出如上特点,

---

① 《孟子·梁惠王上》。
② 〔战国〕商鞅:《商君书·更法篇》。

人与人之间的关系甚至紧张到彼此监视、互相告发的程度。① 相形之下,孟子要求以义制利,亦即运用当然之则对利益关系作出合理的调节,似乎更多地注意到了道德在维护社会稳定与和谐中的作用。从另一侧面看,利益关系带有一种手段的性质:在利益计较之下,人与人之间的关系仅仅是一种互为手段的关系,而义则超越了单纯的手段,就此而言,以义制利同时意味着扬弃人际关系的工具性(手段性)。

不过,在纠重利轻义之弊的同时,孟子对义的功能又作了不适当的强化,以为只要合乎义,则不必考虑行为的后果:

> 大人者,言不必信,行不必果,惟义所在。②

这里包含二重含义:其一,道德原则(义)具有至上的性质,它并不以道德领域之外的经验事实为基础;其二,对主体言行的价值判断,不必以行为的结果为依据,而只需看其动机是否合乎义(惟义所在)。这样,义本身似乎便成了目的,而主体的行为则相应地表现为为义而行义。从这方面看,孟子不仅没有超越发端于孔子的义务论倾向,而且使之进一步趋于明朗化。

义本质上体现了理性的要求,与"惟义所在"的主张相应,孟子将养其大体提到了重要的地位:

> 体有贵贱,有大小,无以小害大,无以贱害贵。养其小者为小人,养其大者为大人。③

---

① 参见〔汉〕司马迁:《史记·商君列传》。
② 《孟子·离娄下》。
③ 《孟子·告子上》。

所谓"小体"，亦即人的感官，与之相联系的是人的感性需要；"大体"则是心之官，与之相联系者为理性的需要。养其小体，主要表现为感性需要的满足；养其大体，则以理性需要的满足为内容，孟子以小体为贱，以大体为贵，并要求无以小害大，无以贱害贵，显然将理性的需要置于感性需要之上。一般而论，感性的需要往往带有自然的性质，而理性的需要则更多地体现了人之为人的族类本质，就此而言，孟子对养其大体的注重，无疑具有使人超越自然的存在并更完美地实现族类本质的意义，但由此而贬抑小体（以之为贱），则似乎又未能对感性需要作出合理的定位。后一偏向在孟子的恒产与恒心之说中，已以潜在的形式存在：一方面，恒心（道德意识）的形成固然要以基本需要的满足为前提，但另一方面，基本需要的满足又以恒心的确立为目标。就后者而言，制民之产与基本需要的满足事实上只具有手段的意义，对这种看法作进一步的推论，便很自然地可以引出"无以贱害贵"的结论。总之，尽管孟子对人的感性需要并未采取简单排斥的态度，但他以贵贱区分大体与小体，毕竟又蕴含了重理轻欲的价值取向，而这种取向同时又可以看作是惟义所在之义利观的逻辑引申。

## 五　从执中而权到君子反经

义作为当然之则，具有普遍的规范功能，但这种规范作用并不仅仅是通过划一不变的方式实现的。孔子已注意到这一点，孟子对此作了更明确的阐述：

> 执中无权，犹执一也。所恶执一者，为其贼道也，举一而废百也。[1]

---

[1] 《孟子·尽心上》。

这里已明确提出了"权"的原则。"权"的本义是衡量物之轻重①,作为一种行为原则,其含义则是灵活变通。与"权"相对的是"执一"。所谓"执一",即是拘守某种规范而不知变通。执一必然导致一般规范的僵化,并使之难以应付丰富多样的社会生活(举一废百),从而最终限制规范本身的作用(贼道)。一般而论,对原则的灵活变通,总是与个体的特定存在相联系,并且最终又是通过具体的个体而实现。以"权"否定执一,意味着个体并非一般原则的附庸,它内在地蕴含着对个体存在价值的确认。

作为原则的灵活变通,"权"的基本要求是对不同的存在情景作具体分析。关于这一点,孟子曾举例作了阐释:

> 男女授受不亲,礼也;嫂溺援之以手者,权也。②

按照礼的规定,男女之间不能直接授受,但在某些情景之下(例如嫂子不慎落水),则可以不受礼的以上限制。在此,对所处情景的具体分析便构成了灵活运用原则(权)的前提。这种以境遇分析为依据的"权",又称为"时"。在孟子看来,孔子便是"圣之时者",因为他既不像伯夷那样"治则进,乱则退",也不同于伊尹之"治亦进,乱亦进",而是能够根据具体情况,恰当地调整行为方式:"可以速而速,可以久而久,可以处而处,可以仕而仕,孔子也。"③"时"或时中的观念,在后来的儒家思想中占有重要的地位。与"权"一样,它所体现的,乃是对具体存在境遇的注重。

---

① "权"的原始含义是秤锤,作动词用时指衡物以知其轻重。
② 《孟子·离娄上》。
③ 《孟子·万章下》。

主体所面临的境遇,不仅呈现出特殊的形态,而且往往包含着内在的紧张与冲突,后者在更深的层面上表现了境遇的复杂性,并使"权"与"时"进一步成为必不可少的行为环节。《孟子》中记载了一段饶有趣味而又耐人寻味的对话:

> 桃应问曰:"舜为天子,皋陶为士,瞽瞍杀人,则如之何?"孟子曰:"执之而已矣。""然则舜不禁与?"曰:"夫舜恶得而禁之?夫有所受之也。""然则舜如之何?"曰:"舜视弃天下,犹弃敝蹝也。窃负而逃,遵海滨而处,终身诉然,乐而忘天下。"①

瞽瞍即舜之父,作为一国之君,舜在父亲犯法之时,不能徇情枉法,但作为人之子,舜又不能对父亲被执无动于衷,这里既存在着道德与法的紧张,又涉及了不同道德规范(广义的忠与孝)的冲突。如何解决这种冲突?"执一"在这里显然无济于事,出路只能是个体自身的权衡、选择。尽管以上的情景是在假设中提出,而且孟子以"窃负而逃"作为解决冲突的方式也带有某种戏剧性,但这种假设背后所蕴含的,却是一个相当现实而严肃的问题。不妨说,它实际上以尖锐的形式,突出了个体境遇的二难性质与"权"的联系;并且在强调选择(权衡)不可执一的同时,又肯定了个体存在价值的独特性。在现代西方,存在主义也注意到了类似的问题,如萨特笔下的那个法国青年所处的便是一种带有内在冲突的二难境地:他必须在陪伴孤单的母亲与为民族而战二者之间作出选择。② 存在主义对此的关

---

① 《孟子·尽心上》。
② 参见〔法〕萨特:《存在主义是一种人道主义》,周煦良、汤永宽译,上海:上海译文出版社,2012年。

注,从一个侧面表明,道德中的选择,乃是一个与个体存在相关的普遍的价值问题。

不过,与存在主义强调二难境遇中的选择既无前例可依,又无一般原则可循不同。孟子所谓不可执一,主要指不拘守某种普遍规范,而不是完全摒弃这种规范。因此,反对执一,并不意味着否定普遍原则或规范的作用,毋宁说,它在某种意义上乃是为了使普遍规范的作用得到更好的体现:批评执一则"贼道",便表明了这一点。事实上,孟子以"窃负而逃"作为解决道德冲突的方式,同样体现了一般规范的制约:负父远走,意味着以孝为行为的最高原则。在孟子看来,尽管主体在具体境遇中的选择不可执一,但灵活变通(权)同时又必须以某些普遍的原则为依据;嫂子溺水时,固然可以不受"男女授受不亲"之礼的限制,但援手救嫂,同时又体现了一般的仁道原则:"嫂溺不援,是豺狼也。"①总之,特定境遇中的具体分析与变通,并不完全离开普遍的道德准则。正是在此意义上,孟子一再强调"君子反经而已矣"②、"学者亦必以规矩"③。相对于现代西方存在主义片面强调选择的绝对自主性、唯一性,孟子肯定权与经的统一,无疑体现了一种较为健全的价值取向,它使儒家始终难以接受相对主义的价值观。

当然,在孟子那里,"权"与"经"尽管相互联系,但又有主次之分:"权"在总体上似乎从属于"经"。如前所述,孟子之反对"执一",是由于执一将导致"贼道"。换言之,"权"或多或少被视为维护最高规范(道)的手段,而"反经而已"、"必以规矩"等要求,则更明显地表现

---

① 《孟子·离娄上》。
② 《孟子·尽心下》。
③ 《孟子·告子上》。

了这一趋向。① 对孟子来说，"权"的作用主要在于通过各种具体规范的适当调整使道（最高规范）的运用更为完善，而并不是从根本上偏离道。对道的神圣性，孟子始终确信不疑："为政不因先王之道，可谓智乎？"②"事君无义，进退无礼，言则非先王之道者，犹沓沓也。"③这种确信同样体现在孟子自己的言行中："我非尧舜之道，不敢以陈于王前。"④在此，道被提到了至上的地位，它为人们的政治、道德等行为规定了一个不可超越的界限。不难看出，对道的如上理解，已蕴含着导向独断论的契机。

儒家之道一旦趋于独断化，对儒家之外的其他学派和学说，便很难有一种宽容的态度。孟子在战国时代有好辩之名，而这种辩，在某种意义上便具有卫道的性质，孟子本人对此并不讳言：

圣王不作，诸侯放恣，处士横议，杨朱、墨翟之言盈天下。……吾为此惧，闲先圣之道，距杨墨，放淫辞，邪说者不得作。⑤

我亦欲正人心，息邪说，距诐行，放淫辞，以承三圣者，岂好辩哉？予不得已也。⑥

处士横议反映了百家争鸣的历史状况，而在孟子看来，百家之横议，

---

① 当 P.J.艾凡赫强调在孟子那里，作为规范的礼完全可以悬置变通而并无绝对意义时，似乎忽视了这一点。（参见 P. J. Ivanhoe："Thinking and Learning in Early Confucianism"，*Journal of Chinese Philosophy*，No.4，1990。）

② 《孟子·离娄上》。

③ 同上。

④ 《孟子·公孙丑下》。

⑤ 《孟子·滕文公下》。

⑥ 同上。

都不过是淫辟邪说,它们的存在,对先王之道构成了一种威胁;为了维护先王之道,便应当息邪说,放淫辞。这里显然已蕴含着定于一尊的要求:除了儒家所代表的先王之道外,百家之言都应加以拒斥。孟子的如上主张,在某种程度上已由道的独断化向权威主义的价值观迈出了一步。较之孔子,孟子在这方面似乎走得更远。

## 六 内圣的走向

"经"与"权"的恰当定位,是孟子的基本要求,二者的具体协调则展开于个体的行为过程。如何使个体在一切特定境遇中都既不执一,又能反经? 与孔子一样,孟子首先从人格的健全上对此作了考察。在孟子看来,行为的选择,总是受到行为者(主体)内在品格的制约。正是基于这一观点,孟子将"正人心"与"息邪说、距诐行"联系起来,并以此为己任("我亦欲正人心")。所谓"正人心",便涉及人格问题。当然,人格所关联的,并非仅仅是具体的行为,在更深的层面,它同时体现了广义的价值追求。

### (一)人格内涵及其价值意蕴

完美的自我包含何种品格? 孔子将人格的各个要素涵盖于仁这一总范畴之下,孟子则开始将其展开为仁、义、礼、智等具体规定。就其内在含义而言,仁义礼智具有二重性:它既表现为行为的规范,又是主体内在的品格,二者从不同方面展开了同一道德理想。作为内在的品格,仁义礼智分别代表了德性的不同侧面:

> 恻隐之心,仁也;羞恶之心,义也;恭敬之心,礼也;是非之心,智也。[1]

---

[1] 《孟子·告子上》。

恻隐之心是一种同情心,引申为普遍的仁爱精神:"仁者以其所爱及其所不爱。"①由所爱兼及所不爱,也就是由亲亲而泛爱众;羞恶之心作为当然之则(义)的内化,首先表现为一种道德责任感,它在广义上则指道德上的自我意识(一旦做了不合道德规范的事,便会受到这种意识的自责);恭敬之心又称"辞让之心",作为礼的内在形式,它所体现的是一种尊重他人,先人后己的价值取向;是非之心则表现了理性的判断能力,它赋予主体以自觉的品格。可以看出,在仁义礼智四者中,基本品格是仁与智:所谓羞恶之心与恭敬之心(辞让之心)无非是仁与智融合的具体形态,正是在此意义上,孟子有时直接以仁与智来规定理想的人格:"仁且智,夫子既圣矣。"②

当然,以仁智为主干的如上四重品格,并没有穷尽理想人格的内涵。除了具有仁爱精神与自觉的理性等之外,完美的自我还应当勇于舍生取义:"生,亦我所欲也;义,亦我所欲也,二者不可得兼,舍生而取义也。"③"取"表现了意志的选择,在这里,崇高的道德行为(舍生取义),便发端于主体(自我)意志的选择。孟子十分注重意志的品格,并提出了"浩然之气"说:

> "敢问何谓浩然之气?"曰:"难言也。其为气也,至大至刚,以直养而无害,则塞于天地之间。"④

关于"浩然之气"的含义,历来众说纷纭,而"塞于天地之间"之类的描述,确实也使之带上了几分玄深的神秘感。不过,透过玄秘的形式便

---

① 《孟子·尽心下》。
② 《孟子·公孙丑上》。
③ 《孟子·告子上》。
④ 《孟子·公孙丑上》。

不难看出,所谓"浩然之气",无非是一种与主体意志相联系的精神力量。当然,它所体现的,主要不是意志的选择功能,而是意志的坚毅与果敢气概。在孟子看来,主体一旦培养了这样一种意志力量,便可以成为顶天立地的大丈夫:所谓"塞于天地之间",便暗示了这一点。孟子一再强调主体应当不为外在"位"、"势"所动而保持自身人格的独立,从某种意义上说,人格的独立性正是以至大至刚的浩然之气为其内在精神支柱,而反过来,"浩然之气"说也从更深的层面上反映了主体在人格上卓然挺立的要求。

作为人格的内在规定,浩然之气与仁智等品格并非相互排斥:"其为气也,配义与道,无是,馁也。"①义与道主要表现为普遍的理性规范。所谓"配义以道",便是理性规范对意志力量(至大至刚之气)的渗入与影响。孟子一再要求"从其大体"②,而大体亦即"心之官",这一原则在意志与理性的关系上,便表现为心之官对意志的制约。事实上,在舍生取义的选择过程中,即可看到这一点:"生"与"义"之间的选择("取"),固然体现了意志的功能("取"首先是意志的决断),但意志的如上选择同时又是基于对道德价值的理性思考。可以看出,孟子对理想人格的设定,基本上沿袭了孔子的理性主义方向。

仁义礼智以及浩然的意志力量从不同侧面展示了理想人格的内涵。作为道德理想的具体化,人格总是具有一种相对完整的形象,从《孟子》中,我们可以看到对这种人格形象的描述:

　　　　浩生不害问曰:"乐正子,何人也?"孟子曰:"善人也,信人也。""何谓善?何谓信?"曰:"可欲之谓善,有诸己之谓信,充实

---

① 《孟子·公孙丑上》。
② 《孟子·告子上》。

之谓美,充实而有光辉之谓大,大而化之之谓圣,圣而不可知之谓神。乐正子,二之中,四之下也。"①

这里重要的不是对乐正子其人的评价,它的真义在于从另一角度对理想人格作了规定。"善"表现了理想人格所具有的德性,它总是为人们所向往并合乎人们的意愿(可欲之谓善);"信"意味着这种德性是主体真正具有而不是外在的矫饰(有诸己之谓信),它体现了一种真的品格;"美"是全面性的要求,它提示了理想的人格应当是各个要素的统一(充实之谓美);"大"表明完美的人格必然是内容与形式的统一(充实而有光辉之谓大);"圣"突出了人格的道德感染力与教化作用(大而化之之谓圣);"神"表明人格的如上作用是以潜移默化(无形)的形式展开的(圣而不可知之谓神)。总起来说,理想的人格表现为一种善、真(信)、美统一的完整形象,而这种人格同时又蕴含着无形的道德力量。

完美的人格形象都具有一种典范意义。孔子曾将人格典范区分为君子与圣人二类,并把圣人规定为一种范导目标,以为即使尧舜也尚未完全臻乎此。在这方面,孟子的看法与孔子有所不同。按孟子之见,圣人虽是"人伦之至"②,但它并非可望而不可即。从历史上看,不仅尧舜是当之无愧的圣人,而且像伯夷、伊尹、柳下惠等贤者也都已达到圣人的境界,孔子则更是集圣之大成。③ 就其现实形态而言,圣人与君子不仅无操作准则和范导目标之别,而且也并非超然于一般人之上:

① 《孟子·尽心下》。
② 《孟子·离娄上》。
③ 参见《孟子·万章下》。

圣人之于民,亦同类也。①

　　故凡同类者,举相似也,何独于人而疑之? 圣人与我同
类者。②

圣人与民同属一类,他即来自普通人之中,而不是一种超验存在。这
样,从存在的意义上看,圣人与普通人一开始便有一种内在的关联。
这种关联同时又使理想与现实得到了沟通:圣人作为理想的人格典
范,首先是现实社会中的一员;同样,在现实的我与理想的典范之间
也没有不可逾越的鸿沟。

　　正是基于如上看法,孟子肯定人皆可以为尧舜:

　　　曹交问曰:"人皆可为尧舜,有诸?"孟子曰:"然。"③

这里体现的是一种普遍的道德自信:作为与圣人同属一类的社会存
在,人皆能够达到一种理想的人格境界;而在这种乐观信念的背后,
则蕴含着一种道德上平等的观念:就皆可以成圣而言,人与人之间并
无本质的差别。这种看法似乎是对孔子的某种修正。在孔子那里,
圣人主要表现为一种范导目标,它很难为一般人所达到。孔子本人
从来不敢以圣人自许:"若圣与仁,则吾岂敢?"④即使尧舜,在孔子看
来亦未完全达到圣的境界:"尧舜其犹病诸!"⑤这样,圣人便带有某种
可望而不可即的超验性质。相形之下,孟子的如上确信则使这种超验

---

① 《孟子·公孙丑上》。

② 《孟子·告子上》。

③ 《孟子·告子下》。

④ 《论语·述而》。

⑤ 《论语·雍也》。

性有所淡化。在中国历史上,"人皆可以为尧舜"的观念逐渐成为激励人们不断实现道德升华的内在动力,其影响无疑是深远的。不过,在强调道德理想植根于现实人伦的同时,孟子对理想超越于现实这一特征似乎有所弱化:当他由圣人与民同类而导出凡人皆可成圣时,理想人格与现实人伦的接近较之其超越现实的崇高性,无疑显得更为突出。

作为人人皆可达到的境界,理想人格主要表现为一种内圣的品格。在孟子看来,判断一个人是否已经在人格上得到升华,主要便是以其"存心"为依据:

君子所以异于人者,以其存心也。①

所谓"存心",也就是内在的德性或道德意识的涵养。在此,内在的德性(内圣)构成了理想人格(君子)的根本特征。在孟子对理想人格的化身——"大丈夫"的描述中,我们可以更为具体地看到这一点:"富贵不能淫,贫贱不能移,威武不能屈,此之谓大丈夫。"②相对于内在的精神境界而言,富贵、贫贱、威武等基本上表现为外在的力量,而理想人格(大丈夫)的崇高性,即在于具有坚定的操守,不为外在的力量所淫、所移、所屈。这种操守所体现的,正是内圣的品格。

也正是基于如上看法,孟子对贤与能作了区分:

贤者在位,能者在职。③
尊贤使能,俊杰在位,则天下之士皆悦而愿立于其朝矣。④

---

① 《孟子·离娄下》。
② 《孟子·滕文公下》。
③ 《孟子·公孙丑上》。
④ 同上。

"贤"主要是内在的道德品格或德性,"能"则指经世的实际才干,前者属内圣,后者属外王。孟子将尊重贤者与使用能者加以区分,亦即把实际的致用功能从贤者之中分离出来,多少意味着架空理想人格的外王(经世致用)规定。从逻辑上看,这种趋向与孟子性善说及王道观念又有内在的联系:孟子曾由仁道推出了王道,而王道的基本要求即在于通过"以德行仁"使人"中心悦而诚服"①。它在总体上更偏重于内在的道德力量,后者体现于理想人格上,便是内圣特征的强化。相对于孔子对内圣与外王的双重确认,孟子的如上倾向标志着儒家价值追求的某种折变。

## (二) 性善的预设:返归内在潜能

人格理想的内涵,内在地规定着成人(达到理想人格)之道。孟子对内圣的强调,一开始便制约了他对成人过程的考察。

孔子曾提出了"性相近,习相远"②之说,以为成人必须以相近(普遍)之性为出发点。不过,关于性的具体内容,孔子并未作更多的阐述,孟子则对此作了较多的解说。按孟子之见,人性之所以普遍相近,是因为凡人都有先天的善端。正是这种善端,为迈向理想的人格提供了可能③:

---

① 《孟子·公孙丑上》。

② 《论语·阳货》。

③ A.C.葛瑞汉认为,除了与告子辩论及答某个学生之问外,孟子从未肯定人性本善。性善说是在尔后,特别是李翱及宋明理学那里才发展起来的(参见 A. C. Graham: *Studies in Chinese Philosophy and Philosophical Literature*, New York: State University of New York Press, 1990, pp.26 - 59)。依此,则性善便只是孟子的偶然提法。这一观点忽视了孟子的人性论与其整个价值体系(特别是理想人格论)之间的联系。事实上,如后文将要详论的,在孟子那里,性善乃是实现其价值目标一个必不可少的前提。

> 恻隐之心,仁之端也;羞恶之心,义之端也;辞让之心,礼之
> 端也;是非之心,智之端也。人之有是四端也,犹其有四体也。
> 有是四端而自谓不能者,自贼者也。①

仁义礼智是理想人格的基本规定,而这种规定一开始便以萌芽的形式(端)存在于每一个主体之中,并构成了主体自我实现的内在根据。所谓成人,无非是这种先天潜能的展开,如果主体不能完成这一过程,便是对先天潜能的自我否定(自贼)。潜能之于人,犹如源泉之于水流,"源泉混混不舍昼夜。盈科而后进,放乎四海,有本者如是,是之取尔"②。同样,先天的善端也为人格的发展提供了不竭之源。可以看出,从孔子的性相近,到孟子的性本善,与人性相联系的内在根据在成人过程中的地位得到了进一步突出。

作为一个以先天善端为本的过程,理想人格的塑造更多地表现为对内在本性的顺导。在与告子的辩论中,孟子对此作了阐述:

> 告子曰:"性,犹杞柳也;义,犹桮棬也。以人性为仁义,犹以
> 杞柳为桮棬。"孟子曰:"子能顺杞柳之性而以为桮棬乎?将戕贼
> 杞柳而后以为桮棬也?如将戕贼杞柳而以为桮棬,则亦将戕贼
> 人以为仁义与?率天下之人而祸仁义者,必子之言夫!"③

所谓"为仁义",亦即培养仁义的品格(达到理想的人格境界)。按照告子的看法,人的本性既非善,也非不善,因此仁义等品格的形成主

---

① 《孟子·公孙丑上》。
② 《孟子·离娄下》。
③ 《孟子·告子上》。

要依赖于后天的加工造就。孟子则认为,告子的如上主张,必然将使"为仁义"等同于否定人之本性(戕贼人之性)。从理论上看,把肯定后天的加工简单地归结为戕贼人性,这当然并不确切,因为告子之侧重于成人的后天作用,与逆乎本性(自贼本性)并无直接的逻辑联系。就此而言,孟子的批评,多少是一种先验论的偏见。

不过,值得注意的是,孟子从性善论的前提出发,强调成人不应当是一个戕贼本性的过程。后者首先意味着:人格的塑造不能仅仅理解为外在的强制或单向的灌输。一般而论,道德涵养固然需要经历一个个体社会化的过程,而这一过程通常又与改造本然之性相联系,但同时,它又并非完全逆乎本性。人的本性在某种意义上表现为人的需要:"在现实世界中,个人有许多需要。""他们的需要即他们的本性。"①如前章提及的,根据现代人本主义心理学的研究,人除了基本的生理需要外,还具有相互尊重、合群等高层次的需要。在追求理想精神境界的过程中,以需要的形式表现出来的人性,即构成一种内在的出发点或根据。当然,这种出发点或根据并不是凝固不变的。当它与内化的普遍规范、原则等相融合之后,又可以不断地提升为一种新的根据,并相应地为成人过程提供一个新的出发点。如果完全离开或违逆如上的内在根据,片面地突出外在强制,成人的过程便会导致人性的扭曲,而很难达到健全的人格。尽管孟子对人性的理解具有某种先验的偏向,但他反对戕贼人性以为仁义,确实有见于内在根据在人格培养中的作用。

孟子对戕贼人性的批评,同时包含着另一重含义,即达到理想人格的过程并不以自我的否定为特征,毋宁说,它更多地表现为自我的实现。如前所述,在孟子那里,成人的内在根据也就是先天的善端或

---

① 《马克思恩格斯全集》第3卷,北京:人民出版社,1960年,第326、514页。

潜能。自我从本然的存在到理想境界的发展,同时即是善端的展开或潜能的实现,在本然的我与理想的我之间不存在内在的紧张或对抗。孟子的如上看法后来逐渐成为儒学的主流,它与西方基督教的观念形成了明显的差异。按照基督教的教义,人类的祖先由于偷食禁果而犯下了原罪,这种原罪以后又影响到了他的后代:它使每一个人在来到世间时,总是带着一身罪孽。这样,自我一开始便是一种有罪的存在,他要获得拯救,便必须否定本然的我(带有原罪的我)。耶稣曾对信徒这样说:"如果有人想跟随我,就让他先否定他自己。"①在此,本然的我(原罪的我)与理想的我(被救赎的我)表现为一种不相容的关系。这种观念既可能导向对人的生命价值的蔑视,又蕴含着追求彼岸世界的超越趋向。相形之下,孟子在性善说的基础上将成人过程理解为自我完成(自我潜能的实现),似乎更多地肯定了主体的存在价值及现实人生的意义。

把成人(达到理想人格)规定为内在根据的展开,当然并不意味着排斥后天的涵养。孟子曾把仁义等善端比作五谷之种子,他认为,正如种子需要经过一个成熟过程一样,内在善端亦需熟之:

> 五谷者,种之美者也;苟为不熟,不如荑稗。夫仁亦在乎熟之而已矣。②

内在善端的成熟过程,首先表现为理性的自觉。孟子曾对"行仁义"与"由仁义行"作了区分。所谓"行仁义",即是行为自发的合乎仁义

---

① 〔英〕J.里德:《基督的人生观》,蒋庆译,北京:生活·读书·新知三联书店,1989年,第64页。
② 《孟子·告子上》。

规范,此时主体还处于自在的阶段;"由仁义行"则是自觉地遵循仁义规范,此时主体处于自为状态;前者相应于本然的我,后者则已提升为理想的我,而从"行仁义"的自在存在(本然的我)到"由仁义行"的自为存在(理想的我)之转化,即是通过"明于庶物,察于人伦"的理性化过程而实现的。① 在此,理性的升华既是内在潜能展开的前提,又构成了潜能展开过程的具体内容。

孟子曾把浩然之气引入理想人格之中,与人格的这一重规定相应,孟子提出了"养气"之说。所谓养气,也就是培养坚毅刚韧的意志节操。在孟子看来,主体要卓然挺立,并承担社会责任,便必须经过一个苦其心志的过程:

> 故天将降大任于是人也,必先苦其心志,劳其筋骨,饿其体肤,空乏其身,行拂乱其所为,所以动心忍性,增益其所不能。②

在天降大任的神秘形式之后所蕴含的,无非是主体的使命意识(承担社会责任)。理想人格不是离群索居的个体,他总是生活于社会之中并有其相应的社会义务;完成自我与完成社会义务本质上是统一的(如前所述,理想的人格典范内在地具有"大而化之"的功能),而要达到如上双重目标,便离不开意志的磨炼。孟子的这一看法注意到了坚毅的意志品格并非自然形成,唯有通过艰苦的磨炼以及逆境的洗礼,才能真正达到刚韧自强的人格。

不过,尽管孟子肯定了后天的理性自觉、意志磨炼等对成人的意义,但在他看来,这些因素仅仅是先天善端借以展开的条件,其作用

---

① 参见《孟子·离娄下》。
② 《孟子·告子下》。

无非是"扩而充之"①,而并没有为人格注入新的内容。同样,环境的影响固然不可忽视(意志的磨炼往往展开于逆境之中),但这种影响主要表现为促进或阻止内在善端的展开,其关系一如气候、土地之于麦种:"今夫麦,播种而耰之,其地同,树之时又同,浡然而生,至于日至之时,皆熟矣。虽有不同,则地有肥硗,雨露之养,人事之不齐也。"②正如土地、气候等条件并未为麦种增加新的质一样,环境的影响也并未导致内在根据的转换。这样,在孟子那里,成人的过程便带有某种封闭的性质:理想的人格始终不超出先天的善端。从孟子的如下结论中,我们不难看到这一点:

> 学问之道无他,求其放心而已矣。③

为学与成人是同一过程的两个方面,而这一过程在总体上即表现为从先天善端出发而又返归本性(求其放心)。

相对于孔子,孟子对内在根据的考察显然更为具体和深入。从儒家人格理想论的演进来看,孟子在性善说基础上所作的如上考察,无疑构成了一个不可忽视的环节。但所见之中同时又蕴含着所蔽:正是由突出与强化成人过程中的内在根据,孟子开始在某种程度上导向了复性说,从而相对地弱化了后天习行在人格塑造中的作用。

---

① 《孟子·公孙丑上》。
② 《孟子·告子上》。
③ 同上。

# 第三章

# 演进中的折变

先秦儒学的另一重要人物是荀子。与孟子相近，荀子的思想（包括价值观念）多方面地导源于孔子所开创的儒学传统。不过，尽管理论上大致同出一源，但荀子对儒学的阐发，却颇异于孟子。从某种意义上说，荀孟既同为儒学的传人，又各自代表了儒学（包括儒家价值观）的不同衍化方向。

## 一　天人之际：从相分到互动

在天人关系上，荀子提出了一个著名命题，即"明于天人之分"①。天即自然，所谓天人之分，首先指人

--------

① 《荀子·天论》。

是一种不同于自然对象的存在：

> 水火有气而无生，草木有生而无知，禽兽有知而无义；人有气、有生、有知亦且有义，故最为天下贵也。[1]

气、生、知（知觉能力，如目能视，耳能听之类）都是一种自然的规定或属性，义则超越了自然而表现为一种人文化的观念（道德意识）。按照荀子的看法，人之为人，并不在于具有气、生等自然的禀赋，而在于通过自然禀赋的人化而形成了自觉的道德意识（义）。正是这种人文化的观念，使人不同于自然的对象而具有至上的价值（最为天下贵）。在此，荀子通过天人之分而将人提到高于自然的地位，并把义作为确认人之价值的依据。这种思路大致与孔孟前后相承，体现的基本上是儒家的传统。

不过，义固然使人区别并高于自然对象，但人的价值并不仅仅体现于义。在荀子那里，天人之分还具有另一重含义，即天职与人职之分。天是一个没有意志渗入的自然过程："不为而成，不求而得，夫是之谓天职。"[2]与此相对，人则具有经纬自然的能力，其职能在于理天地：

> 故天地生君子，君子理天地。[3]
> 天有其时，地有其财，人有其治，夫是之谓能参。[4]

---

① 《荀子·王制》。
② 《荀子·天论》。
③ 《荀子·王制》。
④ 《荀子·天论》。

"理"、"治",均指对自然的作用。通过治理天地的活动,自然便由自在的对象转化为为我的存在(为我所用):"天地官而万物役"①。而这一过程又在双重意义上进一步体现了人的价值:一方面,物最终为人所用,人是目的;另一方面,主体的本质力量在作用于自然的过程中得到了外在的展现。换言之,人的价值超越了内在的道德意识(义)而得到了外部的确证。相对于孟子仅仅从内在的心性(善端)谈人与禽兽之别,荀子对人的价值的如上肯定,无疑更具有深沉的历史意识和现实力量。

确认人最为天下贵,内在地蕴含着对人道原则的注重。对荀子来说,相对于天道,人道具有更为重要的意义,这种致思趋向明显地打上了孔门的印记。不过,与孔子以仁为轴心展开人道原则有所不同,荀子着重将人道原则与礼联系起来。从儒学的演变来看,礼本是孔子思想中的一个重要范畴,孔子甚至以"克己复礼"来界说仁,但相对于仁而言,礼主要表现为一种外在的形式;只有与仁相结合,礼才具有现实意义:"人而不仁,如礼何?"②在荀子那里,礼开始由附属于仁的外在形式,提升为人道的最高准则:

> 礼者,人道之极也。③
> 故学至乎礼而止矣,夫是之谓道德之极。④

与仁主要表现为内在的规范不同,礼更多地侧重于外在的制约。如果说,孟子以恻隐之心(不忍人之心)作为仁的出发点,意味着将人道

---

① 《荀子·天论》。
② 《论语·八佾》。
③ 《荀子·礼论》。
④ 《荀子·劝学》。

原则视为内在良心的呼唤,那么,荀子以礼为人道之极,则将人道原则理解为社会对主体的外在要求。

作为人道之极,礼的作用首先表现为治:"天地者,生之始也;礼义者,治之始也。"①此处之"治",含义较广。它既指治理社会,经纬天地,又指对个体的塑造。人(个体)作为生命的存在,首先是自然的产物,换言之,人的生命来自自然(天地者生之始);然而,要使人由有生命的自然存在成为社会化(人化)的主体,则离不开礼的改铸(礼义者,治之始)。人刚刚来到天地间时,总是带着很多自然的痕迹,人的天性中也往往难免有自然的情感欲望:"夫人之情,目欲綦色,耳欲綦声,口欲綦味,鼻欲綦臭,心欲綦佚。此五綦者,人情之所必不免也。"②如果听任这类本性的发展,那么,人便很难与禽兽(自然对象)区别开来。只有以礼加以约束和治理,人才能真正超越自然:

> 凡用血气、志意、知虑,由礼则治通,不由礼则勃乱提僈;食饮、衣服、居处、动静,由礼则和节,不由礼则触陷生疾;容貌、态度、进退、趋行,由礼则雅,不由礼则夷固僻违,庸众而野。③
> 凡治气、养心之术,莫径由礼。④

"野"、"雅"之分,即是自然与人文(天人)之分的具体形式。由野而雅,意味着从自然的人转化为社会(人化)的人,而这一转化的基本保证,则是礼的规范和整饰。在此,礼的人道意义便在于将人从自然状态中提升出来。

---

① 《荀子·王制》。
② 《荀子·王霸》。
③ 《荀子·修身》。
④ 同上。

礼作为治之始,其作用当然不仅仅在于整治个体的自然本性,从更广的视角看,礼还具有协调社会关系,避免或化解社会冲突的功能。荀子认为,人之为人,在于有辨:"人之所以为人者,何已也?曰:以其有辨也。"①这里的人,是指作为族类的人;辨则指社会成员之间的等级区分。社会由个体构成,而个体总是有不同的需要和利益。如果不对这些需要与利益加以限制(规定一个界限),那就难免引起纷争,而礼的作用即在通过制定度量分界,以消弭纷争:

> 人生而有欲,欲而不得,则不能无求,求而无度量分界,则不能不争。争则乱,乱则穷。先王恶其乱也,故制礼义以分之,以养人之欲,给人之求。②

争、乱的结果是社会的崩溃衰落(穷),而社会的崩溃则最终导致人类自身的毁灭。就此而言,争乱又可视为对人的存在价值的否定。如果说,对个体的规范整饰主要在自然(本性之性)的人文化这一意义上体现了人道的原则,那么,通过划定度量界限以避免社会冲突,则在更广的社会历史层面上表现了相同的价值取向。

当然,以礼定分,并不意味着个体的社会地位是恒定不变的。礼所制定的度量分界,同时又构成一种准则,一旦合乎礼,便可进入相应的等级;如果不合乎礼,则当划入另一界域:

> 虽王公士大夫之子孙也,不能属于礼义,则归之庶人;虽庶

---

① 《荀子·非相》。
② 《荀子·礼论》。

人之子孙也,积文学,正身行,能属于礼义,则归之卿相士大夫。①

在此,礼对所有的社会成员都一视同仁:它乃是根据同一原则对社会成员加以划界分等。换言之,尽管礼包含着等级分界,但它同时又表现为一种客观的划分准则。不难看出,这里实质上内在地蕴含着一种公正的原则:在礼面前人人平等。正是基于这一原则,荀子一再强调"公平"、"公心"、"公正":

> 故公平者,听之衡也。②
> 以仁心说,以学心听,以公心辩。③
> 贵公正而贱鄙争。④

如此等等。于是,在荀子那里,礼便具有双重品格:一方面,它通过度量分界而化解了社会的紧张与冲突;另一方面,它又作为公正的原则而保证了社会分界的合理性。

如前所述,孔子以仁作为人道原则的基本内涵,而仁则主要体现了一种爱的要求(爱人,泛爱众);孟子由不忍人之心推出不忍心之政(仁政),贯串其间的,仍然是广义的泛爱观念。相形之下,荀子把作为人道之极的礼与公正的要求联系起来,无疑使人道原则具有新的内涵。与仁爱更多地侧重于内在的心理情感(孟子的仁政一开始即表现为内在善端的投射)不同,公正的要求首先涉及外在的社会关

---

① 《荀子·王制》。
② 同上。
③ 《荀子·正名》。
④ 同上。

系。如果说,仁爱是从内在的层面突出人是目的,那么,礼所体现的公正的要求则从外在层面普遍地肯定了人的价值:公正地对待每一社会成员,其前提是主体都应得到尊重。不妨说,二者实际上从不同的角度展开了儒家的人文主义原则。

礼在被赋予分界与公正的双重品格之后,便开始与法沟通起来。法的基本特点是胜私:"怒不过夺,喜不过予,是法胜私也。"①作为私的对立面,法乃是正义的象征,换言之,它从另一侧面体现了公正的原则。正是基于礼与法的内在相通,荀子在强调礼的规范、调节作用的同时,又把法提到了突出的地位:

> 道之与法也者,国家之本作也。②
> 法者,治之端也。③
> 故学也者,礼法也。④

礼法并重,构成了荀子思想的重要特征。

当然,礼法相通,并不意味着二者全无差异。按其本来意义,礼主要是一种当然之则(广义的人伦原则),法则是一种强制性的社会规范。在荀子那里,礼与法的如上区分,具体表现为运用范围的不同:"由士以上则必以礼乐节之,众庶百姓则必以法数制之。"⑤以为礼仅仅适用于士以上的社会成员,而对社会的其他成员则应以法律来制约,这无疑意味着给人道原则规定了一个界限,它对礼所包含的公

---

① 《荀子·修身》。
② 《荀子·致士》。
③ 《荀子·君道》。
④ 《荀子·修身》。
⑤ 《荀子·富国》。

正原则和要求似乎也有所偏离。礼法功能的如上区分表明，作为先秦思想家，荀子固然已经开始突破了世袭的等级观念（触及了公正原则），但还不可能达到近代人文主义的正义观念。不过，从另一个角度看，荀子区分礼与法，又蕴含着如下观念，即道德规范的功能不是万能的，它有其自身的限度。当荀子强调礼的调节作用主要表现于士以上阶层时，或多或少已注意到了道德不能超出自身的界限。如前所述，孟子在肯定道德规范普遍性的同时，又表现出不适当地渲染强化道德作用的倾向，这与后来法家以法为处理人际关系的唯一标准，似乎走向了两个不同的极端。从这一历史前提来看，荀子将礼的作用范围加以限制，显然又有克服泛道德主义倾向的意义。

就总的趋向而言，从孔子到孟子，儒家的人道原则主要表现为内在之仁的泛化；相形之下，荀子以礼为人道之极，则更侧重于人道原则的外在性："上莫不致爱其下，而制之以礼。"①在此，礼既体现了自上而下的关怀（爱），又表现为社会对个体的约束，而二者均具有外在的性质。如前文所论，人道的外化，无疑使之具有了更为深沉的历史意蕴和现实力量，但同时，外化又意味着他律化：相对于仁，礼无疑带有更多的他律性质。这种趋向如果进一步发展，往往容易使人伦规范衍化为强制性的准则。尽管两汉以降的正统儒学在形式上一直扬孟抑荀，但荀子的如上思维趋向，事实上却从一个方面构成了其理论先导并深深地渗入了其价值体系之中。

## 二　制天命而用之：自由理想的扩展

人道原则的进一步规定，便涉及人的自由问题，而在儒家价值体

① 《荀子·王霸》。

系中,自由的追求又联结着力命之域。从孔子到孟子,命或天命始终是儒家关注的重点之一,荀子同样没有离开这一传统。

什么是命? 荀子首先作了如下界说:

节遇谓之命。[1]

"节遇"即主体的境遇或遭遇。将"命"规定为人在现实生活中的具体境遇,这种理解似乎已异于孔孟。在孔孟那里,命基本上是一个解释范畴。它所表示的,是一种对人(个人或社会)具有决定作用而难以捉摸的力量。孔子说:"死生有命,富贵在天。"[2]人之寿夭,是一种现实的状况,而按孔子之见,命即是这种状况的决定者,换言之,"命"被赋予一种解释功能。命一旦被规定为一种左右现实境遇的支配力量,便同时开始蒙上了一层神秘的色彩,孔孟讲命,确实给人一种神秘感。相形之下,荀子将命界定为具体的境遇(节遇),这就使之由形而上的解释范畴,还原为对实然(现实情景)的描述:命不再是主宰个人或社会的超验力量,它即是现实境遇本身。正是通过这种转换,荀子多少剔除了命的玄秘形式。

作为命的一种具体形态,境遇(节遇)总是有其超越自我作用的一面:主体所处的境遇,往往并非出于自我的选择;个体也常常无法完全支配生活中的一切遭遇。对这一事实,荀子并不讳言。在分析社会交往关系时,荀子写道:

君子能为可贵,不能使人必贵己。[3]

---

① 《荀子·正名》。
② 《论语·颜渊》。
③ 《荀子·非十二子》。

主体固然可以通过自身修养而做到道德高尚,但无法保证他人一定尊重自己,后者作为一种交往境遇,已经超出了主体的作用范围。同样,个体的荣辱在某些场合固然由自己的行为所引起,但在另一条件下却取决于自我之外的力量:

> 流淫污僈,犯分乱理,骄暴贪利,是辱之由中出者也,夫是之谓义辱。詈侮捽搏,捶笞膑脚,斩断枯磔,籍靡舌缲,是辱之由外至者也,夫是之谓势辱。①

"义辱"是因自身行为的不端(犯分乱理)而导致的,它可以而且应该避免;"势辱"则源于外部境遇,对此,主体既不必负责,也无能为力。荀子认为君子可以有势辱,已注意到了个体的某些境遇是自我所难以驾驭的。这种分析,使作为节遇(境遇)的命获得了更为具体的内涵。

然而,境遇在某些方面的不可选择性,并不意味着主体完全是一种被决定的存在。人是否贵己,我是否遭到"势辱",这诚然非完全取决于自我;但在人生意义的选择、自我价值的实现上,主体却有外部力量无法左右的自主性:"若夫心意修,德行厚,知虑明,生于今而志乎古,则是其在我者也。"②所谓在我者,亦即可以由主体决定者,它所对应的乃是与实践相联系的人伦之域。在此,荀子实际上肯定了在道德领域,主体本质上是一种自由的存在。这种看法,大致继承了孔子以来的儒学发展趋向。事实上,从孔子到孟子,道德自由始终是儒学的重要主题,而对主体在道德选择、道德涵养等方面的自主性,孔

---

① 《荀子·正论》。
② 《荀子·天论》。

孟也从未表示怀疑。当然,较之孔孟,荀子对道德自由的考察无疑更为具体和明晰:

> 心者,形之君也而神明之主也,出令而无所受令。自禁也,自使也,自夺也,自取也,自行也,自止也。故口可劫而使墨云,形可劫而使诎申,心不可劫而使易意。[①]

这里的"心",泛指主体意识。它既包括自觉的理性,又兼指与之相联系的意志品格。在荀子看来,主体意识的基本特点便在于能够自由的思维和选择;人的形体固然可以被强制,但其意志的自由选择却是外力难以改变的。一般而论,道德行为的前提即是意志自由。如果主体缺乏自主选择的能力或因外在强制而无法自由地作出决定,那么,对其行为便很难作出善恶的区分,就此而言,道德自由首先即表现为意志自由。荀子以自禁自使为主体意识的内在特征,显然有见于此。这种看法同时又使礼的他律性有所弱化:外在的约束最终要通过内在选择起作用。在这方面,荀子不仅没有离开为仁由己的传统,而且使之得到了进一步深化。

那么,人的自由是不是仅仅限于道德的领域?这一问题的解决,涉及命的更深层的规定。在荀子那里,"命"除了指现实的境遇外,还有另一重含义。我们不妨看一下荀子在《天论》中的一段著名论述:

> 大天而思之,孰与物畜而制之;从天而颂之,孰与制天命而用之;望时而待之,孰与应时而使之;因物而多之,孰与骋能而化之;思物而物之,孰与理物而勿失之也;愿于物之所以生,孰与有

① 《荀子·解蔽》。

物之所以成。

这既是天人之辩的展开，又体现了对力命关系的基本理解。不难看到，此处之命，也就是存在于自然（天）之中的必然趋势。作为一种内在于自然的必然性，命已不再具有形而上的性质。如果说，以境遇（节遇）规定命，主要通过把命还原为实然而淡化了其超验的色彩，那么，在这里，荀子则通过把命界定为必然而进一步剥离了其神秘形式。进而言之，对命的后一界定，又蕴含着一种更为深刻的价值意义：作为必然性的命，已不再是不可捉摸的神秘力量，它在被人支配之后便能为人所用。而人对必然之命的宰制，本质上展开为一个掌握、支配自然规律并进而征服自然的过程。所谓"制天命而用之"、"骋能而化之"等，其基本的含义便是人能作用于自然并成为自然的主人。

制天命当然并不意味着逆天命，如果违逆必然，则不仅无法支配天命，而且将受制于物："行离理而不外危者，无之有也……夫是之谓以己为物役矣。"①按荀子之见，人作用于天的过程，绝非是天与人的相分，相反，通过"制天命而用之"、"骋能而化之"，天与人便逐渐在相互作用中建立起内在的统一性。换言之，人的作用本身便是天人统一的前提，正是在此意义上，荀子认为："错人而思天，则失万物之情。"②可以看到，荀子如上思想实质上已涉及合目的性与合规律性的统一：通过支配天命而作用于自然，既体现了人的目的（使自在之物为我所用），又表现为一个遵循必然之理的过程，而在这二者统一的过程中，主体便逐渐实现了自身的自由。这种自由，已不再仅仅是个

① 《荀子·正名》。
② 《荀子·天论》。

体道德选择的自主性,而是指向了一个更广的领域:它在本质上展开为人类(作为族类的主体)化自在之物为为我之物(征服自然)的历史过程。

相对于孔子和孟子,荀子对自由的理解无疑具有新的特点。如果说,在孔孟(特别是孟子)那里,主体的作用(力)主要限于人伦之域,那么,荀子已开始将力命之辩与天人之辩统一起来,并相应地把自由的领域扩展到天人之际。正是在荀子那里,自由获得了更为深刻的历史内涵,并在相当程度上超越了从孔子到孟子的内圣走向。然而,也正是这种超然,使荀子对力命关系及主体自由的看法始终难以为尔后的正统儒学所认同:尽管它对刘禹锡、柳宗元以及王夫之等产生了无可否认的影响,却未能真正融入儒学的主流之中。

## 三 各得其宜与群居和一

荀子对主体自由的考察涉及两个层面:就个体而言,它主要与道德选择的自主性相联系;就类(作为族类的主体)而言,它则展开为一个制天命而用之的历史过程。自由的如上二重含义,内在地关联着对群己关系的规定。

在注重修己上,荀子一如孔子:

> 君子之学也,以美其身。①

与孔孟一样,荀子所说的学,在广义上更多地与德性培养相联系,而"美其身"则相应地指道德上的自我实现。不过,孟子强调"人人有贵

---

① 《荀子·劝学》。

于己者",首先把个体的价值视为固有的禀赋(以个体价值为先天的预设);荀子主张学以美其身,则将主体的价值理解为后天的创造。因此,"孔孟荀一脉相承,壹是以修身为本"①,这诚然不错,其前提却又有内在的差异。当然,这种差异在这里还隐而未彰,它的真正展开是在成人学说之中。

除了道德上的自我完善外,主体还具有另一重价值:"故人莫贵乎生,莫乐乎安。"②生即人的生命存在。按荀子之见,个体不仅仅是道德的主体,它同时也是一种生命的存在,后者同样有其内在的价值。所谓"莫贵乎生",无非是对这一点的确认。也正是从注重个体生命价值这一前提出发,荀子一再要求在身处乱世或与暴君相处时,应当善于谨慎应变:

> 迫胁于乱时,穷居于暴国,而无所避之,则崇其美,扬其善,违其恶,隐其败,言其所长,不称其所短,以为成俗。诗曰:"国有大命,不可以告人,妨其躬身。"此之谓也。③

如果不顾环境特点,违逆暴君之意,那就如同狎虎,"狎虎则危,灾及其身矣"④。在此,个体的生命存在被提到了相当重要的地位:为了维护生命价值,主体应当不露政治锋芒,委曲求全。从理论上看,人作为现实的主体总是表现为理性精神(广义的理性)与感性生命的统一,前者展示了人的普遍本质,后者则体现了人的特定存在。然而,从孔子到孟子,伦理理性始终是注重的主要之点;相对于普遍的本

---

① 李泽厚:《中国古代思想史论》,北京:人民出版社,1984年,第3页。
② 《荀子·强国》。
③ 《荀子·臣道》。
④ 同上。

质,个体的存在往往被置于从属的地位。这种思维趋向,使儒家对人的考察多少带有某种本质主义的特点。相形之下,荀子从德性完善与生命存在两个方面突出主体的价值,无疑使儒家的个体性原则获得了更广的含义。

不过,荀子对个体生命价值的强调,也蕴含着某种负面的意义:为了避免"灾及其身",主体甚至可以对暴君"崇其美,扬其善,违其恶,隐其败"。在这种主张之下,主体的尊严、主体的人格独立性等等,似乎开始居于次要的地位:只要能够维护生命存在,即使曲意附顺,也无可厚非。事实上,在荀子那里,我们常常可以看到如下议论:"从命而利君谓之顺"①,"以善和人者谓之顺"②,等等。这种格言,在某种意义上已近乎乡愿。也许正是有见于此,近代的谭嗣同曾一再批评:"二千年来之学,荀学也,皆乡愿也。"③相对于孟子把主体价值与人格独立联系起来,强调卓然自立,不为权势所屈,荀子的如上思维趋向不免有所逊色。

通过委曲求全以维护生命存在,主要是就消极的方面而言。那么,如何才能积极地实现生命的价值? 这就涉及对"群"的看法。荀子说:

> 人……力不若牛,走不若马,而牛马为用,何也? 曰:人能群,彼不能群也。④
>
> 离居不相待则穷,群而无分则争……救患除祸,则莫若明分使群矣。⑤

---

① 《荀子·臣道》。
② 《荀子·修身》
③ 《荀子·仁学》。
④ 《荀子·王制》。
⑤ 《荀子·富国》。

作为个体,人的某些自然禀赋往往不如动物(如力不如牛,走不如马),其力量无疑十分有限。如果彼此分离(离居不相待),则势必难以生存(穷);但一旦不同的个体合为群体,结成一定的社会组织,那么,就可以形成支配自然(服牛驾马)的力量,从而由穷转化为通。在这里,群体实际上成为个体存在的基本前提;正是通过合群,人不断地驾驭并征服自然,而个体则在这一过程中彼此相待,并作为群体的一员而实现了自身的存在价值。值得注意的是,作为每一个体存在的基本条件,群体开始获得了超乎特定个体的普遍意义:"人之生,不能无群。"①这种由个体到群体的思维路径,与孔孟的儒学传统显然有其合辙之处。不过,孔孟所理解的群体,更多地带有人伦的色彩,而在荀子那里,群体则首先表现为一种征服自然并使人得以存在的社会组织形式,后者的内涵无疑更为宽泛。

那么,群作为社会组织形式,本身又是如何建构的?荀子引出了"分"这一范畴:"人何以能群?曰分。"②分主要表现为一种等级名分,具体而言,首先应把社会成员区分为不同等级,并为不同等级规定相应的名分,在此基础上,才能建立稳定的社会组织。所谓"明分使群",即是对这一过程的概括。依此,群体主要表现为一种等级结构,而君主则是这种等级结构的象征:"君者,善群也。"③荀子的如上看法虽然注意到了社会组织的形成往往伴随着社会成员之间在地位和角色上的差异,但把群体理解为等级结构,似乎又蕴含着把群体超验化的趋向。在"君者,善群也"之类的论断中,君多少被视为群体的化身,而群体一旦与君合而为一,便往往会蜕变为马克思所说的"虚

① 《荀子·富国》。
② 《荀子·王制》。
③ 同上。

幻的整体"。后来正统儒学的整体主义,便表现为如上趋向的进一步发展。

在由分而合群的推绎中,解决群己关系的基本思路亦已渐趋明朗。按其本义,分总是意味确认个体的差异。而在荀子看来,这种差异并不构成群与己的屏障:

> 故先王案为之制礼义以分之,使有贵贱之等,长幼之差,知愚、能不能之分,皆使人载其事而各得其宜,然后使毂禄多少厚薄之称,是夫群居和一之道也。①

质言之,每一个体都应充分发挥自己的作用并实现各自的存在价值(人载其事而各得其宜),而在个体的"各得其宜"中,整个社会群体也建立了稳定的秩序(群居和一)。这样,一方面,个体的存在以群体建构为前提;另一方面,合群又以个体的各得其宜为条件,群与己表现为一种彼此协调的关系。荀子这种化解个体与群体的紧张与对立、强调群己统一的价值取向,无疑体现了儒家传统积极的一面。

不过,如果作进一步的分析,则不难发现,在个体与群体的如上统一中,群体主要被理解为一种等级结构(贵贱之等),而个体则相应地表现为贵贱之等中的一员。换言之,个体基本上被定位于等级序列中,而不是真正以主体(具有独立人格的自我)的形式出现:所谓"人载其事",着重的即是个体在等级结构中的具体职能。这种观点,实质上是从外在的社会等级关系上去规定个体,它对个体的内在个性未免有所忽视。这一点,在荀子的另一论述中表现得更明

---

① 《荀子·荣辱》。

了："故千人万人之情，一人之情是也。"①就此而言，在荀子那里，群体的原则仍然占着主导的地位：群与己的和合，乃是以群体原则为其基础。

由肯定个体的自我完善与生命价值，到最后归本于群体认同，儒家的思维定势确实深深地制约着荀子。当然，较之孔孟，群体原则已经获得了新的内涵：对群体的注重首先与"制天命而用之"的要求相联系，合群则作为驾驭自然的保证而构成了人的存在前提。这一看法或多或少折射了如下事实：在生产能力还相当有限的历史条件下，人的存在与发展更直接地依赖于群体的力量。从这一意义上看，荀子将合群提到重要的地位，无疑体现了超越孔孟的历史视野。然而，另一方面，荀子把群体理解为一种等级结构，并由此出发来规定个体，从而使个体进一步从属于等级序列，就此而言，荀子似乎又较孔孟更接近于整体主义的价值原则。总之，作为原始儒学的主要代表，孔孟荀在群己之辩上既表现出相近的价值取向，又内在地蕴含各自的特点。它使儒学对中国文化的影响，呈现出颇为复杂的形态。

## 四　义的外部确证及其工具化

从孔子到孟子，儒家大致已形成了一种注重义的传统，后者同样制约着荀子。事实上，在荀子那里，礼义常常并提。正如礼必须加以遵循一样，义也不容偏离："行一不义、杀一无罪而得天下，不为也。"②得天下在广义上带有功利性质，不以得天下而行不义，意味着确认义

---

① 《荀子·不苟》。
② 《荀子·儒效》。

的内在价值。就这方面而言,孔孟荀确实有其前后相承之处。[①]

不过,在对义作进一步界定时,荀子与孔孟表现出不同的思路。如前所述,孔子在强调义以为上的同时,又对义作了某种"净化",从而多少使之成为一种游离于现实基础的先验原则。与之相异,荀子对义的外在基础作了更多的考察。根据荀子的理解,义并不是一种抽象的先天原则,与礼一样,它在本质上形成于社会发展的历史需要:

> 人生而有欲,欲而不得,则不能无求,求而无度量分界,则不能不争。争则乱,乱则穷。先王恶其乱也,故制礼义以分之,以养人之欲,给人之求。[②]

> 人何以能群?曰:分。分何以能行?曰:义。故义以分则和,和则一,一则多力,多力则强,强则胜物。[③]

在这里,义的作用表现为两个方面:其一,通过确定度量分界,合理分配物质财富,以消除和避免纷争,从而保证整个社会的稳定;其二,调节社会等级结构中不同个体的关系,以形成社会群体的凝聚力,从而增强驾驭自然的力量。无论是消除纷争,还是强而胜物,都表现了广义的功利要求。荀子以二者为义产生的社会前提,实际上从历史起源的角度,肯定了道德(义)的社会功利基础。于是,义不再仅仅根源于人的先天理性或良知,它首先表现为社会发展的历史产物。正是

---

① 史华慈(B. I. Schwarz)认为,荀子的伦理学并不属于功利主义(B. I. Schwarz:*The World of Thought in Ancient China*,Cambridge,MA and London:Harvard University Press,1985,p.300)。这一看法无疑注意到了荀子与孔孟之间这种联系,但他似乎未能进一步分析荀子对道义论的超越。详见后文。

② 《荀子·礼论》。

③ 《荀子·王制》。

通过这种历史的理解,荀子开始在某种程度上扬弃了义的封闭性与抽象性。

循沿如上思路,荀子进而认为,作为道德原则的义不仅在历史起源上有其广义的功利基础,而且其现实形态也并非隔绝于实际的功利:"故知节用裕民,则必有仁义圣良之名,而且有富厚丘山之积矣。"①"治万变,材万物,养万民,兼制天下者,莫若仁人之善也夫。"②"循其道,行其义,兴天下同利,除天下同害,天下归之。"③如此等等。在此,节用裕民、材万物、养万民、兼利天下等功利的结果,实际上构成了义的一种现实确证;换言之,真正的义,最终总是与功利的效应相联系。相对于孟子之强调"惟义所在",荀子的视野已开始由义的内在价值转向了其外在价值,而在这种转换中,义本身也获得了更为具体的内容。

对义的历史起源与现实确证的考察,从不同侧面展示了义的外在基础(包括功利基础)。它对孔孟的道义论(义务论)倾向无疑有所纠偏,就儒家义利之辩的演进而言,荀子如上考察的意义,也首先表现于此。尽管道义论在后来的儒学中一直占着主导地位,但抑制道义论的思想同样也绵绵不绝,后者的理论渊源之一便可追溯到荀子。

义的外在基础,表现了广义的利对义的制约,但这仅仅是义利关系的一个方面。按荀子之见,义作为当然之则,同时又具有调节利益关系的功能;如果离开义的规范而片面逐利,那就很容易导致消极的后果。

苟利之为见,若者必害。④

---

① 《荀子·富国》。
② 同上。
③ 《荀子·王霸》。
④ 《荀子·礼论》。

上好利则国贫。①

利克义者为乱世。②

质言之,一旦撇开义而唯利是求,则利往往会走向自己的反面(害)。正是在此意义上,荀子认为:"保利弃义谓之至贼。"③就其要求以义制利而言,荀子显然并没有离开儒家的传统。不过,在荀子那里,以义制利的着重点并不仅仅在于强调道德原则的至上性。对荀子来说,义本质上代表了一种更为根本、恒久的利。以义制利,意味着通过义的调节,以实现根本、恒久之利。这样,以义制利与唯利是求之对立,便同时表现为注重根本恒久之利与追逐一时之利的区分,而君子与小人之别,首先也体现于此:"君子道其常,而小人计其功。"④

荀子在指出义有其外在功利基础的同时,又注意到了义对利益关系及功利活动的规范和调节,多少已表现出统一义利的价值取向。较之孔子离开义的社会历史根源而强调"义以为上",荀子的义利观无疑显得更为融通。然而,如果由此作更深一层的分析,则不难发现,在荀子那里,当义向利接近时,其内涵已开始发生转换。为了具体地了解这一点,我们不妨看一下荀子的如下论述:

先义而后利者荣,先利而后义者辱;荣者常通,辱者常穷;通者常制人,穷者常制于人。⑤

① 《荀子·富国》。
② 《荀子·大略》。
③ 《荀子·修身》。
④ 《荀子·天论》。
⑤ 《荀子·荣辱》。

仁义德行,常安之术也。①

体恭敬而心忠信,术礼义而情爱人,横行天下,虽困四夷,人
莫不贵。②

诸如此类,尚可列出不少。作为道德原则的义,在这里实际上已被赋
予一种工具的意义:遵循义并不表现为无条件地服从绝对命令,而是
为了求得荣通安贵;换言之,义在某种程度上已成为获取名利(荣通)
的方式(术)。如前文所论,道德本质上具有二重性:它既有现实的基
础及外在价值(作为手段的善),又有其超越功利的内在价值。荀子
注意到义并非抽象的律令,相对于孔孟过分强调义的超功利性,无疑
有其不可低估的理论意义,然而由此而将义工具化,则又趋向于另一
片面。从总体上看,荀子固然并不完全否认义的内在价值,但在他那
里,道德的工具性,毕竟似乎压倒了其超越性;较之孔孟,荀子对道德
的超功利性与崇高性,未免有所弱化。读荀子的文章,我们确实常常
可以看到清醒的理智分析和权衡,诸如"见其可利也,则必前后虑其
可害也者,而兼权之,熟计之"③,等等,却较少体验到道德的崇高力量
及其内在的感染、震撼作用。荀学没有能够成为儒学的正统,恐怕与
其如上的价值取向不无关系。

荀子所说的义,也就是理:"义,理也。"④利则指向感性需要的满
足,而感性需要(物质需要)首先以感性欲望的形式表现出来。这样,
义利之辩便内在地涉及理欲之辩。按荀子之见,人之有欲,源于人的

---

① 《荀子·荣辱》。
② 《荀子·修身》。
③ 《荀子·不苟》。
④ 《荀子·大略》。

本性,因而是一种不可避免的现象:"欲不待可得,所受乎天也"①。
"虽尧舜不能去民之欲利。"②作为一种与人的存在相关的现象,人欲
本身并不是恶的禀赋,因而不应人为地加以压抑、禁绝:"弃其天养,
逆其天政,背其天情,以丧天功,夫是之谓大凶。"③合理的方式是通过
适当地满足人的感性需要,以顺乎人的欲望。正是基于这一看法,荀
子主张:"养人之欲,给人之求。"④这种观点与孟子的寡欲之说颇有不
同,表现了对人的感性需要与欲望较为通达的态度。

　　养人之欲当然并不意味着对人欲可以不加节制,而对欲的节制,
即体现了理的功能;欲之是否向消极方面转化,主要即取决于它是不
是合乎理:

　　　　心之所可中理,则欲虽多,奚伤于治?……心之所可失理,
　　则欲虽寡,奚止于乱?⑤

从广义上看,理既是普遍的规范,又是这种规范的内化,后者具体表
现为理性的要求(与感性欲望相对的精神需要);这样,理欲之辩同时
即展开为两种需要(感性的物质需要与理性的精神需要)之间的关
系。在肯定人欲不可强逆的同时,荀子将人的理性要求提到了相当
重要的地位,以为一旦理性精神得到升华,那么,感性的需要便可以
获得相应的调节:

---

① 《荀子·正名》。
② 《荀子·大略》。
③ 《荀子·天论》。
④ 《荀子·礼论》。
⑤ 《荀子·正名》。

> 心平愉,则色不及佣而可以养目,声不及佣而可以养耳,蔬食菜羹而可以养口,粗布之衣、粗之履而可以养体。①

所谓"心平愉",是指由精神的充实而达到的心灵宁静和满足。在理性的精神境界获得提升之后,感性的追求便有了其限度;即使粗布蔬食,也可养人之欲。

不难看到,荀子对理欲关系的理解,内在地渗入了崇尚"孔颜之乐"的儒学精神。尽管荀子并没有像后来的正统儒学那样,对人的感性欲望和物质需要加以贬抑,而是采取了较为宽容的原则,但理性精神的升华显然被置于更为主导的地位。如果说,义利之辩上的理智计较(权衡)多少使孔子开创的理性主义传统有所变形,那么,理欲之辩上的如上思维趋向,则使荀子又接近于儒家理性主义的本来形态。

## 五 从以权应变到以道壹人

人存在于世,所遭所遇,总是有一般原则难以范围的一面。当荀子赋予义以某种工具意义时,便已内含着对一般原则之相对性的确认。作为特定的存在,人不可避免地要独自应付各种事件,并担当相应的责任,后者既使个体承受了存在的压力(感受到了生活的严峻性),也赋予个体以存在的价值。如果主体能够在具体境遇中面对外部世界,毫不退缩,并成功应变,那就能从一个方面实现自身的价值。这种个体,荀子称为通士:

---

① 《荀子·正名》。

物至而应,事起而辨,若是则可谓通士矣。①

以善于应物为"通",表现了荀子对境遇中具体权变的注重。

如前所述,在现代西方,存在主义也曾表现出某种注重个体存在境遇的特点。不过,在存在主义那里,个体的在世,更多地与意志的选择相联系,换言之,对境遇的回应,似乎主要表现为主体意向的功能,与此相异,荀子把境遇的理性分析,视为物至而应的前提。就利害关系而言,"见其可利也,则必前后虑其可害也者;而兼权之,熟计之,然后定其欲恶取舍"②。"取舍"是特定情景中对具体利害关系的选择,"前后虑"、"兼权"、"熟计"则是理性的分析,在这里,境遇中的选择即建立在主体的理性考察(兼权、熟计)之上。可以看出,荀子所理解的"权",实际上具有双重含义:它既是指灵活变通(权变),又是指理性的比较分析(取衡)。正是二者的统一,使荀子对个体在世方式(境遇中的选择)的规定,完全不同于存在主义。

荀子以亲子关系为例,对如上观点作了较为具体的阐释:

从命则亲危,不从命则亲安,孝子不从命乃衷;从命则亲辱,不从命则亲荣,孝子不从命乃义;从命则禽兽,不从命则修饰,孝子不从命乃敬。③

按照孝的道德原则,子女应当顺从父母。然而在某些特定的条件下,遵循父母之命往往会导致不利于父母的结果,而不从命则有益于父

① 《荀子·不苟》。
② 同上。
③ 《荀子·子道》。

母。一旦身处这种情景,则不必拘守从亲之命的一般律令,而应根据境遇分析,对道德原则作出适当变通。

对境遇的注重及权变的容忍,首先意味着确认道德原则有相对性的一面,在这方面,孔孟荀确实表现出相近的运思倾向。不过,境遇的特定性,又不仅仅与道德原则的变通相联系。如前文所提及的,从更广的意义看,它同时又涉及个体的存在,正是对后者,荀子似乎较孔孟予以更为自觉的关注。前文已提及,荀子在《大略》篇中曾指出:"比干、子胥忠而君不用,仲尼、颜渊知而穷于世。劫迫于暴国而无所辟之,则崇其善,扬其美,言其所长,而不称其所短也。"类似的议论也可见于《荀子》一书的其他有关部分。根据一般道德原则,臣应当事君以忠,而忠则意味着对君的失当之处加以规谏,但在某些条件下(例如统治者系暴君),则不必履行一般的臣子之义,而应首先考虑如何避免与暴君的冲突,以便身处暴国而能获得平安。这种看法尽管有近乎乡愿的一面,但从另一个角度看,其中无疑又蕴含着对个体存在价值的注重。正是后者,使荀子对境遇与权变的考察体现了某种人文主义的价值取向,它同时亦多少冲淡了以等级结构规定个体的整体主义趋向。

当然,荀子肯定存在境遇中道德原则的变通,一开始即渗入了理性主义的精神(在"前后虑"、"熟计之"等要求之背后,便不难看到这一点)。与这一思维趋向相应,荀子强调,特定境遇中的灵活应变,不能完全离开一般的规范:

    宗原应变,曲得其宜,如是然后圣人也。①

---

① 《荀子·非十二子》。

所谓"宗原应变",也就是"以义应变"①。依荀子之见,一般的原则尽管可以视具体的情景作合理的变通,但这并不意味着无条件地否定原则本身。道德原则固然可以加以调整,但其中总是有一以贯之的稳定方面。原则的这种稳定方面,构成了情景分析及灵活应变的依据。如果在讲"权"的同时忽视了原则的一贯性,那就将使应变过程难以适当的展开:

> 一废一起,应之以贯。理贯,不乱;不知贯,不知应变。②

"贯"从历时性(前后联系)与类的涵盖性两个方面表现了规范的普遍制约作用。境遇固然有其独特性,但同时又总是涉及某种具有普遍制约意义的规定,而并非完全不可捉摸的偶然现象。因此,对特定情景的回应并不像存在主义认为的那样既无前例可循,又无一般原则可依。所谓"应之以贯",强调的是普遍规范对应变过程的制约。荀子的如上看法表现了一种不同于相对主义的思路,它从一个侧面强化了儒家的理性主义传统。

可以看到,在荀子"宗原应变"、"应之以贯"的主张之后,蕴含着如下观念:一般规范中必然包含着某种恒定的普遍原则,特定境遇中所变通的,主要是规范所涉及的具体要求,而不是其中的恒定原则。换言之,规范中的普遍内容,总是具有不变的性质:

> 礼岂不至矣哉! 立隆以为极,而天下莫之能损益也。③
> 足以为万世则,是礼也。④

---

① 《荀子·不苟》。
② 《荀子·天论》。
③ 《荀子·礼论》。
④ 同上。

这里的礼并非泛指礼的一切细目,而主要指其中所包含的恒定原则。它作为"道之大体"而构成了与"权"相对的"经",而宗原应变则相应地表现为复经:"治则复经。"①在此,荀子实际上给"权"(对一般规范的变通)规定了一个界限:它始终难以超越规范之中的不变原则,而对"权"的限定,则意味着将"经"视为更主导的方面。

一般规范(经)之中最为普遍的层面,也就是道:"道之大体未尝亡也。"②道一旦被赋予恒定的性质,便同时获得了唯一的品格:它超越具体多样的境遇而涵盖万变。于是,我们便十分自然地看到了如下断论:

> 天下无二道,圣人无两心。③
>
> 与时迁徙,与世偃仰,千举万变,其道一也。④
>
> 道足以壹人而已矣。⑤

如此等等。从"宗原应变"、"应之以贯"到"治则复经","经"终于压倒了"权"。在一而不二的要求之后,已经开始朦胧地显现出定于一尊的思维趋向。这一点,从荀子对战国诸子的批评中,也透露出一丝消息。荀子曾有非十二子之论:"今夫仁人也,将何务哉?上则法舜禹之制,下则法仲尼、子弓之义,以务息十二子之说。"⑥这可以视为"天下无二道"的一个注脚,而其主旨则是以儒家之义否定诸子之说。

---

① 《荀子·解蔽》。
② 《荀子·天论》。
③ 《荀子·解蔽》。
④ 《荀子·儒效》。
⑤ 《荀子·王霸》。
⑥ 《荀子·非十二子》。

较之孟子之辟扬墨，荀子将非十二子与以道壹人联系起来，似乎更多地表现出统一意识形态的要求。这种要求当然并不仅仅是哲学家的意愿，它在某种意义上折射了历史正在迈向大一统这一时代特点；而从理论上看，"天下无二道，圣人无两心"之说又预示了秦汉以后儒家价值体系向权威主义衍化的历史走向。

## 六　全而粹与化性起伪

道德原则的绝对性（经）与相对性（权）所涉及的，并不仅仅是无人格的抽象规范。无论是具体境遇中的物至而应，抑或广义的以道壹人，最终都归本于作为主体的人。然而，尽管在走向自为的我这一点上，荀子表现出与孔孟相同的价值追求；但由人格的设定而展示的价值理想，却表明荀子与孔孟（特别是孟子）并非完全循沿同一思路。

### （一）人格的外王规定

主体应当在人格上达到何种境界？荀子提出了全而粹的要求："君子知夫不全不粹之不足以为美也。"[1]就内在品格而言，所谓全而粹便是人格多方面的发展。作为一种完美的理想，人格首先应当包含健全的情感。人性之中本来便包含着情："情者，性之质也。"[2]但本然之情尚未能合乎粹的要求，它应当进而提升到诚的境界："君子养心莫善于诚。"[3]唯有在诚化之后，情才能转化为真正的美德。如果缺乏真诚之情，则难以在人与人之间建立内在的沟通，即使父子之间，

---

① 《荀子·劝学》。
② 《荀子·正名》。
③ 《荀子·不苟》。

也并不例外："父子为亲矣,不诚则疏。"①在此,情感的真诚性构成了完美人格的内在规定。

理想人格的另一内在特征是具有自主的品格,而后者又表现为意志的功能。主体意志总是"自禁"、"自使"、"自行"、"自止";确立坚定的意志,首先意味着保证行为完全出于自主的选择。尽管在现实的处世中,个体为了维护生命存在,不妨在强暴面前委曲求全,但在理想的人格追求上,他则应努力"志意修"而卓然自立。一旦形成了坚韧的意志,便可以获得凛然无畏的力量:"傀然独立天地之间而不畏,是上勇也。"②这种人格规定显然已有别于对既成秩序的单纯适应。

除了真诚之情、坚毅之志外,理想的人格还以"通乎大道"为其特点:"所谓大圣者,知通乎大道,应变而不穷,辨乎万物之情性者也。"③在"通乎大道"的前提下"应变"、"辨物"体现的是"智"的品格;对荀子而言,相对于情志,智占有更为重要的地位,前者总是受到后者的制约。首先,情必须合乎礼:"情安礼。"④礼主要表现为理性的规范,安于礼,亦即合乎理性要求。同样,"志"的选择也应当以普遍之道为准则:"道者,古今之正权;离道而内自择,则不知祸福之所托。"⑤对道的认识体现了理性的功能,以道为自择之正权,意味着以理性范导意志。

可以看到,以知情意的统一为理想人格的内在品格,体现的是儒家人格理论的共同特征。在这方面,孔孟荀确实一脉相承,而较少实

---

① 《荀子·不苟》。
② 《荀子·性恶》。
③ 《荀子·哀公》。
④ 《荀子·修身》。
⑤ 《荀子·正名》。

质的差异。不过,孔孟所理解的知情意统一,主要奠基于仁德之上;从而,以知情意为内容的品格,基本上表现为一种内在的德性。与之相异,荀子开始将人格的内在品性与法的观念联系起来:

> 君子贫穷而志广,隆仁也……怒不过夺,喜不过予,是法胜私也。[①]
>
> 好法而行,士也。[②]
>
> 行法志坚,好修正其所闻,以矫饰其情性……如是,则可谓笃厚君子矣。[③]

这里的法含义较广,它既指社会生活的基本准则,又包括一般的法律规范。从理论上看,仁(以及与仁相关的道德规范)尽管往往体现于人的日用常行之中,但作为一种应当遵循的范导原则,它又具有超越于日常行为的意义。按其本性,以仁作为人际交往的原则,乃是一种相当高的要求,它意味着将现实的人伦关系加以提升。相形之下,法的功能则更多地表现为保证现有社会关系的稳定和持续;一旦法遭到破坏,社会便将趋于解体。就此而言,法可以看作是最基本的行为准则。如果撇开遵循法这一首要前提而仅仅以仁德去要求人,那么,道德理想往往容易游离于现实。事实上,孔孟以仁德为人格的内在基础,固然突出了人格理想的崇高性,但同时也蕴含着使理想人格脱离现实的根基而走向超验化的可能。在后来的正统儒学中,我们便可清楚地看到这一点。相对于孔孟的如上思维趋向,荀子将知情意

---

① 《荀子·修身》。
② 同上。
③ 《荀子·儒效》。

统一的内在品格与行法的观念联系起来,似乎更多地注意到了理想人格的现实前提;换言之,在荀子那里,遵循基本的行为规范,构成了确立内在德性的基础。所谓"怒不过夺,喜不过予",已不仅仅是抽象仁德的体现,而是首先表现为以法胜私。当然,在赋予理想人格(君子)以现实规定的同时,荀子对人格理想的崇高性似乎又多少有所弱化。

人格的现实规定,同时又具体展示为内在品格与外在行为的一致。在荀子那里,人格的全而粹并不仅仅表现为知情意的多方面发展及具有行法的观念,而且在于对道德理想的身体力行:"君子知夫不全不粹之不足以为美也,故诵数以贯之,思索以通之,为其人以处之。"①"笃志而体,君子也。"②质言之,内在品格应当通过外在行为而得到展现。从另一侧面看,人格的作用也即体现于对主体行为的规范之中:

> 生乎由是,死乎由是,夫是谓德操,德操然后能定,能定然后能应。能定能应,夫是之为成人。③

"德操"体现了人格的稳定性。主体在具体境遇中的行为(应变)总是受到内在人格的制约,正是人格的绵延恒定,决定了行为的前后一贯(生乎由是,死乎由是),而人格的恒定与行为一贯,即构成了完美人格(成人)的特征。人格对行为的这种统摄作用,孔子已开始注意到,不过,在孔子那里,这一思想尚未取得明确的理论形态。荀子以"德

① 《荀子·劝学》。
② 《荀子·修身》。
③ 《荀子·劝学》。

操"而"能应"为成人（理想人格）的品格，无疑更自觉地意识到了如上关系，而对人格的这种理解，又蕴含着以下观念：人格不仅仅是封闭的"我"，内在的德性应当通过外在展现来确证自身，唯有通过这种确认，理想的人格才能真正获得其社会价值。

人格的外在确证进一步加以引申，便逻辑地导向广义的外王观念。按照荀子的理解，完美的人格总是有其现实的社会功能，后者不仅仅在于通过身体力行道德理想而展现出外在的人格力量，而且更在于自觉地担负并完成广义的社会历史使命：

> 要时立功之巧，若诏四时，平正和民之善，亿万之众而博若一人；如是，则可谓圣人矣。①
> 用百里之地，而不能以调一天下，制强暴，则非大儒也。②
> 儒者在本朝则美政，在下位则美俗。③

类似的议论在《荀子》一书中几乎随处可见。这里所勾画的理想人格（圣人、大儒），并非仅仅以反身内修、仁德敦厚见长，它的本质特征更多地表现在安邦济世、治国平天下的政治实践之中；正是外在的事功，使人格获得了丰满的形象。荀子以前，儒家的创始人孔子已在某种意义上赋予理想人格以外王的规定，荀子的如上思想，可以看作是对孔子人格理论的进一步发挥。

不过，孔子所理解的外王，不仅带有形而上的特点，而且似乎主要限于社会理想的实现（弘道），相形之下，在荀子那里，外王获得了

---

① 《荀子·儒效》。
② 同上。
③ 同上。

更广的含义。与天人之辩上主张自然的人化、力命之辩上强调制天命而用之相应,荀子认为,理想人格的外王功能不仅体现于美政经世的过程之中,而且以经纬天地的形式展开:

> 经纬天地而材官万物,制割大理而宇宙里(理)矣……夫是之谓大人。[1]

这样,完美的人格便由社会理想的实现者,进而成为自然的主人,外王观念的如上扩展,同时也就是人格形象的进一步具体化。

就儒家人格理论的演变而言,孔子已开始将内圣与外王的统一作为理想人格的基本模式,不过这种统一在孔子那里尚未得到具体规定,而且从总体上看,内圣似乎占有更为主导的地位。孔子之后,孟子着重对孔子的内圣观念作了发挥,以为君子(理想人格)不同于一般人之处,主要即在于其“存心”(内在德性)。这种看法突出了人格内在价值,它在理论上成为后来所谓“心性之学”的先导。相对于孟子,荀子对人格的外王规定作了更多的考察,并从经世安邦与经纬天地两个方面展开了儒家的价值目标,后者在抑制人格内向化的同时,又为事功经世的价值取向提供了历史渊源。

### (二)性恶的预设与外在的社会制约

内在品格与外王功能的统一,构成了理想的人格境界。理想总是有超越于现实的一面,同样,理想的人格也不能等同于既成的自我。荀子对成人之道的考察,在逻辑上开始于理想人格与既成自我(本然的自我)的区分。

---

[1] 《荀子·解蔽》。

按照荀子的看法,自我的本然形态(原始形态)并不具有善的品格,相反,它一开始便被赋予了恶的本性。《性恶》篇开宗明义:

> 人之性恶,其善者伪也。

接着便是如下的具体论证:

> 今人之性,生而有好利焉,顺是,故争夺生而辞让亡焉;生而有疾恶焉,顺是,故残贼生而忠信亡焉;生而有耳目之欲,有好声色焉,顺是,故淫乱生而礼义文理亡焉……用此观之,然则人之性恶明矣。[①]

正是这种恶的禀赋,使本然的我与理想的我(理想人格)一开始便处于一种紧张、对立的关系之中,换言之,本然的我并没有为走向理想的我提供内在根据。可以看到,在成人的出发点上,荀子所表达的,是一种完全不同于孟子的致思趋向。

如何化解本然的我与理想的我之间的对立与紧张,这一问题实质上也就是:如何将本然的我提升为理想的我。在性恶说中,似乎已蕴含着解决如上问题的思路。既然本然的我与理想的我之间紧张对峙的根源在于人之性本恶,那么,超越二者的对峙,并使前者转化为后者的根本出路,便在于化性(改造本然之性):

> 故圣人化性而起伪,伪起而生礼义。[②]

---

① 《荀子·性恶》。
② 同上。

凡所贵尧、禹、君子者,能化性,能起伪,伪起而生礼义。①

"伪"即广义的后天作用,包括外在影响与内在努力。所谓"化性而起伪",也就是通过社会的影响与个体自身的作用,以整治本恶之性,使之合乎礼义,而礼义即构成了理想人格内在德性的主要内容。这里蕴含着如下观念:德性并非先天的禀赋,而是形成于后天的化性过程;从本然的我到理想的我之过渡,同时表现为德性形成的过程。就其以恶为人的先天本性而言,荀子似乎并未完全摆脱先验论;但就其以化性起伪为礼义形成的前提而言,荀子无疑又表现出扬弃先验论的趋向。正是后者,使荀子对本然之我与理想之我的区分具有不可忽视的理论意义。

从化性起伪的观点出发,荀子对凡人皆能成圣(达到理想人格)充满了确信,所谓"涂之人可以为禹"②便表明了这一点。荀子以前,孟子已提出了人皆可成尧舜之说。在这方面,孟荀确乎又前后相承,体现了同一儒学传统。不过,尽管结论相同,但二者的前提却截然相反:按孟子之见,人之所以能成圣,主要在于人皆有善端,正是这种善端,为成圣提供了普遍的根据;与孟子相对,荀子认为人之性本恶,因而成圣之所以可能,并不取决于先天的禀赋,而主要依存于后天的积善过程:

涂之人百姓,积善而全尽谓之圣人。彼求之而后得,为之而后成,积之而后高,尽之而后圣;故圣人也者,人之所积也。③

---

① 《荀子·性恶》。
② 同上。
③ 《荀子·儒效》。

尧禹者,非生而具者也,夫起于变故,成乎修为,待尽而后备者也。①

先天的根据在这里完全让位于"求"、"为"的具体努力。理想的人格没有被归结为内在善端的展开,它在本质上表现为"修为"过程的产物。② 如果说,孟子主要从内在根据上突出了主体在成人过程中的作用,那么,荀子则更多地从外在条件上强调这一点;前者在本然和既成的意义上肯定了人的价值,后者则将人的价值与广义的主体创造过程联系起来。

作为人格塑造的必由之路,积善(化性起伪)的过程首先与习俗及教育相联系:

可以为尧、禹,可以为桀、跖,可以为工匠,可以为农、贾,在注错习俗之所积耳。③

工匠之子莫不继事,而都国之民安习其服。居楚而楚,居越而越,居夏而夏;是非天性也,积靡使然也。④

干、越、夷、貉之子,生而同声,长而异俗,教使之然也。⑤

① 《荀子·荣辱》。

② P. J.艾凡赫将原始儒学区分为两个不同的方面:孔子与荀子强调修习过程,孟子则注意内在善端的反省(参见 P. J. Ivanhoe,"Thinking and Learning in Early Confucianism",*Journal of Chinese Philosophy*,No.4,1990)。这一看法注意到荀子对孔子"习相远"之说的发挥,但以孔荀为一系,似乎并不确切。事实上,作为"修习"之前提的性恶说,其内容便不同于孔子意义上的"性相近"。从总体看,荀子展开的只是孔子思想的一个方面。

③ 《荀子·荣辱》。

④ 《荀子·儒效》。

⑤ 《荀子·劝学》。

习俗与教育属于外在于个体的社会环境。按其实质,以习俗教育等形式表现出来的环境,乃是类(作为族类的社会大我)的文化发展之历史产物。它所代表的,是一种先于个体并在某种意义上超越于个体的族类力量。荀子以为,自我的后天发展及自我究竟趋向于何种人格目标主要取决于习俗与教育,强调的是族类发展的文化历史成果在塑造个体中的作用。就个体与社会的关系而言,人格的培养过程同时可以看作是自我(个体)的社会化过程:理想人格的标准总是为一个历史时期的一定社会集团所决定。走向理想的我,不外是成为社会所要求的我,而这一过程往往与普遍的社会规范内化于主体相联系。从这一角度看,人格的培养确实离不开社会对个体的塑造,而荀子以"注错"习俗及教育为成人的条件,也显然有见于此。如果说,孟子着重突出了个体内在潜能在成人过程中的作用①,那么,荀子则更多地强调了社会发展的历史成果对理想人格的外在造就,二者从不同角度探讨了成人过程的重要环节。

广义的"习"不仅指习俗环境,而且包括习行(主体践履),后者构成了化性起伪过程的又一内容:"虑积焉、能习焉而后成谓之伪。"②社会通过习俗、教育等途径而使个体了解、掌握普遍的社会规范(礼义等),并不意味着化性过程的终结。只有进一步通过自觉的践履习行,才能完成个体的社会化过程,从而使个体在人格上臻乎社会所要求的境界。因此,荀子在肯定环境作用的同时,又将主体习行提到了相当重要的位置:

---

① 孟子当然并未完全否认环境的作用,但相对而言,他的注重之点更在于主体的内在潜能。

② 《荀子·正名》。

行之,明也,明之为圣人。圣人也者,本仁义,当是非,齐言行,不失毫厘,无它道焉,已乎行之矣。①

笃志而体,君子也。②

"体"即身体力行,君子、圣人均为理想的人格典范。在此,成圣(达到理想人格)与习行成为同一过程的两个方面。荀子所说的"行",主要是道德实践。人格作为道德理想的具体体现,本质上并不仅仅是抽象思辨的产物,无论其内在品格,抑或这种品格的外在展现,都离不开主体的道德实践。所谓外在展现,无非是人格在实践过程中的展开;而社会的规范也只有在长期的道德实践中才能逐渐转化为个体的内在品格。荀子以习行为成圣的条件,肯定的正是道德实践在人格培养中的作用。事实上,当荀子赋予理想人格以济世安邦、经纬天地的"外王"规定时,便开始把人格与广义的实践联系起来,从注重外王到强调习行,可以看作是人格理论的逻辑展开。这一思维行程与孟子由注重内圣而突出心性涵养正好形成一个对照,而在外在习行与内在心性的不同侧重中,又蕴含儒家价值追求衍化的相异趋向。

除了宏观的文化历史背景(环境)与个体的实践基础(习行)外,成人(人格的塑造)过程还涉及一系列具体的环节。荀子首先把意志的磨炼视为达到理想人格的必要条件,在所谓"笃志而行"的要求中,确定坚定的志向便构成了身体力行(习行)的出发点。也正是基于同一思路,荀子一再主张"志意致修"③。志意之外,荀子考察得更多的是艺术对人心的陶冶作用,其中音乐又是荀子主要的关注之点。按

---

① 《荀子·儒效》。

② 《荀子·修身》。

③ 《荀子·荣辱》。

荀子的看法,在化性起伪的过程中,音乐构成了一个重要的方面:"夫声乐之入人也深,其化人也速。"①相对于其他艺术形式(例如造型艺术),音乐更能展示主体的心路历程,并更容易激起心灵的震荡和共鸣,从而在内心的深沉感染中,主体的精神便可以得到一种洗礼和净化。从更广的视域看,乐甚至还有移风易俗的意义:"乐者,圣人之所乐也,而可以善民心,其感人深,其移风易俗易。"②所谓移风易俗,也就是影响或改变一定的社会文化氛围,而后者反过来又将进一步制约个体的内心世界。

音乐作为一种艺术形式,表现了在时间中展开的动态和谐。有见于此,荀子又将乐的功能概括为合同,并将其与礼加以区别:"且乐也者,和之不可变也……乐合同,礼别异。"③礼的作用在于规定度量分界,亦即将人区分为不同的等级,而乐的特点则在于超越政治上的等级界限而使不同的社会成员之间彼此在情感上相互沟通,从而达到社会的和亲和敬:"故乐在宗庙之中,君臣上下同听之,则莫不和敬;闺门之内,父子兄弟同听之,则莫不和亲;乡里族长之中,长少同听之,则莫不和顺。"④在此,乐被赋予了一种道德上的凝聚功能:所谓和亲、和敬、和顺,无非是道德凝聚的不同形式。从成人的角度看,荀子的如上观点已经注意到,音乐作为促进情感沟通与融合的艺术形式,对于克服自我的封闭心态,培养开放、健全的人格,具有潜移默化的作用。

可以看出,荀子对艺术(乐)的考察,着重的主要是其社会道德功能。这一点,在荀子的如下论述中表现得更为明晰:

---

① 《荀子·乐论》。
② 同上。
③ 同上。
④ 同上。

> 君子以钟鼓道志,以琴瑟乐心……故乐行而志清,礼修而行成,耳目聪明,血气和平,移风易俗,天下皆宁,美善相乐。[1]

通过艺术(乐)的陶冶,主体的内在精神世界得到了净化与提升,感性(耳目、血气)之中渗入理性,从而达到了人格的完美;而个体人格的完美又促进了社会的道德凝聚(天下安宁)。质言之,善(道德)规定了美(艺术),美又推进了善,美善相互作用,使人格不断提升到一个新的层面。

当然,在荀子那里,艺术(音乐等)对主体的陶冶,总是受到理性的规范。如果离开理性之知的引导,则往往导向"乱"[2]。同样,意志的磨炼也应当接受理性的制约,正是在此意义上,荀子常常将"知虑明"与"志意修、德行厚"联系起来。在这方面,荀子并没有离开儒家的理性主义。

作为一个由多重环节构成的过程,成人(达到理想人格)并非一蹴而就。如前所述,荀子一开始便把从本然之我走向理想之我与"积善"联系在一起。而"积"强调的即是过程性,对个体来说,它本质上具有无止境的特点:"其义则始乎为士,终乎为圣人。真积久则入,学至乎没而后止也。"[3]在荀子那里,积善成圣同时又展开为一个化性的过程,亦即改造本恶之性使之合乎普遍的道德理想,后者决定了成圣不能归结为向出发点的回复,而应理解为新的人格要素的形成过程:

> 长迁而不反其初,则化矣。[4]

---

① 《荀子·乐论》。
② 参见《荀子·乐论》。
③ 《荀子·劝学》。
④ 《荀子·不苟》。

较之孟子"求其放心"之说，荀子对成人过程的如上理解，无疑体现了一种新的思路：它在理论上已开始超越复性说。

不过，荀子在反对将成人等同于复其初的同时，对成人过程的内在根据似乎有所忽视，而这种倾向在理论上又深深地植根于其性恶说：本恶之性不可能为成人过程提供内在根据。荀子由此而强调类的文化历史成果（环境）以及道德实践在成人过程中的作用，无疑体现了一种宽广的历史视野，并相应地使儒学的成人学说获得了深刻的历史内涵。人格理论中的这种历史内容，可以看作是天人、力命、群己、义利诸辩中的基本价值观念的进一步展开，它对以后儒学的演变产生了不可忽视的影响。然而，离开人格培养的内在根据而强调社会对个体的塑造，往往容易把成人过程理解为外在灌输，并使之带有某种强制的性质。事实上，在荀子那里，社会对个体的塑造往往被视为"反于性而悖于情"①的过程，而礼义的教化，则常常与"起法正以治之，重刑罚以禁之"②等超道德手段纠缠在一起；相对于外在的强制，道德教育中的自愿原则以及主体在人格培养中的能动作用，不免有所弱化。

以性恶说为成人理论的逻辑起点，同时又意味着将人格的培养理解为自我否定的过程：本然的我（具有恶的禀赋的我）与理想的我似乎一开始便处于一种紧张、对峙的关系之中，而走向理想的我总是伴随着对本然之我的否定。事实上，理想的我与本然之我并不仅仅表现为一种间断的、否定的关系，二者同时又具有内在的连续性；换言之，理想的我既是对本然之我的超越，又在某种意义上可以看作是本然之我内在潜能的展开。这一点，孟子已经注意到了。荀子要求

---

① 《荀子·性恶》。
② 同上。

通过化性而否定本然的我,或多或少使理想人格带有异己的性质。在这方面,荀子似乎与西方基督教的原罪说表现出某种相近的理论趋向①,它对儒学强调自我在现实存在中绵延同一的传统则有所逸出。荀子在人格理论中所设定的价值目标之所以未能成为儒学的正统,与性恶说所蕴含的如上取向,似乎不无关系。

---

① 必须指出,这里的相近,仅仅是就二者均趋向于否定本然之我而言。

# 第四章

# 价值本体的建构及其内化

　　由孔子奠基的儒家价值体系,在孟荀那里开始向
更为成熟的形态衍化。不过,孟荀并没有终结儒学,在
儒家的其他经典中,儒家价值观得到了进一步的阐发。
就原始儒学而言,语(《论语》)、孟(《孟子》)、荀(《荀
子》)之外,易(《易传》①)、庸(《中庸》)、学(《大学》)
无疑是最重要的文本。朱熹辑四书,庸学即占其二。
如果忽略了易庸学,便很难完整地把握儒家价值体系
的基本构架及脉络。从总体看,易庸学既体现了相近
的儒学传统,又分别从形上本体与价值根据、极高明与
道中庸,以及止于至善与个体本位等各个方面深化了

---

　　① 易分经传,二者虽有联系,但内容又颇不相同。本章所
谓易,主要指《易传》。

儒学的内涵,从而使儒学(包括儒家价值体系)进一步趋于完备和定型。

## 一 《易传》: 价值本体的建构

《易传》十篇,旧说为孔子所作,但据后人考证,此说并不可信。现在一般认为,《易传》既非出于一人之手,亦非成书于一时,它大致形成于战国中后期。按其内容及儒学演变的逻辑历程,其主要部分似乎出现于孟荀之后。[①] 尽管《易传》非孔子所作,但作为早期儒学的经典,它确实又从一个侧面展开了儒家价值体系。

天人关系是儒学关注的基本问题之一,从孔子开始,儒家便注重于辨析天人。在这方面,《易传》并没有离开儒学的传统。按照《易传》的看法,天与人一开始便存在着历史的联系。《序卦》对此有一个总纲式的解说:

> 有天地然后有万物,有万物然后有男女,有男女然后有夫妇,有夫妇然后有父子,有父子然后有君臣,有君臣然后有上下,有上下然后礼义有所错。

质言之,以礼义等形式表现出来的人文,总是有其自然的前提。天与人并不仅仅展开为一种断裂、间隔的关系,相反,二者首先内含着历史的连续性。天人之间的历史联系同样体现在广义的文化创造过程中:

---

① 郭沫若认为《易传》系荀子门人所作(参见郭沫若:《青铜时代·周易之制作时代》,上海:新文艺出版社,1951年)。尽管将《易传》视为荀子后学的作品并不很确切,但认为《易传》主要成书于荀子之后,则并非毫无根据。

古者包牺氏之王天下也，仰则观象于天，俯则观法于地，观鸟兽之文与地之宜，近取诸身，远取诸物，于是始作八卦，以通神明之德，以类万物之情。作结绳而为罔罟，以佃以渔，盖取诸《离》；包牺氏没，神农氏作，斲木为耜，揉木为耒，耒耨之利，以教天下，盖取诸《益》；……是故《易》者，象也；象也者，像也；彖者，材也；爻也者，效天下之动者也。①

神农之后，是黄帝、尧、舜等，与之相随的则是刳木为舟、服牛乘马、弦木为弧、剡木为矢，以及由穴居野处而易之以宫室，从结绳而治到使用书契，等等。而这一切又都毫无例外地取象于卦。这既是对文明起源的回溯，又是对人的文化创造过程的历史描述，而二者的共同前提则是"类万物之情"：从渔猎农耕到文字书契，从生产工具到舟楫宫室，无不效法于卦象，而卦象又形成于仰观于天、俯察于地的过程。《易经》各卦的意蕴，已多少被剔除了神秘的色彩而被赋予人文的解释：推断吉凶的卦象，在这里已成为连接天人的中介。如果说，"有天地然后有万物、有万物然后有男女"等主要还是天人相连的表层推论（存在意义上的推绎），那么，把文明的起源及文化创造与"类万物之情"联系起来，则在更内在的层面上肯定了天与人的相互关联。

《易传》对天人关系的如上规定，表现了与孔孟荀有所不同的侧重之点。孔孟荀在辨析天人上诚然各有特点，但同时又表现出相近的趋向，即在肯定天人统一的同时，又通过天人之分以突出人文的价值。孔子认为鸟兽不可与同群，可以"相与"的只能是文明化的人（斯人之徒），这里便内在地蕴含着超越自然（天）的要求；孟子一再注目于人不同于禽兽的本质特征；荀子则在更广的历史意义上强调明于

① 《易·系辞下》。

天人之分。尽管他们并未由此而否定天与人之间的关联,却首先把人的文化创造理解为对自然(天)的超越。换言之,他们着重以人文对自然的扬弃和转换,来展示自我的人化(孔孟)和对象的人化(荀)之意义,而化本然的我为人化的我或化自在的对象为人化的存在,总是意味着天与人的某种间断。① 相形之下,《易传》的视域则开始由人对天的超越,转向了文化创造的自然前提,而天与人的关系则相应地由历史的间断呈现为历史的连续。

由天到人的推绎,当然不仅仅是为了以"类万物之情"来解释人的文化创造。它有着更为深刻的理论意蕴。稍做分析便可看到,在《易传》中,"天"事实上具有两重含义:它既指自然(天地万物),又兼指超乎自然的形而上之道。所谓"乾道变化,各正性命"②,便是指形而上之天道对万物的统摄。这样,以天为人之出发点,同时也就意味着以天道为人道(包括价值原则)之本。作为人道之所本,天道的含义当然已超出了狭义的自然规律,它在本质上展现为普遍的宇宙法则:"形而上者谓之道。"③表明的正是这一点。也正是从人道应当以普遍的宇宙法则(形而上之道)为本这一观点出发,《易传》将与天地合其德视为崇高的道德境界:"夫大人者与天地合其德。"④而所谓与天地合其德,也就是道德规范与行为完全合乎普遍的宇宙法则。在继善成性说中,天道与人道的关系得到了更高层面的概括:

一阴一阳之谓道,继之者,善也;成之者,性也。⑤

---

① 必须再一次指出,间断不等于彼此隔绝。
② 《易·乾彖》。
③ 《易·系辞上》。
④ 《易·乾文言》。
⑤ 《易·系辞上》。

在此,天道既构成了人道的历史前提,又表现为形而上的根据;人的价值创造被理解为天道的延续(继之者,善也),而人格则被视为形而上之道在个体中的展开(成之者,性也)。于是,从广义的文化演进到个体人格的形成,都无不奠基于形而上之道。质言之,作为宇宙普遍法则的天道,同时构成了文化创造过程中的价值本体。"是故易有太极,是生两仪,两仪生四象,四象生八卦,八卦定吉凶,吉凶生大业。"①这既是自然生成演化的隐喻,又是文化创造过程的象征,而宇宙的最高本体(太极)则相应地既体现于天演过程,又展开于人文之中。

从肯定天与人的历史延续,到以天道为人道之本,这便是《易传》在天人之辩上的基本思路,而其逻辑结果则是价值本体的建立。相对于孔孟荀,《易传》对形而上的本体确乎表现出更浓厚的兴趣,并作了更自觉的探讨。它似乎不满足于对价值原则作就事论事的阐释和规定,而总是力图追溯其本体论的根据,其思维模式常常表现为由形而上之道到具体原则的推绎,诸如"是以明于天之道,而察于民之故"②,"天下之动,贞乎一者也"③,"其道甚大,百物不废"④。如此等等。总之,以一统众的本体,始终是《易传》的关注之点,而价值本体也正是在这种形上的关注中得到确立。只有首先从这一角度考察《易传》,才能使之在儒家价值观的演进过程中得到恰当的定位。

在《易传》那里,形而上的本体当然并非超然于价值领域之外,它多方面地展开为现实的价值原则并体现于其中。按《易传》的看法,天道首先表现为刚健的趋向,后者在人生领域即具体化为自强不息的价值定势:

---

① 《易·系辞上》。

② 同上。

③ 《易·系辞下》。

④ 同上。

天行健,君子以自强不息。①

这种刚健自强的价值原则上承了孔门的"弘道"精神,但又具有更为宽宏的气象,在以普遍的天道(宇宙法则)为本的同时,其自身的内涵也得到了提升:它已超越了主体的历史使命而泛化为广义的人生信念,后者在尔后的历史演进中逐渐衍化为儒家价值体系的重要原则。

自强不息的意识,具体展开于经纬天地、安邦经世、个体自立等方面。按照《易传》的看法,人作为主体,具有"财(裁)成天地之道,辅相天地之宜"②的力量,在这里,自强体现于征服自然的努力之中。这种看法明显地发挥了荀子的思想。在这方面,《易传》与荀子确实存在着历史的联系。当然,辅相天地之宜,主要展现为一种族类的力量,而人不仅仅是类,它同时又作为个体而存在。就个体而言,自强首先表现为卓然自立而不为世俗所移:

不易乎世,不成乎名。遁世无闷,不见是而无闷。乐则行之,忧则违之,确乎其不可拔。③

世俗的力量常常是很难抗拒的。在与世俗发生冲突时能依然超然挺立,既不与之合流,也不因此而消沉(无闷),这确实体现了刚健自强的精神力量。中国历史上众多的志士仁人之所以能够在各种逆境中保持高尚的节操,与儒家如上价值观的深层影响显然不无关系。

不易乎世当然还只是一种消极的选择。雄健自强在本质上更多

---

① 《易·乾象》。
② 《易·泰象》。
③ 《易·乾文言》。

地展现为积极的价值取向：

君子以果行育德。①
刚以动，故壮。②
健而说（悦），决而和。③

在此，刚健的价值原则开始与积极进取的精神相融合，它不仅体现于德性的塑造过程，而且展开于一般的文明进程。尽管整个表述显得相当抽象，但其中确乎可以看到一种勃然向上、强劲有为的精神趋向，而这种刚健的价值取向同时又渗入了乐观和融的人生态度。相对于《老子》那种守雌向静、阴柔无为的哲理，《易传》无疑使人更深刻地领悟到自身的力量，并激励着主体确立健康的人生信念。

天行不仅表现为一种刚健向上的趋势，而且展开为创生不已的过程：

天地之大德曰生。④
日新之谓盛德，生生之谓易。⑤
天地之道恒久而不已也。⑥

通观《易传》，这一类的记述几乎随处可见。如果说，刚健主要隐喻了

---

① 《易·蒙象》。
② 《易·大壮象》。
③ 《易·夬象》。
④ 《易·系辞下》。
⑤ 《易·系辞上》。
⑥ 《易·恒象》。

创造的力量与挺立的人格,那么,生生日新则展示了一种流行不止的绵延观念。在《易传》看来,宇宙即是一个大化流行的过程,在绵绵的宇宙之流中,天地氤氲,刚柔相推,阴阳交感,由此形成了万物永恒的化生变迁;个体(小我)与宇宙大我并非彼此隔绝,相反,君子的特点即在于能顺乎宇宙的大势:"君子尚消息盈虚,天行也。"①而个体一旦真正融合于绵延不绝的宇宙之流,便能超越有限(生死),而实现永恒的存在意义:"夫大人者与天地合其德,与日月合其明,与四时合其序。"②"圣人久于其道,而天下化成。"③

从孔子以来,超越有限便成为儒家所追求的价值目标。如前所述,孔子着重从文化的延续上追寻个体存在的永恒意义,相形之下,《易传》则试图从形而上的层面,为有限的超越寻找一个本体论的基础。宇宙是一个生生不已的无穷过程,而个体则是这一过程中的分子。当个体的创造与宇宙之流融合为一时,它便可以与天地同久,与日月同辉,从而获得恒久的价值。可以看出,不尽的宇宙之流,实际上已成为超越有限、走向永恒的本体论根据。较之孔孟荀,《易传》的如上思路无疑更多地带有超越的意味,但这种超越又不同于宗教的超越,因为它最终植根于生生不息、日新不已的自然过程,而不是指向彼岸世界。就此而言,《易传》并没有离开儒家的人文主义传统。

生生不息的日新过程,主要表现为纵向的绵延;从横向看,天地万物又呈现出彼此交感的关系。《易传》将天地之交、万物之感提到了极为突出的地位,并予以相当的重视。

---

① 《易·剥彖》。
② 《易·乾文言》。
③ 《易·恒》。

天地交而万物通也。①

天地不交，而万物不兴。②

天地感，而万物化生。③

如此等等。交感即事物之间的相互作用、相互沟通。按《易传》的看法，宇宙万物所以能化生不已，绵延不绝，其根本的原因便在于对象间具有这种交感关系。这样，绵延的观念便与交感的观念融合为一，而交感作为绵延的内在根源也同时被提到了天道的高度。

人道作为天道的延续，相应地受到后者的制约。正是由天地万物的普遍感通，《易传》进而引出了人际的彼此联系与感通："天地感，而万物化生。圣人感人心，而天下和平。"④"唯君子为能通天下之志。"⑤所谓感人心，通天下之志，也就是通过人与人之间的相互理解与彼此沟通，以达到同心同德。一旦主体之间能达到相互沟通，那就可以突破自我中心，消解紧张与对峙，形成开放的心态。所谓"君子以容民畜众"⑥，强调的也正是这一点。由感通而达到的群体认同，同时具有十分现实的社会功能："二人同心，其利断金。"⑦"与人同者，物必归焉。"⑧因此，《易传》诚然也十分注意对立与冲突，但冲突与对立最终仍是以感通为归宿："天地睽而其事同也，男女睽而其志通也，

---

① 《易·泰彖》。

② 《易·归妹彖》。

③ 《易·咸彖》。

④ 同上。

⑤ 《易·同人彖》。

⑥ 《易·师彖》。

⑦ 《易·系辞上》。

⑧ 《易·序卦》。

万物睽而其事类也。"①在这些议论中,我们不难看到儒家超越自我封闭、注重群体和谐的传统。不过,与孔孟荀着重由人道展开群体原则不同,在《易传》中,人际的感通同时又被赋予一种本体论的前提,从而内在地具有了形而上的性质。

天地之交,万物之感,并不是一个无序的过程。在天地万物的普遍感通中,同时又存在着自身的秩序:

> 天尊地卑,乾坤定矣。②

按其本义,尊卑多少具有价值的意味,以尊卑规定天地之序,无疑体现了对宇宙的人文关注。事实上,《易传》强调天人的历史连续,一开始便使其天道观不同于纯粹的自然哲学,而带有某种人文色彩。从天行健到天地之大德曰生,从天地感通到天尊地卑,都无不表现为一种价值的投射。人文价值一旦通过与天道合一而被形而上化后,转过来又成为社会秩序的本体论根据:"天尊地卑,乾坤定矣;卑高以陈,贵贱位矣。"③类似的论述还包括:

> 崇效天,卑法地。④
> 上天下泽,履,君子以辨上下,定民志。⑤

而别贵贱、辨上下的现实目的,则是"不乱群"⑥。

--------

① 《易·睽彖》。
② 《易·系辞上》。
③ 同上。
④ 同上。
⑤ 《易·履彖》。
⑥ 《易·否彖》。

对秩序的关注与肯定人际沟通的观念相结合,使《易传》刚健自强的价值取向完全不同于尼采所赞美的强力意志与进取精神。如果我们看一下尼采的如下议论,便不难注意到这一点:"生命本质上就是占有、伤害、征服异己者和弱者,压制、历难、按人自己的方式进行欺诈、吞并,而且最起码也是利用。"①在此,尼采固然推崇奋斗进取的精神,强调生命力量的外在展现,但这种生命的自强又被片面地理解为打破人际的平衡,超越社会的秩序,换言之,生命的冲动可以不受任何秩序的约束。相形之下,《易传》则力图将创造奋进与稳定的社会秩序联系起来。所谓"刚健而不陷"②便表现了这一趋向,而定尊卑、辨上下则被视为达到社会稳定的必要前提。这种价值取向上承孔孟荀(特别是荀)的思路,使儒家的自强精神始终与意志主义保持了相当的距离。

当然,以人间的尊卑贵贱为天经地义,也深深地刻上了时代的印记。它似乎已隐约地预示了秦汉以后大一统帝国中森严的等级制度,并对此作了某种"超前"的本体论论证。从《易传》的如上看法中,我们已可以看到董仲舒儒学体系的某些端倪。事实上,《易传》由天道而推绎人世秩序的思路,后来确实也为董仲舒所承继。如果我们进而联系"天下同归而殊途,一致而百虑。天下何思可虑?"之类的议论,便不难窥见,儒学确乎已开始向正统化的方向衍进:意识形态的一统化与政治上的等级秩序,已渐渐地投射到儒家价值体系。

不过,《易传》本身毕竟没有由此走向独断论。在注重秩序的同时,《易传》又将"时"提到了相当突出的地位:

---

① 〔德〕尼采:《上帝死了——尼采文选》,威仁译,上海:上海三联书店,1989 年,第 303 页。

② 《易·需象》。

> 天地盈虚，与时消息。①
>
> 坤道其顺乎，承天而时行。②

这里的"时"，不仅仅是指时间之流，它在广义上乃是指与时间相联系的具体条件。天地万物作为一个生生不息的过程，既展开于时间之流中，又依特定条件而运行变化。天道的这种本性，同时也决定了人的行为方式。《易传》将随时、因时提到了极为重要的地位：

> 故乾乾因其时而惕，虽危无咎矣。③
>
> 应乎天而时行，是以元亨。④

类似的议论还有：

> 时止则止，时行则行，动静不失其时，其道光明。⑤
>
> 君子藏器于身，待时而动，何不利之有？⑥

所谓因时、随时，也就是根据具体的时间条件和特定情景灵活应变。在此，能否因时而变，待时而动，直接涉及主体自身的成败安危；顺时则吉，失时则凶，"随时"已成为规范行为的基本原则。所谓"随时之

---

① 《易·丰彖》。
② 《易·坤文言》。
③ 《易·乾文言》。
④ 《易·大有彖》。
⑤ 《易·艮彖》。
⑥ 《易·系辞下》。

义大矣哉"①,便多少反映了这一点。随时、因时本身当然并不是一种新的观念,《易传》以前,孔孟荀均在不同程度上注意到了这一点:在孔孟荀的权变学说中,事实上已内在地包含着随时、因时的要求;不过,在《易传》的"随时之义"中,儒家的权变思想确实又被进一步地展开并获得了更为具体的内涵。尤为重要的是,通过与天道的沟通,因时的观念不仅被提升到普遍法则的高度,而且同时获得了形而上的根据。不妨说,《易传》由天道引出"时行",正是力图为儒家的经权学说提供一个本体论的基础。

总之,由强调天人的历史连续进而建构儒家形而上学,这便是《易传》的基本逻辑行程。尽管这种形而上学包含着对宇宙自然的种种规定和解释,但它并非仅仅是一种宇宙观或自然哲学,如前文一再提到的,对宇宙图景的描述总是处处渗入了人文的关注,天道实质上成了人道的本体论根据;不妨说,《易传》的形而上学在某种意义上取得了价值本体论的形式。基本的价值原则与价值取向当然并没有离开儒学的传统,但这些原则同时又被提升到了形而上的层面。可以说,正是价值本体论,构成了《易传》的主要理论建树:它使儒家的价值体系与宇宙观融合为一,从而获得了内在的逻辑力量。然而,以天道为人道之本毕竟带有思辨的性质,它不可避免地赋予《易传》价值本体论以某种超验的色彩。


## 二 价值本体的双重内化

《中庸》一书,相传为子思所作②,但自崔述以后,不少学者便对这

---

① 《易·随象》。

② 《史记·孔子世家》即有子思"作中庸"之说。

一看法提出质疑。本书不拟对《中庸》的成书年代作详细考辨，大致采用如下看法，即现存《中庸》一书较多地反映了战国后期的儒学思想①，部分内容则是秦汉之际的儒者所加（如"今天下车同轨，书同文，行同伦"等语显然出自秦以后的儒者之手）。据此，本书将《中庸》看作是战国后期至秦汉之际的作品。②

从理论脉络看，《中庸》的思想与孟子似乎较为接近。也许正是有见于此，后世常常将《中庸》与《孟子》归为一系。同孟子一样，《中庸》对人性极为关注。整部《中庸》开宗明义第一句便是：

天命之谓性，率性之谓道，修道之谓教。③

这里的"命"既表示定向，又有动词之义，"天命"犹言天所赋予。当

①　如果将郭店楚简的有关内容与《中庸》的相关思想作一比较，便可以对《中庸》的成书年代有一个更具体的了解。郭店楚简中《性自命出》篇与《中庸》在思想倾向上有某些相近之处，但从内容看，后者（《中庸》）显然更为系统、成熟。如《性自命出》以"性自命出、命自天降"表示性与天的关系，以"道者，群物之道，凡道，心术为主"、"四海之内，其性一也，其用心各异，教使然也"、"闻道反己，修身者也"等表示性、道、教的关系。相关的内容，在《中庸》也得到了简要的概述："天命之谓性，率性之谓道，修道之谓教。"后者对天、性、道、教等关系的表述，不仅在形式上更为凝练，而且其逻辑关系也显得更为紧密。同时，《性自命出》仍将"信"放在重要的地位，在谈到"情"、"言"等时，皆以"信"为其规定。以"信"为伦理的品格或规范，这种观念大致源于孔子，相形之下，《中庸》所关注的，更多是"诚"，后者与"信"相涉而又不限于"信"：作为哲学范畴，它蕴含了更为丰富和深沉的内涵，由上承原始儒学的"信"到"诚"的展开与阐发，无疑体现了思想的演进和发展。郭店楚简的年代一般认为在战国中期或之前，《性自命出》的年代同样属这一历史时期，《中庸》作为在内容和逻辑上后于《性自命出》的文献，其成书时间似应晚于上述时期。

②　参见冯友兰：《中国哲学史新编》第 3 册，北京：人民出版社，1985 年，第 28 章。

③　《中庸·第一章》。

然,较之孟子,《中庸》所说的性似乎具有更宽泛的含义：它已超越了个体的德性而上及普遍之道。这种与普遍之道相联系的性,实际上已被提升为一般的价值规定,而《中庸》以性为天之所命,则相应地意味着为价值规定提供一个形而上的本体根据。在这方面,《中庸》似乎又越出了孟子的思路而与《易传》表现出相近的趋向,冯友兰说："中庸的主要意思与易传的主要意思,有许多相同之处。"[①]这一看法并非毫无根据。

然而,由此断言"《中庸》本演易之书"[②],则与《中庸》的主旨似乎相去过远。事实上,《中庸》与《易传》尽管有相近的前提,但二者的立论重心却颇有不同。如果说,《易传》着重于建立形而上的价值本体,那么,《中庸》则力图将这种价值本体融合于庸言庸行及内在心性;前者追求的是一种"弥纶天地之道"的超验境界,后者则要求将超验的天道转换为现实的人伦,从外在的本体回归内在的心性。

"极高明而道中庸"[③],这可以看作是《中庸》的主题。[④] 中即无过无不及,"庸,平常也"[⑤]。中庸并称,主要便是指无过无不及的日用常行。[⑥] 高明是一种至上的道德境界,"道"即导或由;合起来,"极高明

①　冯友兰：《新原道》,《三松堂全集》第 5 册,郑州：河南人民出版社,1986年,第 81 页。

②　熊十力：《原儒》下卷,上海：龙门联合书局,1956 年,第 1 页。

③　《中庸·第二十七章》。

④　冯友兰已有见于此,参见冯友兰：《中国哲学史新编》第 3 册,北京：人民出版社,1985 年,第 119 页。

⑤　朱熹：《中庸章句》。《说文》释"庸"为"用",此"用"主要即指日用,引申为平常。

⑥　人们常常将儒家之中庸与亚里士多德之中道相提并论,事实上,二者虽有相通之处,但着重之点又颇有不同。亚氏之中道,强调的是在两个极端之间取其中,如勇敢即是懦怯与鲁莽之中道,而《中庸》所说之中庸,则着重于日用常行。详见后文。

而道中庸"，也就是在日用常行中达到崇高的道德境界。这里无疑也包含着精神的超越，但它不同于从天道出发的外在进路，而是植根于庸言庸行的内在升华。

在《易传》那里，道首先表现为君临万物的超然法则，所谓"形而上者谓之道"，便展示了这一点。与之相对，在《中庸》中，道却丝毫不给人以玄远沉重之感，相反，它倒是处处显得平凡而切近：

> 道不远人。人之为道而远人，不可以为道。①
>
> 君子之道，辟如行远必自迩，辟如登高必自卑。②
>
> 君子之道，造端乎夫妇，及其至也，察乎天地。③

总之，道并非不可捉摸之物，它即内在于普通的人伦关系（例如夫妇）及日用常行之中，并正是通过这些日常的关系和生活而展现出来，唯其如此，故"夫妇之愚，可以与知焉"。"夫妇之不肖，可以能行焉。"④当然，这并不意味着将道等同于具体庸行而否认其普遍制约作用，所谓"及其至也，察乎天地"，便已暗示了道的超然性。不过，这种超然性并不表现为形而上对形而下的统摄，而是展开为由近及远、自卑而高的层层提升。

日用常行的主角往往是个体，道不远人，意味着道与每一个体都息息相关。一方面，个体在庸言庸行中不能偏离道："道也者，不可须臾离也。"⑤另一方面，个体的修身涵养又使道得到切实的体现："修身

---

① 《中庸·第十三章》。
② 《中庸·第十五章》。
③ 《中庸·第十二章》。
④ 同上。
⑤ 《中庸·第一章》。

则道立。"①而个体的修身又并非是与日常活动相隔绝的诡举异行,它即展开于平凡的言行之中。正是在此意义上,《中庸》对超常行怪之举颇不以为然,它曾借孔子之口说:"素隐行怪,后世有述焉,吾弗为之矣。"②在这里,"道中庸"的基本价值取向无疑得到了更为具体的展示。

简而言之,在《中庸》那里,价值本体不再具有超验的形式:《易传》形而上的致思趋向已开始为日用即道的观念所取代。可以看到,《中庸》不同于《易传》的基本之点,即在于空前突出了日用常行在价值创造中的意义。尽管《中庸》并没有放弃形而上的本体("天命之谓性"的命题即表明了这一点),但通过道与庸言庸行的沟通,它事实上已开始将日常的人伦关系及实践活动视为价值的现实源头。于是,有限的扬弃不再仅仅表现为离开日用常行而融入于浩然的宇宙之流,真正的超越乃是即日用而超越日用,亦即在日用常行中使生命获得永恒的价值,这也就是"极高明而道中庸"的内在意蕴。不妨说,正是在《中庸》中,儒家的价值原则才获得了更现实的品格,而精神境界的升华与"庸德之行"③的入世观念相融合,则使"彼岸"的追求进一步失去了容身之地。

然而,应当看到,日用常行一般而言总是由已有的文化传统、既成的道德习惯等加以调节,并且相应地表现为同一模式的往复循环。这种重复性固然保证了日常世界的相对稳定,并且给人提供了一种亲近感、现实感,从而强化了人的入世意识,但它同时也容易抑制人的创造性及个性。在日常世界中,人的行为往往变得程式化。庸言

---

① 《中庸·第二十章》。
② 《中庸·第十一章》。
③ 《中庸·第十三章》。

庸行追求的，正是大众化的、无个性的平凡之举，一旦超乎常规，则便会有"素隐行怪"之嫌。可以看出，在强调"庸德之行"的背后，或多或少蕴含着一种趋同避异、但求平稳的价值取向，而在后者的范导之下，似乎很难形成创造性的、具有独特个性的人格。同时，作为一种以传统来调节的既定模式，日用常行主要面向过去：所谓庸言庸行，往往即是合乎以往传统与规范的言行。换言之，它所要求的，不是突破既定的行为方式及生活程序，而是回到传统的轨道，由此而形成的，往往是一种以过去为定向的价值观念，它容易使人满足于既定状况而不企求走向新的天地。事实上，《中庸》在强调道不远人、日用即道的同时，即明显地表现出这一趋向：

> 君子素其位而行，不愿乎其外。素富贵，行乎富贵；素贫贱，行乎贫贱；素夷狄，行乎夷狄；素患难，行乎患难；君子无入而不自得焉。①

"素"即既往，已经如此，今后则依然如此。所谓"不愿乎其外"，无非是保持既定的生活模式及人生境遇。在此，安于既往的价值取向实质上已带有某种宿命论的性质，这一点，从《中庸》的如下断论中可以更清楚地看出："故君子居易以俟命，小人行险以侥幸。"②相对于《易传》刚健自强、锐意进取的价值取向，《中庸》多少显得有些平庸保守。从《易传》到《中庸》，儒学那种博大、创进、舒展的气象，似乎开始为平实、守素、拘谨的观念所取代。尽管《中庸》始终将"极高明"视为价值目标，但对"道中庸"的强调，却使这种目标逐渐为受制于既定模式的

---

① 《中庸·第十四章》。
② 同上。

庸言庸行所掩盖。

与"道中庸"相联系,《中庸》的另一个基本观念是所谓"诚":

诚者,天之道也;诚之者,人之道也。①

在此,诚既是本体论意义上的天道,又是伦理学、价值观意义上的人道;作为天道,诚的基本含义即是实然,后来王夫之所谓"诚也者,实也,实有之,固有之也"②,主要便是在这一意义上说的;作为人道,诚则指当然,亦即主体应当具有的内在品格。《中庸》主张由"诚"而"诚之",这不仅仅表现为由天道到人道的推绎,就其深层的含义而言,它同时意味着外在本体的内化。如果说,"道中庸",意在扬弃本体的超验性(从形上的根据走向现实的日用),那么,由"诚"而"诚之",则进一步要求建构内在的道德本体。③

诚作为内在的本体,具体即表现为德性,而内在本体的确立,则相应地以尊德性为基本形式。在《中庸》看来,尊德性并不是一个抽象的过程,正如极高明必须道中庸一样,尊德性离不开道问学:"故君子尊德性而道问学。"④所谓"道问学",也就是通过学问思辨行,以达到理性的自觉。与孔孟荀一样,《中庸》将主体的理性自觉提到了极为重要的地位,并以此作为从外在天道走向内在本体(诚)的前提:

---

① 《中庸·第二十章》。

② 〔清〕王夫之:《尚书引义》卷三。

③ 孟子曾提出:"是故诚者,天之道也;思诚者,人之道也。"(《孟子·离娄上》)这一看法已注意到诚的本体。但"思诚"以诚为体认对象,"诚之"则侧重于外在本体的内化,二者意味似有所不同。不妨说,《中庸》在承继孟子思想的同时,又作了新的发挥。

④ 《中庸·第二十七章》。

不明乎善,不诚乎身矣。……博学之,审问之,慎思之,明辨之,笃行之。有弗学,学之弗能弗措也;有弗问,问之弗知弗措也;有弗思,思之弗得弗措也;有弗辨,辨之弗得弗措也;有弗行,行之弗笃弗措也。人一能之己百之,人十能之己千之。果能此道矣,虽愚必明,虽柔必强。①

如前所述,诚作为天道,具有实然(本然)的性质,正是通过一个理性化的过程,实然(本然)之诚开始逐渐内化为对当然之诚——精神之境——的自觉意识,而这种自觉意识又作为内在的本体而制约着主体的行为。可以看到,尊德性(诚的本体之确立)与道问学(理性的自觉)之间存在着一种互动的关系:立诚离不开道问学,而本体一旦确立,又保证了主体能够始终处于明觉状态;前者也就是所谓"自明诚",后者则是所谓"自诚明",而二者本质上又展开为一个统一的过程:"诚则明矣,明则诚矣。"②

当然,《中庸》并没有把内在本体的功能仅仅限于"自诚明"。按《中庸》的看法,主体如果达到了至诚的境界,便能形成赞天地之化育的力量:

唯天下至诚,为能尽其性;能尽其性,则能尽人之性;能尽人之性;则能尽物之性;能尽物之性,则可以赞天地之化育;可以赞天地之化育,则可以与天地参矣。③

这里表现为一个自内向外的辐射过程:确立至诚的本体,意味着内在

---

① 《中庸·第二十章》。
② 《中庸·第二十一章》。
③ 《中庸·第二十二章》。

德性的完成(尽其性),由己而及人,由人进一步及物,最后制约天地的演化("赞天地之化育")。总之,内在本体构成了道德行为与文化创造的基本出发点。《中庸》的如上看法不同于《易传》从天道到人道的推论,其侧重之点在于强化道德本体的外在功能。与孟子一样,《中庸》以为至诚则可以达到与天地参,明显地带有泛道德主义的色彩。

不过,在《中庸》那里,本体的外在辐射同时又含有超越自我中心之意。事实上,由己之性而及人之性,本身便已表现出沟通自我与他人(群体)的趋向,后者进一步又展开为成己而成物之说:

> 诚者非自成己而已也,所以成物也。成己,仁也,成物,知也。性之德也,合内外之道也。①

成己,即通过内在德性的展开而完善自我。这里的"物",含义较广,它既指自我之外的他人,又泛指天地万物;从而,成物也就兼有赞天地之化育与群体价值实现的二重意蕴。从价值观上看,由成己而成物,意味着由个体的完善走向群体的认同,而个体本身则在这一过程中由封闭的"我"走向开放的"我"。值得注意的是,《中庸》特别强调成己所以成物,亦即把群体的实现放在一个更为重要的地位,这里无疑渗入了儒家注重群体原则的传统,而从另一方面看,它又使本体的外在展现同时获得了确认群体价值的意义。

道德本体在内化之后,往往便具有道德境界的意义。诚作为内在本体,同时被规定为一种道德之境:

---

① 《中庸·第二十五章》。

诚者不勉而中，不思而得，从容中道，圣人也。①

不思不勉，并非勾销理性的努力，而是指理性品格的进一步提升。如前所述，《中庸》强调自明诚，这主要是一个理性自觉的过程，而诚的本体一旦建立，则理性的规范（道）便开始融合于主体的内在意识，并逐渐化为主体的德性，后者在某种意义上可以视为主体的第二天性。这样，自明诚，同时也可以看作是一个化普遍规范（道）为天性的过程。所谓唯至诚能尽其性，多少也暗示了诚的本体与德性（第二天性）的如上关系。普遍规范成为人的第二天性，意味着道（普遍的规范）开始进入了主体的深层意识，而主体的道德行为则相应地获得了近乎自然的性质：一方面，其言行举止，无不合乎道（中道）；另一方面，这种行为又并非来自理性的强制，而是完全出于内在的本体，自然的中道超越了人为的勉强。所谓不勉而中，不思而得，正是这样一种道德境界。在这里，一切都显得平凡而寻常，但一切又都内在地具有一种崇高意义，极高明而道中庸与诚的内在本体开始融合为一。

从《易传》到《中庸》，一方面，道中庸（日用常行）的道德进路逐渐扬弃了价值本体的超验性；另一方面，至诚的道德境界（德性）的确定又转换了价值本体的外在性。前者强化了儒家日用即道的传统，后者则继孟子之后，进一步奠定了儒家心性之学的基础。在儒家价值体系尔后的演进中，我们总是可以不断地看到《中庸》的影响。

### 三 止于至善与修身为本

与《中庸》一样，《大学》的作者与成书年代，历来亦歧义颇多。朱

---

① 《中庸·第二十章》。

熹以为《大学》系孔子的弟子曾参所作,但此说似缺乏实据,宋以前的典籍亦从未见这种看法。郭沫若断定《大学》为孟子的弟子乐正氏所作①,但其根据也并不充分。较为可信的论点是,《大学》并非成于一人之手,其成书年代大致在战国后期至秦汉之际。这一看法似乎更切合《大学》一书的内容,本书即采此说。

《大学》开篇便指出:

> 大学之道,在明明德,在亲民,在止于至善。

这也就是所谓《大学》的三纲领。明明德即道德理性的自觉,亲民主要表现为群体的认同,至善则是最高的价值目标,止于至善亦即达到最高的价值目标。三纲领之中,最重要的当然是止于至善:个体的理性自觉(明明德)与群体认同(亲民)最终都指向至善。如前所述,《易传》的主旨在于建立形而上的价值本体,《中庸》的特点在于将价值本体内化于日用常行及主体意识,较之《易》、《庸》,《大学》的思路似乎有所不同:它的侧重之点首先在于确立至上的价值目标,从而为主体的行为提供一个总的价值导向。

设定至善的价值目标,是中西哲学的共同特点。在古希腊,柏拉图便已提出了至善的概念,并把它规定为最高的理念。按柏拉图的看法,在具体的可见世界之外,还有一个理念的世界,后者表现为一个等级系统,最低等级的是具体事物的理念,如桌、椅、人、马等之理念,高一级的是数学或科学方面的理念,最高等级的理念则是善。不过,柏拉图同时又赋予善以万物本体(本原)的意义,以为善是世界万物所以产生与存在的终极原因,具体对象不过是善的理念之摹本或

---

① 参见郭沫若:《十批判书》。

影子。这样,善作为最完美的境界,固然构成了主体追求的目标;但作为"超乎存在之上"的本体,则又是主体所难以企及的,后者使柏拉图的善具有思辨的、抽象的性质。

与柏拉图将至善规定为抽象的理念不同,《大学》在提出止于至善的总纲(价值目标)之后,又对至善的内涵作了具体的规定。如上所述,《大学》所谓明明德与亲民最终都指向至善;从另一角度看,二者实际上同时构成了至善的内容。明明德的展开,即表现为"明明德于天下"①。"明明德"是个体的道德自觉,"明明德于天下",则是使天下之人都接受实践理性的洗礼,并达到自觉的道德境界;前者是道德追求的出发点,后者则是其所趋的归宿。从明明德到明明德于天下,既是道德理想不断实现的过程,又是价值目标逐渐接近的过程。

与明明德扩展为明明德于天下相应,"亲民"也进一步展开为"平天下"②。如果说,明明德于天下是价值目标在道德领域中的具体化,那么,平天下则在更广的层面表现了这一趋向。当然,天下安宁(平天下),首先是一种社会政治理想,从而,它一开始便内在地蕴含着一种经世的观念:所谓"平天下",也就是通过经世治国,以达到社会的稳定与和谐。正是在此意义上,《大学》强调"平天下在治其国"。可以看出,以平天下为社会政治理想,一方面赋予"至善"的价值目标以较为现实的规定,另一方面又使儒家的经世观念获得了深层的价值根据。

明明德于天下与平天下从不同侧面展开了至善的价值目标,从而使之避免了超验理念的抽象性,并获得了现实的范导意义,在《大学》看来,一旦价值目标确立,则主体的行为便有了定向:

---

① 《大学》。
② 同上。

大学之道,在明明德,在亲民,在止于至善。知止而后有定,定而后能静,静而后能安,安而后能虑,虑而后能得。物有本末,事有终始,知所先后,则近道矣。①

"至善"作为价值目标,具有导向的功能。当主体的价值目标尚未明确时,其行为往往游移不定,难以做到专一,而价值目标则为主体规定了一个总的方向,从而使之能够避免各种外在的、偶然的因素之干扰,在行为中稳定专一(有定),从容中道。在此,价值目标不仅对主体意识及行为起了统摄的作用,而且使价值原则的贯彻落实得到了内在的保证。正是通过价值目标的范导与统摄,价值原则(一般的价值观念)开始与其具体行为相融合,从而避免了与现实的脱节。总之,本(一般原则)制约末(具体行为),始趋向于终(价值目标),而道即体现于这一过程之中。

除了三纲领之外,《大学》还有所谓八条目。按其内容,八条目可一分为二,前四目着重阐释修齐治平的关系:

古之欲明明德于天下者,先治其国;欲治其国者,先齐其家;欲齐其家者,先修其身;……身修而后家齐,家齐而后国治,国治而后天下平。

如上所述,明明德于天下及平天下是至善之价值目标的具体化,而在《大学》看来,这种目标的达到,最终又以修身为前提,所谓修身,也就是个体的自我完善。于是,在实现价值目标的过程中,个体的作用便得到了空前的提升:它构成了整个价值追求的出发点。正是在此意

---

① 《大学》。

义上,《大学》强调:"自天子以至于庶人,壹是皆以修身为本。"从孔子以来,注重自我的完善便构成了儒家的特点,《大学》的这一思想无疑承继了如上传统。不过,将个体的完善视为达到至善的根本保证则是《大学》的发挥。它在某种意义上从实现价值目标这一角度,突出了主体性原则。

这样,一方面,至善的价值目标作为总的范导原则制约着个体的行为;另一方面,个体的完善又构成了实现价值目标的必要前提,二者表现为一种互动的关系。作为一个与价值目标相联系的过程,修身并非隔绝于治国平天下的经世活动之外。个人不能离开家、国、天下而存在,个人的完善,同样也不能离开家、国、天下中的具体践履。《大学》将明明德与亲民联系起来,一开始便表明了这一点。

当然,尽管修身展开于治国平天下的经世过程中,但个体所处的环境,所遇到的各种关系等,毕竟又有具体的特点。这样,以修身为本,便要求注重个体的独特境遇,后者具体展开为慎独的观念:

> 小人闲居为不善,无所不至,见君子而后厌然,揜其不善,而著其善,人之视己,如见其肺肝然,则何益矣。此谓诚于中,形于外,故君子必慎其独也。①

"闲居"即独处(朱熹注)。当个体独处某种特定境遇时,由于公众舆论的压力暂时不存在,因而往往容易偏离道德规范的约束(为不善),唯有过好独处这一关,才能在各种境遇中避免出格。所谓慎独,也就是在直面自我之际,依然保持道德的操守,它所强调的是一种实有诸己的内在品格。《大学》将修身与慎独联系起来,实际上从更深的层

① 《大学》。

面上,凸现了个体的本位意义。

作为平治天下之本,个体本身必须经历一个完善的过程,《大学》八条目中,后四目便涉及了这一问题:

> 欲修其身者,先正其心;欲正其心者,先诚其意;欲诚其意者,先致其知,致知在格物。

心即广义的精神本体(主体意识),正心即净化精神本体,使之合乎普遍的社会规范,诚意则指不自欺:"所谓诚其意者,毋自欺也。"[①]不自欺亦即保持清醒的自我意识,真实地面对自我,总起来,正心诚意,也就是建立明觉而端正的精神本体。在此,理性显然占有主导的地位,这一点,从《大学》的进一步解释中,即可更清晰地看出:"所谓修身在正其心者,身有所忿懥,则不得其正;有所恐惧,则不得其正;有所好乐,则不得其正,有所忧患,则不得其正。心不在焉,视而不见,听而不闻,食而不知其味。"恐惧、忧忿等可以归入情感之列,好乐是一种欲望,视听则属于感性的活动,与情感、欲望、感性知觉相对,心主要表现为理性的功能,而对情感、欲望、感性知觉,心又具有支配的作用。就此而言,正心又意味着确立理性在精神本体(主体意识)中的优先地位,这一点与"明明德"的要求恰好前后相承。

正心诚意的如上内涵,决定了它本身必须以格物致知为前提:理性主导地位的确定,总是离不开一个理性化的认识过程。作为一个指向正心诚意的过程,格物致知当然首先与道德人伦相联系。在道德实践中,主体不断地作用于外在的道德对象,而通过对人伦关系及伦常活动的反思,主体便能够逐渐地达到道德理性的自觉。不过,尽

---

① 《大学》。

管从《大学》的整个逻辑结构来看，格物致知似乎多少带有伦理化的性质，但"物"与"知"毕竟是两个外延极广的范畴，它们本身包含着多方面的内容，而《大学》也并未将其仅仅限定于道德伦常之域。不妨说，在《大学》中，格物致知固然具有伦理化的倾向，但同时又在一定意义蕴含着某种理论张力，从而为尔后的儒学提供了不同发挥的余地。

要而言之，止于至善与修身为本是《大学》的两个基本主题，前者作为价值目标而为主体提供了总的行为导向，后者则为价值目标的实现提供了基本的出发点，使之避免流于虚玄抽象。价值目标在广义上可以视为道德理想，止于至善使儒家的价值追求始终受到理想的范导；修身作为走向至善的立足之点，则突出了个体在价值追求中的本位性质。当然，后者在《大学》中又具体展开为两个方面：它既表现为格物致知、诚意正心的内化过程，又展开为齐家治国平天下的外化过程，从而，个体性原则又并非隔绝于群体原则。

# 第五章

# 正统的形成

随着先秦时代的终结,儒学的发展一度进入了低谷。秦统一六国后,儒家的价值体系并没有被接受,"以吏为师,以法为教"的国策,不仅令它备受冷落,而且使之面临存在的危机。汉初以黄老之学治国,儒家同样未能成为官方显学。然而,随着汉帝国大一统格局渐趋稳定,儒学崛起的历史机遇终于到来。而在理论上重振儒学并使儒家价值体系得到普遍确认的思想家,便是一代大儒董仲舒。①

① 两汉的儒家人物当然不仅仅是董仲舒一人,陆贾、贾谊、刘向等均可视为儒家代表,此外还有众多的经学家;儒家文本也不限于董仲舒的著作,如《礼记》中的相当部分,《白虎通义》等,都是汉代的儒学经典。不过,从理论上对儒家价值观作系统发挥和引申的,则是董仲舒;同时,也正是董仲舒,明确提出了"罢黜百家,独尊儒术"的主张,从而推进了儒家正统地位的确立。

以儒学的独尊为背景,儒家价值体系逐渐取得了正统的形态,与之相应的,则是其内容的多方面转换。

## 一 形上之天与人文取向

天人关系是先秦儒学关注的中心问题之一,在某种意义上,儒家价值体系便以天人之辩为其逻辑起点。作为儒学的传人,董仲舒同样将究天人之际放在极为突出的地位。汉武帝举贤良对策,董仲舒上策三篇,内容均涉及天人关系,史称"天人三策",后者又系统地展开于董氏的整个理论体系之中。

在原始儒学中,作为价值观的天人之辩,首先以自然与人文的关系为内容;尽管孔孟及《易传》等常常赋予天以形而上的意蕴,但就价值观而言,它的第一义则是广义的自然。董仲舒所说的天,在某些场合仍具有自然之意,如"天地之气,合而为一,分为阴阳,判为四时,列为五行"①。此处之天,便泛指自然,在同一意义上,董仲舒常常将春、夏、秋、冬、雷、电、风、雨等归入天的范畴之下。然而,在保留天的自然义的同时,董仲舒又将注重点更多地转向儒家之天的另一重含义。我们不妨看一下董氏的如下论述:

> 为生不能为人,为人者天也。人之为人本于天,②天亦人之曾祖父也。此人之所以乃上类天也。③

在此,天事实上已被人格化为一种造物主,作为人格化的存在,天同

---

① 〔汉〕董仲舒:《春秋繁露·五行相生》。
② 原为"人之人本于天",据卢文弨说校改。
③ 《春秋繁露·为人者天》。

时获得了超自然的规定。

于是,在董仲舒那里,天便具有了双重含义:它既是广义的自然,又是一种超自然的存在,而后者在其整个体系中又居于更主导的地位。儒家的演进在此似乎出现了逆转:与先秦儒学由超自然之天到自然之天的衍化趋向相对,董仲舒使自然之天又回归到了超自然之天。同这一过程相应,天人之辩的内涵也发生了某种变化:自然与人文的关系,开始从属于神道(超自然)与人道的关系;天人关系论的价值意蕴,被蒙上了一层神学的形式。

作为超自然的存在,天被赋予了一种至上的性质:

> 天者,百神之君也,王者之所最尊也。①
> 天者,万物之祖,万物非天不生。②

从万物到百神,均上本于天;天高居于一切存在之上,成为天国与尘世的绝对主宰。③ 初看上去,对天的如上规定无疑近乎神学的呓语,然而,在这种神学的语言背后,却蕴含着十分理智的价值意向:推崇、渲染天道(神道),并非仅仅就天论天,其内在的旨趣乃在引出人道:

> 不顺天道,谓之不义。察天人之分,观道命之异,可以知礼之说矣。④

---

① 《春秋繁露·郊义》。
② 《春秋繁露·顺命》。
③ 当 F. W. 莫特断言中国人否认宇宙有终极原因时,似乎忽视了董仲舒所代表的儒学路向。(参见 F. W. Mote, *Intellectual Foundations of China*, New York: Alfred A. Knopf, 1971, pp.17–18。)
④ 《春秋繁露·天道施》。

礼是人道的体现,顺天道则指以天道为本。在此,天道已构成了人道的依据:唯有合乎天道,人道才能成其为合理的社会规范(不顺天道,谓之不义)。不难看出,董仲舒将天超验化,乃是旨在为人道建构一个形而上的本体。在这方面,董仲舒大致循沿了《易传》的思路。不过,与《易传》主要将形而上之道理解为宇宙的法则不同,董仲舒把超验化与人格化融合为一,从而将形而上的本体转换为神学化的本体。天道一旦取得了神道的形式,便进一步成为君临一切的无上权威,而人道(包括价值体系)则获得了最终的依归:

> 天地者,万物之本,先祖之所出也,广大无极,其德昭明……君臣父子夫妇之道取之此,大礼之终也。①

在从天到人的如上推绎中,礼所体现的价值标准即被套上了神圣的光环。

与天道的神化相应,价值本体的内涵也发生了某种变化:它不再是"一阴一阳之谓道"这一类冷冰冰的法则,而是同时充满了人情味:

> 察于天之意,无穷极之仁也。②

作为仁道的化身,天既构成了价值的最高根据:"今善善恶恶,好荣憎辱,非人能自生,此天施之在人者也"③;又给人以终极的关怀:"天,仁也。天覆育万物,既化而生之,有养而成之。事功无已,终而复始,凡

---

① 《春秋繁露·观德》。
② 《春秋繁露·王道通三》。
③ 《春秋繁露·竹林》。

举归之以奉人。"①而一旦人感受到了这种关怀,他便同时获得了精神上的寄托和慰藉。于是,在董仲舒那里,上承天道即具有了二重意义:它既是指合乎价值本体,又意味着寻求精神上的超越寄托,后者本质上带有准宗教的性质。这种超验的准宗教进路既不同于《易传》的思辨理性,也有别于孟子的内圣趋向及《大学》正心诚意的个体反省。它在某种意义上带有外在超越的特征,当然,这种超验进路尽管偏离了原始儒学的主流,却同样有其深层的理论渊源。事实上,从孔孟到易庸学,儒学始终没有完全放弃外在的天命,而董仲舒则以强化的形式凸出了这一面。在儒学的尔后演进中,寻求外在的精神寄托与心灵慰藉的超验进路,总是以不同的形式得到延续。理学家对天理的提升与追求,便从一个方面表现了这一点。

毋庸讳言,超验的进路多少使价值取向带上某种宗教的印记,儒学之被称为儒教,与这一点似乎不无关系。然而,它对儒家价值体系并非仅仅具有负面的意义。如前所述,从孔孟到《大学》,以正心诚意为内容的内圣路向逐渐成为主导的方面。内圣的进路对主体人格的完善以及精神境界的提升固然具有极为重要的范导作用,然而,仅仅强调内在的超越,往往使主体趋向于自我的收敛,而自我的过度收敛,则往往将限制精神世界的发展;同时,如果除了完善内在心性之外别无追求和寄托,则精神往往会陷于孤寂之境,并容易因缺乏超越的慰藉而面临心灵的失衡。当孔子感叹"凤鸟不至,河不出图,吾已矣夫"②时,便多少表现出失去外在精神寄托之后的空寂心态;而后世士大夫在失意受挫后每每遁入空门,则更典型地说明儒学本身未能完全满足追求精神慰藉的需要。此外,日用即道的儒学传统诚然提

① 《春秋繁露·王道通三》。
② 《论语·子罕》。

供了注重现实的价值取向,但同时又在某种程度上抑制了超越现实的创造冲动。如果适当引入超验的进路,则多少可以突破因循的价值观念。从这些方面看,董仲舒以超验(神化)的天道为终极的价值本体,无疑有助于扬弃儒家价值体系的内在弱点。

当然,董仲舒的天人之辩毕竟是在儒学传统之下形成的,尽管它具有某种准宗教的性质,但与典型意义的宗教(例如西方基督教)又有重要的差异。在西方的基督教中,作为最高本体的神(上帝)首先是超人:它具有人格的形式但又凌驾于包括人在内的一切存在之上,而在董仲舒那里,天既被神化为超验的存在,又与人同属一类:

> 以类合之,天人一也。[1]
>
> 求天数之微莫若于人……天之数,人之形,官之制,相参相得也。[2]
>
> 天地之符,阴阳之副,常设于身,身犹天也,数与之相参,故命与之相连也。[3]

作为人的同类,天与人便不再仅仅表现为一种彼此分离的关系,毋宁说,它同时具有了一种内在的品格。这样,透过带有神学色彩的比附,我们便看到了一种沟通形而上与形而下的意向,正是后者,构成了董仲舒天人之辩另一个重要的方面。

以天人同类为前提,董仲舒进而阐发了其目的论思想:

---

[1] 《春秋繁露·阴阳义》。

[2] 《春秋繁露·官制象天》。

[3] 《春秋繁露·人副天数》。

> 天地之生万物也,以养人。故其可食者以养身体,其可威者以为容服,礼之所为兴也。①

不难看出,这里的核心,乃是把人提升为目的:万物的存在,不过仅仅是为了满足人的物质与文化需要。人们往往一再地贬斥、嘲笑董仲舒目的论观念的粗陋荒诞,但却常常忽视了其中以人为目的这一人文观念。事实上,正是这种人文观念,使董仲舒的天人之辩不同于一般的宗教神学。

与人是目的这一观念相应,董仲舒对人的价值作了明确肯定:"天地阴阳木火土金水,九,与人而十者,天之数毕也。……毕之外谓之物,物者投所贵之端,而不在其中。以此见人之超然万物之上,而最为天下贵也。人,下长万物,上参天地。"②毋庸讳言,这里依然存在着神秘牵强的比附,但剔除其神秘的形式,便可以看到相当现实的世俗内容:人不同于自然的存在,他具有高于万物的价值。尽管论证的方式不同,但在确认人最为天下贵这一点上,董仲舒并没有离开从孔孟荀到易庸学的儒学传统。

综观董仲舒的天人关系论,包括其天人感应说,人是目的及人最为天下贵的人文观念始终一以贯之。灾异与谴告说是董仲舒天人之辩的具体展开,而根据董氏的理解,灾异与谴告首先表现了天对人的关怀:

> 凡灾异之本,尽生于国家之失。国家之失乃始萌芽,而天出灾害以谴告之。谴告之而不知变,乃见怪异以惊骇之。惊骇之

---

① 《春秋繁露·服制象》。
② 《春秋繁露·天地阴阳》。

尚不知畏恐,其殃咎乃至。以此见天意之仁而不欲陷人也。[1]

按照通常的神学解释,"灾异"总是意味着天对人的惩处,而在这种关系中,人无疑是被否定的对象;与之相对,董仲舒则把灾异视为仁爱之心的体现,而人亦相应地表现为被肯定的对象。在解释模式的如上转换背后,蕴含着更深刻的观念转换:人的存在构成了天意的内在根据。所谓"灾异",首先不是天对人的震慑,而是旨在促使人世的安定,换言之,天威的展示已让位于人文的关切。这样,从形式上看,天诚然作为主宰而居高临下,但就内在关系而言,人则成了实际注重的中心。这种思维趋向与西方基督教把天上人间的万象均视为上帝全智全能的显现,并强调一切以上帝为依归,意味颇有不同。

如果由此作进一步的分析,则可以看到,在董仲舒那里,与人是目的这一观念相联系,天同时被赋予了一种工具的意义。就广义而言,天常常被视为劝人为善的手段,一旦"省天谴",则可以使人"内动于心志,外见于事情,修身审己,明善心以反道也"[2]。在狭义上,天则表现为一种规范君主的力量,如果君主昏暗,则天将以反常的现象加以警醒:

王者与臣无礼,貌不肃敬,则木不曲直,而夏多暴风。[3]

反之,如果君主为政清明,则将使万物欣欣向荣:

① 《春秋繁露·必仁且智》。
② 《春秋繁露·二端》。
③ 《春秋繁露·五行五事》。

劝农事，无夺民时，使民，岁不过三日，行什一之税，进经术之士……恩及草木，则树木华美，而朱草生。[1]

不难看出，天的奖惩之后所蕴含的，乃是人的意志；在外观上，天展现为支配人事的主宰，而一旦剔除这一表层形式，天则还原为实现人的意志之手段。在这方面，董仲舒的天实质上接近于墨子的天志。正如墨子把天志视为制约诸侯王公的"规矩"一样，董仲舒的天也表现为规范君主这一政治意图借以实现的工具，二者从不同侧面表明：在君权至上的历史条件下，处于权力边缘的思想家常常只有借助超验的神化力量才能实现对现实政治的干预。

总之，以天人感应为中介，人在双重意义上成为目的：其一，人最为天下贵，天的一切所为最终都以人的存在为出发点；其二，天的全能主要并不展现为其自身的内在价值，它的价值唯有与人的政治意图相联系时才能获得。这一关系可以更简略地概括为：天以人为目的，人以天为手段。于是，透过神学的形式，我们看到了相当现实的人道内容，与其说这是宗教对人文精神的扼杀，不如说是人文观念借神学而得到确认。正是在神学的形式下注入人道的内容，使董仲舒的天人之辩不同于殷周旧宗教的复归，而更多地表现为原始儒学人文主义的延续。就此而言，在总的价值取向上，董仲舒不仅没有离开儒家的仁道原则，而且在某种意义上以神学的方式使之得到了进一步的强化。

从天道的神化到天的工具化，天人之辩在董仲舒那里获得了多重意蕴。一方面，自然与人文的关系被转换为神道与人道的关系，而人道则由此被赋予了超验的至上根据；另一方面，人又被规定为天的

---

① 《春秋繁露·五行顺逆》。

目的,神学的目的论渗入了世俗的人道原则。超验的精神追求与现实的人文传统彼此纠缠,使儒家的价值体系取得了颇为复杂的形态。

## 二　德威交融:仁道原则的转换

在董仲舒那里,天人之辩最后落实于人文的观念,而人文观念本身又有进一步规定和展开的问题。从广义上看,天人关系不仅表现为自然与人文或神道与人道的关系,而且总是涉及人文(或人道)的内涵及其外在展现。

作为儒家的传人,董仲舒首先把人文的观念具体理解为仁道的原则,后者体现于不同社会成员之间的关系,并以博爱为其主要内涵:

> 父子不亲,则致其爱慈;大臣不和,则敬顺其礼;百姓不安,则力其孝弟。……故曰:先之以博爱,教以仁也。[①]

在此,以博爱为内容的仁道即构成了化解紧张与冲突,调节人际关系的基本原则,这种思路与原始儒学无疑一脉相承。它表明,一旦回到现实的人伦,人文的观念便直接取得了世俗的形式。

不过,与天道(神道)的至上化相适应,尽管仁道的原则被赋予了相当现实的内涵,但其根据又被上溯到天。按照董仲舒的理解,天作为人格化的存在,同时又是仁道原则的化身:"天,仁也……人之受命于天也,取仁于天而仁也。"[②]由天之仁推论出人之仁,其神学的形式是显而易见的,但这并不意味着以神道消融人道,毋宁说,它乃是将

---

① 《春秋繁露·为人者天》。
② 《春秋繁露·王道通三》。

人道提升到天道的高度,正是在此意义上,董仲舒一再强调:"圣人之道,同诸天地。"①

仁道原则不仅使天人之辩所蕴含的人文观念获得了具体的规定,而且为确认人的价值提供了内在的根据:

> 人受命乎天也,故超然有以倚。物疢疾莫能为仁义,唯人独能为仁义;物疢疾莫能偶天地,唯人独能偶天地。②

天地间一切存在中,唯有人能从伦理化的天道中引出仁道,正是这一特征,使人超然于万物而上参天地。这样,仁道原则便在二重意义上成为人最为天下贵的确证:首先,待人以仁,体现了对作为对象的人(他人)的尊重,而后者又以肯定其价值为前提;同时,"为仁义"的过程又体现了作为主体的人(自我)的理性自觉,并通过崇高的道德境界而展示了其高于自然存在的内在价值。荀子曾以"人有气有生有知亦且有义"来论证人最为天下贵,董仲舒的如上思路如果剔除其神学前提,则基本上体现了相同的趋向。

可以看出,尽管董仲舒常常以神学的语言来阐述其人文观念,但在注重人道原则这一点上,显然又上承了原始儒学的传统。然而,在发挥儒家仁道原则的同时,董仲舒并没有自限于这一传统。在他看来,仅仅运用仁道原则,并不能臻于理想的社会形态。在经世安邦及社会关系的调节中,除了先之以仁爱外,还必须运用强制性的手段,后者也就是所谓"威"或"刑":

---

① 《春秋繁露·基义》。
② 《春秋繁露·人副天数》。

国之所以为国者,德也;君之所以为君者,威也。①

天道之大者在阴阳。阳为德,阴为刑;刑主杀而德主生。②

正如阴与阳是同一天道的两个方面一样,德与刑也表现为两种互补的原则。按其本义,刑主要表现为一种暴力的手段;以阴阳规定刑德,即意味着把暴力的原则也视为天道的体现,从而使之像仁道原则一样具有了一种形而上的根据。

董仲舒的如上看法与原始儒学(特别是孔孟的看法)显然已有所不同。孔子曾指出:

道之以政,齐之以刑,民免而无耻;道之以德,齐之以礼,有耻且格。③

德与刑在此似乎表现为一种不相容的关系:道之以德便不能齐之以刑,反之亦然。而"免而无耻"与"有耻且格"则相应地呈现为两种不同的结果,孔子以后者作为一种完美的境界,即意味着反对以暴力原则限制仁道的原则。孟子对暴力原则作了更直截了当的批评。在他看来,暴力代表的只是霸道,而霸道是非正义的,唯有以德服人,才体现了正义的王道:

以力假仁者霸。④

_____

① 《春秋繁露·保位权》。
② 〔汉〕班固:《汉书·董仲舒传》。
③ 《论语·为政》。
④ 《孟子·公孙丑上》。

五霸者,三王之罪人也。①

事实上,从不忍人之心到不忍人之政,孟子的整个思维行程都表现为对暴力原则的拒斥。相形之下,董仲舒由阴阳统一而论证刑德互补,亦即明确肯定暴力手段的必要性和合理性,这与孔孟的思路已颇有差异。

　　形成如上差异的理论原因之一,在于董仲舒的思想中已内在地渗入了法家的某些观念。与儒家崇尚仁道相对,法家将暴力的原则提高到了突出的地位。按照法家的看法,民众只能以强制的方式来压服,而不能以仁义来感化,韩非便认为:

　　　　夫严刑者,民之所畏也;重罚者,民之所恶也。故圣人陈其所畏以禁其邪,设其所恶以防其奸。是以国安而暴乱不起。吾以是明仁义爱惠之不足用,而严刑重罚之可以治国也。②

简言之,人与人之间首先是一种对抗关系,这种关系不仅存在于上下(君臣)之间,而且普遍展开于社会成员之中,正是在此意义上,韩非强调"当今争于气力"③,亦即将暴力的原则理解为调节人际关系的一般准则。董仲舒当然并不赞同将暴力归结为唯一的原则,相反,对片面强化暴力原则的倾向,他也一再有所批评;然而,在其对"威""刑"合理性的肯定中,无疑又可以看到法家的影响,正是后者,使之在某种程度上逸出了孔孟的儒家传统。

---

① 《孟子·告子下》。
② 《韩非子·奸劫弑臣》。
③ 《韩非子·五蠹》。

与注重"威""刑"相联系,董仲舒将等级秩序视为维系社会稳定的必要条件:

　　　　上下之伦不别,其势不能相治,故苦乱也。①

质言之,唯有将个体纳入等级结构之中,社会才能由乱而治。作为社会安定的基础,等级结构相应地成为个体定位的基本形式:个体首先作为等级秩序中的一员而存在。这一看法无疑与荀子有相通之处,不过,与荀子着重于历史的论证不同,董仲舒将等级制的根据上溯到天:"王道之三纲,可求于天。"②这样,别上下之伦便表现为天人之辩的引申,而人道与天道则再次融合为一。

　　然而,在等级观念中,天人之辩蕴含的人文内涵也开始发生折变。按董仲舒之见,等级结构首先呈现为上下的从属关系:

　　　　君为阳,臣为阴;父为阳,子为阴;夫为阳,妻为阴。阴道无所独行,其始也不得专起,其终也不得分功,有所兼之义。是故臣兼功于君,子兼功于父,妻兼功于夫,阴兼功于阳,地兼功于天。举而上者,抑而下也。③

在这种隶属关系中,从属的一方事实上已失去了自主性:他只是依赖者,而并不是具有独立人格的主体。所谓"阴道无所独行",便从普遍之道的高度,强调了这一点。如前所述,在荀子那里,我们已可以看

---

① 《春秋繁露·爵国》。
② 《春秋繁露·基义》。
③ 同上。

到忽视人格尊严及人格独立性的某种趋向,而董仲舒在这方面似乎走得更远。主体一旦被纳入从属序列而失去独立的品格之后,其目的性规定便会相应地被弱化。从董仲舒的如下议论中,我们可以对此有一个更清楚的了解:

> 为人臣常竭情悉力而见其短长,使主上得而器使之,而犹地之竭竟其情也,故其形宜可得而财也。[①]

"器"即工具,"器使之",亦即将人视为被运用的工具。在此,君臣的等级从属关系即进一步引向了人是目的之反题:人臣的价值似乎即在于成为君主的善器(好的工具),这样,尽管在人与物的关系上,人被一般地提升到了目的的高度,但在人与人的关系上,处于从属等级的主体则由目的降低到了手段,后者无疑从另一个侧面限制了仁道原则。

可以看出,德刑兼容,构成了董仲舒考察人道的基本思路。它在某种意义上表现出糅合儒家贵仁原则与法家暴力原则的趋向。尽管董仲舒在协调德刑时又一再强调"刑者德之辅"[②],"大德而小刑","前德而后刑"[③],亦即在总体上仍然以儒学为本位,但相对于原始形态,儒学毕竟已不那么"纯化"了。董仲舒的如上思想既可以在荀子那里看到某些端倪,又折射出汉初黄老之学的若干思想。帛书《十六经·姓争》上便可以看到如下议论:

> 天德皇皇,非刑不行;缪(穆)缪天刑,非德必顷(倾)。刑德

---

① 《春秋繁露·离合根》。
② 《春秋繁露·天辨在人》。
③ 《春秋繁露·阳尊阴卑》。

相养,逆顺若成。刑晦而德明,刑阴而德阳,刑微而德章。

这些看法事实上构成了董仲舒刑德兼容之论的理论前导,而从儒家价值体系的演变来看,董仲舒对贵仁与重力的如上糅合,又有其特定的价值意蕴。

历史地看,孔孟所推重的仁道原则,始终只是一种价值理想,而未能成为现实的社会准则;相反,随着秦帝国的建立,法家的暴力原则一度成为社会的实际规范。汉初虽然奉行黄老之学,但暴力原则的历史阴影并未完全消失。在这一背景下,董仲舒兼容刑德,尽管对孔孟的非暴力倾向有所偏离,但同时又内在地具有约束暴力原则的意义;所谓"大德而小刑"等主张,便明显地表现了这一意向。如果说,孔孟揭橥仁道更多地表现为一种理想的设定和追求,那么,董仲舒则在暴力原则一度成为现实规范并仍然蕴含片面膨胀的可能这一历史条件下,要求以仁道对其作出现实的抑制。在这方面,二者的价值取向无疑异中有同。然而,在抑制暴力原则的同时,刑德糅合又具有另一重含义,即仁道原则本身的变形。当刑德交融时,暴力的原则便取得了合理的形式,而仁道则在某种意义上成为暴力的掩饰:所谓阳儒阴法便多少反映了仁道降为外在形式这一情形。这种趋向如果进一步发展,便会使仁道原则变得虚伪化。就这方面而言,董仲舒确实又赋予儒学以官方化或正统化的形态。

按其本义,刑与德均属于广义的人道,[①]而人道则与自然相对。对刑与德的双重确认,从不同侧面展开了人道的考察,但它都未能给自然的原则以应有的地位。在注重刑德的同时,董仲舒对自然的原则确乎有所忽视。作为儒学的传人,董仲舒更强调人与禽兽之别:

---

① 人道不同于仁道,前者与人文相通,后者则含义较狭。

天之为人性命,使行仁义而羞可耻,非若鸟兽然。①

正是从人应当超越禽兽这一观点出发,董仲舒赋予人之血气以仁的属性:"人之血气,化天志而仁。"②"血气"是自然意义上的天,"天志"则是神化之天,在此,自然之天便消融于神化之天(伦理之天),而神道与人道的统一则与刑德兼容相结合,将自然的原则摒弃在价值体系之外,后者既使天人之辩变得片面化,又导致了儒家仁道原则的进一步变形。

## 三　天下无二道

在天人之辩上,董仲舒既以儒家为本位,同时又以开放的心态对待各家。后者不仅表现在援法入儒,而且体现于对墨、阴阳、五行、黄老等诸家的吐纳之上。诚如不少论者所指出的,董仲舒对天道和人道的考察,多方面地吸取了从先秦到汉初的各家之说,从而展现了一种兼容的精神。相对于先秦诸子各树一帜、彼此相辟而言,汉代思想家更多地表现出综合的趋向与沟通的胸怀,后者从一个侧面反映了天下一致而百虑、殊途而同归的时代特点。

从文化的深层看,兼容不仅是对待诸子百家的具体方式,它同时又表现为具有普遍意义的价值取向。作为一般的价值原则,兼容的精神与儒家的权变观念显然有其内在的一致性。权变的观念拒斥僵化,与执一而排外相对,它要求思想始终保持开放的性质,并适时地加以调节,从而使体系具有理论的张力。事实上,在以兼容的方式对

---

① 《春秋繁露·竹林》。
② 《春秋繁露·为人者天》。

待百家的同时,董仲舒一再地肯定了权变的原则:

> 春秋有经礼,有变礼。……明乎经变之事,然后知轻重之
> 分,可与适权矣。①

先秦儒学已提出了权变的观念,但在孔孟荀那里,权变主要与具体的境遇分析相联系,董仲舒则将权变观念与开放的文化心态联系起来,从而使之由个体的应变方式提升为一般的兼容精神。

儒家的权变自始就与经相联系,并受到后者的制约,董仲舒在肯定权变观念的同时,也承继了如上思路。在董仲舒看来,各家之说固然有其可吸纳之处,但立说之本则是经传:"夫义出于经,经、传,大本也。"②此处之经传,即是儒家的基本教义以及这种教义的阐释发挥。面对一致而百虑、同归而殊途的时代思潮,儒学诚然应当通过兼容众说、吞吐各家来加以调节,以适应新的时代,而这种调节也必然会伴随着对其原始形态的某些偏离,但这种偏离只能限于基本原则(经)所许可的范围,而不能越出此域:"夫权虽反经,亦必在可以然之域。"③不难看出,在经与权二者之间,经总是处于主导的方面:与权相联系的调节与变通,乃是不得已而为之。相对于循乎经,权变往往伴随着心理上的某种失衡:

> 为如安性平心者,经礼也。至有于性虽不安,于心虽不平,
> 于道无以易之,此变礼也。④

---

① 《春秋繁露·玉英》。
② 《春秋繁露·重政》。
③ 《春秋繁露·玉英》。
④ 同上。

不安于心是因为偏离了经,"无以易之"则表明非如此则无法应变,这种矛盾的心态固然确认了权变的必要,但同时也更多地表现出对经的尊崇:后者似乎已成为一种深沉的文化心理情结。

经的至上性逻辑地蕴含着一元的价值取向。在荀子那里,追求一统的趋向已初露其端,董仲舒对此作了进一步的发挥:

> 天下无二道,故圣人异治同理也。①
> 故常一而不灭,天之道。②
> 不一者,故患之所由生也。是故君子贱二而贵一。③

在经礼的统摄下,权变的观念终于未能引向多元的原则;相反,经过形而上化的过程,经对权的制约取得了常一无二的形式。综观董仲舒的儒学体系,贵一而贱二确实构成其重要的价值原则。

在社会政治领域,天道无二的原则首先表现为王权的强化。按董仲舒之见,君主作为天之子,乃是天在人世的化身。他贯通天人,驾驭万民,维系社会,为人世之本:

> 王者,人之始也。④
> 君者,元也;君者,原也。⑤

在此,一而不二便获得了十分具体的内容,天道的无二成为君权至上

---

① 《春秋繁露·楚庄王》。
② 《春秋繁露·天道无二》。
③ 同上。
④ 《春秋繁露·王道》。
⑤ 《春秋繁露·深察名号》。

的直接依据,而一其威则是其自然的结论:"故曰:天覆无外,地载兼爱。风行令而一其威,雨布施而均其德,王术之谓也。"①诚如不少论者所指出的,这种看法折射了政治上走向大一统的趋势,因而多少有其历史的合理性,但其中确实又蕴含着专制主义的趋向。

王权的强化反映在意识形态上,便具体化为定于一尊的要求。如前所述,尽管董仲舒对百家之说采取了兼容的态度,在其体系中确实也吸纳了各家的观念,但这种兼容乃是以儒学为本位,并最终融入于儒学之中。对董仲舒来说,百虑本身并非目的,其所趋的目标乃是一致;同样,百家并无其独立的价值,唯有儒学才有其自身的意义。于是,"罢黜百家,独尊儒术"便成为逻辑的结论。不难看出,定于一尊旨在统一意识形态,而独尊儒术则意味着以儒家教义为统一的基础,后者在董仲舒的如下议论中表述得更为明显:

> 圣人之所命,天下以为正。正朝夕者视北辰,正嫌疑者视圣人。②

儒学之大义,即体现于圣人之微言。在此,圣人之所命即构成了价值判断的最高准则。翻开《春秋繁露》,我们确实可以一再看到以经(圣人之言)"正嫌疑"的实例。它所开创的是一种谨守经说的经学传统,后来《白虎通义》以官方哲学的形式统一经义,可以视为这一传统的进一步发展。对思想统一的如上追求,无疑有助于汉民族文化心理的形成,但无可讳言,它对思想学术的发展确实也起了某种窒息的作用。

---

① 《春秋繁露·深察名号》。
② 同上。

从另一方面看,以圣人之言为最高准则,同时又表现为一种独断的思维方式。在董仲舒那里,政治上一于王权,意识形态上独尊儒术(定于一尊),最终都指向一个超验的本体,即形而上之天;换言之,政治上及意识形态上的一统,乃是以天为其至上的根据:

> 天之常道,相反之物也,不得两起,故谓之一。一而不二者,天之行也。①

同样,经与权之关系,也取决于天:

> 是故天以阴为权,以阳为经。阳出而南,阴出而北,经用于盛,权用于末,以此见天之显经隐权,前德而后刑也。②

这里重要的并不是渗入其中的神学观念,而是其推论的方式。后者如果加以展开,大致包含如下环节:首先预设某个第一原理(天),并赋予它以自足的性质(它自身即是绝对权威,而无需外在根据),然后从这种根据出发加以推绎,最后又以如上根据作为最高的准则来论证结论的合理性。整个思维行程表现为从外在根据出发而又复归于这一根据,简言之,它始终不超出权威之域。这种推论方式与唯经是从的经学观念相一致,表现为经学独断论与神学独断论的融合。

从王权的强化到儒学的独尊,再到思维方式的独断化,天道无二的原则展开于社会生活和文化的各个方面。就总体而言,这种价值取向带有明显的权威主义性质,其基本的特征即是以一元排斥多元,

---

① 《春秋繁露·天道无二》。
② 《春秋繁露·阳尊阴卑》。

以外在的权威为一切价值的终极根据。儒家价值体系向权威主义的这一转化，既有其理论上的内在逻辑，又有其历史的缘由。从理论上看，它表现为原始儒学"大德不逾闲"（孔子）、"君子反经而已"（孟子）、"以道壹人"（荀子）等观念的片面发展和引申，而这种趋于极端的引申同时又以秦汉大一统社会政治格局的形成为历史前提。当然，在更深的层面上，它又可以被看作是"人对人的依赖关系"之形而上化；以天、经、君为一切价值的根据，正是人在现实中缺乏自主性这一事实在价值领域的表现。

董仲舒在价值观上的如上走向，包含着内在的理论紧张：一方面，以恢宏的胸怀吞吐百家，从而表现出兼容的精神；另一方面，又以定于一尊的权威主义为最高的价值原则。如何化解二者的紧张？综观董仲舒的有关论述，我们不难看到，这一问题乃是通过二极互补的方式来解决的。就整个价值取向而言，权威主义无疑是最后的归宿，但这种权威主义的价值体系本身又是通过兼容的方式建构起来，正是作为权变观念之引申的兼容精神，使权威主义的价值体系具有了理论张力，并相应地形成了因时应变的机制。在这一意义上，也可以把兼容的精神看作是董仲舒建构价值体系的内在环节。于是，在董仲舒那里，兼容的精神与权威的原则通过互补而由冲突走向了协调。

内在兼容精神与外在权威原则的互补，既使儒家价值体系在总体上具有权威主义的特征，又使之始终保持了相当的自我调节功能。从儒学的演变看，尽管权威主义的趋向不断强化，但其内在的兼容精神总是与之相随并以不同的形式表现出来。魏晋时期的援道入儒、宋明理学的出入佛老等，都显示了儒学的兼容精神与理论张力。儒学之所以能长期延续，历久不衰，并成为中国文化的主流，与这种兼容精神显然不无关系。就广义的价值观而言，兼容常常与宽容相联系，权威主义走向极端，往往导致政治高压与思想钳制，并加剧社会的对抗和冲突；而兼容精神所蕴含的宽容要求，则多少可以起某种缓冲的作用，并为不同社会力量和学术思想的存在与发展，提供最低限度的空间。不妨说，正是外在权威原则与内在兼容精神的互补，使儒学在抑制文化多元衍化的同时，又避免了完全走向沉寂和僵滞，而在这种价值定势的形成上，董仲舒无疑起了独特的作用。

## 四 古 今 之 辩

汉代思想家在注重"究天人之际"的同时，又强调"通古今之变"，董仲舒的价值体系同样体现了这一贯通天人古今的宏阔旨趣。在他看来，天人之辩与古今之辩具有内在的统一性。

> 天人之征，古今之道也。①

而其价值建构工作确实也具体展开于古今之辩。

就儒学的演变而言，先秦儒家已从不同方面注意到了古今关系。孔子自称"信而好古"②，而所谓"古"，首先又与周代礼制相联系：

> 周监于二代，郁郁乎文哉，吾从周。③

周代表了过去的时代，在孔子看来，正是这一时代，凝聚了完美的文化成果，展示了理想的社会形态。这里无疑包含着对社会文化理想

① 〔汉〕班固：《汉书·董仲舒传》。
② 《论语·述而》。
③ 《论语·八佾》。

的向往和追求,但这种追求并不表现为对未来的展望,而是以回溯和缅怀过去为其形式,而由此形成的,则是一种崇尚传统的价值取向。

文化的发展是一个绵延的过程,它的每一次新的进步,总是要以已往的文化成果为其历史前提;对传统的虚无主义态度,必然将导致对文化本身的虚无主义的态度。孔子之"信而好古",首先表现了对文化历史延续的关注,所谓"周监于二代"、"从周"等,强调的即是文化的前后相承。事实上,在解释儒家基本伦理规范"孝"时,孔子已表现出对文化延续性的关注。就文化的演进而言,唯有通过文化的前后承继,才能使每一时代所达到的文化历史成果不断得到积累,并进而形成稳定的文化传统。历史地看,儒家注重文化延续性的价值取向,对形成中华民族源远流长的文化传统,确实产生了无可否认的影响。

然而,由注重文化的历史延续,孔子又表现出某种因循尚古的趋向。当孔子赞叹"郁郁乎文哉",并宣称"吾从周"时,他固然注重到了历史不能割断,并肯定了应当尊重已往的文化历史成果,但同时又把一定历史阶段所达到的文化成果视为最完美的文化形态,亦即将已往的文化形态加以理想化,从而形成了一种理想在过去的思维定势。正是本着这一思路,孔子说:"如有用我者,吾其为东周乎!"①在这里,文化的延续似乎并不具有开创未来的意义,而只是向理想化的过去回复。一般而论,文化的发展固然以积累为前提,但积累本身离不开创造。尽管孔子本身在现实层面体现了"述"(承继)与"作"(创造)的统一,但相对而言,他在注重文化延续的同时,似乎未能从理论的层面对"作"(文化创造)予以更适当的定位。

当然,以过去为理想,并不意味着完全沿袭往古:

---

① 《论语·阳货》。

> 殷因于夏礼，所损益可知也；周因于殷礼，所损益可知也；其
> 或继周者，虽百世可知也。①

"损益"即有所变革，文化的前后相承，总是包含着某种变迁，而并非简单重复。这种容忍损益的原则为文化传统的自我调节提供了一定的余地，并相应地使儒家崇尚传统的价值取向获得了某种理论张力。不过，就总体而言，孔子的侧重之点仍在传统自身的延续。所谓"损益"，主要表现为传统演进过程中的局部调整，而非根本的转换。在孔子看来，不同历史时期的文化虽然有所变革，但其主脉却前后相继，始终不变，正因如此，故"虽百世可知也"。

孔子在古今之辩上的如上原则对孟子产生了明显的影响。尽管随着时代的变迁，孟子已不像孔子那样一再强调"从周"、"为东周"，而是较多地由审时度势而接受现实，并提出了多少反映时代特点的政治方案，但未能超越理想在往古这一思维定势：

> 五霸者，三王之罪人也；今之诸侯，五霸之罪人也。②

质言之，唯有三王之治，才是理想的社会。孟子之以恢复井田制为实现仁政的途径，同样反映了这种回到传统的思维趋向。虽然如前所述，其政治方案的具体内容已折射了新的生产方式，因而其崇尚三代似乎带有托古改制的意味，亦即以传统的理想为现实的政治方案之根据，但这种论证方式本身即反映了将过去理想化的运思模式。

相形之下，荀子似乎更多地发挥了孔子的损益论。在古今关系

---

① 《论语·为政》。
② 《孟子·告子下》。

中,荀子认为,讨论历史,应当从现实出发:

> 处于今而论久远。①

所谓"处于今",既是指以文化发展的现实成果来评判前人的文化创造,又是根据现实的时代需要来对前人的思想制度加以取舍,正是基于这一原则,荀子一再指出:"善言古者必有节于今"②。较之仅仅以传统为参照系,荀子的如上看法将现实的考察提高到了一个较为重要的地位,它对无条件的尚古思路,无疑有所纠偏。不过,在荀子那里,所谓以古持今似乎主要是从现实出发来选择不同的传统。对先王传统的合理性,荀子并不表示怀疑:"道不过三代,法不贰后王。"③这样,按其本质而言,理想仍然在过去。正是本着这一看法,荀子批评惠施、邓析"不法先王,不是礼义"④。当然,荀子也一再主张法后王,但其立论之旨,并不在于以后王否定先王(超越先王传统);他之以后王为准则,是因为后王更具体地展示了先王的文化业绩:

> 欲观圣王之迹,则于其粲然者矣,后王是也。⑤

在这里,法先王与法后王确实并无实质的区别,二者的共同之点即在于向传统回溯。事实上,当荀子强调"以今持古"时,其出发点固然是今,但所面向的并不是未来,而依然是过去(古)。

---

① 《荀子·解蔽》。
② 《荀子·性恶》。
③ 《荀子·王制》。
④ 《荀子·非十二子》。
⑤ 《荀子·非相》。

先秦儒家的如上看法,构成了董仲舒"通古今之变"的理论前提。与孔子一样,董仲舒并不完全否定历史演进过程中的前后变迁。在他看来,每一新王朝的建立,都要进行一系列的改制活动:

　　　　王者必受命而后王。王者必改正朔,易服色,制礼乐,一统于天下,所以明易姓非继人①,通以己受之于天也。②

在此,改制构成了表明新王朝合理性的必要环节,而将改制与新王朝的合理性联系起来,则使改制本身获得了重要的意义。对改制的如上肯定,可以看作是肯定权变的观念在古今之辩上的体现,它使传统文化的调整多少获得了某种依据。

　　然而,稍加分析即不难看到,董仲舒所谓新王必改制,主要限于形式的变革,它并不触及政治制度、思想观念等文化的深层内容。对此,董仲舒并不讳言:

　　　　若乎大纲、人伦、道理、政治、教化、习俗、文义尽如故,亦何改哉? 故王者有改制之名,无易道之实。③

除了某些表层的变异之外,传统文化中根本的方面,都应加以维护(尽如故)。而改制不易道的前提,则是传统的理想化。按董仲舒之见,传统的政治教化、大纲人伦等之所以不必改,是因为它早已达到了尽善尽美的境界:

---

① "人"本作"仁",从凌曙说校改。
② 《春秋繁露·三代改制质文》。
③ 《春秋繁露·楚庄王》。

> 五帝三王之治天下，不敢有君民之心，什一而税。教以爱，使
> 以忠，敬长老，亲亲而尊尊，不夺民时，使民不过岁三日。民家给人
> 足，无怨望忿怒之患，强弱之难，无谗贼妒嫉之人，民修德而美好。①

这里固然不乏托古之意，但在对先王之治的赞美中，确实又渗入了理想在往古（过去）的儒家思想。这种由传统的理想化而主张沿循传统（尽如故）的推论过程，与孔孟无疑一脉相承。

值得注意的是，董仲舒不仅从一般的文化制度上将先王传统加以理想化，而且特别强调先王之道的神圣性；在"有改制之名，无易道之实"的论断中，已点出了此意。这并非董仲舒的偶然提法，而是他反复论述的一个观点：

> 不览先王，不能平天下。然则先王之遗道，亦天下之规矩六
> 律已。……所闻天下无二道，故圣人异治同理也，古今通达，故
> 先贤传其法于后世也。②
> 道者万世亡弊，弊者道之失也。③
> 道之大原出于天，天不变，道亦不变。④

道作为传统中的根本原则，构成了理想的文化形态之核心，而在董仲舒看来，它本身又具有自足的性质，因而极端完美（万世无弊）；历史的演变固然有古今之异，但道却始终如一，正是道的这种恒定性和至善性，赋予传统以理想的特征。这样，向传统（先王理想）的回复，便

---

① 《春秋繁露·王道》。
② 《春秋繁露·楚庄王》。
③ 〔汉〕班固：《汉书·董仲舒传》。
④ 同上。

不是简单地返归往古,而是同乎统一的道。如果说,孔孟主要奠定了面向传统的价值取向,那么,董仲舒则由提升先王传统中的道并强调道的完备性与恒定性而使这种价值取向获得了形而上的依据。

当然,突出道的恒定性,并不仅仅是为了论证尚古的价值原则,在更广的文化历史意义上,它乃是旨在为现实的社会政治秩序提供依据。如前所述,董仲舒肯定新王必改制,主要是从形式方面确认新王朝的合理性,而由先王之道的完备性、恒定性引出先王传统的完美性,则从更深的层面上为现实的秩序作了论证:既成的秩序乃是传统的延续,二者之间横亘着通达古今之道;从而,传统的完美性即印证了现实的合理性。在此,理想在过去便具体化为根据在过去,而无论是从过去寻找理想,还是从过去寻找根据,体现的都是同一价值取向。董仲舒把面向传统与合乎不变之道联系起来,可以看作是权威主义价值原则在古今之辩上的引申。与权威主义的价值观一样,这种认同先王之道的价值取向对形成统一、稳定的文化传统,确实产生了无可否认的历史作用,大致成型于汉代的中国文化之所以能历久不衰,与注重传统这一价值原则显然不无关系。然而,对传统的崇尚毕竟又多少以文化的延续抑制了文化的创造,以传统的承继弱化了传统的超越。在回溯过去的思维定势下,儒家一直未能形成一种真正意义上的发展观念,并相应地缺乏明确的未来意识。就这方面而言,董仲舒所强化的恪守传统、面向过去的价值原则,无疑有其负面的意义。

## 五 义与我的合一:个体的普遍化

权威原则与"奉天法古"①在总体上追求的是一种一统的格局。

---

① 《春秋繁露·楚庄王》。

在社会结构中,一统更多地与社会整体相联系。这样,以权威主义为主导的价值原则,便意味着以群体(整体)为主要的关注之点。

与群体相对的是自我(己)。按照董仲舒的看法,我与人是两种不同的存在,二者应分别以不同的原则来对待:

> 春秋之所治,人与我也。所以治人与我者,仁与义也。以仁安人,以义正我。①

一般而论,我与人之分,常常意味着自我意识的萌发。这既体现于类的历史演进过程中,也表现在个体的发展中。然而,在董仲舒那里,人我之分却并不表现为自我的觉醒,而更多地具有群体关怀的意义;与我相对的人,首先是一个集体概念。孔子曾提出"修己以安人",董氏所谓"以仁安人",大致承继了同一思路。在董仲舒看来,圣人高于普通人之处,即在于具有更为自觉的群体意识,并且付诸行动:"盖圣人者,贵除天下之患。"②总之,人与我的分离完全不同于自我对群体的独立,相反,它构成了对群体自觉关切的前提。

当然,群体的关怀并不排斥自我的完善。与"以仁安人"相应的是"以义正我",后者即含有提升自我人格境界之意。不过,把自我完善理解为"以义正我",似乎又较多地侧重于普遍规范对自我的塑造,换言之,"正我"的目标在于将自我纳入"义"之中。正是基于这一前提,董仲舒进而强调:

> 仁之为言人也,义之为言我也。③

---

① 《春秋繁露·仁义法》。
② 《春秋繁露·盟会要》。
③ 《春秋繁露·仁义法》。

如前所述，"义"主要表现为一种普遍的规范，将"我"与"义"重合为一，即意味着将自我视为普遍之义的人格化。于是，自我不再是一种具有独特个性的存在，它在实质上开始成为"大我"的内化。在自我这种普遍化之中，人我之分中蕴含的群体意识得到进一步的展现。

自我的普遍化不可避免地要经历内在的冲突。按其本义，所谓自我的普遍化，也就是使超我（社会的普遍要求、规范）在主体之中居支配的地位，但主体（自我）同时总是直接或间接地受到本我（自我中的个体性规定）的影响，而超我与本我常常不一致。这样，确立超我的主导地位，便常常与抑制本我相联系，董仲舒将后者称之为"自攻其恶"或"自责"：

自攻其恶，非义之全歟？①
自责以备谓之明。②

从伦理学上看，这里无疑注意到了个体的社会化常常伴随着对本然之我的约束，但将自攻其恶归结为"义"的全部内容（义之全），则显然又过分地强调了对自我的压抑与否定。相对于原始儒学之主张"为我"、"成己"，亦即将自我的完成与实现视为主要的关注之点，董仲舒的"自攻其恶"、"自责以备"之说，似乎多少弱化了自我的内在价值，并相应地忽视了自我的确认和肯定。这种主张同时又关联着"防欲"的要求："正法度之宜，别上下之序，以防欲也"③。自攻、自责与防欲相结合，总是将逻辑地导致对个性的禁锢。从原始儒学到董仲舒，个

① 《春秋繁露·仁义法》。
② 同上。
③ 〔汉〕班固：《汉书·董仲舒传》。

体性的原则确实受到了进一步的削弱。

与自我的普遍化相联系，董仲舒进而提出了爱人的要求："仁之法，在爱人，不在爱我；义之法，在正我，不在正人。我不自正，虽能正人，弗予为义；人不被其爱，虽厚自爱，不予为仁。"[1]从安人到爱人，可以看作是群体原则的展开，而把人我之分与人被其爱联系起来，则体现了群体原则与仁道原则的结合。二者的如上融合，既使群体原则获得了内在的理论力量，同时又意味着对权威主义价值原则的某种限制。如前所述，权威原则总是逻辑地导向高压与专横：它在本质上以单向的服从为特点；与之相对，以仁爱人则内在地包含着宽容的要求。正是从后者出发，董仲舒指出：

> 君子求仁义之别，以纪人我之间，然后辨乎内外之分，而著于顺逆之处也。是故内治反理以正身，据礼以劝福。外治推恩以广施，宽制以容众。[2]

在此，宽制以容众即表现为以仁爱人的推展，它的意义已超出了狭义的群己之辩。如果说，前文提及的兼容精神主要作为内在的调节原则而构成了权威主义的制约环节，那么，由人我之分及以仁爱人而强调宽以容众，则通过群体原则与仁道原则的融合，从更广的社会历史层面抑制了权威主义的片面膨胀。

作为群体原则的体现，以义正我和以仁爱人还具有另一重意义。从狭义的群己关系看，以义正我旨在使小我走向大我，所谓"义之为言我"便已明显地表现了如上倾向；这一要求与以仁爱人相结合，即

---

① 《春秋繁露·仁义法》。
② 同上。

构成了对"一夫之人"的否定：

> 独身者,虽立天子诸侯之位,一夫之人耳,无臣民之用矣。
> 如此者莫之亡而自亡也。[1]

这不仅仅是对统治者而言,在独身者必自亡的推论背后,同时又包含着超越自我封闭的普遍要求,后者不仅上承了先秦儒学扬弃自我中心主义的思路,而且使之更趋明朗。与否定自我中心相应,董仲舒将"和"提到了突出的地位:"夫德莫大于和。"[2]"天地之道,虽有不和者,必归之于和,而所为有功。"[3]以和为贵当然并不是一种新的观念,孔孟早已阐释了这一原则,不过,董仲舒进一步将"和"与以仁安人联系起来,着重从群体交往的角度对此作了发挥,并将其具体化为"不攻人之恶":"君子攻其恶,不攻人之恶,非仁之宽欤?"[4]这样,"和"便意味着从对抗与冲突走向沟通,也正是在这一过程中,主体进一步由个体的自我认同过渡到了群体的认同。

然而,由强化群体原则,董仲舒又走向了另一个极端,后者突出地表现为把"爱人"与"爱我"截然地对立起来。在"仁之法在爱人,不在爱我"的论断中,爱人与爱我似乎被规定为不相容的两极。一般而论,爱我总是蕴含着自我的肯定和确认,片面强调爱我,固然容易流于自我中心,但抽象地以爱人排斥爱我,亦往往将导致自我的否定。这种思维趋向与墨子显然颇有相通之处。墨子以兼爱为最高原则,但结果却由此引向了对自我价值的某种漠视,当庄子批评墨子

---

① 《春秋繁露·仁义法》。
② 《春秋繁露·循天之道》。
③ 同上。
④ 《春秋繁露·仁义法》。

"以此自行，固不爱己"①时，已注意到这一点。董仲舒的"不在爱我"，似乎重蹈了墨子的如上覆辙。事实上，当董仲舒提出以义正我时，便已开始上承墨子，在《墨子·天志下》中，我们已可以看到如下议论：

> 义者，正也。何以知义之为正也？天下有义则治，无义则乱，我以此知义之为正也。

尽管墨子并没有把义仅仅规定为正我，但正我无疑被理解为题中应有之义，"固不爱己"的价值取向便表明了这一点。董仲舒从以义正我到不在爱我的理论走向，在某种意义上可以看作是儒墨的糅合；而把自我排斥在仁道的范围之外，则使忽视个体原则的偏向又有所发展。

如前文所述，弱化个体性原则与自我的普遍化表现为同一过程的两个方面，而在董仲舒那里，普遍的大我首先被理解为一种森严的等级结构：

> 天子受命于天，诸侯受命于天子，子受命于父，臣妾受命于君，妻受命于夫。②

撇开上本于天的神学形式，我们看到的即是对社会群体的现实规定。在此，个体被无一例外地纳入了严格的等级序列中：它首先是等级结构中的一员，而不是具有独立个性的自我。在董氏以前，荀子已开始

---

① 《庄子·天下》。
② 《春秋繁露·顺命》。

从等级关系上规定个体,董仲舒显然沿袭了这一思路,不过,董氏以"受命"解释上下从属关系,则使等级序列对个体的束缚,带上了命定的性质。

从以义正我到等级关系的制约,个体由自我否定(自攻、自责)走向外在束缚。随着群体原则的不断强化,个体性原则越来越受到冷遇,而在这一过程中,注重整体似乎成为正统儒家的衍化趋向。

## 六　道义与功利的二难

董仲舒由人我之分而强调以义正我,内在地蕴含着对义的注重。义首先表现为普遍的规范,所谓以义正我,不外乎通过普遍规范对个体(我)的制约,以实现群体之"和"。与这一思维趋向相应,董仲舒将义提到相当重要的地位。在对江都王问中,我们可以看到如下的经典表述:

> 正其谊不谋其利,明其道不计其功。①

类似的议论还见于《春秋繁露》:"仁人者,正其道,不谋其利,修其理,不急其功。"②一些论者以为以上两段论述含义颇异,并作了种种辨析。其实,二者固然在表述上有所不同,但所体现的基本原则并无二致。"谊"即义,它与理、道一样,泛指当然之则。从义利之辩的角度看,这里大致有两重含义:其一,道德上的当然之则(义、理、道)有其内在价值(自身即目的),而并不以功利为基础;其二,道德判断(是否

---

① 〔汉〕班固:《汉书·董仲舒传》。
② 《春秋繁露·对胶西王越大夫不得为仁》。

正谊明道)无需以外在结果(功)为根据。

董仲舒的如上看法带有明显的义务论及动机论的性质。在《春秋繁露》中,董仲舒一再地对此作了阐述,如"志邪者不待成,首恶者罪特重"①。即只要动机不端(志邪),即使没有造成什么后果(不待成),也要加以惩处。又如"本直者其论轻"②,结果虽不好,但只要动机尚可(本直),即不必过于追究。如此等等。在这里,道德上的善恶仅仅与动机是否合乎义(当然之则)相关,而完全无涉现实的功利结果。这种看法当然并非董仲舒的创见,孔孟早已在先秦定下了其基调,但"正其谊不谋其利,明其道不计其功"这一表述,确实使儒家的道义论获得了更为明确的形态,它对儒学的尔后演进也产生了极其深远的影响。

不过,不谋其利,不计其功,主要是指道德上的当然之则及价值判断无须建构于现实的功利基础之上,换言之,它着重于从道德领域中剔除功利的因素。然而,撇开利以净化义,并不意味着从一切领域中排除功利。正其义(谊)、明其道固然可以不计其利,但在现实的社会政治生活中,却不能完全无视功利的作用。一旦进入治国的实践领域,计其功便成了题中应有之义:

> 不能致功,虽有贤名,不予之赏。③

"贤"是一个道德的概念,有贤名表现为道德意义上的价值判断;"赏"则是政治上的实际措施。道德判断(有贤名)诚然无需以是否致功为

---

① 《春秋繁露·精华》。
② 同上。
③ 《春秋繁露·考功名》。

依据,但政治上的赏罚却必须视行为能否带来功利结果而定。在此,道德实践与政治实践被区分为两个不同的领域,而不计其功与以功行赏则分别构成了二者的特征。就其以是否致功为行赏与否的根据而言,显然与法家的功利原则颇有相通之处;这里,我们再次看到了儒法的某种糅合。

政治实践只是道德之外的具体领域,它的进一步推展便涉及一般的非道德领域,而政治上的功利原则也相应地可以引申至一般的非道德领域。从董仲舒的如下议论中,我们便可以看到这一推绎:

> 故圣人之为天下兴利也,其犹春气之生草也,各因其生小大而量其多少;其为天下除害也,若川渎之写(泻)于海也。①
> 故南面而君天下,必以兼利之。②

这里的天下,已超出了狭义的事功之域,而利也包含了较"功"而言更为宽泛的含义。为天下兴利,兼利天下等要求所蕴含的,无疑是一种普遍的功利原则。尽管它并不涉及道德上的善恶问题,但确实又构成了非道德领域的行为规范。而且,在董仲舒看来,这种规范正如仁与义一样,也有其形而上的根据:"天常以爱利为意,以养长为事。"③质言之,兼利天下乃是天意的体现。于是,通过天人之辩与义利之辩的沟通,功利的原则得到了进一步的提升。这种思路颇近于墨家。墨家在强调兼相爱的同时,又主张交相利,并以天志为二者之根源④。董仲舒由天常以爱利为意,推出兼利天下的要求,从另一个侧面表现

① 《春秋繁露·考功名》。
② 《春秋繁露·诸侯》。
③ 《春秋繁露·王道通三》。
④ 参见《墨子·天志上》。

了儒墨之合流①。

由如上的考察,可以看到,董仲舒在发挥儒家道义论(义务论)的同时,又融入了法、墨的某些观点,将功利的原则提到了引人注目的地位,从而表现出调和义务论与目的论的趋向,并试图以此来解决义和利的关系。然而,这种思路在理论上存在着明显的困难。如前所述,道德(义)既有超功利性的一面,又并非完全隔绝于功利之外。当董仲舒将不计其利视为道德领域的基本原则,而在非道德领域引入功利原则时,他实际上将道德的二重性分别安置在不同的领域,而并没有能实现二者的内在统一。义和利的这种分离,同时又在更深的层面上蕴含着价值观的内在分离:一方面,追求道德上的完善,便应剔除一切功利的因素(正其谊不谋其利,明其道不计其功);另一方面,一旦涉及非道德的领域,则应以考其功、计其利为原则。于是,当道德的完善成为主要目标时,功利的原则便必然受到贬抑,在后来的宋明新儒学中,我们便可以看到这一趋向的发展;反之,当目光转向事功之域时,利益的计较便成为不可忽略的原则,在后来不同形态的儒家事功学派中,我们便可以一再看到这一点。在不计其利与考其功的如上划界中,经世事功的观念固然获得了某种依据,但道德本身却变得越来越抽象了,它使儒家在义利关系上的价值取向具有了颇为复杂的特点。

不计其利主要与义的规定(道德规范及道德判断之根据)相关,而考其功则涉及利的调节。兴天下之利与兼利天下所体现的,主要是对普遍之利(群体之利)的注重。要实现这一目标,便不能仅仅关注一己之利,而应以义来对不同的利加以调节,正是在此意义上,董

---

① 在《春秋繁露·天容》篇中,董仲舒更明确地将"泛爱兼利"视为天之道,从中可以进一步看到墨家的影响。

仲舒以为："利之于人小而义之于人大。"①也正是这一致思原则,使董仲舒之考功兴利不同于对个体之利的无限制追求,在这方面,董仲舒并没有离开以义制利的儒学传统。对义之普遍规范作用的肯定,诚然也表现出一种沟通义与利的趋向,但这种沟通是通过义对利的单向制约实现的。它并未解决道德规范(义)及道德判断本身的现实基础,因而相应地并未能真正达到不计其利与考功兴利的统一。

从更广的范围看,不计其利与兼利天下的双重确认,同时制约着董仲舒对理欲关系的理解。按照董氏的看法,人的存在总是涉及三个方面:"天生之以孝悌,地养之以衣食,人成之以礼乐,三者相为手足,合以成体,不可一无也。"②孝悌体现的是理性的要求,衣食主要满足感性的需要(欲),礼乐则涉及理欲实现的方式。董仲舒以为三者不可或缺,显然对理与欲采取了较为宽容通达的态度。这一点,在如下议论中表述得更为明白:"天之生人也,使之生义与利。利以养其体,义以养其心。心不得义不能乐,体不得利不能安。义者心之养也,利者体之养也。"③依此,义利之辩与理欲之辩便展开为一个统一的过程,义突出了人的理性特征,利则关联着人的感性存在;作为人的二重规定,理性要求与感性需要都获得了各自的定位。

不过,对养其体与养其心的兼容,并不意味着对二者等量齐观。人诚然既是理性的主体,又是感性的存在,但在董仲舒看来,理性是一种更根本的规定,因而以义养心具有更优先的地位:

① 《春秋繁露·身之养重于义》。
② 《春秋繁露·立元神》。
③ 《春秋繁露·身之养重于义》。

体莫贵于心,故养莫重于义。义之养生人大于利矣。①

于是,理性开始压倒感性,精神的充实成了主导的方面。在这种心重于体的论断中,事实上已蕴含了抑制感性要求(欲)的趋向。正是基于心贵于体的观点,董仲舒一再强调"制其欲使之度礼","节欲顺行"②。这种看法可以视为以义制利的逻辑引申,它在理论上有见于感性欲望的过分膨胀容易导致社会的冲突,并造成破坏性的结果。所谓"人人从(纵)其欲,快其意,以逐无穷,是大乱人伦而靡斯财用也"③,便表明了这一点。在这方面,董仲舒无疑承继了儒家理性主义的传统。然而,由节欲、制欲,董仲舒又进而提出了防欲的要求:"正法度之宜,别上下之序,以防欲也。"④与节欲着重将感性要求限制于适当的度不同,防欲意味着制欲于未萌之时,它内在地蕴含着对欲的某种否定意向。在防欲的要求下,利以养其体的感性确认也似乎失去了其本来的含义:它在某种意义上成为一种形式的承诺。

从道德(正其谊不谋其利)与非道德(考其功而行其赏)的划界,到养其心与养其体的区分,义利之辩进一步展开为理欲之辩。然而,离开现实的功利基础去规定义这一抽象路向,一开始便使道义论成为主导的方面,而感性承诺的架空,则是其逻辑的结果。与先秦儒学一样,董仲舒赋予理性以自足的性质:

夫人有义者,虽贫能自乐也。⑤

---

① 《春秋繁露·身之养重于义》。

② 《春秋繁露·天道施》。

③ 《春秋繁露·度制》。

④ 〔汉〕班固:《汉书·董仲舒传》。

⑤ 《春秋繁露·身之养重于义》。

理性精神一旦升华（有义），即可达到自我的满足（乐）。这种看法明显地渗入了对孔颜乐处的礼赞，但在董仲舒那里，由义而达到的自乐境界，又与制欲、防欲相联系。它使孔颜之乐开始与禁欲主义的价值取向纠缠在一起。

## 七 从仁且智到性三品：人格理想的展开

理性的升华作为一种精神境界，最终落实于主体的人格。与先秦儒家一样，董仲舒将人格的完善视为价值追求的首要目标，并对此作了认真的理论探讨。

从孔子开始，仁与智的统一，便构成了儒家人格境界的基本特征。董仲舒对理想人格的设定，并没有超出这一思路：

莫近于仁，莫急于智。①

作为人格的要素，仁首先表现为一种仁爱的精神："仁者恻怛爱人，谨翕不争。"②这可以看作是人道原则在主体人格中的具体化。人道原则一旦融入于人格，便不再仅仅是一种外在形式，它同时又具有了一种内在情感的特点。而人际交往中的礼让宽厚（谨翕不争），正是出于这种仁爱之情。

仁既是一种内在的品格，又是一种相当高的精神境界，相对于先秦儒家，董仲舒对后者作了更多的考察。在对仁作具体界说时，董氏写道：

---

① 《春秋繁露·必仁且智》。
② 同上。

好恶敦伦,无伤恶之心,无隐忌之志,无嫉妒之气,无感愁之
欲,无险诐之事,无辟违之行。故其心舒,其志平,其气和,其欲
节,其事易,其行道,故能平易和理而无争也。如此者,谓之仁。①

质言之,仁者总是具有坦荡的胸怀,而无阴暗的心理、褊狭的意向;由
于超越了世俗的算计,超越了名利之争,他也没有患得患失所引起的
心绪纷乱,整个精神世界显得高尚、宽裕、舒展。这是一种心灵净化
之后所达到的超越境界,但它又不同于具体的德行,而是整体性的精
神风貌,以后的儒家(特别是宋明理学家)常常将其称之为仁者气象。
董仲舒对仁者境界的如上描述,注意到了完美的人格应当具有高旷
超脱的整体心态,唯有如此,才能不为外在的世俗喧嚣所动,始终保
持健全的价值追求。

　　人格的另一重规定是智:"何谓之智? 先言而后当。凡人欲舍行
为,皆以其智先规而后为之。其规是者,其所为得,其所事当,其行
遂。"②在此,智首先表现为理性的谋划,亦即制定行动方案以规范人
的活动。董仲舒强调莫急于智,意味着将理性品格提到十分重要的
地位。它表明,尽管董仲舒在天人之辩上表现出某种神学的趋向,但
并未由此走向蒙昧主义;儒家的理性主义传统深深地渗入了其价值
体系。与先秦儒家一样,董仲舒所理解的智,并不仅仅是一种技术性
的机巧,相反,他力图把智与一般的机巧区别开来:

　　不智而辩慧獧给,则迷而乘良马也。③

---

① 《春秋繁露·必仁且智》。
② 同上。
③ 同上。

"辩慧獧给",是一种技术性的机巧;与之相对的智,则是一种具有价值意义的理性智慧。按董仲舒之见,一旦离开了智的制约,则单纯的技术性机巧便将失去正确的方向而步入歧途,这里已蕴含以价值理性规范技术机巧之意,后者使儒家注重伦理理性的思维定势得到了进一步的发展。

然而,在强调必仁且智的同时,董仲舒对意志的品格有所忽视。尽管董氏在《春秋繁露》中也一再提到志,并要求重志,但他所说的志,主要包含如下含义:其一,行为的动机,前文所引"志邪者不待成"①便是就这一意义而言;其二,泛指一般的精神现象:"志为质,物为文。"②作为与物相对者,志实际上与心大致相当。以上二重意义的志,与孔子所谓"匹夫不可以夺志"中的志,意味显然颇有不同。相对于先秦儒学,董仲舒对主体的意志品格确实较少注意。一般而论,意志的品格往往与人格的自主性及独立性相联系,"不可夺志"即意味着不因外在强制而改变自我的选择;意志的忽视,常常将导致弱化人格的独立性。董仲舒在这方面的思维趋向明显地受到了其权威主义价值原则的制约:权威需要的是服从,而不是自主的选择。权威原则对人格理论的渗入,在理论上很容易为宿命论开辟道路。事实上,与忽视意志的自主性相联系,董仲舒确乎一再强调命的作用:"天命成败,圣人知之,有所不能救,命矣乎?"③"是故王者上谨于承天意,以顺命也。"④如此等等,在这里,尽管理性的品格依然得到确认(圣人知之),但意志的独立性却被消融于顺命之中。

仁与智的统一,主要表现为人格的内圣规定。从质与文的区分

---

① 《春秋繁露·精华》。

② 《春秋繁露·玉杯》。

③ 《春秋繁露·随本消息》。

④ 〔汉〕班固:《汉书·董仲舒传》。

上看,它大致属于质的层面,在董仲舒看来,质诚然重要,但文也不可偏废:"质文两备,然后其礼成。文质偏行,不得有我尔之名。"①文是外在形式,就人格而言,它主要展现于社会的交往过程之中:"故君子衣服中而容貌恭,则目说矣;言理应对逊,则耳说矣,好仁厚而恶浅薄,就善人而远僻鄙,则心说也。故曰:行意可乐,容止可观,此之谓也。"②所谓"容貌恭"、"应对逊"、"好仁厚"等,实际上即是一种文明的交往方式。理想的人格应当是内在的我与外在的我之统一,自我所达到的精神境界应当通过文明的交往方式得到外在展现,唯有如此,人格才能获得完美的形象,并产生内在的感染力量(悦心)。当然,人格的外化并不仅仅限于文明的交往方式,它同时展开为广义的外王功能。如前文所述,董仲舒强调圣人应当为天下兴利或兼利天下,圣人即理想人格的最高体现,而为天下兴利则已超出了人伦之域而表现为现实的经世品格。在这方面,董仲舒似乎上承了荀子的儒学传统。

仁智与外王的统一,是一种理想的人格境界。如何从现实的自我走向理想的自我?与先秦儒家一样,在董仲舒那里,这一问题的探讨首先与人性理论联系在一起。人性理论总是涉及对现实主体既成本性的理解,而后者又直接制约着对成人之道的看法。与孟子主张人性本善,荀子主张人性本恶不同,董仲舒认为,所谓性,并非指善恶两个极端,而是一种中间状态:"名性,不以上,不以下,以其中名之。"③这种性无所待而起,是未经人为的本然禀赋。作为与生俱来的禀赋。性本身又具有其二重性:"天两有阴阳之施,身亦两有贪仁之

---

① 《春秋繁露·玉杯》。
② 《春秋繁露·为人者天》。
③ 《春秋繁露·深察名号》。

性。"①这里所说的贪与仁,并不是一种既成的现实品格,而是指内在于人性之中的两种不同的潜能或可能。它规定了人的不同发展趋向,并相应地成为人格培养的出发点。

人性之中所包含的仁这一潜能,决定了自我有可能在人格上达到一种完善的境界,但潜能毕竟不同于现实。要使善的潜能转化为现实,便必须经过后天的努力:"天生民性,有善质而未能善,于是为之立王以善之,此天意也。"②在此,尽管成人之道与天人之辩纠缠在一起,但撇开天意的神学形式,却可以看到其注重之点在于从善质(潜能)到善的现实品格之过渡。在如下陈述中,董仲舒对此作了更具体的论证:

> 故性比于禾,善比于米,米出禾中,而禾未可全为米也。善出性中,而性未可全为善也,善与米,人之所继天而成于外,非在天所为之内也。③

总之,先天的潜能唯有与后天的作用相结合,才能形成善的德性,并进而达到完美的人格。

除了仁之质外,人性之中还内含着贪之质。如果说,前者是一种肯定性的潜能(规定了主体向善的人格发展),那么,后者则是否定性的潜能(抑制了善的走向)。正是人性之中所包含的否定性潜能,使善的德性之形成不能仅仅依靠主体自身的努力,而应更多地借助主体之外的力量。这样,在董仲舒那里,从善质到善的现实人

---

① 《春秋繁露·深察名号》。
② 同上。
③ 同上。

格之过渡,便常常被理解为一个外在作用的过程:"今万民之性,待外教然后能善。"①善固然犹如米,"非在天所为"(先天的现实品格),而是"继天而成";但继天成善并非仅仅表现为固有潜能的展开,它总是离不开外在的王教:

> 止之内谓之天,止之外谓之王教。王教在性外,而性不得不遂。故曰性有善质,而未能为善也。②

在此,外在的教化实际上被提升为成人(成善)的决定性环节。

董仲舒以中民之性为成人的出发点,并肯定了成人过程既要以本然的善质为潜能,又离不开继天成性的自觉努力,从而表现出统一内在根据与后天作用的趋向。在董仲舒以前,孟子从性善说出发,着重突出了先天根据这一环节,尽管孟子并不完全排斥后天功夫,但性本善这一先验预设毕竟弱化了继天成善这一面;与孟子相对,荀子以性恶说为前提,注意外在礼法在塑造个体中的作用,但同时却忽视了成人的内在根据;从这方面看,董仲舒的如上看法,显然又包含着折中孟荀、扬弃二者之弊的意向。然而,就总体而言,董仲舒的努力似乎并不很成功。他固然注意到了成人的内在根据,但同时又不适当地强调了外在教化的作用。在所谓"王教在性外,而性不得不遂"之类的议论中,成人过程似乎被归结为单向的外在灌输:主体对外部的教化只能被动的接受和顺从(性不得不遂),这种观点可以看作是权威主义价值观在成人理论上的引申,它同时又使内在的潜能容易变成某种形式的点缀。于是,在肯定内在根据与强化外在王教之间,便

---

① 《春秋繁露·深察名号》。
② 《春秋繁露·实性》。

形成了一种内在的紧张。另一方面,尽管董仲舒把外在条件提到了突出的地位,但以先天的善质(人性中仁的规定)为成人之出发点,又使董仲舒难以摆脱复性说的纠缠,从董仲舒的如下论述中,便不难看到这一点:

人受命于天,有善善恶恶之性,可养而不可改,可豫而不可去。①

"不可改"、"不可去",亦即强调人性有其固有内容,后天的作用并不能使先天之性有所损益。这样,依据"外教然后能善"之说,人格的培养应当是一个成性的过程,而按人性受命于天而不可改的论点,则人格的培养又只能是一个复性的过程,二者蕴含着另一种内在的紧张。

如上事实表明,尽管董仲舒力图克服孟荀在成人之道上的缺陷,但最后却使二者共处于同一体系中,从而形成了一种深层次的理论冲突。这种冲突不仅仅表现为内在的紧张,而且往往展开为外在的对峙,后者集中地反映在所谓斗筲与圣人的区分上。按照董仲舒的看法,圣人与斗筲不同于中民,他们分别代表了善与恶的两极②。从逻辑上说,斗筲之民作为恶的化身,已不具有任何成圣的可能,对他们只能以外在的刑威来加以强制;在圣人那里,善的潜能则已与现实合而为一:善不再仅仅是一种可能,它一开始便直接呈现为现实的人格,因而任何后天作用都成为多余。于是,内在根据与外在作用的紧张,便外化为两种人格之间的对立。它从一个侧面表明,董仲舒似乎

① 《春秋繁露·玉杯》。
② 参见《春秋繁露·实性》。

终于未能解决个体的自我实现与社会塑造之间的关系。当然,就价值追求而言,圣人与斗筲的区分又通过善与恶的对峙和反差,以强化的形式凸出了理想之境的完美性。

# 第六章

## 援道入儒的价值观意蕴

魏晋时期,玄学取代两汉经学而成为一代显学。从思想形态看,玄学与传统儒学无疑存在明显的差异,但就其主流而言,则很难说它已完全离开儒学的轨辙。正始玄音的领衔人物之一为何晏,而其主要著作便是《论语集注》;另一玄学重镇王弼虽治《老子》,但同时亦极重视《论语》、《周易》;玄学的总结者郭象则著有《论语释疑》;这种学术旨趣已从一个侧面反映了玄学与传统儒学的历史联系。如果更深入地考察其思想脉络,则可以进一步看到二者的内在相承。汤用彤先生曾指出:"世人多以玄学为老、庄之附庸,而忘其亦系儒学之蜕变。"①这

---

① 汤用彤:《汤用彤学术论文集》,北京:中华书局,1983年,第 264 页。

一看法深有见地。① 当然,随着儒学的玄学化,它本身不可避免地也有所变形,而这种思想折变又以援道入儒及儒道互动的历史趋向为背景。

## 一 名教与自然:天人之辩的历史延续

魏晋玄学涉及多重问题。就价值观而言,玄学的主题大致可以理解为名教与自然之辩。所谓名教,首先是指正统儒学所确认的社会规范、评价体系,引申为一般的社会秩序及与之相应的行为方式;自然则有多重含义,它既被界定为与道合一的普遍本体,又兼指与人文相对(未经人化)的本然存在或本真状态。名教与自然之辩的核心,是人道(人文)原则与自然原则的关系,它在某种意义上表现为天人之辩的历史延续和展开。

### (一) 化当然为自然

儒家的名教作为一种价值体系,自其在汉代取得正统形式之时起,便具有了权威的性质,而在一定时期内,它对人的行为确实有其实际的约束力,并相应地表现出某种维护既成秩序的作用。然而,随着名教的权威化,其内在的缺陷也开始逐渐显露。在权威的形式下,名教或多或少被赋予了某种强制的性质。遵循名教往往不是出于个体自愿的选择,而是迫于有形无形的压力。在《太平经》中,我们便可以看到这样的议论:"天地施化得均,尊卑大小皆如一,乃无争讼者,

① 牟宗三在《才性与玄理》中将魏晋玄学仅仅视为"道家之复兴",未免失之片面(参见牟宗三:《才性与玄理·序》,台北:学生书局,1974 年)。相形之下,牟氏在《中国哲学十九讲》中把魏晋玄学主要问题概括为"会通孔老",似乎更为合理(参见牟宗三:《中国哲学十九讲》,台北:学生书局,1989 年,第 230 页)。

故可为人君父母也。夫人为道德仁者,当法此,乃得天意,不可自轻易而妄行也。天道为法如此,而况人乎?"①《太平经》成书于东汉后期,是原始道教的经典,但同时也反映了下层平民的某些思想。名教包含着等级观念,遵循等级名分是名教的基本要求。而在《太平经》看来,人为地要求人们屈从等级名分,是违反天意的,这里的天意无非是人意的另一种表述。② 批评等级名分不合天意,事实上便曲折地表露了对名教悖乎人意的抗议。

同时,名教在被教条化以后,往往容易蜕变为一种虚伪的矫饰。儒学的开创者孔子曾一再主张"为己",反对"为人",然而在儒学正统化的汉代,为迎合外在赞誉而刻意矫饰(为人)的现象却屡见不鲜,并且光武帝以名节取士,"德行高妙,志节清白"被列为四科取士的首位。于是,名教进一步成为猎取功名的工具,而"窃名伪服","好为苛难"的伪名士、矫名士则应运而生③。东汉思想家王符曾入木三分地揭露了这种现象:

> 凡今之人,言方行圆,口正心邪,行与言谬,心与口违。论古则知称夷、齐、原、颜,言今则必官爵职位;虚谈则知以德义为贤,贡荐则必阀阅为前。④

这种批评并非仅见于个别思想家,汉末的不少有识之士都有类似的

---

① 《太平经》卷一百十九。

② 在如下议论中,这一点表现得更为明白:"人所恶,天亦恶之也;人所爱,天亦重爱之也。"(《太平经》卷一百十七)

③ 参见庞朴:《名教与自然之辩的辩证进展》,载《中国哲学》第一辑,北京:生活·读书·新知三联书店,1979 年。

④ 《潜夫论·交际》。

看法,如建安七子之一的徐干便曾痛切地指出王教之败:"详察其为也,非欲忧国恤民,谋道讲德也,徒营己治私,求势逐利而已。……若此之类,言之犹可羞,而行之者不知耻。嗟乎!王教之败乃至于斯乎!"[1]从这类感叹中,我们不难想见名教虚伪化的严重程度。

可以看出,随着名教蜕变为外在强制及其逐渐虚伪化,它本身已面临着深重的危机。如果说,《太平经》对等级名分的抗议意味着名教对下层平民已开始失去约束力,那么,名教的虚伪化与工具化则表明它对上层统治者来说,也已经没有内在的生命力了。东汉末年,农民起义的狂飙,又以武器批判的方式,给名教以致命一击。而曹操不问仁孝、唯才是举的求贤原则,则从另一个方面动摇了名教的基础。名教的危机,实质上也就是价值观的危机。面对正统化的儒家价值体系的没落,重建价值观的问题便历史地提到魏晋思想家的面前。名教与自然之辩便展开于如上历史背景之下。

魏晋玄学的实际奠基者是王弼。作为正始玄音的精神领袖,王弼虽已开援道入儒之先河,但对儒家的正统地位却并没表示怀疑。何劭的《王弼传》曾叙述了王弼与裴徽的会面及对话:

> 徽一见(王弼)而异之。问弼曰:"夫无者诚万物之所资也,然圣人莫肯致言,而老子申之无已者何?"弼曰:"圣人体无,无又不可以训,故不说也。老子是有者也,故恒言无所不足。"[2]

这里的圣人即儒学的开创者孔子。在王弼看来,孔子已把握了真正的本体,而老子则仍停留于外在现象,相形之下,孔子达到的境界显

---

① 《中论·谴交》。
② 〔晋〕何劭:《王弼传》。

然高于老子。周颙说:"王(弼)何(晏)旧说皆云老不及圣。"①这一看法并非毫无根据。当然,以儒为正统并不意味着独崇儒术,事实上,在上引王弼与裴徽的对话中,已经可以看到对道家学说的某种认同。

一般认为,王弼是两汉经学的否定者,这一看法固然不错。但世人似乎未能同时注意,王弼对两汉思想的批判反省,一开始便超出了经学之域。作为思想敏锐的青年哲学家,王弼对重建价值观这一时代问题予以了极为自觉的关注。正是基于这种关注,王弼在一扫两汉繁琐哲学的同时,又对正统化的名教作了批判的省察。按照王弼的看法,传统名教往往注重外在的规范,以礼而言,"夫礼也,所始首于忠信不笃,通简不阳②,责备于表,机微争制"③。所谓责备于表,也就是偏究外在的形式。礼是名教的集中体现,王弼对礼的如上批评,显然已触及了名教趋于外在化之弊。尽管王弼并没有明言两汉名教,但"责备于表"、"机微争制"却极好地点出了两汉,特别是东汉以来名教的特征。

外在化必然导向虚伪化,在对名教作进一步分析时,王弼便言简意赅地指出了这一点:

夫仁义发于内,为之犹伪,况务外饰而可久乎!④

仁义本是普遍规范的内化,而行仁义则相应地表现为由内向外的过程,但是,如果遵循仁义仅仅是为了做给别人看("为之"),那么,它就

---

① 〔宋〕周颙:《重答张长史书》,《弘明集》。

② 阳,《道德真经集注杂说》本作"畅"。

③ 〔魏〕王弼:《王弼集校释》,北京:中华书局,1980年,第94页。以下引该书,简称《王弼集》。

④ 〔魏〕王弼:《王弼集》,第94页。

难免趋于虚伪化。内在的仁义尚且如此,以礼等形式表现出来的规范一旦衍化为外在的矫饰,则更难避免"伪"的归宿。王弼的如上批评,确实相当深入地揭示了名教的外在化与虚伪化之间的逻辑关联。

名教的沉沦不仅在于其外在化与虚伪化,而且表现在其逐渐趋向于变相的功利化。关于后者,王弼作了如下的论述:

> 夫敦朴之德不著,而名行之美显尚,则修其所尚而望其誉,修其所道而冀其利。望誉冀利以勤其行,名弥美而诚愈外,利弥重而心愈竞,父子兄弟,怀情失直,孝不任诚,慈不任实,盖显名行之所招也。①

儒家讲道德规范,本来注重其超功利的一面,然而,规范体系一旦成为名教,则名本身便会成为追逐的目标(名立则誉随)。于是,道德行为便渐渐走向了自己的反面:合乎名教不再是敦朴之德的自然体现,而是衍化为一个望誉冀利的过程。与这一过程相应,作为名教体现的规范,也蜕变为猎取名利的工具:遵循仁义,成了"用"仁义。而以仁义为工具,当然难以形成真正的德性:"故仁德之厚,非用仁之所能也,行义之正,非用义之所成也,礼敬之清,非用礼之所济也。"②"用仁"、"用义"、"用礼",确实是对名教功利化、工具化颇中肯綮的揭露。

毋庸讳言,王弼对正统名教的如上批评,明显地受到了先秦道家的某些影响,然而,就总体而言,它似乎应当更确切地看作是儒家的自我批判。与这一基本立场相应,在王弼那里,揭露名教之弊并没有像道家那样导向名教的否定(绝仁弃义),它乃是以名教的完善为其

---

① 〔魏〕王弼:《王弼集》,第199页。
② 同上书,第95页。

目标,而完善名教按其实质也就是儒家价值观在某种意义上的重建。

作为玄学的奠基者,王弼更多地从形而上的层面分析名教沉沦的根源。按照他的看法,导致名教种种弊端的原因,首先在于本体的失落,名教的外在化、虚伪化以及工具化等,从根本上说,都是由于舍本以求末或弃母以适子。既然名教的沉沦导源于舍本弃母,那么,价值体系重建的首要前提便是道德本体的重建:

> 守母以存其子,崇本以举其末,则形名俱有而邪不生,大美配天而华不作。①

正如本体论上体立则用显一样,价值关系上的道德本体一旦建立,则名教的本来意义便可以得到恢复。

在《老子指略》一文中,王弼曾指出:"圣行五教,不言为化……五教之母,不曒不昧。"②不曒不昧者即道,五教则是五伦之教,亦即《孟子·滕文公上》所谓"父子有亲,君臣有义,夫妇有别,长幼有叙,朋友有信"。初看,以道为本,与《老子》的思路似乎较为接近,但稍加分析即可发现,二者的内涵颇有不同:在《老子》那里,道与仁义等儒家规范基本上处于对立的两极,而王弼以道为五教之母,则旨在为名教提供存在的根据。与其说王弼上接《老子》,不如说他更近于《易传》的趋向:在为儒家规范寻找一个形而上的根据这一点上,王弼与《易传》无疑前后相承,二者大致体现了同一儒学传统。③

---

① 〔魏〕王弼:《王弼集》,第 95 页。
② 同上书,第 195 页。
③ 牟宗三批评王弼仅仅"以老子之玄理谈易,不能说以孔门之天道性理谈易",似乎未能注意王弼思想与传统儒学的这种内在联系(参见牟宗三:《才性与玄理》,第 103 页)。

道作为形而上的本体,既具有本体论的意义,又有价值论的意义。那么,从重建道德本体这一角度看,道的内涵究竟是什么? 在《论语释疑》中,王弼有一个简要的说明:

故则天成化,道同自然。①

类似的表述从王弼的论著中尚可列出不少,事实上,在王弼那里,道与自然常常交替使用。对本体的这种规定使人又一次想起了《老子》:就其将自然提升到道的高度而言,确实不同于两汉以来的正统儒学而比较接近于先秦道家。不过,从道和仁义等规范的对立这一前提出发,先秦道家倾向于以自然摒斥当然(当然之则)。《老子》云:"道之尊,德之贵,夫莫之命而常自然。"②"命"作为动词,含有以当然之则加以规范之意,莫之命而常自然,意味着将自然视为当然之否定。与道家的这一思路相对,在王弼那里,以自然为本体,完全不同于以自然否定当然。如前所述,对五教等当然之则的合理性,王弼丝毫不表示怀疑。相应于这一原则,所谓自然,并不是与当然截然相对的另一极,毋宁说,它本身乃是当然的一种转化形态。从根本上看,重建道德本体,也就是化当然为自然:在"则天成化,道同自然"的要求中,已相当简洁地点明这一含义。

作为重建本体的具体内容,化当然为自然的基本含义,是将普遍的道德规范或原则内化于主体,使之与主体的深层意识融合为一,从而成为人的第二天性(自然)。一旦实现了这一目标,便可以达到行

---

① 〔魏〕王弼:《王弼集》,第 626 页。
② 《老子·五十一章》。

不失时的境界:"德应于天,则行不失时矣。"①所谓德应于天,便是指遵循当然与合乎自然的统一,而这种统一又以德性成为人的第二天性为前提。不难看出,上述意义上的自然,与出于本能的自发含义颇有不同:作为当然的转化形态,自然已成为德行的内在本原。正是这一点,使自然同时具有了本体的意义。

通过化当然为自然而建构道德本体,当然并不意味着抛弃名教。不过,与名教侧重于外在的人为规范不同,本体并不逐一地规定人们的行为,而是使人自然地合乎普遍的道德原则。以名为教,固然可以使人明于当然,却未必能令人遵循当然,更不一定能保证真诚地认同当然。反之,本体一旦确立,则可以无为而自正:

> 夫素朴之道不著,而好欲之美不隐,虽极圣明以察之,竭智虑以攻之,巧愈思精,伪愈多变,功之弥甚,避之弥勤。则乃智愚相欺,六亲相疑,朴散真离,事有其奸。盖舍本而攻末,虽极圣智,愈致斯灾,况术之下此者乎! 夫镇之以素朴,则无为而自正。②

所谓素朴之道,即自然本体,当然如不能化为自然,往往难以避免奸伪矫饰,救正之途,唯在立素朴之道。这既可以看作是对名教异化根源的进一步分析,又是对道德本体的更具体的规定。

从价值观看,王弼强调"则天成化,道同自然",亦即要求化当然为自然,其深层的意蕴即在于突出自然的原则。儒家自先秦以来便形成了一种理性主义的传统。与这一传统相应,自觉的原则一直被

---

① 〔魏〕王弼:《王弼集》,第 290 页。
② 同上书,第 198 页。

提到突出的地位,尽管原始儒家(孔孟荀)并不仅仅讲自觉原则,但就总体而言,理性自觉始终是其关注的主要之点。到了西汉,随着儒学的正统化,自觉的原则进一步与以名为教结合起来,从而得到了强化。一般而论,善的行为固然应具有自觉的品格,但自觉原则首先在于明于当然并合于当然,而仅仅追求明于当然、合于当然,往往会使当然之则成为外在的形式,甚至导致"名"的拜物教。在东汉名士末流中,便可以一再看到这种现象:他们对名教常常知之甚多,其行为在外观上也未尝不合乎名教,但内在的精神世界却往往相当阴暗。这是名教的异化,也是道德的异化。这种现象表明,单纯讲自觉原则,确实在理论和实践上都有片面性。相对于儒家,道家更注重自然的原则,《老子》早就提出了"道法自然"的观点①。道家讲自然,诚然有忽视人文(文明的价值)这一面,所谓"辅万物之自然而弗敢为"②、"无以人灭天"③等,便多少表现出把自然状态理想化的倾向,但作为一种价值原则,道法自然的观念同时又在某种程度上注意到了人文的规范不能脱离自然,德性也不能完全违逆天性。质言之,道家以自然否定当然固然是片面的,但它确认自然的价值,却并非毫无所见。王弼通过化当然为自然而重建道德本体,实质上在扬弃道家拒斥当然这一偏向的同时,又吸纳了其注重自然的原则,并将其融入儒家的价值传统之中。这种统一自然与当然的思维趋向,对于克服道德的异化,无疑有不可忽视的意义。

自然的原则体现于一般的社会生活及广义的天人关系(人与自然的关系),便具体化为无为的要求。不过,王弼所理解的无为,并不

---

① 《老子·二十五章》。
② 《老子·六十四章》。
③ 《庄子·秋水》。

是消极的无所事事,而是"无为而无不为",亦即不人为地干预对象而成其功:

> 舍己任物,则无为而泰。①
> 以无为用,则得其母,故能己不劳焉而物无不理。②

所谓舍己任物,既是君主的南面之术,又是处理天人关系的一般原则。就政治策略而言,其目标在于有效地驾驭臣下;作为天人关系的原则,它的基本要求则是利用对象的固有属性而令其彼此作用,以达到主体的目的,而主体本身并不参与对象的作用过程(己不劳)。后者似乎接近于黑格尔所说的"理性的狡计",在王弼的如下论述中,这一含义得到更为明白的阐释:"万物以自然为性,故可因而不可为也,可通而不可执也。""圣人达自然之性,畅万物之情,故因而不为,顺而不施。"③不难看出,其中内在地渗入了合规律性的观念,而从广义的天人关系上看,这种以"理性狡计"的形式表现出来的自然原则,又展现为一种天人统一的价值取向。

王弼融合自然与当然的理论思路,在某种意义上确实适应了克服名教异化的历史需要,它同时也使儒家的价值体系得到了某种自我调整。不过,由强调化当然为自然、顺自然而无所为,王弼对理性的作用似乎未能作出适当的定位。在所谓"不劳聪明,功斯克矣"等看法中,理性的作用不免有所弱化。如果联系"素朴可抱,而圣智可弃"④之类的议论,则可以更清楚地看到这一点。这种现象表明,尽管

---

① 〔魏〕王弼:《王弼集》,第 95 页。
② 同上书,第 94 页。
③ 同上书,第 77 页。
④ 同上书,第 198 页。

王弼注意到了应协调当然与自然,但并没有完全从理论上解决自然与当然的统一问题。

## (二)超越自然:正统儒学的逸出

王弼试图通过化当然为自然而重新恢复名教的生机,然而,对自然的强调,又逻辑地蕴含着超越当然的理论契机。在嵇康与阮籍那里,这种超越便由可能而转化为现实。

嵇康、阮籍与王弼、何晏虽是同时代人,但前者的学术活动时间却长于后者,其思想的发展大致以后者为起点。嵇、阮同为"竹林七贤"中的重要人物,二者的学术侧重点及气质虽有不同,但思想趋向却基本相近。刘勰曾指出:"嵇康师心以遣论,阮籍使气以命诗,殊声而合响,异翮而同飞。"①这一评价颇为中肯。按正统儒学的标准,嵇康和阮籍似乎都已很难列入儒林,但作为玄学演变过程中的一个环节,嵇、阮对儒学(包括儒家价值观)的重建却有其不可忽视的作用。

与王弼一样,嵇、阮对玄学的时代主题有十分敏锐的把握。阮籍在《通老论》中便指出:"圣人明于天人之理,达于自然之分。"所谓天人之理,涉及的正是自然与名教之辩。与王弼一样,嵇康、阮籍强调法自然:"道者法自然而为化。"②"天地生于自然,万物生于天地,……人生天地之中,体自然之形。身者,阴阳之精气也;性者,五行之正性也;情者,游魂之变欲也;神者,天地之所以驭者也。"③就本体论而言,万物皆自然而生,无外在的推动力;就价值观而言,性、情皆合于自然,是完全正当的。也正是出于对自然的崇尚,嵇康认为:

① 〔南朝〕刘勰:《文心雕龙·才略篇》。
② 〔魏〕阮籍:《通老论》。
③ 〔魏〕阮籍:《达庄论》。

"推类辨物,当先求之自然之理。"①尽管嵇、阮拒斥了以无为本的思辨前提,但在注重自然原则这一点上,确实体现了玄学的主旋律。

不过,与王弼将自然与当然融合为一的思维趋向不同,嵇康与阮籍对自然原则作了新的引申。在《难自然好学论》中,嵇康写道:

> 六经以抑引为主,人性以从欲为欢,抑引则违其愿,从欲则得自然。然则自然之得,不由抑引之六经,全性之本,不须犯情之礼律。故知仁义务于理伪,非养真之要术;廉让生于争夺,非自然之所出也。

这里的从欲,并非放纵人欲,而是指合乎内在的意愿。在嵇康看来,"违其愿"是反自然的,唯有尊重人的内在意愿,才真正体现了自然的原则。阮籍同样指出了这一点:"志得欲从,物莫之穷。"②这样,在嵇康和阮籍那里,自然便开始与自愿沟通起来。王弼尽管并不否认主体情意的存在,以为:"圣人茂于人者神明也,同于人者五情也。"③但同时又强调"性其情":"不性其情,焉能久行其正? 此是情之正也。"④所谓"性其情",也就是使自然合乎当然,亦即将人的意欲置于名教的规范之下,在性其情的要求下,对主体意愿的规范显然压倒了对主体意愿的尊重。如果说,王弼要求当然与自然的结合意味着在自然之中注入当然;那么,嵇康强调"从欲则得自然",则将自然的原则引向了自愿的原则,后者与儒学的传统显然颇有不同。

---

① 〔魏〕嵇康:《声无哀乐论》。
② 〔魏〕阮籍:《大人先生传》。
③ 〔晋〕何劭:《王弼传》。
④ 〔魏〕王弼:《王弼集》,第 631 页。

将当然注入自然,从根本上说,旨在使名教内化为普遍的道德本体。因此,尽管王弼也一再批评名教的虚伪化,但并不主张废弃圣人之五教。然而,当自然与主体的内在意愿相融合而逸出当然时,名教的合理性就发生了问题。事实上,当嵇康断言"自然之得,不由抑引之六经;全性之本,不须犯情之礼律"时,名教便已被理解为对主体的束缚。在嵇、阮的著作中,我们可以一再地看到对这一观点的申述:

> 夫人之立节也,将舒网以笼世。①
>
> 至人不存,大道陵迟,乃始作文墨,以传其意;区别群物,使有类族,造立仁义,以婴其心;制其名分,以检其外;劝学讲文,以神其教。②

如此等等。在这里,问题的实质已不是名教脱离自然而走向虚伪化,而在于名教本身便是自然的否定:它犹如一张无形之网,以内在的仁义和外在的名分对人进行双重的束缚。王弼曾批评名教蜕变为猎取功名的工具,嵇康、阮籍则认为名教一开始便是一种压抑的工具,同是抨击工具化,内在意蕴却并不相同。嵇、阮将名教视为少数伪君子的有意造作,当然是十分肤浅的,但在批评名教压抑人性的同时,却多少注意到了名教形成的历史性,并相应地对名教的天然合理性提出了有力的质疑。

既然名教与自然不可两立,而自然又是合乎人性的唯一原则,那么,结论便必然是超越名教:

---

① 〔魏〕阮籍:《答伏义书》。
② 〔魏〕嵇康:《难自然好学论》。

矜尚不存乎心,故能越名教而任自然。①

从化当然(名教)为自然,到越名教而任自然,玄学的发展由完善名教走向了拒斥名教。嵇康、阮籍要求冲破名教之网,既是对名教压抑人性(成为束缚工具)的抗议,又在某种程度上表现出主体意识(个体意识)的自觉。这种观念在当时实质上带有异端的性质,它对后世的非正统化思想也产生了不可忽视的影响。就这方面而言,越名教而任自然的要求,无疑有其历史的合理性。

然而,作为一种价值原则,以自然否定名教又有其自身的片面性。与越名教而任自然的主张相适应,嵇康、阮籍一再流露出对自然状态的赞美和崇尚:

> 鸿荒之世,大朴未亏,君无文于上,民无竞于下,物全理顺,莫不自得。饱则安寝,饥则求食。怡然鼓腹,不知为至德之世也。若此,则安知仁义之端,礼律之文?②

这是一个前文明的时代,而按嵇康之见,正是在这种"鸿荒之世",自然原则得到了最好的体现:所谓"物全理顺,莫不自得",便是一幅任自然的图景。自然状态的理想化,往往伴随着文明价值的贬落。事实上,当嵇康将"饱则安寝,饥则求食"视为至德之世,并以此摒斥仁义礼律时,确实多少蕴含着一种忽视文明价值的趋向。他似乎未能看到,随着社会的演进,前文明的时代必然要为文明的时代所取代,而文明的社会总是需要各种内在和外在的规范;仁义礼律在衍化为

---

① 〔魏〕嵇康:《释私论》。
② 〔魏〕嵇康:《难自然好学论》。

名教以后,固然有束缚与压抑人的一面,但在一定的历史条件下,它又具有维系社会稳定的作用;历史的进步往往便是在这样一种二律背反中实现的。嵇康、阮籍由道德关系上的注重自然原则,导向自然状态的理想化,似乎缺乏这样一种历史意识。

从更广的价值层面看,嵇康、阮籍赞美自然状态而贬抑仁义礼律,同时又内在地蕴含着天与人的分离。在"越名教而任自然"的主张中,天(自然)与人(名教)事实上被理解为对立的两极。名教是人所制定的当然之则,当然离开了自然,固然难免蜕变为僵化的教条并趋向于虚伪化与功利化,但如果撇开当然而任自然,同样也会出现各种弊病。尽管嵇康一再强调"情不可恣,欲不可极"①,但任自然的主张,确实蕴含着导向放纵的可能。在玄学末流中,我们已可看到这一点。《晋书·乐广传》载:

> 是时王澄、胡毋辅之等,皆亦任放为达,或至裸体者。

这一类的放达之士,在当时并不是个别的,而这种放达之风的形成,与片面强调任自然似乎并非毫无关系,它从一个侧面表明,天(自然)与人(当然)的分离往往会形成一种消极的价值导向。

王弼化当然为自然,本质上体现了对儒家传统的认同;嵇康、阮籍越名教而任自然,则已突破了儒家的传统。历史地看,在名教早已取得官方形式的时代,嵇康、阮籍对其提出挑战,无疑更多地表现出一种理论的勇气;然而,就价值观而言,王弼融当然与自然为一的思路,则更多地展示了思辨哲学家的理论深度。从王弼到嵇、阮,天与人由统一又开始走向分离。如何重建天与人的统一,便成为认同儒

---

① 〔魏〕嵇康:《声无哀乐论》。

学传统的哲学家所无法回避的问题。

（三）当然与自然的合一与自然的变形

如前所述,嵇康、阮籍之越名教,实质上意味着超越儒家的价值体系。它在某种程度上使儒家价值观面临新的危机,而玄学末流的推波助澜,又进一步加深了这种危机。这种现象引起了仍以儒学为正统的思想家的忧虑,乐广、裴𫖳等试图起而重振名教。就在王澄、胡毋辅之等自命放达之时,乐广便尖锐地指出:"名教内自有乐地,何必乃尔。"①裴𫖳同样以维护名教为己任。《晋书·裴𫖳传》载:

> 深患时俗放荡,不尊儒术,何晏、阮籍素有高名于世,口谈浮虚,不遵礼法,尸禄耽宠,仕不事事,至王衍之徒,声誉太盛,位高势重,不以物务自婴,遂相仿效,风教陵迟,乃著崇有之论以释其蔽。

不过,除了重申"礼制弗存,则无以为政"②,亦即强调名教存在之必要外,裴𫖳并没有对当然与自然等关系作出更多的说明。从价值观上对天人关系作出更深入阐释的,是向秀、郭象的《庄子注》。

《庄子注》的作者,《晋书》有两种不同的说法。《晋书·向秀传》云:向秀先郭而注庄子,郭象则根据向注"又述而广之"③。《世说新语·文学》篇则断定郭象窃向秀之注为己有。《郭象传》的说法与《世说新语·文学》篇相同,其结论可能就是来自后者。根据近人的考

———————————

① 《晋书·乐广传》。
② 〔晋〕裴𫖳:《崇有论》。
③ 《晋书·郭象传》。

证,《向秀传》的记载似乎更接近于事实。① 本文采《向秀传》之说,把《庄子注》视为向秀、郭象的共同作品。

《庄子》并非儒家经典,从形式上看,注庄似乎离开了儒学之正道。然而,在向秀、郭象那里,注《庄子》的主要旨趣并不完全在于发挥庄子的思想②。郭象在《庄子序》中指出:

> 通天地之统,序万物之性,达死生之变,而明内圣外王之道。

这可以视为《庄子注》的总纲。与其说它是庄子思想的概括,不如说是对儒家内圣外王之道的阐发。综观整部《庄子注》,可以看到一个基本的特点,即以儒释道、援道入儒,而其总的思维进路则指向"明内圣外王之道"。这既体现了儒道合流的时代思潮,又内在地延续了儒学的道统。正是在后一意义上,汤用彤先生以为:"其(向、郭)说与儒家不异也。"③因此,唯有将《庄子注》放在儒学演进的历史进程中来考察,才能真正理解其理论意义。④

嵇康、阮籍倡言"越名教而任自然",固然使自然游离了当然;乐

---

① 参见冯友兰:《中国哲学史新编》第4册,北京:人民出版社,1986年。

② 汤用彤先生指出:"庄子绝圣弃智,非尧舜,薄汤武,而向、郭乃持推尊孔子,且为之辩护。"(汤用彤:《汤用彤学术论文集》,第280页)所谓"推尊孔子",亦即仍以儒学为正统。

③ 汤用彤:《汤用彤学术论文集》,第282页。

④ 玄学发展到嵇康、阮籍,《庄子》开始与《周易》、《老子》并列,成为三玄之一。嵇、阮在理论上均极为推崇庄子,嵇康在《卜疑论》中曾自问:"宁如老聃之清净微妙,守玄抱一乎? 将如庄周之齐物,变化洞达,而放逸乎?"而他选择的实际上正是庄周之放逸。阮籍著有《达庄论》,以为"庄周之云,致意之辞也",而六经只是分处之教。嵇、阮任自然之论在某种意义上即可视为对庄子学说的发挥。从这一背景看,向秀、郭象之注庄子,既反映了魏晋玄风,又可视为入其垒而纠其偏。

广、裴颜等主张重振名教，要求"居以仁顺，守以恭俭，率以忠信，行以敬让"①，则又在某种意义上使当然压倒了自然，二者各执一端，使天与人、自然与当然的分离趋向于外在的对峙。这样，化解如上的紧张，便成为向秀、郭象面临的首要问题。与裴颜执着于名教而拒斥自然不同，向、郭并不无条件地否定任自然：

> 任自然而覆载，则天机玄应，而名利之饰皆为弃物矣。②

在这里，"任自然"构成了对外在矫饰及功利化的否定，而"天机玄应"云云，则把任自然提升到一种合乎道的境界。这种看法与王弼到嵇康、阮籍的玄学演进过程大致前后相承，明显地折射了魏晋的时代思潮。

　　然而，一旦涉及对自然的具体理解，向、郭与嵇、阮便立即产生了重要的分歧。与嵇、阮摒弃名教而将自然与人的天性及内在意愿联系起来不同，向、郭更多地侧重于以名教规定自然。按向、郭的看法，自然并非隔绝于当然，相反，当然乃是自然的题中应有之义。在解释人性时，《庄子注》说：

> 夫仁义者，人之性也。③
> 夫仁义自是人之情性，但当任之耳。④

性情并提，此性乃指天性，属广义的自然范畴；仁义作为道德理想的

---

① 〔晋〕裴颜：《崇有论》。
② 〔晋〕郭象：《庄子注·应帝王》。
③ 〔晋〕郭象：《庄子注·天运》。
④ 〔晋〕郭象：《庄子注·骈拇》。

体现,则应归于当然之列。向、郭以仁义界定人的性情,不外是强调天性(自然)之中即有当然。依据这一理解,则任自然同时也就以循当然为其实际内容。正是在这一意义上,《庄子注》认为:"任其天性而动,则人理亦自全矣。"①不难看到,在向、郭那里,任自然事实上成为全人理(实现当然)的一种形式,这与嵇、阮将任自然等同于从欲达愿,意味显然相去甚远。

自然包含当然,仅仅是天人关系的一个方面;从另一个方面看,当然又总是本于自然。庄子在解释天人关系时,曾说过:"牛马四足,是谓天,落马首,穿牛鼻,是谓人。"②庄子以此论证人是对天的否定,主张"无以人灭天",向、郭则提出了完全不同的看法:

> 人之生也,可不服牛乘马乎? 服牛乘马,可不穿落之乎? 牛马不辞穿落者,天命之固当也。苟当乎天命,则虽寄之人事,而本在乎天也。③

这里渗入的宿命论,可暂时撇开,留待后文详论。就天(自然)人(当然)关系而言,天与人并不表现为一种不相容的关系。只要合乎当然,则虽落马首,穿牛鼻,亦有其自然根据。同样,社会的尊卑秩序虽属当然,但与自然亦毫不相悖:"故知君臣上下,手足外内,乃天理自然。"④"明夫尊卑先后之序,固有物之所不能无也。"⑤总之,合于当然,即是出于自然。也正是在同一意义上,向、郭认为:

---

① 〔晋〕郭象:《庄子注·达生》。
② 《庄子·秋水》。
③ 〔晋〕郭象:《庄子注·秋水》。
④ 〔晋〕郭象:《庄子注·齐物论》。
⑤ 〔晋〕郭象:《庄子注·天道》。

夫圣人虽在庙堂之上,然其心无异于山林之中。①

质言之,在履行当然的过程中,同样可以达到逍遥飘逸的自然境界。于是,从社会秩序到个体行为,当然之中无不体现自然。

综观前论,一方面,自然以当然为内容(天性之中即有仁义),任自然也就是全人理(名教);另一方面,当然又本于自然,合当然便是顺自然。天与人、自然与名教由分离而重新走向统一。对天人关系的如上阐释既不同于嵇康、阮籍以自然否定当然(名教),也有别于裴頠等高扬当然而拒斥自然,其基本的思路是以自然论证当然。就其强调名教天然合理而言,无疑旨在恢复儒家价值体系,而将当然注入自然,则意味着自然的某种变形:在仁义即天性的界说下,自然似乎成了变相的当然。这种在名教基础上统一天人的理论意向,既体现了对儒家正统的维护,又蕴含着以当然消解自然的可能。不过,向、郭肯定当然与自然并非不相容,在任自然的过程中可以同时达到全人理,这一看法对扬弃天与人的对立,化解自然与当然的紧张,无疑有其不可忽视的理论意义。同时,向、郭认为圣人虽在庙堂之上而其心无异于山林之中,亦即在当然之中即可实现自然,这虽有为名教辩护的一面,但其中又注意到了任自然并不意味着超越文明化的社会生活。相对于嵇、阮将自然状态理想化,以"鸿荒之世"为自然原则的最高体现,这种在人文活动中达到自然的观念,多少体现了自然原则与人文原则的统一。

向秀、郭象重建天与人、自然与名教的统一,在某种程度上又回到了玄学的出发点。尽管以自然拒斥名教这一玄学异端的出现,使向、郭较多地强调合当然即任自然,但在确认名教即自然的同时,向、

① 〔晋〕郭象:《庄子注·逍遥游》。

郭并没有忽视化当然为自然的问题。作为与当然统一的过程,自然不应是一种有意的造作:"自然则自然矣,人安能故有此自然哉!"①而形成真正的自然,总是离不开化当然为自然的过程:

> 不为而自合故皆化。若有意乎为之,则有时而滞也。②
> 遗尧舜然后尧舜之德全耳,若系之在心,则非自得也。③

"尧舜之德"即仁义等规范,"遗尧舜""不为而自合"指仁义等当然之则成为人的第二天性,而"系之在心""有意乎为之",则仍是一种外在的执着。停留于此,则不免"有时而滞",难以达到自然的境界。这些看法,与王弼并无二致。

不过,在王弼那里,化当然为自然同时与建构普遍的道德本体相联系,而这一思想又可以视为本体论上"以无为本"、"崇本息末"的逻辑引申和具体化。与王弼着重于追求普遍本体不同,向秀、郭象在本体论上提出了独化说,以为万物之上并没有"无"这样的普遍本体,一切具体的对象均"块然而自生",无待而独化④与本体论上的独化说相应,《庄子注》之统一当然与自然,并不指向普遍的本体,而更多地落实于当然(名教)与个体自性的融合。按向秀、郭象的看法,每一具体的存在都各有自性。普遍的规范(作为当然之则的名教)只有内化于主体自性,才能真正取得自然的形态。《庄子注》云:

---

① 〔晋〕郭象:《庄子注·山木》。
② 〔晋〕郭象:《庄子注·至乐》。
③ 〔晋〕郭象:《庄子注·天运》。
④ 参见〔晋〕郭象:《庄子注·齐物论》。

仁义发中,而还任本怀,则志得矣。志得矣,其迹则乐也。①

夫圣迹既彰,则仁义不真,而礼乐离性,徒得形表而已矣。②

圣迹是名教的外化,彰圣迹,亦即执着主体之外的道德规范。它的特点在于尚未把这种规范与主体自性结合起来(礼乐离性),其结果则是仅仅达到外在的枝节(徒得形表);仁义发中,则是出于自性,一旦做到这一点,则可以实现合当然(仁义)与任自然(得志)的统一。较之王弼,向、郭似乎更多地注意到普遍的规范与个体意识的融合。如前文所论,对王弼来说,化当然为自然意味着将外在的名教内化为普遍的道德本体。尽管王弼并不否定道德本体与主体意识的联系,但"崇本息末"、"守母适子"的要求,却仍然蕴含着道德本体超验化的可能。相形之下,向、郭以礼乐不离自性作为任自然的前提,则在进一步扬弃了本体超验化的同时,又使自然原则更趋具体化。

不过,应当指出,向秀、郭象所理解的自性,与道家所谓无所待的圣人之性并不相同,它同时又含有个体名分、品位等意。因此,任自然同时也意味着安名分:

凡得真性,用其自为者,虽复皂隶,犹不顾毁誉而自安其业,故知与不知,皆自若也。若乃开希幸之路,以下冒上,物丧其真,人忘其本,则毁誉之间,俯仰失错也。③

庖人尸祝,各安其所司,鸟兽万物,各足于所受,帝尧许由,

---

① 〔晋〕郭象:《庄子注·缮性》。

② 〔晋〕郭象:《庄子注·马蹄》。

③ 〔晋〕郭象:《庄子注·齐物论》。

各静其所遇,此乃天下之至实也。各得其实,又何所为乎哉,自得而已矣。①

在这里,自性(真性)实质上被赋予了一种人文的内涵,而个体的自得则相应地被规定了一个限度。一旦超越了这一限度,则同时也就失却了自性(丧其真)。这样,通过本体与自性的融合以实现任自然,似乎也就是个体在各自的名分、品位之内遵循相应的规范,换言之,各安所司,便是各任真性。这些看法明显地体现了儒家的价值原则,并内在地蕴含着强化当然的契机。

魏晋时期,价值观上的天人关系取得了自然与名教之辩的形式。尽管先秦道家的观念得到了某种复兴,但玄学的主流乃上承了儒学的传统。不过,相对于此前的儒学,玄学所体现的儒家价值体系又有其自身的特点,它突出地表现在自然原则的空前提升。如前所述,儒家从先秦开始,便更多地注重人道原则和人文价值,与此相应,儒学始终将化自然为当然放在首位,这种价值取向无疑有其合理的一面。然而,随着儒学的正统化,体现人文价值的当然逐渐衍化为名教,并趋于外在化与虚伪化,后者终于导致了儒家价值体系的危机。形成这种危机当然有其外在的缘由,但就价值体系本身而言,忽视当然与自然的联系,显然是难以否认的内在根源。与儒家相对,道家更多地关注于自然原则,后者对儒家的价值体系在某种意义上具有纠偏的意义。正是通过援道入儒,玄学的主流将注重之点由化自然为当然转向了化当然为自然,并由此对重建天与人、自然与当然的统一作了尝试。这种尝试既表现为化外在的名教为内在的道德本体(王弼),又表现为普遍本体与个体自性的融合(向秀、郭象)。魏晋玄学由化

---

① 〔晋〕郭象:《庄子注·逍遥游》。

当然为自然而确认名教(当然)与自然的统一,固然体现了儒道合流的历史趋向,但通过名教(当然)的自然化以重振名教,这一基本思路决定了它在总体上仍表现为儒家价值体系的延续;而以仁义规定天性、以安名分为任自然等则表明:尽管玄学力图重建当然与自然的统一,但这种尝试似乎未能完全如愿。

## 二 自性的确认与玄同彼我

名教代表的是社会的普遍规范,自然则与个体的自性相联系,因此名教与自然之辩背后所蕴含的,乃是人的主题。相对于大一统的两汉,魏晋时期名教的钳制相对松弛,崇尚个性蔚为一时之风气;另一方面,"魏晋之际,天下多故,名士少有全者"[①]。在这种动荡的年代,个体往往感受到存在的危机,如何协调个体与社会之间的关系,成为敏感的思想家所时时关注的问题,而解决这一问题的过程,则始终与儒家群己之辩相关联。

### (一) 从达自然之性到一以统众

王弼要求以自然为本,不仅旨在化当然为自然,而且逻辑地蕴含着对个体自性的注重。按王弼的看法,个体人格要达到理想的境界,固然离不开教化,但这种教化并非人为的强制,而是一个因而不施的过程:

> 圣人达自然之性,畅万物之情,故因而不为,顺而不施。除其所以迷,去其所以惑,故心不乱而物性自得之也。[②]

---

① 《晋书·阮籍传》。
② 〔魏〕王弼:《王弼集》,第77页。

这既是对待自然对象的原则,又涉及对主体的态度,①就后者而言,所谓因而不为、顺而不施,也就是从主体固有的潜能出发加以引导。人的个性往往各不相同,顺而不施与"畅万物之情"相联系,便同时意味着尊重主体的个性特点,使之达到真正的"自得"。反之,如果违逆个性,对主体加以人为的塑造,则势必失却本真的自性:"造立施化,则物失其真。"②唯有尊重自性而不横加干涉,才能使个体得到适当定位:"无为于万物而万物各适其所用。"③所谓各适所用,便含有使各自的个性得到相应发展之意,这里无疑内在地体现了个体性原则。

个体性原则当然不仅仅表现为对自性的尊重,它在更普遍的意义上同时关联着个体的存在。在解释《周易·无妄》卦时,王弼说:

处不可妄之极,唯宜静保其身而已,故不可以行也。④

所谓静保其身,也就是维护个体的存在,这样,个体的存在便被提到了十分突出的地位。也正是从同一前提出发,王弼强调:"夫安身莫若不竞,修己莫若自保。"⑤不竞亦即与世无争,但与世无争并不意味着忘却自我,相反,它最终指向自我的安顿。尤为值得注意的是,王弼在此把个体的存在视为主体在道德上实现自我的前提:所谓"修己莫若自保",便十分明白地点出了这一层含义。不难看到,个体性的原则在此确实获得了更为具体的规定。

---

① 正如王弼所说的自然常常既指作为外部存在的自然,又指作为主体天性的自然一样,他所说的物也往往泛指自然对象及人。

② 〔魏〕王弼:《王弼集》,第 13 页。

③ 同上。

④ 同上书,第 345 页。

⑤ 同上书,第 352 页。

不过,安身自保并没有穷尽个体原则的全部内涵,在更深的层面上,它进而展开为自我的反省意识。在解释《观》卦时,王弼指出:

> 居于尊位,为观之主,宣弘大化,光于四表,观之极者也。上之化下,犹风之靡草,故观民之俗,以察己道。百姓有罪,在予一人,君子风著,己乃无咎。①

这里虽然主要指居尊位者,但同时亦兼及一般的君子。所谓"百姓有罪,在予一人,君子风著,己乃无咎",强调的便是主体的一种责任感。这种责任感无疑首先体现了主体对自身力量的确信,但其含义又不限于此。"我"(予一人)决定着世风的淳厚,"我"又担负着"宣弘大化"的职责。正是在对主体责任的反省中,一方面,个体的自我认同得到更深沉的体现;另一方面,这种自我认同又开始向群体的关怀靠拢。

由主体的责任意识出发,王弼提出了济物、公诚的要求:

> 虽违常义,志在济物,心存公诚,著信在道,以明其功,何咎之有?②

"公"指向群体,济物则意味着实现广义的群体之利。一旦确立了群体的意识,同时又以济物为出发点,那么便可以安立于世而不致步入误区(无咎)。如果一味自专,则往往难免灾祸:"攘来自专,则殃咎至

---

① 〔魏〕王弼:《王弼集》,第317页。
② 同上书,第304页。

焉。"①就认识论而言,自专以主观独断为内容,就价值观而言,它则趋向于自我中心。王弼强调"公诚"、"济物"而反对自专,其内在的含义便是以群体的原则否定自我中心。在这方面,王弼无疑上承了先秦以来儒家的价值取向。

与反对自专相应,王弼一再主张无私:

> 不擅其有,不私其利,则物归之,往无穷矣。②
> 心无所私,盛莫先焉。③
> 无私自有,唯善是与。④

所谓"私",是指仅仅考虑个体之利。在王弼看来,主体的自我认同,不应当走向以自我之利为唯一的出发点。这种无私的要求,可以看作是主体责任感及群体关怀的具体引申。当然,不私其利,并不意味着完全无视个体的存在,毋宁说,无私与自全乃是相互关联的:"故灭其私而无其身,则四海莫不瞻,远近莫不至;殊其己而有其心,则一体不能自全,肌骨不能相容。"⑤这里蕴含着一种群己关系的辩证法:仅仅关注一己(殊其己),往往难以自全,唯有超越自私,才能得到社会的认同,并安立于世。《老子》曾说:"是以圣人后其身而身先,外其身而身存。非以其无私邪? 故能成其私。"⑥王弼灭私而自全之说,显然受到了道家的某种影响。不过,道家之无其私,乃是为了成其私,后

---

① 〔魏〕王弼:《王弼集》,第 451 页。
② 同上书,第 462 页。
③ 同上书,第 455 页。
④ 同上书,第 192 页。
⑤ 同上书,第 93 页。
⑥ 《老子·七章》。

者构成了整个思维过程的终点：在"成其私"这一目标下，个体的原则似乎被提到了至上的地位。与此相异，王弼则把灭其私与"远近莫不至"联系起来。这样，王弼所谓"自全"，便不仅仅表现为对个体存在的关注，而且同时指向群体的认同。就此而言，王弼似乎多少表现出一种将个体存在与群体关怀统一起来的意向。

然而，以"灭其私"为自全的前提，在逻辑上内在地蕴含着强调群体原则的趋向。私作为特殊利益的体现，总是意味着多元与多样，而无私则以一统为目标。正是由灭其私的要求出发，王弼主张由多归一，以一统众：

> 万物万形，其归一也。……百姓有心，异国殊风，而王侯主焉。以一为主，一何可舍？愈多愈远，损则近之。[①]
> 夫众不能治众，治众者，至寡者也……故众之所以得咸存者，主必致一也。[②]

在这里，一既是多的根据，又是多的归宿。唯有通过一，众才能得以存在，而在社会领域中，所谓"一"，则以王侯君主为具体内涵。于是，以一以统众为形式，个体之无私、灭其私，最后导向了以王权为象征的整体（一）。在损多趋一、以一为主的要求下，个体的自性终于为整体的统摄所压倒，而群体的原则则相应地取得了某种整体主义的形式。

王弼由肯定自性而强调以一为主，在理论上表现为一个儒道合流而归本于儒的过程。当然，价值观上的整体主义趋向，同时又与本

---

① 〔魏〕王弼：《王弼集》，第117页。
② 同上书，第591页。

体论上的崇本息末、守母存子相联系。整体的突出，在某种意义上即可视为强化普遍本体的逻辑引申。如果说，在董仲舒那里，整体主义主要与神化的王权直接融合为一，那么，王弼则将以一统众与由末归本联系起来，从而为儒家的群体原则与整体主义提供了某种本体论的根据。

### （二）"我"的自觉

尽管王弼由各全其性而归本于一以统众，但他对自性的确认及个体存在（安身）的关注，却引发了尔后的思想家对个体原则的进一步考察。其中，嵇康与阮籍的看法尤为引人注目。

在天人之辩上，嵇康与阮籍主张任自然。所谓任自然，一开始便蕴含着反对束缚个性之意。事实上，嵇康、阮籍之批评名教，其主要缘由之一便是名教压抑了个性。按照嵇、阮的看法，正统的名教不仅人为地抑制人的内在意愿，而且给人的思维套上了僵硬的框架，从而导致了思不出位的现象：

> 驰骤于世教之内，争巧于荣辱之间，以多同自减，思不出位，使奇事绝于所见，妙理断于常论，以言通变达微，未之闻也。①
>
> 今子立六经以为准，仰仁义以为主，以规矩为轩驾，以讲诲为哺乳，由其途则通，乖其路则滞，游心极视，不睹其外，终年驰骋，思不出位。②

"思不出位"亦即囿于陈腐的教条，放弃独立的思考，其逻辑的结果则

---

① 〔魏〕嵇康：《答难养生论》。
② 〔魏〕嵇康：《难自然好学论》。

是扼杀一切创造性的见解。不难看出,在否定思不出位的背后,乃是对权威主义价值原则的某种拒斥。从要求顺导主体的内在意愿,到主张思出其位,个性的原则无疑得到了更深层的规定。

主体的思出其位,在逻辑上以个体存在的深沉体认为前提。读嵇康、阮籍的著作,我们常常能感受到对自我的强烈认同。在著名的《咏怀诗》中,阮籍一再地抒发这种情感:

> 孤鸿号外野,翔鸟鸣北林。徘徊将何见,忧思独伤心。[①]
> 人情有感慨,荡漾焉能排? 挥涕怀哀伤,辛酸谁语哉![②]
> 独坐空堂上,谁可与亲者? 出门临永路,不见行车马。[③]

这一类的句子,在《咏怀诗》中几乎处处可见。有论者将诗中的主题概括为"自我意识"[④],似已触及阮籍关注个体这一特点。不过,以自我意识来概括诗中的思想,似乎尚嫌过泛并过于抽象。自我意识是主体的反省意识,个体的关怀当然包含自我的反省,但它显然又不限于此。按其本意,自我的认同首先与个体的存在相联系,换言之,个体的关注首先是对个体之"在"的关怀。在上引《咏怀诗》中,个体完全表现为一种孤独的存在,他虽生活于公众之中,却独自徘徊,孤身远行。在他之外,似乎是一个异己的世界。不难看出,这是一种在孤寂心态下对个体之"在"的体认。它似乎隐约地透露出,一方面,个体已开始要求以任自然等方式来实现自身的存在价值;另一方面,这种

---

① 〔魏〕阮籍:《咏怀诗·其一》。

② 〔魏〕阮籍:《咏怀诗·其三十七》。

③ 〔魏〕阮籍:《咏怀诗·其十七》。

④ 参见任继愈主编:《中国哲学发展史》第 3 册,北京:人民出版社,1988 年。

超越世教的自我又难以得到社会的普遍认同。于是,在敏感的知识分子中,便很自然地萌生了个体的孤独感。

孤独感往往伴随着一种存在的危机意识。魏晋多故,名士常有不测之虞,身处乱世,知识分子往往缺乏一种安全感。在阮籍的《咏怀诗》中,我们便不难看到这一点:

> 生命无期度,朝夕有不虞。①
> 黄鹄游四海,中路将安归?②

字里行间,流露出一种明显的危机意识,但这种危机感并非根源于名教之沉沦,而是出于对个体之"在"的关怀。时势之艰险,使个体难以安立于世;动荡不宁的人生,则使个体存在的意义变得突出了。因此,存在的危机既是对个体安顿的担忧,又表现为对存在意义失落的怅茫,"中路将安归?"便可以视为对人生出路的自我追寻。

正是这种个体存在的危机观念,使自我常常处于难以排遣的焦虑之中:

> 一日复一夕,一夕复一朝,颜色改平常,精神自损消……终身履薄冰,谁知我心焦?③

这种心态,与现代西方的存在主义似乎有某些相近之处。尽管对焦虑的解释并不完全相同,但就其把焦虑视为个体存在难以避免的现

---

① 〔魏〕阮籍:《咏怀诗·其四十一》。
② 〔魏〕阮籍:《咏怀诗·其八》。
③ 〔魏〕阮籍:《咏怀诗·其三十三》。

象而言,二者确实表现了相近的思维趋向。当然,在存在主义那里,焦虑感形成于本真之我的失却,而本真之我的失却又导源于自我在日常世界中的沉沦,它在某种意义上折射了现代西方社会的异化现象;阮籍的心焦则产生于个体在艰难时势中的不安全感,二者具有不同的时代特征和心理内涵。

在焦虑的心态中,自我总是更深切地体验到了自身存在的独特性和不可重复性。《咏怀诗》中一再地透露出这一点:

岂知穷达士,一死不再生![1]

个体的生命是有限的。不管是得志(达)还是失志(穷),对个体来说,生命总是只有一次,不可重复(一死不再生)。年华易逝,人生不永,个体的存在不能超越有限。这种感慨和体验,确实空前地突出了个体的存在价值。

总之,在以自我的独立思考否定思不出位的同时,嵇康与阮籍又通过孤独、焦虑等心态而揭示了个体存在的独特性,从而高扬了个体性的原则。与王弼将个体性与主体的责任意识联系起来,并由此而主张去私、归一不同,嵇、阮由强调个体的存在价值而走向了超世绝群:"必超世而绝群,遗俗而独往,登乎太始之前,览乎勿漠之初,虑周流于无外,志浩荡而自舒,飘飖于四运,翱翔乎八隅。"[2]正如天人之辩上的"任自然"说已非儒学所能范围一样,从强化个体原则导向超世绝群,也显然已超越了儒家的价值原则。相对于王弼一以统众的整体主义原则,嵇、阮对个体原则的突出,无疑表现了某种合理的抗争,

---

① 〔魏〕阮籍:《咏怀诗·其十八》。
② 〔魏〕阮籍:《大人先生传》。

但由此主张超世绝群,则似乎又弱化了个体的社会责任,从而同样未能形成健全的价值取向。后者从另一方面展示了个体原则与群体原则的紧张,并使化解这种紧张成为新的时代问题。在向秀、郭象的《庄子注》中,我们即可以看到对这一问题的思考。

## (三)玄同彼我

在天人之辩上,向秀、郭象力图重建自然与当然的统一。作为这一思路的逻辑引申,在个体与整体的关系方面,向、郭也试图扬弃二者的分离。

魏晋时期,个体的关注在某种意义上已成为一种时代意识,《庄子注》同样折射了这一时代特征。从理论的逻辑关联看,向秀、郭象以独化说立论,而独化注重的首先是各个对象自身的变化。本体论上的这种看法,容易自然地导出对个体原则的确认。与嵇康、阮籍一样,向秀、郭象也肯定了自我的价值:

> 所贵者我也。①

这同样是一种"我"的自觉,它与以普遍之义消融"我"的正统名教显然有所不同。有我当然不仅仅是把"我"视为一种物化的存在,相反,它首先表现为对物的超越:

> 故圣人不显此以耀彼,不舍己而逐物。②

---

① 〔晋〕郭象:《庄子注·田子方》。
② 〔晋〕郭象:《庄子注·齐物论》。

若夫轻身以赴利，弃我而殉物，则身且不能安，其如天下何。①

物是一种对象性的存在。殉物、逐物既是对外在名利的追求，又意味着将自我降低到物的层面，而其结果则是自我的沉沦。向秀、郭象反对舍己逐物、弃我殉物，其内在的意蕴便是将自我从对象性的存在中提升出来，使之获得某种主体性的品格。

自我的主体特征当然不仅仅表现为物我之分，它同时展开于我与人的关系之上。庄子曾认为师旷、工倕、离朱等皆外立其德以乱天下。在解释这一结论时，向秀、郭象写道：

此数人者，所禀多方，故使天下跃而效之，效之则失我。……夫天下之大患者，失我也。②

效人即模仿他人，其特点在于以他人为准则来塑造自我，而如此塑造的结果则是丧失真正的自我，因为外在仿效往往伴随着对主体性品格的漠视。向、郭对效人的批评，同时也蕴含着个性或人格应当具有多样性之意，后者决定了人格的发展应当以主体为本位。如果说，否定逐物、殉物主要强调自我不应降低为对象，那么，批评效人则进而指出自我不应当成为外在准则的附庸，二者从不同角度突出了同一主题。

当然，确认自我的主体品格，并不意味着个体可以仅仅以自身为关注之点。与王弼一样，向秀、郭象也力图将个体的自主性与责任感

① 〔晋〕郭象：《庄子注·在宥》。
② 〔晋〕郭象：《庄子注·胠箧》。

联系起来。在解释老庄的无为观念时,向、郭指出:

夫无为也,则群才万品各任其事,而自当其责矣。①

在庄子那里,无为往往与个体的逍遥联系在一起,其结果则是超越人世的文化创造,并相应地淡化主体的社会责任。与此相异,向、郭则把无为理解为各任其事与各当其责的统一,换言之,在无为的形式中,向、郭已注入了个体性的原则,而这一原则既体现了对主体个性特点的尊重(群才万品各任其事),又突出了主体的责任(各当其责)。按其本义,"当其责"也就是对主体行为的社会后果承担责任,它内在地蕴含着对他人与社会的责任意识。相对于嵇康、阮籍对个体存在之关怀和忧虑,向、郭的思路显然颇有不同,毋宁说,他们在这方面更多地体现了儒家的传统。

不过,与王弼由强调个体的责任意识而引向群体原则有所不同,在向秀、郭象那里,责任意识中所包含的群体关怀,首先与本体论上的相因说相联系。《庄子注》在以独化说否定形而上之本体的同时,又提出了所谓相因说:"彼我相因,形景俱生,既复玄合,而非待也。"②不同的对象虽然无所待而自生,但同时又彼此相因。在解释相因的具体内涵时,向、郭写道:

天下莫不相与为彼我,而彼我皆欲自为,斯东西之相反也。
然彼我相与为唇齿,唇齿者未尝相为,而唇亡则齿寒。故彼之自

---

① 〔晋〕郭象:《庄子注·天道》。
② 〔晋〕郭象:《庄子注·齐物论》。

为,济我之功弘矣!①

独化展开为一个自为的过程,但正是在自为的过程中,事物又相互作用(相济),从而实现了普遍的联系。这样,自为便不仅仅是一个指向自身的封闭过程,而是内在地具有某种开放的性质。如果说,独化理论蕴含着个体性的原则,那么,肯定自为与相因的关联,则要求超越单纯的个体原则。正是从相因的观点出发,向秀、郭象强调个体不能隔绝于群体:"与人群者,不得离人。"②"己与天下,相因而成者也。"③

独化与相因、自为与相济的统一,在人生取向上具体表现为彼我玄同:

> 故大人不明我以耀彼,而任彼之自明,不德我以临人,而付人之自德,故能弥贯万物,而玄同彼我,泯然与天下为一,而内外同福也。④

"玄同"是一种形而上意义上的合一,"与天下为一"则可视为玄同的注脚,其具体内涵首先是人与我的统一。在这种统一中,自我并没有被泯灭,相反,它得到了内在的肯定:"夫与众玄同,非求贵于众,而众人不能不贵,斯至贵也。"⑤正如对象之间在彼此相因中相互依存一样,我与人也在彼此交往中展示了各自的价值。但贵我不能导向执

---

① 〔晋〕郭象:《庄子注·秋水》。
② 〔晋〕郭象:《庄子注·人间世》。
③ 〔晋〕郭象:《庄子注·在宥》。
④ 〔晋〕郭象:《庄子注·人间世》。
⑤ 〔晋〕郭象:《庄子注·在宥》。

着于我,否则难以达到真正的玄同:"有己则不能大同也。"①这样,既有我,又无我,"遗我忘彼"②,彼我玄同。在形而上的思辨形式下,群与己似乎达到了某种统一。

然而,一旦超越了形而上的层面而回归具体的社会历史领域,玄同彼我的另一内涵便开始展露出来。作为彼我玄同的引申,向、郭在社会政治领域提出了一统的要求,而后者又以"一人为主"为前提:"千人聚,不以一人为主,不乱则散。故多贤不可以多君,无贤不可以无君,此天人之道,必至之宜。"③在此,玄同实际上便表现为上同于一,而彼我之统一则相应地展开为一种以君为主的等级结构。相对于这种一统的政治结构,个体多少处于从属的地位。就此而言,向秀、郭象所谓玄同彼我,无疑包含着整体至上这一面。在对所谓百姓之情和个体行为的规定上,这一趋向表现得更为明显:

> 夫圣人统百姓之大情,而因为之制。故百姓寄情于所统,而自忘其好恶,故与一世而得淡漠焉。④
>
> 人之所知不必同,而所为不敢异。异则伪成矣。伪成而真不丧者,未之有也。⑤

统情,亦即以单一的准则对群体之情作自上而下的规范,其结果便是个性由多样趋于一统(寄情于所统,而自忘其好恶),所为不敢异,则是行为模式的划一。这样,从内在的个性到外在的行为,社会生活的

---

① 〔晋〕郭象:《庄子注·在宥》。
② 〔晋〕郭象:《庄子注·骈拇》。
③ 〔晋〕郭象:《庄子注·人间世》。
④ 〔晋〕郭象:《庄子注·天下》。
⑤ 〔晋〕郭象:《庄子注·大宗师》。

各个方面都在玄同彼我的形式下,归属于同一名教框架。较之王弼,向、郭的整体主义原则确实显得更为精致。

向秀、郭象从确认有我出发,又进而试图以玄同彼我来达到群与己的统一,但这样努力仅仅给人以某种思辨的满足。当涉及现实关系时,其内涵便立即转换为整体至上的原则,而作为出发点的主体意识,也相应地失去了其具体的内容而成为一种空乏的抽象。不过,尽管向秀和郭象未能真正重建个体与整体的统一,但相对于嵇康、阮籍等以自我认同为最高的原则,并由此导向超世绝群而言,向、郭试图通过玄同彼我来扬弃人与我的分离,似乎又有纠偏的意义,而其中所蕴含的整体主义趋向,则使儒家的价值原则得到了恢复。

从王弼到向秀、郭象,魏晋思想家对人与我、整体与个体的关系作了多方面的讨论,群己之辩成为一个引人注目的时代论题。尽管嵇康、阮籍等玄学异端由高扬个体原则而逸出了儒家的轨辙,但修己以安人的儒学传统并没有中断,相反,以两汉儒学的正统化为前提,注重个体责任及群体关怀的儒家价值取向,开始取得了某种整体主义的形式。当然,王弼、郭象等在延续儒学传统的同时,也通过援道入儒在群己关系上对儒家价值体系作了某种调整,后者突出地表现在对个体原则更深入的考察并力图使之获得较为适当的定位。儒家从先秦开始,便致力于在群己关系上建构合理的价值原则,尽管原始儒家并不否定个体原则,《中庸》甚至明确提出成己的要求,但群体的关怀无疑处于更重要的地位。两汉以降,随着大一统政治格局的形成及儒学的正统化,群体的原则逐渐衍化为整体主义的原则,个体的存在越来越附属于以王权为核心的等级结构。从这一历史前提看,玄学对个体存在的关注,对过分压抑个性的批评,对"我"的确认等,无疑为儒家的价值体系注入了新的内容。尽管玄学化的儒学在总体上并未超越正统儒学的整体主义趋向,但个体原则的融入,毕竟使群己关系获得了一定的伸张度,从而使之区别于名教化的儒学。

## 三　逍遥的理想与天命的抑制

魏晋时期,与自然和名教、个体与整体之辩相联系的,是人的自由问题。① 玄学好谈自然,而顺乎自然很容易引向逍遥(广义的自由);玄学又重个性,而个性的伸张同样在某种意义上蕴含着对自由的向往。但就玄学的主流而言,自然总是受到名教的约束,个体则始终受到整体的抑制,这种约束和抑制在更深的层面上又关联着必然之理。于是,如何协调逍遥的理想与必然的制约,便成为魏晋玄学又一理论重心。历史地看,这一问题的讨论同时又表现为儒家力命之辩的进一步展开。

### (一) 以道御变: 自由的限度

从自然的原则出发,王弼要求"因而不为,损(顺)而不施"②。这里既突出了自然的原则,又蕴含着反对外在压抑之意,二者从不同的方面表现出对个体自主性的某种容忍。事实上,相对于两汉的正统儒学,王弼确实更多地注意到了人格的塑造不能离开主体的自主选择。就主体的行为而言,正由于主体在社会生活中的活动与自主的选择相联系,因而王弼一再强调求诸己:"无责于人,必求诸己。"③不难看出,这里的前提便是主体的行为并非仅仅由外在的力量所左右。

---

① 牟宗三已注意到名教与自然之辩和自由的关联,但他把魏晋时期的自由归之为"太阴教之自由",则似乎过玄且过于含糊(参见牟宗三:《才性与玄理》,第十章)。

② 〔魏〕王弼:《王弼集》,第 196 页。

③ 同上。

个体的自主性当然不仅仅在于"求诸己",它同时又涉及主体与对象的关系,并相应地有其本体论的根据。在对"变"作界说时,王弼指出:

> 变者何也? 情伪之所为也。夫情伪之动,非数之所求也,故合散屈伸,与体相乖。形躁好静,质柔爱刚,体与情反,质与愿违。巧历不能定其算数,圣明不能为之典要,法制所不能齐,度量所不能均也。[1]

现象的变化往往具有随机性,很难用一种统一的模式来规定,这种不可为典要的随机现象,也就是所谓"适然"(偶然),它在本质上乃是必然之道的外在表现:"权者,道之变。"[2]作为道的外在表现,偶然的现象往往可以这样,也可以那样;气质柔顺者可以有偏爱刚强的外观,表面好动者其性格也许喜静,这种现象常常因物因人而异,"不可豫设"[3]。正是客观上存在的这种偶然现象,为主体的选择提供了前提。偶然性无非是外在的可能性,正因为现象的变化可以如此,也可以如彼,亦即蕴含了不同的演变可能,因而主体才具有某种选择的余地。当然,也正因为偶然性不可预设,因而给主体的选择与行动带来了困难:"变无常体,神而明之,存乎其人,不可豫设,尤至难者也。"[4]王弼的这些看法注意到了偶然性的存在,并把人的自主选择与偶然性联系起来,从而使自由问题的考察超越了主体意愿的范围。

然而,尽管偶然性为主体的选择提供了可能,但仅仅依据偶然

---

[1] 〔魏〕王弼:《王弼集》,第597页。
[2] 同上书,第627页。
[3] 同上。
[4] 同上。

性,往往难以作出合理的选择。偶然性不外是"道之变",在偶然性之后,总是存在着必然之道或必然之理。现象的变化固然不可为典要,但它最后总是受到道或理的制约:

> 物无妄然,必由其理。①

相对于现象的多变性与随机性,道(理)具有恒定的特点:"返化终始,不失其常。"②正因为道制约万物而又具有稳定性,因而一旦把握了道,便可以应付各种现象,并作出正确的选择:

> 事有宗而物有主,途虽殊而其归同也。虑虽百而其致一也。道有大常,理有大致。执古之道,可以御今。③

这样,一方面,偶然性的存在为主体的权衡选择提供了可能;另一方面,必然之道的制约,又为主体的选择提供了根据。值得注意的是,王弼在这里没有把必然之道与主体的自由截然加以对立,所谓"可以御今",便表现了对主体自由的某种确信。不难看出,王弼的如上看法已试图从偶然与必然的联系上对人的自由作出理论上的说明,而他以必然之道的把握作为现实选择的前提,则体现了儒家的理性主义传统。从孔子的从心所欲不逾矩,到王弼的执道以御今,人的自由都无不建立在对必然(道)或当然(矩)的理性认识之上。

王弼在确认个体自主性(必求诸己)的同时,又从偶然与必然的

---

① 〔魏〕王弼:《王弼集》,第591页。
② 同上书,第63页。
③ 同上书,第126页。

联系上对人的自由作了考察,其视野无疑较前人更为开阔。在王弼以前,王充也曾试图对必然与偶然的关系作出规定。按王充之见,自然现象的演变,总是受必然之道的制约:"阴阳物气自有终始,履霜以知坚冰必至,天之道也。"①但除了必至之天道外,还有所谓"适然"(偶然),必然与适然呈现为何种关系? 王充以二令参偶来加以解释:"夫天道自然,自然无为。二令参偶,遭适逢会。"②二令参偶又称"二偶三合"③,二令或二偶是指两种必然趋势的相遇,而偶然(适然)则是由必然的相遇而产生的结果。根据这一理解,则偶然似乎成为与必然并立的另一序列,而偶然一旦被提升为与必然并立的序列,主体的自由选择便受到了限制。所谓"命则不可勉,时则不可力"④,正是如上推论的逻辑结论。相对于此,王弼从必然与偶然的联系上确认人能御今,无疑在更深的层面上体现了肯定人力(主体力量)的价值原则。

然而,与有无之辩上追求普遍的本体相应,王弼在总体上更注重必然之道对偶然现象的制约:

> 故众之所以得咸存者,主必致一也;动之所以得咸运者,原必无二也。⑤

从本体论上说,万物皆本于无,无构成了万物统一的本原(众之咸存,主必致一);从动静关系看,现象的变化虽不可为典要,但最终无不受

① 〔汉〕王充:《论衡·谴告》。
② 〔汉〕王充:《论衡·寒温》。
③ 〔汉〕王充:《论衡·偶会》。
④ 〔汉〕王充:《论衡·命禄》。
⑤ 〔魏〕王弼:《王弼集》,第 591 页。

道的支配(动之咸运,原必无二)。王弼以两个"咸"和"必",既强调了无为万有之本,用不能离开体而存在,又突出了道的普遍制约。在"原必无二"的形式下,现象的变化似乎只有一种方向(无二),而发展的多种可能则相应地为单一的趋势所取代。

偶然的变动一旦为单一的必然趋势所取代,则必然性便开始被形而上化,并获得了绝对的形式。这种形而上的必然,与超验的天命,事实上已无本质的不同。正是从强化必然的前提出发,王弼将命提到了突出的地位:

　　　　天之教命,何可犯乎? 何可妄乎?[1]

在此,必然之道取得了命的形式,而从道必无二中则逻辑地引出了命不可犯。天命既不可犯,则出路便只能是"承命"、"顺命",王弼的结论正是如此:"上承天命,下绥百姓。"[2]"不为事主,顺命而终。"[3]在天命之前,主体的选择变得仅仅徒具形式,形而上的必然,终于压倒了人的自由。这样,尽管王弼试图通过对必然与偶然的双重确认,为主体的自主选择提供理论上的说明;但对形而上之普遍本体的追求,却使王弼将现象的变动融入了原必无二的必然趋势,并由此引向了顺命的宿命论。这一理论归宿既浸染了道家的某些观念:无为的片面引申,往往容易引向命定论;又在总体上承继了儒家强调天命的传统。事实上,从孔孟开始,儒家(荀子也许是个例外)便常常徘徊于力命之间,主体的力量与外在的必然总是难以得到真正的统一;而在两

---

① 〔魏〕王弼:《王弼集》,第 343 页。
② 同上书,第 155 页。
③ 同上书,第 227 页。

汉的正统儒学中,天命的观念与权威主义原则相融合,使命定的价值取向逐渐成为一种思维定势。王弼在使儒学玄学化的同时,并未能改变这一定势。

(二) 以志抗命:力命之辩上的异端

与王弼由强调必然之道的普遍制约而引向顺命不同,嵇康、阮籍更多地突出了主体的自主选择。在自然与名教之辩上,嵇、阮主张越名教而任自然。作为任自然的逻辑引申,嵇康将主体之志提到了引人注目的地位:

> 人无志,非人也。但君子用心,所欲准行,自当量其善者,必拟议而后动,若志之所之,则口与心誓,守死无二,耻躬不逮,期于必济。[①]

"所欲"是一种意向,与意向相联系的志,主要即表现为意志的品格。在此,志即构成了人之为人的基本规定。一旦意志作出了选择(志之所之),便要百折不挠地去贯彻,直至达到所欲之目标。正是这种自主选择的品格,使人能够冲破名教的束缚而成为自由的主体。

于是,坚定的意志便成为理想人格题中应有之义。在《卜疑》中,嵇康以凝重的语气,列出了两种迥乎相异的人生取向:

> 宁寥落闲放,无所矜尚,彼我为一,不争不让,游心皓素,忽然坐忘,追羲农而不及,行中路而惆怅乎?将慷慨以为壮,感慨以为亮,上干万乘,下凌将相,尊严其容,高自矫抗,常如失职,怀恨怏怏乎?

---

① 〔魏〕嵇康:《家诫》。

前一种趋向于归隐避世,尽管它飘逸自在,似乎也有一种自由的外观,但这只是消极的顺自然;后一种则胸怀壮志,我行我素,维护主体的人格尊严而不为外在的力量所屈,嵇康所肯定的是后一种人生取向。"上干万乘,下陵将相,尊严其容,高自矫抗",尽管在形式上也表现为任自然,但这种任自然完全不同于无操守的听其自然,而是以"遂志"为其具体内容。在评价尧舜等历史人物时,嵇康对此作了具体解释:"所谓达能兼善而不渝,穷则自得而无闷,以此观之,故尧、舜之君世,许由之岩栖,子房之佐汉,接舆之行歌,其揆一也。仰瞩数君,可谓能逐其志者也。故君子百行,殊途而同致。循性而动,各附所安。"①人的境遇有穷达之分,但不管处于何种条件之下,人都可以对自己的生活道路作出自主的选择,尧、舜、许由等的行为取向尽管各异,但在根据内在意愿作出自己的选择这一点上却是相同的。正是意志的选择和意愿的实现(遂志),使"循性而动"的任自然具有了某种自由的特征。

作为人之为人的内在品格,主体之志非外力所能左右:"志气所托,不可夺也。"②当然,志之不可夺,与主体自身的守志又不可分:

> 若夫申胥之长吟,夷齐之全洁,展季之执信,苏武之守节,可谓固矣。故以无心守之,安而体之,若自然也。乃是守志之盛者可耳。③

意志品格的重要,儒家本已注意到,孔子即有"三军可以夺帅,匹夫不

---

① 〔魏〕嵇康:《与山巨源绝交书》。
② 同上。
③ 〔魏〕嵇康:《家诫》。

可夺志"之说。嵇康的如上看法，无疑受到儒家传统的影响。不过，儒家之肯定志不可夺，更多地侧重于主体的人格尊严和人格独立，他们并未进而以之与外在的天命相抗衡，从孔子到王弼都体现了这一特点。与之相异，嵇康则由强调遂志、守志而否定了"自然之命不可求"的观念。

在《难宅无吉凶摄生论》中，嵇康对命有所定之说提出了异议："寿夭之来，生于用身；性命之遂，得于善求。然则夭短者，何得不谓之愚？寿延者，何得不谓之智？苟寿夭成于愚智，则自然之命不可求之论，奚所措之？"按照传统的命定论，人的寿命之长短，均有冥冥之中的必然性所规定，后天努力无法改变这种预定之命。而在嵇康看来，寿或夭主要取决于主体如何对自身作出适当调节（用身、善求），长寿者往往是善于用身者，而短命者则往往由于不善调节。总之，人为可以影响以至改变命。在这里，主体的自主性已由内在的意向外化为以力制命。

也正是以"寿夭之来，生于用身；性命之遂，得于善求"为依据，嵇康对养生极为重视。他曾撰《养生论》，多方面地讨论了如何养生的问题。从形神统一的观点出发，嵇康认为养生的根本原则在于："形神相亲，表里俱济。"①而在二者之中，他更注重心理的调节："君子知形恃神以立，神须形以存。悟生理之易失，知一过之害生。故修性以保神，安心以全身，爱憎不栖于情，忧喜不留于意，泊然无感，而体气和平。"②毋庸讳言，这里表现出某种二元论的趋向，不过，重要的是，嵇康强调了主体的精神力量在养生中的作用。不难看出，在注重养生的背后，是对主体自由的某种确认。如果说，遂志、守志主要从人

① 〔魏〕嵇康：《养生论》。
② 同上。

生价值与精神境界的选择上，突出了主体的自主性，那么，通过修心安心以及"呼吸吐纳"①以养生延寿，则从力与命的关系上，否定了"死生有命"的宿命论。

从理论渊源看，嵇康强调"性命之遂，得于善求"，明显地受到了道教的某些影响。道教虽然常常祖述道家（老庄），后来甚至以《老子》《庄子》为经典，但二者事实上存在着重要的差异。这不仅在于道教已成为宗教，而且表现在二者对天人、力命等关系的不同理解。道家强调无以人灭天，这一观念与道法自然相结合，便衍化为无为的要求，而后者在力命关系上即表现为顺命："死生，命也。"②"知其不可奈何而安之若命，德之至也。"③与之相异，道教追求长生久视，以为通过练内丹（以身为炉灶，修炼精、气、神，与所谓气功有相近之处）及外丹（炼治丹砂等而成丹药）等途径便可延年长生，甚至羽化成仙。这些看法当然渗入不少荒诞的宗教呓语，但透过神学的迷雾，我们却可以注意到一种不同于道家的价值取向，即对人的力量的确信：生死并非预定于命，它最终取决于人的努力。而这种努力同时又与意志的专一相联系。从早期开始，道教即十分强调守一，《太平经》说："守一者，真真合为一也。"④"圣人教其守一，……念而不休，精神自来，莫不相应，百病自除，此即长生久视之符也。"⑤而守一即表现为意志的功能："一者，心也，意也，志也。"⑥嵇康由遂志、守志进而从养生的角度强化主体的权能，与道教的如上思路确实有其相近之处。在某种

---

① 〔魏〕嵇康：《养生论》。

② 《庄子·大宗师》。

③ 《庄子·人间世》。

④ 《太平经》卷一百五十三。

⑤ 同上。

⑥ 《太平经》，卷九十二。

意义上说,正是通过引入道教注重主体作用的价值取向,嵇康既超越了道家的顺自然之说,又拒斥了儒家的天命观念。

从魏晋价值观的演变看,王弼从偶然与必然的关系上考察了人的自由及其限度,但最后由强化必然而引向天命不可犯的宿命论。嵇康则由突出意志的品格而高扬了主体的自主性,并将意志的力量具体化于养生过程,从而在价值的选择与生命的存在两个层面上表现出了对自由的乐观信念。嵇康对主体力量的高度自信,与王弼强调外在必然性的决定作用,正好形成一个对照:前者的价值取向表现为以力抗命,后者则以顺命为归宿。嵇康对宿命论的否定,从一个侧面表现了对儒家价值体系的挑战,而这种挑战在理论上又进一步激发了未离开儒学传统的玄学思想家的回应。在向秀、郭象那里,我们便可以隐约看到后一趋向。

(三) 所遇即命: 从逍遥走向顺命

在本体论上,向秀和郭象提出了独化说。独化不仅意味着从超验本体回归具体存在,而且蕴含着对象的存在与变化无故可寻。在《庄子注》中,向、郭一再地强调后一点:

> 无待而独得者,孰知其故,而责其所以哉?[1]
> 夫物事之近,或知其故。然寻其原,以至乎极,则无故而自尔也。自尔,则无所稍问其故也,但当顺之。[2]

无故即不受因果关系的制约,向秀、郭象以为独化总是表现为无故而

---

[1] 〔晋〕郭象:《庄子注·齐物论》。
[2] 〔晋〕郭象:《庄子注·天运》。

自尔,实质上也就否定了因果联系的普遍性,这种看法带有明显的非决定论性质。相对于王弼由普遍的本体引出必然之道的普遍制约,向、郭由独化说而否定因果决定论,无疑表现了不同的思路。

与否定因果决定论相联系,向、郭主张任物之自性:"凡物云云,皆自尔耳,非相为使也,故任之而理自至矣。"①就主体与对象的关系而言,任之即意味着由顺乎自然而达到逍遥:

　　　　自然耳,不为也,此逍遥之大意。②

逍遥是一种自由的境界,它在形式上表现为无所待:"若夫逍遥而系于有方,则虽放之使游而有所穷矣,未能无待也。"③所谓无待,也就是超越外在的限制。这样,向秀、郭象便把顺乎自然与否定因果决定融合为一,从而对主体的自由作了某种肯定。向、郭要求超越因果必然性而达到逍遥游,既渗入了道家(庄子)的观念,又在某种意义上接近嵇康、阮籍的看法。从中,我们不难看出魏晋时代思潮的影响。

不过,在向秀、郭象那里,逍遥并不表明自我具有完全的自主权能。按照向、郭的看法,万物虽然皆无故而自尔,亦即不受因果必然性的制约,却同时受制于一种"不知所以然而然"的力量,这种力量也就是所谓命:"不知其所以然而然,谓之命。"④物固然都自然而然,但自然之中即蕴含着命。命对万物之支配,正是以自然的方式实现的:"命之所有者非为也,皆自然耳。"⑤在这里,自然便开始与命合而为

---

① 〔晋〕郭象:《庄子注·齐物论》。
② 〔晋〕郭象:《庄子注·逍遥游》。
③ 同上。
④ 〔晋〕郭象:《庄子注·寓言》。
⑤ 〔晋〕郭象:《庄子注·天运》。

一。所谓命,无非是一种超验化或神秘化的必然力量。于是,我们便注意到了一种饶有趣味的现象:在以自然否定因果必然性的同时,向秀、郭象又在自然的形式下引入了超验的必然力量,后者与嵇康之以力抗命,显然颇相异趣。

也正是自然与命的合一,使向秀、郭象的逍遥完全不同于嵇康的遂志。按向、郭之见,物各有自性,这是自然,而自然又是命的表现形式。因此,自性之中即包含着定分:"天性所受,各有本分,不可逃,亦不可加。"①这种定分是个体所无法超越的,即使颜回与孔子之间,也无法转换:"不问远之与近,虽去己一分,颜孔之际,终莫之得也。"②这样,个体实质上即成为一种被决定的存在,它虽然无故而自尔,亦即处于普遍的因果序列之外,却又受冥冥之中的超验之命的支配,其行为结果完全无法自主:

> 突然自生,制不由我,我不能禁。③
>
> 物无妄然,皆天地之会……或思而免之,或思而不免,或不思而免之,或不思而不免,凡此皆非我也。④

一切自然蕴含一切有命,在不可捉摸的神秘必然之前,自我的选择完全无能为力。于是,逍遥似乎失去了自由的本来意义。

自然与命的合一,一方面使超验的必然渗入了无故而自尔的自然领域,从而限制了主体的自主选择;另一方面又使自然获得了必然的意义,由后者可以逻辑地引出所遇即命的结论:

---

① 〔晋〕郭象:《庄子注·养生主》。
② 〔晋〕郭象:《庄子注·德充符》。
③ 〔晋〕郭象:《庄子注·则阳》。
④ 〔晋〕郭象:《庄子注·德充符》。

其理固当,不可逃也,故人之生也,非误生也,生之所有,非妄有也。天地虽大,万物虽多,然吾之所遇,适在于是,则虽天地神明,国家圣贤,绝力至知,而弗能违也。故凡所不遇,弗能遇也;其所遇,弗能不遇也;凡所不为,弗能为也;其所为,弗能不为也,故付之而自当矣。①

"遇"本是随机的遭遇,属于偶然的序列,而在向秀、郭象看来,这种偶然同时也就是必然。世上的一切,凡是发生的,便注定不可避免;凡是未发生的,则注定不会出现。这样,偶然便被提到了必然的序列,而整个世界似乎成为一个纯粹的必然王国。向、郭的如上看法与其说是夸大偶然性,不如说是强化必然性,其逻辑的结果不是提升偶然,而是在实质上取消偶然。当然,在向、郭那里,取消偶然而强化必然,并不表现为将因果律绝对化。所谓所遇弗能不遇,所不遇弗能遇,在形式上仍是无故而自尔,亦即超越于因果序列。以所遇为命,强调的乃是神秘化的必然——命的主宰。这里蕴含着双重否定:既消解偶然,又扬弃因果必然。而经过如上否定,主体的自由便进一步受到了限制:"夫我之生也,非我之所生也,则一生之内,百年之中,其坐起行止,动静趣舍,情性知能,凡所有者,凡所无者,凡所为者,凡所遇者,皆非我也。"②现代存在主义认为,个体的在世,具有被抛掷的性质,因为它之来到世间(生),并非出于自身的选择,存在主义由此肯定了主体的被决定的一面。向、郭从"我之生也,非我之所生"引出主体的被支配性,与存在主义的推绎无疑有相近之处。不过,存在主义同时强调了自我的在世总是具有自我谋划的性质,从而表现了对自

---

① 〔晋〕郭象:《庄子注·德充符》。
② 同上。

我选择的注重。与之相异,向、郭由生之非选择,进而推出个体的一切言行举止,所遭所遇,都具有命定的性质,这就将主体的选择权能基本上架空了。

以所遇为命,同时又蕴含着另一重含义,即肯定现存秩序的合理性。按向、郭之见,世间的一切都有定命,凡已发生(存在)的,都无法避免;换言之,凡是存在的,都是必然的,而必然的也就是合理的。所谓"其理固当",强调的正是这一点。既然现存的一切都是合理的,那么,主体的唯一选择便是接受现实生活中的所有遭遇。"理无不通,故当任所遇而直前耳。"①所遇即命,因而任所遇,也就是安于命。一旦达到了这一境界,便能无往而不适:

> 知不可奈何者命也,而安之,则无哀无乐,何易施之有哉!故冥然以所遇为命,而不施心于其间,泯然与至当为一,而无休戚于其中,虽事凡人,犹无往而不适,而况于君亲哉。②

于是,遇与命的合一便表现为无所用心,随遇而安,对命运的消极接受,终于压倒了主体的自觉努力。这种价值取向,可以看作是宿命论在处世原则上的具体化。

当然,在强调任所遇、安于命的同时,向秀、郭象并未放弃逍遥的观念。然而,与所遇和命的合一相应,逍遥的内涵进一步发生了变化。按向、郭之见,逍遥的真正要旨,即在于无心而安于命:"命非己制,故无所用其心也。夫安于命者,无往而非逍遥矣。"③如前所说,逍

---

① 〔晋〕郭象:《庄子注·人间世》。
② 同上。
③ 〔晋〕郭象:《庄子注·秋水》。

遥的本义是自由,命则表现为超验必然的制约。而在向、郭那里,二者却表现为同一过程的两个方面。在这种近乎悖论的形式下,我们看到的乃是对自由的消融:正如向、郭以必然勾销了偶然一样,他们也以顺乎命消解了真正的自由。从理论上看,向、郭将逍遥归属于安命,蕴含于他们对自由的理解。如前文所提及的,向、郭一开始便把逍遥界定为自然而无为,这种解说意味着将主体的能动作用及人文创造(为)排除在自由之外。所谓"自然者,不为而自然者也……此乃至德之人,玄同彼我者之逍遥也"①,即表明了这一点。它使自由自始即具有抽象的性质。从逍遥即自然的观点出发,便很容易逻辑地引向无心而任命:在摒弃主体作用(无为,无所用心)这一点上,顺自然与安于命无疑有相通之处。事实上,向、郭正是由无所用心而导出安命即逍遥的结论。就另一角度而言,安命与逍遥的合一,又使宿命论的价值原则变得精致化了;在逍遥的形式下,任所遇、安于命似乎取得了某种自由的外观。

向秀、郭象由否定因果序列(无故而自尔)而提出无所待的逍遥理想,但最后又由融合自然与必然、所遇与命而导向任遇安命,其思路确实有其独特之处。与嵇康由任自然而走向遂志不同,向、郭的思维行程在总体上表现为道家之顺自然与儒家之重天命的合流。正是通过这种交融,魏晋玄学的主流开始由嵇康的以力抗命重新在某种程度上回归正统儒家的顺命传统。从儒家价值观的演变看,原始儒学在重天命的同时,又讲"为仁由己"。如果说,王弼强调"必求诸己",多少表现出对后一传统(为仁由己)的认同,那么,向、郭认为"凡所遇者,皆非我也",则使主体的自由选择难以在价值领域获得合理的定位。于是,一方面,在逍遥的理想境界中,自

---

① 〔晋〕郭象:《庄子注·逍遥游》。

由似乎得到了前所未有的确认；另一方面，顺自然与委天命的融合，则使个体的自主性变得越来越有限。如何使儒家在力命之辩上的二重传统重新得到适当定位？这是尔后的儒家思想家无法回避的问题。

# 第七章

# 衍化与整合

　　魏晋以后,随着佛教的盛行和道教的流播,逐渐形成了儒释道三足鼎立的格局。隋唐两朝,佛教的声势几乎一度压倒了儒学。作为异教,佛道与儒家在某些方面固然存在价值观上的冲突,但二者又多有契合之处。这样,儒释道之间便形成了相拒而又相融的复杂关系。尽管儒学在这一时期并没有完全失去正统地位,但异教的崛起毕竟使其在文化价值层面的独尊受到了严峻的挑战。隋唐时期的儒家思想家对此作出回应的不乏其人,其中,韩愈与李翱为复兴儒学而作的努力,更为引人注目。① 不过,这种努力更多地表现为拒

---

　　① 在某种意义上,隋代的王通已表现出类似的趋向。王通以继承与重振儒学为己任:"千载而下,有绍宣尼之业者,(转下页)

斥异说,维护道统,它在理论(包括价值观)上往往缺乏系统的建树。①
从理论的层面使儒学形成复兴之势的,是宋明时期的理学。

理学在西方常常被称为新儒学(Neo-Confucianism),晚近的儒学
发展三期说又将理学界定为第二期儒学,这些看法无疑注意到了理
学对儒学传统的延续。当然,理学在承继原始儒学的同时,又使之发
生了某种转换。与玄学主要展现了儒道合流的历史趋向不同,理学
在更广的背景下表现了文化(包括价值观)的趋异与整合,其中的主
旋律便是隋唐以来儒释道的相拒而相融,后者与隋唐以后社会的历
史变迁交互作用,使儒家的价值体系出现了折变。

理学作为宋明时期的时代思潮,有其大致相近的思维与价值趋
向,但它同时又衍化为不同的流派。在形上之学的层面,理学有注重
心、理、气的分野;从价值观上看,以二程(程颢、程颐)和朱熹为代表
的正统理学,与陆(九渊)王(阳明)所代表的心学,则似乎体现了更值
得注意的相异趋向。② 二者在价值观上虽基本上属于同一系统,但在

---

(接上页)吾不得而让也"(《文中子中说·天地》),并从穷理尽性、义利关系、公私
之辩等方面对儒学作了多重发挥。不过,王通又提出了"三教可一"的主张(《文中
子中说·问易》)。这固然折射了儒释道交融的历史走向,但作为一种明确的主张,
它毕竟未能突出儒学的独尊地位。正是这一点,后来引起了理学家的不满。如陆九
渊便批评道:"王通则又浑三家之学,而无所讥贬,浮屠、老氏之教,遂与儒学鼎列于
天下。"(〔宋〕陆九渊:《策问》,《陆九渊集》,北京:中华书局,1980 年,第 289 页)

① 当然,从儒学的演变看,韩愈、李翱仍有其不可忽视的地位。他们对儒家
道统的强调,他们的性情理论,以及对《大学》、《中庸》二书地位的提升等等,都明
显地影响了尔后的理学。然而,他们毕竟未能系统地建构新儒学。尽管历史使他
们成为理学的先驱,但其思想在当时的思想界并不很成气候。

② 牟宗三在《心体与性体》及《从陆象山到刘蕺山》中把宋明理学分为三系:
即程颐、朱熹一系,陆九渊、王阳明一系,胡宏、刘宗周一系,并以胡、刘为北宋诸儒
(周敦颐、张载、程颢)的嫡系。这在学派划分上自是一说,不过,从价值体系的演进
看,胡、刘一系似乎并没有独立的意义。

若干问题上又各自强调了不同的侧面,从而形成了价值取向上的某些差异。本章着重从总体上考察儒家价值原则在理学中的演变,同时亦对理学重要的内在差异作必要的辨析,以较为完整地把握儒家价值体系演进的历史曲线。

## 一 仁道原则的重建

从先秦开始,对人(作为族类的人)自身价值的反省,便构成了儒家价值体系的逻辑起点,而这种反省一开始即关联着广义的天人关系(包括人在宇宙中的地位)。魏晋以后,特别是隋唐时期,佛道二教风行,对神的膜拜渐渐使人自身的价值变得模糊了,儒家的人文原则受到了前所未有的冲击。于是,对人自身价值的重新确认,便历史地提到了理学的面前。与玄学首先注目于天不同,理学一开始便将侧重点转向人自身的价值。《老子》曾说,"天地不仁,以万物为刍狗;圣人不仁,以百姓为刍狗"。这里既蕴含着道法自然的观念,又表现出忽视人文价值的趋向,后者在某种意义上代表了佛道的共同看法。对这种价值取向,理学家颇有异议。理学的奠基者之一张载便明确提出:"老子言'天地不仁,以万物为刍狗',此是也;'圣人不仁,以百姓为刍狗',此则非也。"[1]质言之,人不同于物,因而不能将对待物的原则运用到人之上。这是对人道的庄严维护。朱熹对人的内在价值作了更直接的肯定:"天地之性,人为贵。"[2]在这方面,理学确实上承了儒家的人文传统。

从肯定人文价值出发,理学对人道的内涵作了更多的考察。在

---

[1] 〔宋〕张载:《张载集》,北京:中华书局,1978 年,第 315 页。

[2] 《孟子集注·梁惠王上》。

著名的《西铭》①中,张载写道:

> 乾称父,坤称母;予兹藐焉,乃混然中处。故天地之塞,吾其
> 体;天地之帅,吾其性。民吾同胞,物吾与也。大君者,吾父母宗
> 子;其大臣,宗子之家相也。尊高年,所以长其长,慈孤弱,所以
> 幼吾幼。圣其合德,贤其秀也。②

《西铭》的这些思想一再受到其他理学思想家的称道和赞赏,如二程
便认为,"《西铭》之为书,推理以存义,扩前圣所未发,与孟子性善、养
气之论同功"③。朱熹亦作《西铭论》,对其思想加以阐发。可以说,
《西铭》大致代表了理学共同的价值取向。

　　《西铭》的主题是广义的天人关系。按照《西铭》的理解,天人关
系无非是家庭关系(亲子同胞关系)的扩展和延伸,在我与人、人与物
所构成的宇宙大家庭中,每一成员都有其存在的价值。④　当然,宇宙
的大家庭最终又奠基于人与人之间的关系:"物与"不外是"民胞"的
泛化。这里确实充满了温情脉脉的仁道意味,人与人之间亲如同胞,
尊长慈幼成为普遍的行为准则。宋儒这种民胞物与的观念,尽管仍

---

　　①　《西铭》本是《正蒙·乾称》的第一段,张载把它录出,贴在西窗上作为座
右铭,并题为《订顽》。后来,程颐将《订顽》改称为《西铭》,朱熹又将《西铭》从《乾
称》中抽出,另作注解。
　　②　〔宋〕张载:《张载集》,第62页。
　　③　〔宋〕程颐:《答杨时论西铭书》,《二程集》,北京:中华书局,1981年,第
609页。
　　④　在这里,宇宙论与价值论已融为一体。姜允明认为"理学的宇宙论及本体
论深深地渗入了其伦理学",似已注意到理学的这一特点(参见 P. Y. M. Jiang,
Ethics in Cosmology:"Unity of Heaven and Man",*Harmony and Strife*, Hong Kong:
The Chinese University of Hong Kong, 1988, p.289)。

再现了先秦儒家从亲子伦常关系向外辐射的思路,但它无疑又使儒家的仁道原则获得了更为宽广的内涵。

在张载以前,唐代的韩愈已提出了所谓"博爱之谓仁"之说①,民胞物与的思想与之显然前后相承。二者都源于原始儒学的人文精神,但又不限于此,它们在某种意义上与墨家的兼爱原则有相近之处。诚然,后来二程与朱熹在解释《西铭》时,一再试图将其与墨家的兼爱思想划清界限。如程颐便认为,《西铭》"明理一而分殊,墨氏则二本而无分"②。朱熹同样以理一分殊概括《西铭》之大旨:"一统而万殊,则虽天下一家,中国一人,而不流于兼爱之弊。"不过,程朱如此辨析,旨在维护儒家的亲亲观念,亦即强调以亲亲为仁道的基础;在肯定仁爱应成为统一的人文原则(理一)这一点上,民胞物与同墨家的兼爱无疑有某种一致性。事实上,张载便明确指出:"爱必兼爱,成不独成。"③不妨说,为理学家所普遍肯定的民胞物与,实质上表现为儒家以亲亲为基石的仁道原则与墨家超越亲亲的兼爱观念之融合。这种融合不仅强化了儒家的人文精神,而且赋予它以更普遍的意义。

仁道与博爱(兼爱)的统一作为理学的普遍价值取向,当然不仅仅见于《西铭》,它实质上贯串于理学的始终。在王阳明那里,我们便可以看到对这一观念的一再发挥:

> 夫圣人之心,以天地万物为一体,其视天下之人,无外内远近,凡有血气皆其昆弟赤子之亲,莫不欲安全而教养之,以遂其万物一体之念。④

① 参见〔唐〕韩愈:《原道》。
② 〔宋〕程颢、程颐:《答杨时论西铭书》,《二程集》,第609页。
③ 〔宋〕张载:《张载集》,第21页。
④ 〔明〕王阳明:《传习录中》,《王文成公全书》卷二。

与《西铭》一样,作为社会存在的人,首先被理解为仁爱的对象,而这种理解又以家庭关系的泛化为前提。如果说,原始儒家虽然并不否认仁道的普遍性,但同时又较多地注重其亲亲的基础;那么,宋儒与明儒则更多地由家庭关系的泛化(民胞物与)而将仁道原则引向天下之人,它使儒家的人文观念进一步获得了超越宗法亲缘关系的意义。当然,超越宗法亲缘并不意味着割断二者之间的联系。事实上,以天下为一家,本身便蕴含着对亲缘(家)的注重,然而,视天下之人为同胞亲子而加以安全教养,毕竟较"泛爱众"更深切地体现了仁道原则的本意。

在宋明新儒学(理学)以前,董仲舒曾提出了德威交融、刑德兼容的主张,其中内在地蕴含着将暴力原则融入仁道原则的趋向;在刑威的纠缠下,仁道的原则不免有所弱化。从这一历史前提看,理学提出民胞物与、天下一家的观念,无疑有其不可忽视的意义。不妨说,正是通过仁道原则与兼爱(博爱)观念的沟通、融合,儒家的人文精神开始与暴力原则重新脱钩,并由此而取得了较为纯化的形态。就这方面而言,宋明新儒学的仁道观念确实显得更为醇厚。

与民胞物与相联系的是所谓万物一体。事实上,在王阳明那里,民胞的观念便以万物一体的命题为前提,而这一命题又几乎为理学家所普遍认同。程颢说:"仁者,以天地万物为一体。"[①]朱熹同样认为:"盖天地万物本吾一体。"[②]"天地万物与吾一体,固所以无所不爱。"[③]初初看去,万物一体似乎仅仅是民胞物与的另一种表述,但实质上两者的侧重之点颇有不同。如前所述,民胞物与的内在意蕴在

---

① 〔宋〕程颢、程颐:《二程集》,第15页。

② 〔宋〕朱熹:《中庸章句》。

③ 〔宋〕朱熹:《答胡广仲》,《朱文公文集》卷四十二。

于强调仁道原则的普遍性,尽管它同时将整个宇宙比作一个大家庭,但人文的价值显然处于更为重要的地位:将家庭关系扩及天地宇宙,本身即在某种意义上表现为人文价值的泛化。换言之,它虽然超越了自我中心,却并未摆脱人类中心。相形之下,万物一体的观念则将注重之点由强化人文价值而转向了天与人的统一,从民胞物与到万物一体,理学的价值取向确乎又获得了新的内涵。

儒家从先秦开始,便一再高扬人文的价值,并由此要求实现自然的人化(以人文的准则塑造自然)。这里潜在地包含着人是万物的尺度(人类中心)的观念。董仲舒以目的论来解释天人关系,但在天人感应的神学形式下,却蕴含着人是目的的人文观念,换言之,天行(包括神化之天)仍然以人为中心。① 这种价值取向诚然突出了人本身及人的文化创造的价值,但同时又包含着以人扭曲天,从而导致天人失衡的可能。在人性的塑造上,这一点表现得尤为明显。与之不同,万物一体则更多地关注于天与人的和谐。后者当然不同于回到自然,张载已注意到这一点。在谈到天人关系时,他曾提出如下看法:"得天而未始遗人。"②"未始遗人"即意味着通过人化而超越自然;但同时,超越自然又并非以人灭天:"大人者,以天地万物为一体者也,……见瓦石之毁坏而必有顾惜之心焉。"③"夫天地之常,以其心普万物而无心;圣人之常,以其情顺万事而无情。"④这样,自然(天)的

① 因此,杜维明把不同于人类中心论视为儒家的一般特征,至少失之笼统(参见 Tu Wei-Ming, *Confucian Thought: Selfhood as Creative Transformation*, p.75)。当然,如果将这一看法与理学的万物一体说联系起来,则似不无所见,详见后文。

② 〔宋〕张载:《张载集》,第 65 页。

③ 〔明〕王阳明:《大学问》,《王文成公全书》卷二十六。

④ 〔宋〕程颢、程颐:《二程集》,第 1263 页。

人化与人合乎自然(天)表现为同一过程的两个方面,而人与万物则由此而达到了内在的统一(同为一体)。在万物一体的形式下,人的价值并没有被泯灭,但它又不同于单向的强化人的价值,毋宁说,它乃是在天与人的统一中实现人自身的价值。

相对于单纯地追求人的价值(以人灭天),宋明新儒学要求在天与人的和谐统一中实现人的价值,无疑体现了一种较为健全的价值取向。不过,宋儒和明儒所理解的万物一体,更多地含有精神境界的意味,而不是指人与自然(天)的现实作用。在理学以前,荀子曾提出了"制天命而用之"的命题,尽管其中多少蕴含着人类中心的观念,但同时又内在地包含着天与人交互作用的思想。唐代的刘禹锡继荀子之后,进而提出了"天与人交相胜"[①]的论点。所谓"交相胜",即是在实践基础上的交互作用过程。相形之下,理学在扬弃人类中心的同时,对作用于自然的历史实践在天人关系中的意义,不免有所忽视。尽管张载亦曾说过"天与人,有交胜之理"[②],但这种交胜主要是德性涵养上志与气的相互作用,而并不是广义的实践过程。将天与人的统一限制在精神境界的层面,多少弱化了其历史的深度。

同时,在万物一体的形式下,天与人主要展现为一种平衡、融洽、和谐、一致的关系。与之相应,道德理想与外在的现实世界之间,似乎也不再存在紧张与冲突。韦伯已注意到了这一点,以为儒学缺乏"对于世界的紧张感"[③]。当然,韦伯笼统地将儒学归为单一的趋向,并由此断言儒学缺乏道德自主性,则很难令人苟同;但如果将"缺乏

---

① 〔唐〕刘禹锡:《天论》上,《刘禹锡集》,上海:上海人民出版社,1975 年,第 51 页。

② 〔宋〕张载:《张载集》,第 10 页。

③ 参见 Max Weber, *The Religion of China*, New York: Free Press, 1951, pp.235 - 236。

紧张感"限制于宋明新儒学的万物一体说,则似不无所见。一般而论,天与人之间的紧张往往会成为变革世界的内在动力,一旦平衡与和谐压倒了紧张与冲突,则变革对象的冲动往往容易受到抑制。在万物一体的精神境界中,心灵的宁静确实使制天命而用之的实践冲动很难得到激发。新儒学(理学)之忽视主体力量的外在展现,与之显然不无关系。

万物一体所建立的,是天人合一的境界。与天人合一这一总的思维趋向相联系,理学对化当然为自然的问题予以较为自觉的关注。如前所述,玄学曾批评汉儒过于执着于名教,从而忽视了当然与自然的结合。在这一点上,理学的看法接近于玄学。张载曾批评道:"汉儒极有知仁义者,但心与迹异。"① 这里已注意到了汉儒仅仅讲自觉(知),却未能做到心与行一。程颐也认为:"如东汉之末尚节行,尚节行太甚,须有东晋放旷,其势必然。"② 事实上,从张载、程朱到陆王,都一再要求化当然为自然。张载曾指出:

> 仁人则须索做,始则须勉勉,终则复自然。③

勉勉是道德的自觉,从勉勉到自然,也就是由遵循当然到合乎自然。在此,自然无疑被视为一种更高的境界。按朱熹之见,唯有化当然为自然,才能使德性具有恒定性:

> 惟自然,故久而不变;惟勉强,故有时而放矢。④

① 〔宋〕张载:《张载集》,第 280 页。
② 〔宋〕程颢、程颐:《二程集》,第 246 页。
③ 〔宋〕张载:《张载集》,第 266 页。
④ 〔宋〕朱熹:《朱子语类》卷二十一。

勉强还带有人为的痕迹,自然则是不假思勉,从容中道。一旦达到了自然,则当然之则便与主体存在合而为一,并形成一种稳定的心理定势,从而在具体行为中动辄合理。圣凡之别,即在于自然与勉强:"圣只是做到极至处,自然安行,不待勉强,故谓之圣。"①这样,由勉强到自然,也就意味着由凡而入圣。在陆九渊与王阳明那里,同样可以看到注重自然的趋向。陆九渊便认为:"内无所累,外无所累,自然自在,才有一些子意,便沉重了。"②"有一些子意",即是人为的勉强,以有意为沉重,意味着要求超越勉强而达到自然。

从天人之辩看,新儒学(理学)的如上观点,实质上从行为方式与德性涵养这一侧面突出了天(自然)的意义。在理学那里,自然与天常常是交替使用的,圣人自然安行,同时也就是指"圣人则动以天"③。就价值观而言,自然安行或动以天所蕴含的,乃是自然的原则,而对自然(天)的注重,便相应地意味着确认道德上的自然原则。在这方面,理学与玄学无疑有前后相承之处。不过,理学所谓"天"又有另一重含义:"天者,理而已矣。"④"天之所以为天者,理而已。"⑤与天的这一内涵相应,人与天的合一便不仅仅以当然与自然的统一为目标,在更深层的意义上,它同时又蕴含着对合理性的追求。事实上,宋明新儒学所谓合乎自然,其深层的含义往往便是合乎理性:

> 天者,理而已矣。大之字小,小之事大,皆理之当然也。自

---

① 〔宋〕朱熹:《朱子语类》卷五十八。
② 〔宋〕陆九渊:《陆九渊集》,第468页。
③ 〔宋〕朱熹:《朱子语类》卷二十七。
④ 〔宋〕朱熹:《孟子集注·梁惠王下》。
⑤ 〔宋〕朱熹:《朱子语类》卷二十五。

然合理,故曰乐天。①

"乐天"是一种自然的境界,而在理学看来,它同时又以合理为其前提。

新儒学视域中的合理,首先是指合乎价值理性。从张载开始,理学家便要求严格地区分德性之知与见闻之知。所谓德性之知,更多地涉及以善的追求为内容的价值理性,见闻之知则是广义的事实认知。在新儒学那里,德性之知总是处于主导的地位,它所体现的是一种价值理性优先的思路。于是,以天与理的沟通为中介,理性化的要求便表现为价值理性对社会秩序、主体行为,以及历史进程的范导。从价值观的角度看,宋明新儒学突出天理,并赋予天人合一以自然合理的内涵,其深刻的历史意义便在于空前自觉地提出了理性化的要求,并把理性化的过程理解为价值理性的普遍制约。儒家从先秦开始,便已表现出价值优先的趋向,善的追求往往构成了理性设计与主体行为的出发点,由内圣到外王的进路,便十分典型地体现了这一点;然而,只有到宋明时期,善的追求才提升并泛化为一种普遍的理性化要求,而价值理性的主导地位则由此而得到最后的确立。理学的如上原则对于避免技术理性的专制,抑制人的工具化,无疑有极为重要的意义。如果说,西方近代所追求的,主要是技术层面的理性化;那么,宋明新儒学所希冀的,则首先是价值层面的理性化。此后中国近十个世纪中之所以难以出现器支配道、工具压倒主体的偏向,与新儒学所确立的价值合理性进路,显然不无关系。

当然,在追求价值合理性的同时,新儒学(理学)对技、器层面的理性化未免有所忽视。天理的普遍制约与德性之知对见闻之知的支

---

① 〔宋〕朱熹:《孟子集注·梁惠王下》。

配相结合,使真的求索与器的整治越来越处于从属的地位。它在抑制技术理性片面膨胀的同时,也限制了科学本身的进步。宋儒与明儒之中尽管不乏深谙科学者(如朱熹便是一个相当博学的学者,对天文、历算等均有很深造诣),但在价值观上,科学的研究往往被视为雕虫小技,并常常受到玩物丧志之讥。王阳明便认为:"明伦之外无学矣。"①基于这一观点,王氏把实证性的科学之知归为无用之物。《传习录上》有如下记载:"问:《律吕新书》。先生(王阳明——引者)曰:'学者当务为急,算得此数熟,亦恐无用。'"这种看法,实质上带有非理性化的性质。可以看出,在价值层面的理性化要求与技器层面的非理性化趋向之间,存在着内在的紧张,它使科学的发展始终未能获得价值观层面的支持。

同时,对理性化的狭隘理解,也使自然原则发生了某种变化。如前所述,按其本义,对天(自然)的注重意味着确认伦理学上的自然原则。然而,当天与理合而为一,善的追求意义上的合理性成为天人合一之具体内涵时,自然原则也就不能不相应地有所变形。张载曾对礼作了如下界定:"礼即天地之德也"②。礼属于当然之则,天地之德则是自然的境界,而在张载看来,当然(礼)也就是自然(天地之德)。这里已有以当然涵盖自然的倾向。在程朱那里,这一趋向表现得更为明显。《论语·先进》中记载,孔子曾令学生各言其志,曾点对曰:"莫春者,春服既成,冠者五六人,童子六七人,浴乎沂,风乎舞雩,咏而归。"孔子听后喟然感叹:"吾与点也!"曾点所向往的,本是一种与自然合一的境界:到自然中去,便可以看作是确认自然原则的象

---

① 〔明〕王阳明:《万松书院记》,《王文成公全书》卷七。
② 〔宋〕张载:《张载集》,第264页。

征。① 然而,在解释曾点言志时,朱熹却发了如下一段议论:

> 曾点之学,盖有以见夫人欲尽处,天理流行,随处充满,无少
> 欠阙。故其动静之际,从容如此。②

在此,自然的陶冶,成了对天理的体认;合乎自然,被转换为融于天理。这样,自然不仅以当然为前提,而且似乎成为当然的一种表现形式。

可以看到,在当然与自然之中,理学家的天平更多地倾斜于当然。事实上,理学家对此亦并不讳言。朱熹的学生陈安卿曾问:"理有能然,有必然,有当然,在自然处皆须兼之,方于理字训义为备否?"朱熹的回答是:"此意甚备,《大学》本亦更有所以然一句,后来看得且要见得所当然,是要切处,若果得不容已处,即自可默会矣。"③与这一前提相应,宋明新儒学在肯定化当然为自然的同时,又把自然视为完成当然的形式。从程伊川的如下议论中,便不难看到这一点:"一切事皆所当为,不必待著意做,才著意做,便是有个私心。"④不著意,亦即自然而然,在此,自然之所以重要,在于它是完成所当为的条件:有所著意(未能达到自然),则将偏离当然(有个私心)。于是,当然便最终压倒了自然。从这方面看,与玄学一样,宋明新儒学似乎未能真正在价值观上建立天(自然原则)与人(人道原则)的统一。

---

① 参阅本书第一章。
② 〔宋〕朱熹:《论语集注·先进》。
③ 〔宋〕朱熹:《答陈安卿》,《朱文公文集》卷五十七。
④ 〔宋〕程颢、程颐:《二程集》,第181页。

## 二 天理主宰下的自我权能

### （一）天命的强化

与天人之辩上强调当然（人道）相联系，宋明新儒学常常表现出相当自觉的历史使命意识。理学的奠基者张载曾有如下名言：

> 为天地立志①，为生民立道，为去圣继绝学，为万世开太平。②

这是一种十分宏大的抱负，而在这种抱负背后所蕴含的，则是对主体力量的高度自信。当然，立志、立道云云，还带有很浓厚的形而上意味，但为万世开太平却体现了相当具体的历史内涵：平天下之责在人而不在天。如前所述，儒家从孔子开始，便已形成了人能弘道的坚定信念。在新儒家那里，这种弘道的传统无疑进一步得到加强。

从为天地立志到为万世开太平，对主体力量的确信，诚然还与形而上的原则相联系，但在现实的人伦领域，这种确信则开始取得了更为直接的形式。按照新儒学的看法，富贵与否，固然非自我所能决定，但在道德上，自我却有自主选择的权能："富贵之得不得，天也，至于道德，则在己求之而无不得者也。"③所谓"求之而无不得"，强调的便是道德的自律性。朱熹同样肯定了在行为选择上的自主性：

---

① 此句各本文字略有不同，朱熹《近思录》卷二及南宋末吴坚刻本的《张子语录》作"为天地立心"。
② 〔宋〕张载：《张载集》，第 320 页。
③ 同上书，第 280 页。

有罪无罪,在我而已,古人所以杀身成仁。①

这里的罪并非仅仅限于法律意义,它大致相当于广义的恶。在理学家看来,善恶的选择并不是处在强制的结果,它完全取决于自我(在我而已),极而言之,杀身成仁这样崇高的行为也首先建立在自主选择的基础上。这些看法,确实上承了儒家注重道德自由的传统。

　　主体的自主性当然不仅仅限于道德行为的选择,它同时展现于更广的社会生活中。理学的理论先驱周敦颐便已注意到了这一点:

　　　　天下,势而已矣。势,轻重也。极重不可反。识其重而亟反之,可也。反之,力也。……天乎?人也,何尤!②

"势"亦即历史的趋势。历史的演进一旦形成某种趋势,往往很难改变,但按周敦颐之见,难以改变并非不可改变,如果真正发挥主体的作用,那么,势仍然可返。这里重要的并不是以力返势之类的提法具有多少真理性,而在于它表现了对人力(主体力量)的确信。也正是基于类似的自信,朱熹宣称人能做天(自然)无法做到的事,"人在天地中间虽只是一理,然天人所为,各自有分。人做得底却有天做不得底。如天能生物,而耕种必用人,水能润物,而灌溉必用人。火能炎物,而薪爨必用人。裁成辅相,须是人做"③。在此,主体的作用范围已开始超出了伦常领域。相对于天人之辩,理学在这方面的眼界似乎有所扩大。

_____

① 〔宋〕朱熹:《朱子语类》卷五十八。
② 〔宋〕周敦颐:《通书·势》。
③ 〔宋〕朱熹:《朱子语类》卷六十四。

然而,按理学家之见,人力(主体权能)并不是万能的,它总是有自身的限度。在宋明新儒学(理学)中,程朱更多地强调了这一点。根据程、朱的看法,人在善恶的选择等方面固然有自主的权能,但在这一自由王国之外,还存在大量人的努力难以起作用的领域,这些领域即构成了天命之域:"君子当困穷之时,既尽其防虑之道而不得免,则命也。"①"若是做不得,方可归之天,方可唤做气数。"②"尽其防虑之道而不得免",尽人力而做不得,一方面表现了对主体努力的重视,另一方面又意味着人力总是有其自身的界限。在此,程朱的特点不在于以命排斥力,而在于通过规定人力的极限而引出命,所谓人力尽处即是命,便在确认主体权能的同时,又为命作了定位。

天命作用的范围是多方面的。就个体而言,其富贵智愚皆有命定的性质:"都是天所命。禀得精英之气便为圣为贤,便是得理之全,得理之正。禀得清明者便英爽,禀得敦厚者便温和,禀得清高者便贵,禀得丰厚者便富,禀得久长者便寿,禀得衰颓薄浊者,便为愚不肖,为贫为贱,为夭。"③这里的命,也就是所谓气禀之命。与善恶的可选择性相对,富贵寿夭乃是由命所定,而命的决定又以禀气的方式来实现:形而上之命与个体的存在通过气禀而相互沟通。在传统哲学中,气禀常常被用来解释个体生命的形成,而生命的获得总是未经主体选择的。在此,程朱实际上由生命存在的被决定性,进而引申出个体遭遇的被决定性。这种受动性,常常被渲染到近乎极端的程度。以生死而言,人究竟以何种方式走向死亡,都有不可逃之定数:"死生自有定命,若合死于水火,须在水火里死,合死于刀兵,须在刀兵里

---

① 〔宋〕程颢、程颐:《二程集》,第 941 页。
② 〔宋〕朱熹:《朱子语类》卷一百八。
③ 同上书,卷四。

死。看如何逃得。"①在这方面,人的努力似乎完全无可奈何。

在社会历史领域,同样可以看到命的制约。宋神宗时,王安石曾施行变法。对这种变法,程、朱一直持批评态度。那么,在神宗时代,何以会出现王氏的新政?朱熹在解释这一段历史时,便引入了"气数"的概念:"神宗极聪明,于天下事无不通晓,真不世出之主,只是头头做得不中节拍。如王介甫为相,亦是不世出之资,只缘学术不正当,遂误天下。使神宗得一真儒而用之,那里得来,此亦气数使然。"②气数即历史的定命。在程、朱看来,个人的才智固然重要,但历史过程最终的决定者则是作为命的气数。在此,天命的王国便由个体的存在扩展到天下的治乱。

程、朱的如上看法多少带有宿命论的性质,不过,他们在人力尽处言命,却有其值得注意之点。命作为一种超验的(神秘化的)必然性,本来表现为一个解释范畴,但在程、朱那里,这种解释范畴同时又具有某种准宗教的功能。人在世界上的努力并非都能如愿以偿,行为的结果常常与其初衷相违。这种与人的意愿相背离而人又无法完全控制的行为结果,往往会使人对外在的超验力量产生一种恐惧不安的心理,从而难以使自我的精神世界得到安顿。一旦在人力的极限处引出命,亦即以命来解释人力的无效,那么,精神便可以得到某种形而上的慰藉:当超乎人力的结果体现了命的制约时,精神的困惑便得到了化解。关于这一点,二程曾作了较为明白的阐释:

居未济之极,非得济之位,无可济之理,则当乐天顺命而

---

① 〔宋〕朱熹:《朱子语类》卷五十。
② 同上书,卷一二七。

已……至诚安于义命而自乐,则可无咎。①

故有命之说,然后能安。②

"未济之极"即逆境或困境。身处此类境地特别需要命之类的超验解释,如果接受这种解释并安然处之,那么,就可以避免心灵的紧张与失衡,亦即达到自乐而安的境界。在这里,命作为超乎人力的决定者,似乎给人提供了一种精神的依托,并使人感受到了一种形而上的关怀。可以看到,在命对个体心理的如上安顿中,宗教的意义显然超过了哲学——认识论的意义。

不过,天命的观念虽然具有某种准宗教的功能,但毕竟不同于一般的宗教。宗教所追求的是一种与彼岸相关的终极关怀,它总是试图通过对超验主宰的信仰而使灵魂得到安息。然而,从逻辑上看,这一意义上的终极关怀本身有一个前提,即在现世存在中,个体的精神始终未能获得真正的安宁。因为正是心灵的无所依托与不安,构成了追求终极关怀的内在动因。一旦自我的精神世界得到真正的安顿,那么,以彼岸为指向的终极关怀也就将趋于停止。因此,宗教总是通过超验的彼岸与尘世的强烈反差,来引发人们更深切地体验现实中的苦难,并使灵魂永远处于紧张与不安之中,从而不断地去追求趋向超验之域的终极关怀。简言之,宗教既给人带来了短暂的精神慰藉,又使心灵难以得到内在的安顿。相对而言,在命的观念中,并不存在彼岸与现世的心理反差,它给人的行为及遭遇所提供的诚然是一种形而上的解释,但这种解释给人带来的却是一种很"具体"的满足。就此而言,作为解释范畴的命又多少使心灵避免了永恒的紧

---

① 〔宋〕程颢、程颐:《二程集》,第 1025—1026 页。

② 同上书,第 194 页。

张与躁动,它在安顿自我方面,确乎表现了不同于一般宗教的功能。

当然,除了提供精神慰藉外,命还具有另一重含义。如前所述,按其本义,命属于必然的序列(表现为超验的必然),然而,在程、朱那里,与强调命的解释功能相应,超验的必然开始向当然之域扩展。朱熹曾说:"语义则命在其中。"①义是当然之则,命在义中,意味着当然之中包含必然。这种观点的进一步引申,便是当然即必然:

> 理之所当为者,自不容已。②
>
> 既有是物,则其所以为是物者,莫不各有其当然之则而自容已,是皆得于天之所赋,而非人之所能为也。③

"自不容已"即不能不,它在实质上表现为必然;决定某物之所以为某物的所以然之故,大致也属于必然之域。而在程、朱看来,当然之则与这种必然趋向完全处于同一序列,从而,当然也就被等同于必然。一般而论,必然是不以人的意志为转移的外在力量,当然作为理想的具体化,则蕴含着人的意愿与要求。一旦以必然界定当然,则当然之则势必被视为强制性的规范,程、朱的结论正是如此:"仁者,天之所以与我而不可不为之理也,孝悌者,天之所以命我而不能不然之事也。"④此处之命作动词用,与命令之意同。"命我"云云,明显地带有强制的意味。程、朱以为仁、孝等当然之则通过"命"而规范主体(我)的行为,或多或少将其理解为强制性的规范。作为不容已的强制性规范,当然对主体来说便带有某种宿命的性质,从如下的断论中,我

---

① 〔宋〕朱熹:《朱子语类》卷四十五。
② 同上书,卷十八。
③ 〔宋〕朱熹:《大学或问》。
④ 〔宋〕朱熹:《论语或问》卷一。

们不难看到这一点:"父子君臣,天下之定理,无所逃于天地之间。"①面对恢恢天网,主体的唯一选择便是听天所命:"听天所命者,循理而行,顺时而动,不敢用其私心。"②

如前所述,遵循当然,本来为主体权能所及,属于人力的领域,然而,当然一旦被等同于必然,则主体的能动作用便似乎仅仅表现为自觉地遵循融当然与必然为一的理。从形式上看,循理的过程中并没有排斥人的权能(人力),但在这种权能中,自愿的选择已被弱化,它势必使道德行为逐渐失去自由的内涵。在程、朱对"志"的看法中,这一趋向表现得更为明显。程、朱固然也谈到志的作用,程颐在上宋英宗书中,便把立志视为当世之先务③,朱熹同样肯定"士尚志"④,但同时,程、朱又强调"以道为志"⑤并以仁义为志的内容:"何谓尚志?曰仁义而已矣。"⑥道与仁义在此都是指理性的准则,要求志接受理性的规范,诚然体现了理性主义的原则,但将志的内容仅仅限制于道和仁义,则显然又强化了理性对意志的制约。意志既具有专一与坚毅的品格,又具有选择的功能。一旦将志完全纳入理性的框架中,则往往容易以知消融志。从程、朱的如下议论中,已多少可以看到这种偏向:"智识明,则力量自进。"⑦"致知则有知,有知则能择。"⑧如此等等。这里体现的是理性优先的原则,理性的自觉不仅决定着意志的

① 〔宋〕程颢、程颐:《二程集》,第77页。
② 〔宋〕朱熹:《答或人》,《朱文公文集》卷六十四。
③ 参见〔宋〕程颢、程颐:《二程集》,第521页。
④ 〔宋〕朱熹:《朱子语类》卷一一八。
⑤ 〔宋〕程颢、程颐:《二程集》,第189页。
⑥ 〔宋〕朱熹:《朱子语类》卷一一八。
⑦ 〔宋〕程颢、程颐:《二程集》,第188页。
⑧ 同上书,第143页。

力量(智明则力量自进),而且主宰着意志的选择权能(有知则能择)。

程、朱的如上看法,直接关联着对自由的理解。自由具有不同层面的含义,就伦理学而言,所谓自由,首先便表现为自觉、自愿与自然的统一。道德上的自由行为固然以理性认识为依据,并相应地表现为自觉的行为,但另一方面它又以意志的自主选择为前提,从而表现为自愿的行为,二者同时又以超越思勉、自然中道为其理想的形态。仅仅从意志的选择出发,无疑容易流于自发或盲动;单纯地强调理性自觉,同样只能做到勉强为善,而很难达到自由的境界。如果说,程、朱将仁义等规范视为天之所命,已通过赋予当然之则以命定的性质而弱化了行为的自由,那么,以理性的自觉消融意志的选择及自然中道,则从另一个方面使道德领域的自由受到了限制。

程、朱对自由的如上限制,与肯定主体自主权能的思维趋向似乎很难相容。如何克服这种不一致? 程、朱提出了致命遂志之说:

故君子于困穷之时,须致命便遂得志。①

"致命"即完成天之所命,它在本质上表现为一个顺乎命或合于命的过程;遂志则是实现主体的意愿,它更多地体现了主体的自主权能。按其本义,二者的发展趋向正好相对,但在程、朱看来,致命也就同时意味着遂志。不难看出,这种看法实际上以顺从必然之命压倒了主体的自主权能。在朱熹的如下议论中,这一含义表现得更为明白:"命禀于有生之初,非今所能移;天莫之为而为,非我所能必,但当顺受而已。"②就这方面而言,程、朱多少表现出试图在顺命的基础上统

① 〔宋〕程颢、程颐:《二程集》,第32页。
② 〔宋〕朱熹:《论语集注·颜渊》。

一致命与遂志的趋向。它在强化儒学肯定天命之传统的同时，又使这种价值取向获得了更为精致的形式。

（二）自作主宰与自愿原则

相对于以程、朱为代表的正统化理学，宋明新儒学中的陆王学派对主体的自主权能作了更多的考察，从而在价值观上表现出与正统化理学有所不同的特点。

在天人关系上，陆九渊强调人有自身的价值，对人的力量不可轻视："天、地、人之才等耳，人岂可轻？"①天地人各有其能，人能赞天地之化育，这些观念早已为先秦儒学所确认，在这方面，陆九渊上承的正是原始儒家的传统。不过，在天、地、人的并立中，人主要作为类而存在，而按陆氏之见，人的力量不仅仅体现于类，而且同样展开于自我，每一个"我"都有其自主的权能："夫权皆在我，若在物，即为物役矣。"②质言之，在对象（物）与主体（我）的对峙中，决定的方面是我而不是物。正由于主体具有自主的权能，陆九渊主张自作主宰：

> 收拾精神，自作主宰，万物皆备于我，有何欠阙？当恻隐时自然恻隐，当羞恶时自然羞恶，当宽裕温柔时自然宽裕温柔，当发强刚毅时自然发强刚毅。③

这里的"万物皆备于我"并不是一个本体论的命题，它更多地表现为主体自我决定、进退万物的精神气概。不管身处何种环境，自我都权

---

① 〔宋〕陆九渊：《陆九渊集》，第463页。
② 同上书，第464页。
③ 同上书，第455—456页。

能在手,自主地决定行为的方式。正是自作主宰,使主体由被决定的对象成为主体性的存在。

自我的主宰,总是关联着意志的作用。与强调自作主宰相联系,陆九渊将志提到了突出的地位:"人惟患无志,有志无有不成者。"①所谓收拾精神,便内在地蕴含着对意志功能的肯定。王阳明对志作了更详尽的阐释:

> 志不立,天下无可成之事,虽百工技艺,未有不本于志者。今学者旷废隳惰,玩岁愒时而百无所成,皆由于志之未立耳。故立志而圣则圣矣,立志而贤则贤矣。志不立如无舵之舟,无衔之马,漂荡奔逸,终亦何所底乎?②

所谓立志,也就是确立专一的志向,后者犹如舟船之舵,赋予主体活动以方向性。志不立则自我的行为便缺乏方向性,往往容易随物而转,难以做到自作主宰。

在陆王看来,主体意志具有非外部力量所能左右的品格。真正确立了坚定的志向,则任何外力都不足以动摇主体对理想的追求:"志苟坚定,则非笑诋毁,不足动摇,反皆为砥砺切磋之地矣。"③在此,志即构成了主体奋进的内在精神支柱。从理论上看,志的定向客观上构成了行为自我调节机制的一个方面。主体在从事具体活动之前,往往面临着多种可能的选择,定向的作用即表现为通过确定行为的目标而赋予行为以专一性。一旦丧失了这种功能,则主体往往容

---

① 〔宋〕陆九渊:《陆九渊集》,第 439 页。
② 〔明〕王阳明:《教条示龙场诸生·立志》,《王文成公全书》卷二十六。
③ 〔明〕王阳明:《书顾惟贤卷》,《王文成公全书》卷八。

易屈服于外在的阻力而徘徊逡巡,难以坚定不移地走向既定的目标。

意志不仅具有定向的功能,而且有坚毅的品格,后者主要表现为意志的努力。与意向主要表现为坚定专一不同,意志努力更多地与实践过程相联系。志向一旦确立,意志的作用便表现为以坚韧不拔的毅力,切实地从事实际活动。陆王将意志努力提到了与志向同等重要的地位,以为如果真正在实践过程中做到既专一又坚毅,那就可以由事而进道:"今时同志中,往往多以仰事俯育为进道之累,此亦只是进道之志不专一,不勇猛耳。若是进道之志果能勇猛专一,则仰事俯育之事,莫非进道之资。"①勇猛是意志努力的具体表现形式。在此,志有定向(专一)与行为的坚毅性构成了进道的两个环节,而主体的自主权能也由此得到了具体的展现。

除了专一与坚毅的品格之外,意志还与主体的内在意愿相联系:

从心所欲不逾矩,只是志到熟处。②

从心所欲,即是出于内在意愿。陆王以"志到熟处"作为从心所欲的条件,也就是把出于内在意愿视为意志功能的具体体现。与此相应,肯定意志的作用,即意味着承认行为的自愿原则。

自愿的原则首先体现在善恶的选择上。按陆、王之见,择善去恶,当如好好色,恶恶臭:"但得好善如好好色,恶恶如恶恶臭,便是圣人。"③好好色、恶恶臭的特点,在于出于真心。它既无虚假之意,又无勉强之感。这种看法注意到了自愿原则的基本要求之一,在于以真

---

① 〔明〕王阳明:《答周冲书》,《中国哲学》第一辑,北京:生活·读书·新知三联书店,1979 年,第 321 页。

② 〔明〕王阳明:《传习录上》,《王文成公全书》卷一。

③ 〔明〕王阳明:《传习录下》,《王文成公全书》卷三。

实的意愿作为主体选择的内在根据。而要真正做到这一点,便必须摆脱外在的强制。王阳明曾通过比较告子与孟子对心的不同的看法,对此作了分析:"此心自然……若告子只要此心不动,便是把捉此心,将他生生不息之根,反阻挠了,此非徒无益,而又害之。孟子集义工夫自是养得充满,并无馁歉,自是纵横自在,活泼泼地。"①"把捉此心"亦即人为的强制,而强制的结果则是扼杀主体的真心。只有按内在的意愿自主地行事,才能达到合乎真心、活活泼泼的境界。王氏认为告子重把捉,孟子求自然,这当然未必确当,但重要的是,王阳明在这里以纵横自在否定了人为强制,从而使自愿获得了自然的形式。

自愿原则贯彻在教育上,即表现为根据被教育者的身心特点,顺导其志趣,尊重其内在意愿,使之日有所进。这种原则同样适用于一般的道德教育。《传习录上》(《王文成公全书》卷一)记载:"王汝中、省曾侍坐。先生握扇,命曰:'你们用扇。'省曾起对曰:'不敢!'先生曰:'圣人之学不是这等捆缚苦楚的,不是妆做道学的模样……圣人教人不是个束缚他通做一般。只如狂者便从狂处成就他,狷者便从狷处成就他。'""捆缚"是以违背主体内在意愿的方式来对待主体。在此,王氏已注意到了正统理学(道学)的缺陷即在于把一般的规范变成束缚主体的强制性模式,从而忽视了主体的各自特点及内在意愿。

当然,对主体不横加束缚,并不意味着容许完全偏离普遍的价值准则,而是强调对这种观念不能从外部强行加以禁绝:

纷杂思虑亦强禁绝不得,只就思虑萌动处省察克治到天理

---

① 〔明〕王阳明:《传习录下》,《王文成公全书》卷三。

精明后,有个物各付物的意思,自然静专无纷杂之念。①

"省察克治"即自身的涵养,而在王阳明看来,这一过程既表现为理性的自觉("天理精明"),又不违背主体的意愿("物各付物"),这一看法在某种意义上已开始注意到自觉原则与自愿原则的统一。从王阳明的如下阐释中,可以更进一步窥见这一思维趋向:"心得其宜之谓义,能致良知则心得其宜矣。故集义亦只是致良知,君子之酬酢万变,当行则行,当止则止,当生则生,当死则死,斟酌调停,无非是致其良知以求自慊而已。"②宜即应当,引申为一般的规范、准则。"当行则行,当止则止",是指在把握当然之则(心得其宜)之后,自觉地以此规范自己的行为;自慊则是由于行为合乎主体内在意愿而产生的一种愉悦感和满足感。在这里,遵循当然之则并不表现为迫于天之所命而不得不为之的过程,它一开始便通过"求自慊"而与自愿原则联系在一起。

陆、王的如上观点已从道德行为的角度,对人的自由作了较为深入的考察。相对于程、朱,陆、王无疑更多地触及了道德自由的特征。从儒家价值观的演进看,原始儒学已提出"从心所欲不逾矩"的道德目标,这一目标与"为仁由己"的自信联系在一起,使肯定道德行为的自由成为儒家重要的价值取向。当然,对自由的追求与向往又始终与天命的阴影纠缠在一起。如果说,程、朱由当然之则的形上化而使自愿原则消融于天命,从而多少偏离了"不逾矩"与"从心所欲"统一的思路,那么,陆、王则较多地上承了原始儒学为仁由己的传统。

陆、王对主体意志的注重及自愿原则的突出,对后来非正统的异

---

① 〔明〕王阳明:《与滁阳诸生问答》,《王文成公全书》卷二十六。
② 〔明〕王阳明:《传习录中》,《王文成公全书》卷二。

端思想产生了不可忽视的影响。这里值得一提的，首先是泰州学派。就理论渊源而言，泰州学派属王门后学。尽管王阳明仍是儒学中人，而泰州学派则在很大程度上逸出了儒学的传统，但泰州学派的理论先导则是王学。从王学出发，泰州学派将意志的选择功能提到突出地位，并由此把意视为心之主宰，亦即强调意志对理性的支配①。这一看法运用于天与人、力与命的关系，便进一步展开为"造命却由我"的断论②。泰州学派的这些看法带有明显的唯意志论倾向，其本身当然很难视为健全的价值取向，但它对正统理学的宿命论却作了某种有意义的冲击。③

不过，尽管受陆、王影响的异端学派对天命论作了大胆的挑战，但陆、王本身却并没有完全从天命观念中解脱出来。王阳明在平定宁王叛乱后，曾对所以顺利平叛的原因作了如下解释："宁藩不轨之谋积之十数年矣，持满应机而发，不旬而败，此非人力所及也……固上天之为之也。"④在人力与天命二者之间，最终的决定者仍被归为天命。这里固然不无自谦之意，但其中同时也蕴含着一种内在的价值信念。它表明，陆、王在强化为仁由己传统的同时，并没有放弃对天命的承诺。儒家在力命之辩上的二重性，依然深深地制约着他们。

## 三 群己之辩的二重变奏

与天（包括天命）相对的人，既以群体的方式出现，又表现为个体

---

① 参见〔明〕王栋：《王一庵先生遗集》卷一。

② 〔明〕王艮：《再与徐子直》，《王心斋先生遗集》卷二。

③ 参见拙著《王学通论——从王阳明到熊十力》，上海：上海三联书店，1990年，第四章。

④ 〔明〕王阳明：《辞封爵普恩赏以彰国典疏》，《王文成公全书》卷十三。

存在：无论是辨析天人，还是讨论力命，都关联着自我（个体）与群体的关系。儒家重人伦，群与己的关系在某种意义上便可以视为最普遍的人伦。因此，从先秦到宋明，儒家一再从不同的层面对群己关系加以界定，并由此进一步展开其价值体系。宋明新儒学在这一问题上既有相同的价值思维趋向，又在某些方面表现出不同的侧重之点。

（一）有我与无我：人心消融于道心

《大学》提出"壹是皆以修身为本"，既强调了道德涵养在社会生活中的意义，亦相应地确认了自我（个体）在涵养过程中的本位性。事实上，孔孟已把修己视为行义为仁的出发点，这种思维趋向逐渐衍化为注重主体性的传统。作为儒学的后起形态，宋明理学并没有离开这一传统。理学的开山者周敦颐便认为："治天下有本，身之谓也。"①朱熹同样将自我的完善提到首要地位："有善于己，然后可以责人之善，无恶于己，然后可以正人之恶。"②在此，完善的自我既是主体涵养的目标，又是道德交往的前提。

以自我为修身之本，意味着道德涵养主要是一个依靠主体自身努力的过程，二程将这一过程称为自治：

> 人苟以善自治，则无不可移者，虽昏愚之至，皆可渐磨而进也。唯自暴者，拒之以不信；自弃者，绝之以不为，虽圣人与居，不能化而入也。③

---

① 〔宋〕周敦颐：《通书·家人睽复无妄》。
② 〔宋〕朱熹：《大学章句》。
③ 〔宋〕程颢、程颐：《二程集》，第 956 页。

自治包括两个方面：一是自信，即确信自我可以在道德上达到完善的境界，它构成了道德涵养的前提；二是自为，即按普遍的准则自我塑造的具体过程。可以看出，自信与自为不仅是对自我的本质与能力的一般肯定，而且相应地意味着将道德涵养的基础由外在的影响转向自我的作用：在圣人教化与自我努力二者之中，决定的方面是后者。也正是在此意义上，二程一再强调"学者须要自信"①。这是继修身为本之后视域的进一步转换，它内在地蕴含着对主体性的某种自觉。

主体的自觉也就是"我"的自觉。个体存在于世，总是难免要受到各种消极的影响，要能对此作出抵御，便必须内有主：

欲无外诱之患，惟内有主而后可。②

"我"作为主体性的存在，既有外在展现（在群体交往中表现其存在）的一面，又有内在的人格结构，前者可以视为外在的我，后者则是内在的我。外在交往中的"我"，往往以角色的形式出现。"我"如果仅仅以这种方式存在，那么，它在实质上便带有对象性的特点，而很难视为严格意义上的主体。内在的我则不同于被决定的角色，它不仅更多地带有自主性的品格，而且具有较为自觉的反省意识。外在的角色唯有与内在的我相统一，才能由被决定、被影响的"对象性"存在，提升为一般意义上的主体。宋明新儒学强调惟内有主，才能不为外在的利欲（外诱）所移，显然已注意到了"我"的内在性这一面以及

---

① 〔宋〕程颢、程颐：《二程集》，第 188 页。
② 同上书，第 1191—1192 页。

内在之我的作用。后来朱熹所谓"一任你气禀物欲,我只是不凭地"①,突出的也正是这种内在的我。这种看法实质上从更深的层面肯定了人的价值:人之可贵,在于它是一种"内有主"的主体性存在。

从善于己到内有主,大致体现了对我(个体)的确认。不过,宋明新儒学所说的我,主要表现为一种伦理的主体。程、朱强调内有主,固然注意到了自我的内在性或内在的自我,但这种内在的我常常被等同于道心。按程、朱的看法,道心也就是天理的内化:"道心者,兼得理在里面,惟精无杂。"②所谓内有主,主要便是以道心为主:"必使道心常为一身之主。"③作为天理的内化,道心具有普遍性的品格,而以道心为主,则相应地将主体或多或少理解为一种普遍化的我。在理学那里,与道心(普遍化的伦理主体)相对的,是以人心的形式表现出来的另一种"我"。这种我,常常被视为"私有底物"。《朱子语类》卷六十二载:

> 问:先生说人心是形气之私,形气则是口耳鼻目四肢之属。曰:固是。问:如此则未可便谓之私。曰:但此数件物事属自家体段上,便是私有底物,不比道便公共,故上面便有个私底根本。

口耳鼻目四肢是感性的存在,与之相联系的"我"(人心),则是一种感性的我。而在理学看来,感性之我的根本属性是私:"己者,人欲之私也。"④

---

① 〔宋〕朱熹:《朱子语类》卷一一九。
② 同上书,卷七十八。
③ 同上书,卷六十二。
④ 〔宋〕朱熹:《论语或问》卷十二。

正是"私"这种属性,决定了感性的我缺乏内在的价值;换言之,人之可贵(有价值)并不在于其为感性的我,相反,唯有无感性的我,才能真正凸现出人的价值。也正是基于这一思路,宋明新儒学在强调有我(伦理主体性的自觉)的同时,又提出了无我之说。朱熹曾把张载所著《西铭》的主旨概括为"大无我之公"①。这一看法并非毫无所据,因为张载自己便明确说过:"无我而后大。"②"圣人同乎人而无我"③,即把无我提到了圣人的境界。程、朱对此作了进一步的发挥:

> 大凡人有己则有私。④
>
> 不获其身,不见其身也,谓忘我也。无我则止矣。⑤

如此等等。这样,内有主与忘我、我的自觉与无我便构成了群己之辩上的二律背反,而这种对峙的内在含义则是以伦理的自我消融感性的自我。

宋明新儒学主张有道心之我而无人心之我,注重的首先是自我的社会性品格。它以公私来区分两种我,表明的也正是这一点。按照宋明新儒学的看法,一个真正的自我总是必须承担对社会的道德责任,正是这种道德自觉,构成了主体性的首要含义。自我虽然作为个体而存在,但它却始终面向着群体,履行着对群体的义务。正是这种群体的关注,构成了君子不同于小人的本质特征:"君子之志所虑者,岂止其一身?直虑及天下千万世。小人之虑,一朝之忿,曾不遑

---

① 〔宋〕朱熹:《西铭论》,载《张载集》附录。
② 〔宋〕张载:《张载集》,第 17 页。
③ 同上书,第 34 页。
④ 〔宋〕朱熹:《朱子语类》卷二十九。
⑤ 〔宋〕程颢、程颐:《二程集》,第 968 页。

恤其身。"①总之,不是个体之一身,而是天下万世(群体),构成了自我意识的对象;在主体自觉的形式下所蕴含的,乃是群体的原则。这里蕴含着一种群己关系的辩证法:唯有明了并履行对群体(社会)的责任,才能真正达到主体性。新儒学的如上看法,折射了宋明(特别是宋代)时期民族矛盾严重、整体利益日渐突出这一历史特点,它同时也使儒家从群体关怀的角度界定主体性的思路进一步得到了具体的阐发。

宋明新儒学,特别是程、朱学派将内有主理解为道心为主,固然注意到了主体的社会性(普遍性)品格以及自我所承担的社会责任,然而,理学由此而以道心排斥人心,则又导向了另一极端。如前所述,人心象征着自我的感性存在,而在新儒学看来,这种感性的属性仅仅具有私的品格,应当从自我之中剔除出去:"恰似无了那人心相似,只是要得道心纯一。"②一般而论,健全的自我总是既具有对社会责任的理性自觉,又充分肯定个体存在(包括自我的感性存在)的合理性。缺乏对群体的理性关注,仅仅沉溺于个体的感性存在,固然只能形成片面的"我",而很难达到真正的主体性;完全无视个体的感性存在,仅仅追求伦理理性的自觉,则同样将使主体成为抽象大我的化身,从而导致自我的失落。就此而言,程、朱的如上看法似乎从更深沉的层面,展现了个体与整体的紧张与对立:在有道心之大我(公)、无人心之小我(私)的要求下,整体对个体的压抑取得了某种内在的形式。③

---

① 〔宋〕程颢、程颐:《二程集》,第114页。

② 〔宋〕朱熹:《朱子语类》卷七十八。

③ 在这一意义上,程、朱所说的道心,类似弗洛伊德所说的超我(社会大我的内化),人心则近于本我。有道心而无人心,意味着以超我(大我)消解本我(小我)。

当然，无我的主张，并非理学所首倡。早在先秦，道家便已提出了类似的看法。庄子以至人为理想的人格，而至人的特点即在于无己："至人无己。"①不过，庄子的无己要求与其天人之辩上的自然原则相联系。"至人无己"中的己，主要是指文明化、社会化的我，亦即按仁义等普遍规范加以塑造的我；与之相应，所谓无己，即意味着摆脱文明化(人化)的我，回到自然状态(本然状态)中的我，并由此超越社会的束缚，达到个性的逍遥。在这一意义上，无己也就是无待。这样，道家(庄子)所谓无我，并不意味着泯灭自我，恰好相反，它的内在含义在于从社会的大我回到个体小我。从庄子的如下议论中，便不难看到这一点："出入六合，游乎九州，独来独往，是谓独有，独有之人，是谓至贵。"②以独有为贵，体现的正是对自我的认同。可以看到，新儒学的无我与道家的无己形同而实异：如果说，新儒学以社会大我消解了个体小我，那么，道家则在实质上以个体的小我拒斥了社会的大我。二者在群己之辩上各执一端，分别呈现了不同的片面性。

道家之外，佛教也曾提出了无我之说。原始佛教以为，世间一切事物都是因缘合成，缺乏自性，无论是物还是人，皆不能自己决定自己，因而都可归入"无我"之列。不难看出，原始佛教的无我说有两个基本特点：其一，它泛指一切存在，而并非仅仅就主体(人)而言；其二，它主要指实然(是如此)，而并不是指当然(应如此)。佛教传入中国后，中国的佛教学者对无我说作了新的解释。竺道生指出："理既不从我为空，岂有我能制之哉？则无我矣。无我本无生死中我，非不有佛性我也。"③生死中的我，即是作为感性存在(肉身)的我；佛性

① 《庄子·逍遥游》。
② 《庄子·在宥》。
③ 《注维摩诘经》，《大正藏》卷三十八。

我,则是作为普遍佛性之承担者的我(灵魂)。所谓无生死中我,而有佛性我,也就是摆脱感性的存在,达到灵魂的解脱。佛教(主要是中国佛教)的无我说,对宋明新儒学显然产生了不可忽视的影响。新儒学区分道心与人心,与佛教区分生死中我与佛性我,在理论上确乎颇有相近之处。

不过,就总体而言,佛教追求的是个体的解脱。它之要求无生死中我(无感性存在之我)而有佛性我,主要旨在摆脱尘世的束缚而达到灵魂的自我超越。相形之下,宋明新儒家特别是程朱理学之强调无我,则与出世的要求格格不入:毋宁说,它的现实旨趣即在于使主体更自觉地认同既存的社会秩序。从朱熹的如下议论中,我们便可对此有所了解:

> 男正位乎外,女正位乎内,直是有内外之辨。君尊于上,臣恭于下,尊卑大小,截然不可犯,似若不和之甚,然能使之各得其宜,则其和也。①

各得其宜又称"彼我之间各得分愿"②。从家(夫妇)到国(君臣),整个社会展开为一个内外上下的等级结构,自我(个体)唯有归属于这一等级序列,才能得到定位。而在程、朱看来,个体(自我)从属于内外上下关系,也就是"彼我之间各得分愿"(各得其宜);换言之,自我的外在实现即表现为对等级秩序的依附与认同。正是在这里,程、朱(新儒学)所谓无我的真正含义得到了进一步的展示:道心对人心的内在消融,开始外化为整体(等级结构)对个体的抑制,而群体的关怀

---

① 〔宋〕朱熹:《朱子语类》卷六十八。
② 〔宋〕朱熹:《大学章句》。

则相应地衍化为整体主义的原则。

要而言之,在以程、朱为主要代表的正统理学中,有我(有道心之我)与无我(无人心之我)构成了群己之辩上的二重变奏。随着理学的衍化,这一二重变奏又以不同的形式展开于理学的另一分支——陆王学派之中。

## (二)"我"的确认与无人己

新儒学的无我说,在程、朱那里取得了整体(社会等级结构)至上的形式。程、朱之强化整体,与本体论上突出普遍的天理有着逻辑的联系。程、朱将理视为形而上之道,并把它规定为万物的最高根据:"自其末以缘本,则五行之异本二气之实,二气之实又本一理之极,是合万物而言之,为一太极而已也;自其本而之末,则一理之实,而万物分之以为体。"①简言之,一理化为万物而万物则本于一理,这也就是所谓理一分殊说。其本体论意义在于强调超验之理对具体对象的统摄。一理统万物体现于群己关系,便展开为社会大我对个体小我的制约。事实上,作为大我化身的道心,正是天理的内化。这样,本体论上的万物本于一理,实质上构成了群己关系上自我从属于整体的形而上根据。

与程、朱强调天理的超验性有所不同,陆、王的注重之点在于将天理内化于人心。在其论著中,陆、王反复地对此作了阐述:

> 人皆有是心,心皆具是理,心即理也。②

---

① 〔宋〕朱熹:《通书注·理性命章》。
② 〔宋〕陆九渊:《陆九渊集》,第 149 页。

此理岂不在我？①

夫物理不外吾心，外吾心而求物理，无物理矣。②

心即理也，天下又有心外之事，心外之理乎？③

这是一种本体的转换。在程、朱那里，理超然于万物之上，超验之理与具体对象呈现为一种统摄与归属的关系；在陆、王那里，理与心融合为一，本体开始落实到主体。就道德关系而言，天理的至上性决定了道德的本位在天理，理与心的合一则使道德的本位转向了个体。从形式上看，程、朱讲"内有主"，似乎亦注意到了主体的本位意义。但程、朱所谓内有主，主要指道心为主，而道心则是普遍天理的内化，这样，主体在某种意义上便表现为天理的人格化。与之相对，陆、王则更多确认了自我的个体性规定，后者既表现为"自思"（我思）的主体理性判断能力，又具体化为意欲、情感等："喜怒哀惧爱恶欲，谓之七情，七情者，俱是人心合有的。"④较之程、朱以人的感性存在为私，王阳明的这些看法意味颇有不同。也正是从这一前提出发，王阳明对程、朱以道心宰制人心之说提出了批评："今曰道心为主而人心听命，是二心焉。"⑤程、朱讲道心为主，突出的是道心（内化之天理）的本位意义。王阳明肯定自我的个体性规定，则旨在反对将主体仅仅规定为天理的化身。因此，正是在陆、王那里，主体的本位意义才真正得到了确立。

自我的本位性体现于道德涵养，便具体化为"为己"的要求："今

---

① 〔宋〕陆九渊：《陆九渊集》，第159页。

② 〔明〕王阳明：《传习录中》，《王文成公全书》卷二。

③ 〔明〕王阳明：《传习录上》，《王文成公全书》卷一。

④ 〔明〕王阳明：《传习录下》，《王文成公全书》卷三。

⑤ 〔明〕王阳明：《传习录上》，《王文成公全书》卷一。

之学者须先有笃实为己之心,然后可以论学,不然则纷纭口耳讲说,徒足以为人之资而已。"①为己即追求自我的完善,为人则是迎合外在的赞誉,前者立足于主体自身,后者则意味着将主体降低为他人的附庸。这种为己之说当然并非王阳明首先提出,早在先秦,孔子便已把己视为主体涵养的基本原则。不过,与孔子仅仅抽象地肯定为己不同,王阳明进一步将为己与成己联系起来,以成己为"为己"的具体目标:

> 须有为己之心,方能克己,能克己,方能成己。②

孔子曾提出了"克己复礼"的主张,克己即自我的约束和抑制,复礼则意味着把自我纳入礼所规定的普遍规范。这种看法无疑淡化了为己说对自我的确认,以程、朱为代表的正统理学要求以道心消融人心,在某种意义上便可以看作是克己复礼说的片面引申。与程、朱不同,王阳明把克己理解为成己的手段,亦即将其视为从为己到克己的中介。这里包含着如下思想:道德涵养不应当归结为对主体(己)的否定,而应把它看作是自我肯定(成己)的过程。从理论上看,道德践履与道德修养的过程固然离不开克己,但主体进行自我磨炼归根到底是为了达到理想的"我"(成为有德性的我)。如果将克己本身夸大为目的,则势必把德性培养视为自我否定的消极过程。就此而言,王阳明以成己为克己的归宿,无疑在更深的层面上体现了对自我的注重。

陆、王所要成就的"己",首先表现为豪杰之士:"非豪杰特立,虽

---

① 〔明〕王阳明:《与汪节夫》,《王文成公全书》卷二十七。
② 〔明〕王阳明:《传习录上》,《王文成公全书》卷一。

其质之仅美者,盖往往波荡于流俗,而不知其所归,斯可哀也。"①这里强调的是无所依傍,唯其无所依傍,故非流俗所能移。王阳明更明确地指出了这一点:"非夫豪杰之士,无所待而兴起者,吾谁与望乎?"②这种无所待的豪杰之士具有狂者气象,故又称狂者:

> 狂者志存古人,一切纷嚣依染,举不足以累其心。真有凤凰翔于千仞之意,一克念即圣人矣。③

"凤凰翔于千仞"是对无所待的形象描绘,王阳明以此作为成圣(达到理想人格)的前提,表现了对独立人格的推重。不难看出,王阳明肯定豪杰(狂者)精神,旨在强调个人应当在纷嚣依染的社会环境中卓然不移,它包含着主体不能沉沦于世俗而泯灭自我之意。陆九渊同样表现出对个体挺立的向往:"宇宙之间,如此广阔,吾身立于其中,须大做一个人。"④这里蕴含着对自我人格力量的确信,它同时又从一个侧面突出了个体性原则。

陆、王注重个体原则的价值取向,对尔后思想家的进一步思考,起了某种引发的作用。在这些思想家中,应当一提的首先是李贽。李贽曾师事王艮(王阳明的弟子)之子王襞,其思想深受王学的影响。在哲学上,李贽将王阳明的良知说引申为童心说,并将童心界定为自我"最初一念之本心",从而进一步突出了主体意识中的个体性规定⑤。由童

---

① 〔宋〕陆九渊:《陆九渊集》,第 241 页。
② 〔明〕王阳明:《传习录中》,《王文成公全书》卷二。
③ 〔明〕王阳明:《年谱》,《王文成公全书》卷三十四。
④ 〔宋〕陆九渊:《陆九渊集》,第 439 页。
⑤ 参见〔明〕李贽:《童心说》,《焚书》卷三。

心说出发,李贽提出了"天生一人,自有一人之用"的命题。①"用"在广义上属于价值的范畴,所谓一人自有一人之用,即是指每一个体都有自身的价值,而非仅仅是礼教的附庸。肯定一人之用,同时又蕴含着对性情多样化的确认:"莫不有情,莫不有性,而可以一律求之哉!"②每一自我都有独特的个性,如果强求一致,则势必导致个性的扭曲。李贽的这些看法,可以视为个体原则的展开,它以明快的形式表现了自我的觉醒。

不过,李贽在确认个体价值,反对以同一模式(天理)对自我作强制性塑造的同时,又对个体原则作了更广的规定:"士贵为己,务自适。"③这里所说的为己,已不限于道德涵养之域,它实际上表现为处理人与人之间关系的一般原则。"贵为己,务自适",意味着以个体利益的自我实现为出发点。正是基于这一原则,李贽明白宣称:"我以自私自利之心,为自私自利之学,直与自己快当。"④就其反对超验整体(专制等级结构)扼杀个体之利而言,李贽的如上主张无疑有其历史的合理性,但笼统地以自适、利己为行为的第一原理,则似乎又对个体原则作了片面的引申。它实质上以另一种形式将个体(自我)与群体重新置于相互对立的地位,从而在否定以天理消融个体的同时又导向了另一极端。

陆、王对个体的注重,虽然在理论上引发了李贽的异端思想,但他们本身却并没有走得这样远。如前所述,陆、王固然推重无所待的豪杰之士,但无所待主要是超越世俗之见,摆脱外在依赖,而并非无

---

① 〔明〕李贽:《答耿中丞》,《焚书》卷一。
② 〔明〕李贽:《读律肤说》,《焚书》卷三。
③ 〔明〕李贽:《答周三鲁》,《李温陵集》卷四。
④ 〔明〕李贽:《寄答留都》,《李温陵集》卷四。

视对群体的责任。事实上，陆、王心目中的豪杰之士，恰恰是自觉意识到社会责任的主体："故居今之世，非有豪杰独立之士的见性分之不容已、毅然以圣贤之道自任者，莫知从而求师也。"①圣贤之道具体表现为淑世的社会理想，以圣贤之道自任，也就是以天下的治平为己任。它所表现的，是对社会群体的一种使命感和责任感。陆九渊从更广的意义上将宇宙内事视为自我的分内事："宇宙内事，是己分内事。"②以宇宙内事为己之事，固然带有某种形而上的意味，但其中确实又表现出反对仅仅自限于一己之域的价值取向。在这方面，陆、王无疑上承并弘扬了儒家修己以安人的传统。

也正是基于如上传统，陆、王对释氏之教（佛学）提出了批评：

> 释氏立教，本欲脱离生死，惟主于成其私耳，此其病根也。③
>
> 盖圣人之学，无人己，无内外，一天地万物以为心，而禅之学起于自私自利而未免于内外之分，斯其所以为异也。④

佛教追求的仅仅是自我（个体）的解脱（超越生死轮回）。这种追求，本质上表现为一种自私的价值趋向，其结果则是导致人与己（群体与自我）、内与外的分离和对立。"我"一旦与人（群体）相分离，便不免封闭了自身，从而很难摆脱自我中心的困境。与之相对，无人己，无内外，则以人与我（群体与自我）的统一为内涵。它意味着从封闭的我走向开放的我，并由此扬弃人与我的紧张与对抗。在这里，万物一体（内外、人我为一）构成了辨儒佛之异的本体论前提，而较之释氏之

① 〔明〕王阳明：《答柴墟》（二），《王文成公全书》卷二十一。
② 〔宋〕陆九渊：《陆九渊集》，第 273 页。
③ 同上书，第 399 页。
④ 〔明〕王阳明：《重修山阴县学记》，《王文成公全书》卷七。

"成其私"，陆、王无人己的要求也确乎有其合理的一面。

不过，陆、王所说的无人己，同时又包含着另一重意蕴。陆、王将心与理融合为一，固然扬弃了理的超验性，但对理的正当性却不容有所怀疑。事实上，当陆、王提出心即理时，便同时确认了天理的内在制约。与这一点相联系，陆、王强调无人己，或多或少又蕴含着无我的要求。陆九渊说："诚知此理，当无彼己之私。"①无彼己之私，亦即无"有我"之私。王阳明更明确地点出了这一含义：

> 人心本是天然之理，精精明明，无纤介染著，只是一无我而已。②

相对于天理，"我"更多地与私相联系，明理便不应当有我。这种看法在某种意义上似乎又回到了程、朱的思路：在强化天理所代表的群体原则这一点上，二者确乎体现了同一理学趋向。当然，陆、王所说的无我，主要不在于以道心消融人心（泯灭人的感性存在），而更多地（更直接地）表现为个体对整体的服从。在谈到君与臣、身与国的关系时，王阳明便对此作了直言不讳的阐述："夫人臣之事君也，杀其身而苟利于国，灭其族而有裨于上，皆甘心焉，岂以侥幸之私，毁誉之末而足以扰乱其志者。"③"国"代表着以等级结构为核心的整体，君则是这种整体的象征。在个体存在与整体利益之间，完全表现为一种依附与从属的关系：为了虚幻的整体之利，个体应当无条件地牺牲自我，即使杀身灭族亦应毫无所憾，至上的整体终于又一次压倒了个体。

---

① 〔宋〕陆九渊：《陆九渊集》，第 147 页。

② 〔明〕王阳明：《传习录下》，《王文成公全书》卷三。

③ 〔明〕王阳明：《奏报田州思恩平复疏》，《王文成公全书》卷十四。

从张载到程、朱,从程、朱到陆、王,宋明新儒学力图对个体与整体、自我与群体作出适当的定位,并由此在群己关系上建立合理的价值取向。然而,尽管他们从不同的角度对个体原则与群体原因作了有意义的考察,并在某种程度上表现出主体性的自觉,但就总体而言,整体仍被置于超越的地位,从而,自我与群体(整体)的紧张依然没有得到化解:一方面,个体原则的内涵进一步深化并得到了更具体的确认;另一方面,道心对人心的消融与等级结构对个体的束缚,又使自我受到了内在与外在的双重抑制和统摄。这种紧张从一个侧面展示了宋明新儒学在价值观上的二重性。

## 四 从义利之辩到理欲之辩

义利之辩是儒家价值体系一再涉及的问题。孔子而下,不同时代的儒家思想家对义利关系作了种种辨析。作为儒学的传人,理学家同样将义利之辩视为价值观的一个重要方面。程颢曾说:"天下之事,惟义利而已。"① 由此不难看出宋明新儒学(理学)对义利关系的注重。当然,在理学那里,义利之辩又被引申为理欲之辩,从而其价值体系亦呈现出更为复杂的形态。

义具有内在的价值,这是儒家的基本理论设定,这一预设同样为宋明新儒学所接受。不过,新儒学并没有停留于以上信念,而是试图通过引入理,对此作出进一步的论证。朱熹曾对义作了如下界说:

义者,天理之所宜。②

① 〔宋〕程颢、程颐:《二程集》,第124页。
② 〔宋〕朱熹:《论语集注·里仁》。

理总是超越了特殊的时空,因而具有普遍必然性。作为当然之则的义,之所以具有普遍性的品格,即在于它体现了理的要求。新儒学的这一看法注意到了当然之则与普遍(必然)之理的联系,其视野无疑较前人更为开阔。义作为行为的规范,不能仅仅建立在个人的利益追求之上,因为个人之利总是有特殊的一面。不同个体之间的利益往往彼此冲突,在此基础上很难形成普遍的准则。理则体现了社会人伦普遍的本质的联系,唯有以此为根据,才能使义(规范)超越特殊的功利计较,成为普遍的行为准则。朱熹沟通义与理,显然多少有见于此。当然,新儒学之以理规定义,更多地着重于为义的至上性提供本体论的论证。如前所述,在新儒学中,理不仅具有普遍的品格,而且被赋予超验的、形而上的性质,与之相联系,以理释义,同时亦意味着义的超验化与形而上化。

这种超验化首先表现为义与功利的脱钩。在新儒学看来,义既然体现了天理的要求,则不应包含任何功利的内容。换言之,合乎义(当然之则)便不必考虑利:

> 为所当为而不计其功,则德日积而不自知矣。[①]
>
> 谊必正,非是有意要正,道必明,非是有意要明;功利自是所不论。[②]

这些看法,与董仲舒"正其谊不谋其利,明其道不计其功"之说大致一脉相承,它实质上由强化义的超功利性而完全抽去了道德的功利基础,其道义论倾向是相当明显的。对义的如上净化,无疑使道德原则

① 〔宋〕朱熹:《论语集注·颜渊》。
② 〔宋〕朱熹:《朱子语类》卷一百三十七。

由超验化而趋于抽象化,但其中又包含着突出道德的内在价值这一面,后者在培养崇高的道德节操等方面,显然有其不可忽视的意义。宋明时期,士林特别重视节气,而在民族的危难之秋,也确实出现了不少像文天祥、于谦这样舍生取义的志士仁人;惟义所在的道德追求,在这里已具体化为富贵不能淫、威武不能屈的凛然正气,从而形成了一种正面的价值导向。

当然,作为一种抽象的伦理原则,惟义所在的道义论又有其理论上的负面意义。为了对此有一个具体的了解,我们不妨看一下理学家的如下议论:

> 人皆知趋利而避害,圣人则更不论利害,惟看义当为与不当为,便是命在其中也。①

在这里,义(道德原则)被规定为一种无条件的绝对命令:主体唯有别无选择地服从义的规范,而不能作任何的功利计较。这种看法实际上已使道义论带上某种宿命论的色彩。如前所述,在强调天命(天理)制约时,宋明新儒学曾把当然等同于必然,从而使履行当然成为主体的定命。义属于广义的当然,新儒学将惟义所在与命在其中联系起来,可以视为以当然为必然的逻辑引申,而通过这种引申,道义论与宿命论便开始融合为一。因此,正是在新儒学那里,义务论取得了某种强制性的形式。

义作为无条件的绝对命令,总是超越了个体而具有公共的品格,而利则首先与特殊的个体相联系。因此,在宋明新儒学看来,义利关系也就是公私关系:

---

① 〔宋〕程颢、程颐:《二程集》,第 176 页。

义与利，只是个公与私也。①

此处之公与私，实质上也就是整体与个体。这样，宋明新儒学即在沟通道义论与宿命论的同时，又将义利关系与群己关系联系起来。义在某种意义上是群体之利的体现，用张载的话来说，即是："义公天下之利。"②与义相对的利则指个体之利，就此而言，义利关系确实可以视为群己关系的具体展开。与群己关系上对个体原则一定程度的容忍相应，新儒学主张为所当为而不计其功，并不意味着绝对地排斥利，而更多地是强调利的考虑应当合乎义："圣人于利，不能全不较论，但不至妨义耳。"③"利为不善，不可一概论……夫利和义者，善也；其害义者，不善也。"④质言之，义作为绝对命令，其绝对性并非仅仅表现在义自身的净化，而且同时在于要求利无条件地服从义。

宋明新儒学以天理为义（当然之则）的唯一根据，并由此完全否定了当然之则的功利基础，无疑表现了对义的抽象理解。不过，他们把义利关系与群己关系前后打通，并要求以普遍之义制约个体之利，则并非毫无所见。前文曾一再提到，利首先与特定个体或集团的需要相联系，而个体及特殊集团之间的需要常常并不一致，从而，利益关系也往往呈现出紧张与对立的趋向。如果仅仅以利为行为的调节原则，则不可避免地将导致社会的冲突。与之相对，义则超越了特定的个体之利，体现了一定层面的"公利"，因而唯有以义制约利，才能使个体通过自我约束而适当协调彼此的利益关系，从而以非暴力（刑

① 〔宋〕程颢、程颐：《二程集》，第176页。
② 〔宋〕张载：《张载集》，第50页。
③ 〔宋〕程颢、程颐：《二程集》，第396页。
④ 同上书，第249页。

罚)的方式来缓冲社会的对立。事实上,宋明新儒家之强调以义制利,利不妨义,其着眼之点亦首先在于通过公其心以避免社会的冲突:

> 苟公其心,不失其正理,则与众同利,无侵于人,人亦欲与之。若切于好利,蔽于自私,求自益以损于人,则人亦与之力争,故莫肯益之,而有击夺之者矣。①

历史地看,社会的稳定固然离不开法制的保障,但同样需要道德的调节。理学家突出义的普遍制约作用,反对唯利是求,这对于维系人际的和谐,避免社会的无序化,确实有其不可忽视的意义。

然而,理学家要求淡化功利意识,固然有其正面的范导作用,但这种要求常常引向了对功利意识的过度压抑。理学以公私划分义利,诚然接通了群己关系与义利关系,但以利为私,同时亦表现了对利的某种贬抑。事实上,从以理界定义到利不妨义,抑制功利意识构成了理学一以贯之的主导原则。在王阳明的如下议论中,我们可以进一步看到这一点:"仁人者正其谊不谋其利,明其道不计其功。一有谋计之心,则虽正谊明道亦功利耳。"②这样,合乎义的利虽然得到某种容忍,但功利意识(谋计之心)却完全处于摒弃之列,换言之,功利的追求不容许进入动机的层面。一般而论,功利的原则可以看作是一把双刃剑,它既可能对行为作消极的范导,从而导致个体之间的利益冲突,也能够在一定条件下成为推动社会前进的动因。历史地看,技艺的进步、经济的发展、政治结构的调整等,最初往往都与功利的追求相联系。黑格尔认为,恶常常成为历史运动的杠杆,在某种意

---

① 〔宋〕程颢、程颐:《二程集》,第917—918页。
② 〔明〕王阳明:《与黄诚甫》,《王文成公全书》卷四。

义上,我们同样可以说,功利的追求往往成为历史演进的杠杆,而功利意识的普遍缺乏,则容易减弱社会的激活力量,从而使之趋于停滞。事实上,宋明新儒学对功利意识的过分压抑,对宋以后至近代以前的科技、经济等的发展,确实产生了难以否认的滞缓作用。

理学家之严于辨析义利,并非仅仅出于思辨的兴趣,它同时也是对历史的曲折折射。北宋时期,曾出现过两次重要的政治变革,这就是著名的庆历新政和熙宁变法。庆历新政的发起者是北宋政治家范仲淹。为改革当时的弊政,他向仁宗提出了十项建议,其内容是:"一曰明黜陟;二曰抑侥幸;三曰精贡举;四曰择官长;五曰均公田;六曰厚农桑;七曰修武备;八曰减徭役;九曰覃恩信;十曰重命令。"①这些改革措施涉及经济、政治、军事、教育等各个领域,而渗入其中的基本指导思想则是功利的原则。范仲淹的新政纲领明显地受到李觏的影响,李觏曾致信范仲淹,劝范"立天下之功"②,范则称李"实无愧于天下之士",并将其推荐给仁宗。可以说,李觏实际上为庆历新政作了思想上的准备并提供了理论的根据,后者具体便表现为对功利原则的阐发。在李觏看来,"治国之实,必本于财用。"③而财用则是功利追求的结果,因此,功利的原则是天然合理的:

利可言乎? 曰:人非利不生,曷为不可言?④

范仲淹的新政十事,即可视为这种功利原则在变法纲领上的具体

---

① 〔宋〕范仲淹:《答手诏条陈十事》,《范文正公集·政府奏议》卷上。

② 〔宋〕李觏:《寄上范参政书》,《李觏集》,北京:中华书局,1981 年,第299 页。

③ 〔宋〕李觏:《富国策第一》,《李觏集》,第 133 页。

④ 〔宋〕李觏:《原文》,《李觏集》,第 326 页。

展开。

庆历新政之后的另一次变革,即是熙宁变法,其主持人是著名政治家及思想家王安石。王安石倡导变法,旨在达到富邦强兵,其中均输法、农田水利法、青苗法、市易法等,便以"富邦国"为目标;将兵法、保甲法等,则是为强兵服务。新法的理论基础是所谓"新学"(荆公新学),新学的特点之一则是注重事功及确认功利原则。按王安石之见,"聚天下之人,不可以无财"①。因此,功利的追求完全是正当的:"理财乃所谓义也。"②这已是以利释义了。新学的这些看法曾引起同时代一些人的不满,如司马光便将王安石视为"言利"小人,并批评他"聚文章之士及晓财利之人,使之讲利"③。这些批评从一个侧面表明,熙宁变法的基本指导思想乃是功利原则。

庆历新政与熙宁变法都没有达到预期的结果,可以说是夭折了。二次变革流产的根源当然是多方面的,但过分地急功近利无疑也是一个不可忽视的原因。如前所述,庆历新政与熙宁变法基本的指导思想是功利原则,而在强调功利追求合理性的同时,范仲淹、王安石对社会利益关系的道德制衡等似乎未能予以足够的重视,这就使变法一开始便潜下了一种危险的趋向。当时保守派对新政的批评,也正是抓住了这一点。简言之,新政的推行及失败,确实从一个方面显露了单纯强化功利原则的弱点,而理学家则在一定意义上比较敏锐地注意到了这一点,如程颢在给神宗的上疏中,便忧心忡忡地说:"兴利之臣日进,尚德之风浸衰,尤非朝廷之福。"④程是王安石的同时代

---

① 〔宋〕王安石:《乞制置三司条制》,《王文公文集》,上海:上海人民出版社,1974年,第364页。

② 〔宋〕王安石:《答曾公立书》,《王文公文集》,第97页。

③ 〔宋〕司马光:《与王介甫书》,《温国文正司马公文集》卷六十。

④ 〔宋〕程颢、程颐:《二程集》,第458页。

人,曾亲身经历了熙宁变法。这种担忧,显然是目睹了当时的现状之后而发。朱熹则认为新法的根本弊病是"独于财利兵刑为汲汲"[1],亦即仅仅突出功利的追求。正是有见于功利原则过分强化所带来的负面效应,宋明新儒学再次将义利之辩提到了重要的地位。但在注意功利原则内在弱点的同时,理学家们又似乎忽视了功利原则的杠杆作用,并片面地抑制与弱化了功利意识,从而由此导向了另一极端。

如前所述,利总是指向人的感性需要:利的实现最终表现为人的感性需要的满足;义则更直接地体现了理性的要求,从而义利关系逻辑地关联着理欲的关系。在先秦儒学及董仲舒那里,我们已经可以看到二者的联系。宋明新儒学则从更一般的理论层面,将义利之辩展开为理欲之辩:

仁义根于人心之固有,天理之公也,利心生于物我之相形,人欲之私也。[2]

理学家所说的理,常常既是指形而上的规范(当然)及超验的本体(必然),又兼指主体的先验理性,在后一意义上,理与性相通(所谓"性既理"亦暗示了这一点)。朱熹将义规定为人心固有之天理,便是强调义植根于普遍的理性要求。欲则有广、狭二义,广义的欲兼指感性的需要与感性的要求,狭义的欲则仅指人的感性要求。如果说,义利关系主要通过外在的社会群己结构而展现出来;那么,理欲关系则更多地取得了内在的形式。

从理论上看,感性需要与感性要求是两个不同层面的范畴,需要

---

① 〔宋〕朱熹:《读两陈谏议遗墨》,《朱文公文集》卷七十。
② 〔宋〕朱熹:《孟子集注·梁惠王上》。

表示存在的状态,要求则反映了主体的发展取向。对人的感性需要,理学家并不否定,朱熹曾说:

> 饮食者,天理也。①
> 若是饥而欲食,渴而欲饮,则此欲亦岂能无!②

饮食代表了主体基本的物质需要(感性需要),而在朱熹看来,这种需要的满足完全是正当合理的,并无任何恶的意味。也正是在相同的意义上,朱熹认为:"日用之间莫非天理。"③理学家的这些看法注意到了感性需要本身并不是道德领域的问题,它既无善的属性,又无恶的属性。对感性需要的如上理解,使理学家的理欲之辩保持了一定的理论伸张度,从而不同于泯灭感性需要的虚无主义。

然而,理学家所说的欲,同时又指人的感性要求。尽管理学家并不完全无视人的感性需要,但对感性要求则采取了不同的态度。朱熹说:"饮食者,天理也。要求美味,人欲也。"④这里明确地将感性需要与感性要求作了区分:饮食满足的是人的基本感性需要,要求美味则代表了人的感性欲求。在理学家看来,后者总是表现了一种私的趋向:

> 人欲者,此心之疾疢,循之则其心私而且邪。⑤

私与邪已是道德领域的问题,大致代表了道德上的恶。正由于人欲

---

① 〔宋〕朱熹:《朱子语类》卷十三。
② 同上书,卷九十四。
③ 同上书,卷四十。
④ 同上书,卷十三。
⑤ 〔宋〕朱熹:《辛丑延和奏札二》,《朱文公文集》卷十三。

具有道德上的负面意义,因而理学家一再强调"克治"私欲。

感性的欲求与功利的要求在某种意义上有相近之处,正如过分地追求个体之利难免导致社会冲突一样,感性欲求的过度膨胀也会引发社会的紧张。因为感性的需要一旦转化为感性的要求,便取得了个体的形式(成为自我的欲求)。在社会满足这些要求的条件相对有限的情况下,个体的欲求往往很难如愿以偿,如果对这种欲求不加节制,则容易使之转化为一种破坏性的力量。同时,感性的欲求主要体现了人的感性存在,仅仅追求感性欲望的实现,往往使人很难超越感性的层面。而人如果仅仅是感性意义上的存在,显然不能视为健全的主体,就此而言,理学家要求克制人欲,确实不无所见。

然而,感性要求的过度膨胀固然容易导致消极的社会后果,但它本身并不具有恶的属性。理学家将人欲等同于道德上的恶(私且邪),意味着在理论上走向另一极端。按理学家之见,作为感性欲求的人欲,与天理不可并存,二者呈现为截然对立的关系:

天理人欲相为消长,克得人欲,乃能复礼。[①]
主于道则欲消。[②]
天理人欲不并立。[③]

既然感性的欲求与体现形而上之规范的理性要求无法相容,结论便只能是灭人欲。事实上,理学的先驱周敦颐已提出了无欲的主张。他不同意孟子的寡欲之说,认为人欲不能仅仅限于寡,而应进而达到

---

① 〔宋〕朱熹:《朱子语类》卷三十。
② 〔宋〕陆九渊:《陆九渊集》,第 272 页。
③ 〔明〕王阳明:《传习录上》,《王文成公全书》卷一。

无:"予谓养心不止于寡而存焉,盖寡焉以至于无。无则诚立明通。"①对人欲(感性要求)的这种态度,大致定下了理学的基调。在理学家的论著中,我们可以一再地看到这一类的议论:

> 至若论其本然之妙,则惟有天理而无人欲。是以圣人之教,必欲其尽去人欲而复全天理。②
>
> 必欲此心纯乎天理而无一毫人欲之私,此作圣之功也。③

这种主张与原始儒学显然有所不同,它在某些方面似乎更接近于佛学的看法。佛家认为,要由迷而悟,便必须断灭情欲,理学的无欲之说与之显然颇有相通之处。不过,佛家在无欲之外又主张无念,后者意味着放弃理性的思虑,对感性欲求与理性思虑的双重否定,使佛学避免了理与欲的冲突。与此相异,理学的无人欲则与强化理性功能相联系。因此,正是在理学那里,无欲之说开始展开为理与欲的紧张与对立。

理与欲的紧张,首先表现为理性对感性的排斥。如前文一再提到的,宋明新儒学所谓天理,主要展示为理性的要求。张载早已点明了天理的如上内涵:"所谓天理也者,能悦诸心,能通天下之志之理也。"④"悦诸心",亦即合乎理性的趋向,欲则关联着感性的生命存在。与理欲的如上内涵相联系,所谓存天理、灭人欲,意味着以理性精神的发展,抑制感性的生命力量的展现。理学家津津乐道的所谓

---

① 〔宋〕周敦颐:《养心亭说》。
② 〔宋〕朱熹:《答陈同甫》,《朱文公文集》卷三十六。
③ 〔明〕王阳明:《传习录中》,《王文成公全书》卷二。
④ 〔宋〕张载:《张载集》,第23页。

"孔颜乐处"，实质上即是一种缺乏感性生命基础的精神境界。一般而论，人固然应当超越感性的层面而达到理性的升华，但如果仅仅注重理性精神的发展而完全无视感性生命的充实，则理性的精神境界不免趋向于抽象化与玄虚化，而人本身则相应地容易成为片面的存在。事实上，理学家所向往的那种"惟有天理而无人欲"的人格境界，确实带有单向度的性质。

从另一方面看，感性欲求的过度膨胀固然容易导致社会的不稳定，但在适当的范围内，它也可以成为主体创造的内在动力。对美好生活的向往，完善感性生命的愿望等，常常成为精神创造的直接推动力；离开了感性之源，理性精神不仅会变得贫乏，而且将失去创造的活力。[①] 理学家强调革去人欲，确实可能使理性精神渐趋于枯萎。在纯乎天理的精神世界中，主体所面对的，不外是由形而上的规范所构成的道德王国，精神的丰富内涵往往为抽象的道德律令所取代，而主体的原创性则相应地受制于存天理的过程。

理性从一个方面体现了人的普遍本质，感性则更多地关联着人的个体存在。在宋明儒学看来，人之所以为人，即在于有天理："人之所以为人者，以有天理也。"[②]从而，理性的专制同时意味着强化人的本质（人之所以为人的类的规定性），而这种强化总是与漠视个体存在相联系。正是从存天理、灭人欲的前提出发，理学家得出了饿死事极小的结论：

然饿死事极小，失节事极大。[③]

---

① 参见〔美〕马尔库塞(H.Marcuse)：《爱欲与文明》，黄勇、薛民译，上海：上海译文出版社，1987年。

② 〔宋〕程颢、程颐：《二程集》，第1272页。

③ 同上书，第301页。

守节是对天理(形而上的类本质)的维护,生死则涉及个体的存在。相对于天理的要求,个体的存在似乎完全微不足道:极小与极大之分背后所蕴含的,绝非仅仅是男尊女卑的观念,毋宁说,它的真正内涵乃是对个体存在价值的忽视。[①] 可以看出,在宋明新儒学那里,理与欲的对立,最终导致了本质与存在的分离。从天理的优先到本质压倒存在,儒家的价值体系进一步被赋予某种本质主义的特征。

## 五 天理的权威化与良知准则论

从义利之辩到理欲之辩,作为普遍规范的义与理逐渐被提到了至上的地位,后者上接了儒家的经学传统,并使之进一步向权威主义的价值观衍化。当然,宋明新儒学的这一主流更多地体现了正统理学的发展趋向。在陆、王那里,与心即理的主张相应,权威主义的原则多少有所弱化。

### (一) 天理的权威化

义理具有一元性,是正统理学的基本信念。张载已明确指出了这一点:"天下义理只有一个是,无两个是。"[②]程、朱对此作了进一步的发挥:

> 理则天下只是一个理,故推至四海而准,须是质诸天地考诸三王不易之理。[③]

---

① 陆、王虽然在群己之辩上较多地注意到了个体原则,但在本质与存在的关系上,并未离开本质优先的理学价值取向。

② 〔宋〕张载:《张载集》,第275页。

③ 〔宋〕程颢、程颐:《二程集》,第38页。

道者,古今共由之理……自天地以先,羲黄以降,都即是这一个道理,亘古亘今,未尝有异。①

质言之,理(道)是超越时空的最高准则,从古至今,天地之内,一切对象无不受其制约。在此,理(道)的至上性与理(道)的唯一性开始重合为一,而理本身由此也获得了绝对的性质。

作为贯通天下古今的绝对准则,理构成了主体行为所不可逾越的规范。从饮食起居到社会交往,一切言行举止,无论巨细,均应纳入天理的框架之中:"百行万善总于五常。"②五常即仁义礼智信,亦即理的具体条目。面对天理的绝对制约,主体唯有无条件的顺从,而不能有丝毫偏离:

说非礼勿视,自是天理付与自家双眼,不曾教自家视非礼,才视非礼,便不是天理;非礼勿听,自是天理付与自家双耳,不曾教自家听非礼,才听非礼,便不是天理;非礼勿言,自是天理付与自家一个口,不曾教自家言非礼,才言非礼,便不是天理;非礼勿动,自是天理付与自家一个身心,不曾教自家动非礼,才动非礼,便不是天理。③

孔子曾提出了非礼勿视等主张,其中已明显地蕴含着对伦理原则绝对性的注重。理学家则进而沟通礼与天理,将主体对礼的自觉遵循转换为天理对主体的外在规范,从而赋予普遍的行为准则以权威的

---

①　〔宋〕朱熹:《朱子语类》卷十三。

②　同上书,卷六。

③　同上书,卷一一四。

性质。

天理不仅规范着外在行为,而且制约着主体的内在意识。在所谓道心说中,这一点表现得相当明显。如前所述,程、朱将主体意识区分为道心与人心两个方面,并要求以道心为一身之主,而人心则必须听命于道心。所谓道心,无非是天理的内化:"道心者,兼得理在里面,'惟精'是无杂,'惟一'是终始不变,乃能'允执其中'。"①以道心为一身之主,意味着确立天理的内在主宰地位。如果说,礼对行为的规范,主要体现了外在权威对主体的制约;那么,道心为主,则使外在权威内化于主体意识。从非礼勿视到道心为主,权威主义的原则渗入到了价值体系的深层。

权威主义原则体现于广义的意识形态,便展开为拒邪说、斥异端。宋明理学形成于隋唐之后,一度兴盛的佛学虽在宋明已渐趋式微,但仍余音未绝,因而理学家的拒斥对象,首先指向佛学。在理学家看来,佛教虽有某些理论上的建树,但作为异端,它在总体上必为学术之害:

> 异端之说,虽小道,必有可观也,然其流必害,故不可以一言之中、一事之善,而兼取其大体也。②

从理学的衍化看,尽管它多少吸取了佛学的某些观点,并在一定意义上表现为儒释道的合流,但在总的价值取向上,理学始终将佛道视为异端而加以排拒。这种拒斥不仅仅是一种门户之见,它在本质上乃是以权威化的大道否定作为异端的小道。

---

① 〔宋〕朱熹:《朱子语类》卷七十八。
② 〔宋〕程颢、程颐:《二程集》,第1176页。

理学所谓邪说,当然不限于佛学,它在广义上包括正统理学之外的各种观念体系。理学刚刚崛起之时,便遇到了荆公新学的有力挑战。对王安石的新学,理学家始终抱有敌意,二程甚至认为其害大于释氏:

> 然在今日,释氏却未消理会,大患者却是介甫之学。①

孟子曾力辟杨、墨,理学家对非正统思想的抨击,无疑上承了这一传统。这种批评,有时甚至近乎人身攻击,如程颐在给太皇太后的上疏中,即指斥理学之外的学人"志趣污下",系"浅俗之人"②。在朱熹与陈亮的论战中,朱熹对事功之学的责难,同样表现出拒邪说的趋向,而这种拒斥,又与维护儒家之圣学相联系,从朱熹的如下批评中,便不难窥见这一点:"世之学者,稍有才气,便自不肯低心下意,做儒家事业,圣学功夫。"③

可以看到,在排拒异端邪说之后所蕴含的,是独断论的原则。事实上,在宋明新儒学中,天理的权威化与儒学的独断化总是交织在一起,二者的共同特征在于以一元排斥多元。张载早就指出:"既得一致之理,虽不百虑亦何妨!"④执一理而拒绝不同观点的争论,确实构成了理学基本的思维趋向。诚然,从经学的衍变看,宋学(包括广义的宋明新儒学)相对于汉学而言有注重义理、善于存疑的特点。二程便指出:"学者要先会疑"⑤。朱熹也认为:"学者读书,须是于无味处

---

① 〔宋〕程颢、程颐:《二程集》,第38页。
② 同上书,第550页。
③ 〔宋〕朱熹:《答陈同甫》,《朱文公文集》卷三十六。
④ 〔宋〕张载:《张载集》,第277页。
⑤ 〔宋〕程颢、程颐:《二程集》,第413页。

当致思焉。至于群疑并兴,寝食俱废,乃能骤进。"①但宋明新儒学所谓"疑",主要限于版本真伪、训诂校勘等方面,如朱熹对古文《孝经》、《古文尚书》、《孔丛子》等的可靠性曾提出质疑;但对经义本身则不容有任何怀疑,换言之,只要经典真实不伪,则其义理断不能疑;在独尊经术这一点上,宋儒与汉儒并无二致:

> 道之大原在于经,经为道,其发明天地之秘,形容圣人之心,一也。②
>
> 道在六经,何必他求。③
>
> 义以反经为本,经正则精。④

如此等等。天理的权威最后还原为经学的权威:在经学独断论中,权威主义的原则获得了其传统的基础。

汉儒治经,常重家法,其逻辑的结果则是由尊经而尊师说。宋儒虽不再如汉儒那样拘泥家法,但并未放弃崇圣宗师的传统。从某种意义上看,理学家在这方面似乎走得更远:

> 故治经者,必因先儒已成之说而推之。⑤
>
> 如今看文字,且要以前贤程先生等所解为主,看他所说如何,圣贤言语如何,将己来听命于他。⑥

---

① 〔宋〕朱熹:《朱子语类》卷十。
② 〔宋〕程颢、程颐:《二程集》,第463页。
③ 〔宋〕朱熹:《答汪尚书》,《朱文公文集》卷三十。
④ 〔宋〕张载:《张载集》,第18页。
⑤ 〔宋〕朱熹:《学校贡举私议》,《朱文公文集》卷六十九。
⑥ 〔宋〕朱熹:《朱子语类》卷八。

圣人言语，自家当如奴仆，只去随他，他教住便住，他教去便去。①

在这里，真理之域从经义扩及先圣前贤之言。面对作为绝对真理化身的独断的教条，主体唯有俯首信奉，不能有任何偏离；经学的权威，或多或少窒息了创造性的探索与独立的思考。嵇康所批评的"思不出位"的沉闷现象，似乎又在某种意义上再度复活了。就这方面而言，以程、朱为代表的正统理学，确实使儒家的权威主义价值原则进一步趋于强化。

当然，天理(经学义理)的独断化，并不意味着完全否定权变。主体的所思所行，诚然要以理(普遍准则)为依归，但亦应视具体境遇而作出适当变通："君子之道，随时而动，从宜适变，不可为典要，非造道之深，知几能权者，不能与于此也。"②二程甚至将知权变视为圣人的品格："惟善变通便是圣人。"③这些看法，大致上承了原始儒学注重具体境遇的传统，它使普遍的原则多少获得了某种理论的伸张度。不过，尽管理学家容忍了权变观念，但同时又强调，变通乃是不得已而为之：

权，则是那常理行不得处，不得已而有所通变底道理。④

质言之，重要的首先是坚持一般的原则。只有在一般原则无法正常

---

① 〔宋〕朱熹：《朱子语类》卷四十五。
② 〔宋〕程颢、程颐：《二程集》，第784页。
③ 同上书，第80页。
④ 〔宋〕朱熹：《朱子语类》卷三十七。

贯彻的情况下,才可以考虑作适当变通。就经(原则的恒定性)与权(原则的变通)的关系而言,前者始终居于主导的地位,权往往被理解为经的一种补充:"所谓权者,于精微曲折处,曲尽其宜以济经之所不及耳。"[①]作为完成经的手段,权虽然可以对经有所变通,但这种变通本身必须受经的制约:"论权而全离乎经,则不是。"[②]总之,权变的目的仅仅是更有效地贯彻一般原则(理或道),一般原则本身的权威性不容有任何置疑。理学对经权关系的如上阐释,无疑使权威主义的价值原则得到了延续。

从外在行为上的唯理是从,到内在观念上的道心为主;从意识形态上的拒斥异端、独尊儒术,到经权关系上的以权济经、权不离经,权威主义原则与经学独断论彼此交织,展开于价值领域的各个方面。这种价值取向的形成,当然不是偶然的。天理的权威,本质上是世俗权威的折射。当历史还没有超越人对人的依赖关系时,权威主义的价值取向便不可避免。事实上,从先秦到汉魏,儒家总是徘徊于经权而最终归本于一元的独断原则,正统理学则进一步将权威主义的价值体系系统化了。当然,权威主义原则在理学中的强化,又有其更为具体的历史缘由。一般认为,理学体现了儒释道合流的趋向,这自然不无道理,但同样无可否认的是,儒释道在相融的同时又有彼此相拒的一面。从意识形态的角度看,后者是更为主导的方面。就相拒而言,佛道作为异说,其兴起与盛行,对儒学的独尊无疑是严重的冲击。隋唐时期,佛道的声势几乎一度压倒儒学,儒家的价值体系相应地受到了异教的严峻挑战。如果说,为增强自身的活力,儒学不能不吸纳佛道的某些思想资源;那么,为了维护儒家的独尊地位,便不能不斥

---

① 〔宋〕朱熹:《朱子语类》卷三十七。

② 同上。

异端、拒邪说,以一元排斥多元。权威主义原则的系统化与强化,或多或少可视为对异教挑战的一种回应。

从理论的内在逻辑看,正统理学强化权威原则,同时又有其本体论的根源。在理学家那里,理既是普遍的规范,又是存在的根据(万物之本)。作为万物之本,理往往被赋予超验的性质。在所谓理一分殊说中,这一点表现得相当明显:

> 自其末以缘本,则五行之异本二气之实,二气之实又本一理之极,是合万物而言之,为一太极而已也;自其本而之末,则一理之实,而万物分之以为体。[①]

简言之,一理衍化为万殊,万殊则本于一理。理作为唯一的、终极的本体,主宰着一切对象:朱熹以太极界定一理,突出的正是理的超越性和主宰性。不难看出,在一理与分殊中,正统理学注重的首先是理一。本体论上的一理宰制万物,内在地渗入于理学的价值体系;权威至上的独断论原则,在某种意义上确乎可以视为超验之理(太极)统摄分殊之物的逻辑引申。

(二)良知准则论:权威原则的内化及其限制

与正统理学突出一理有所不同,陆、王以心即理为基本论题。相对于正统理学的一理统摄万殊,心即理更侧重于一理与分殊的融合:心本身便从一个侧面表征了分殊。从另一方面看,心即理同时又意味着理内化于心。理既内化于心,则注重之点便由理对主体的外在强制,转向了主体对理的体认。较之正统理学(主要是程朱理学)主

---

① 〔宋〕朱熹:《通书注·理性命章》。

要强调主体对天理(权威)的服从,陆、王确实较多地注意到了主体自身领悟的意义。

在经学上,程、朱一再要求以前贤先师为依归,甚至主张做圣人之言的奴仆。与之相异,陆九渊则更偏重自我的判断:

> 他人文字议论,但谩作公案事实,我却自出精神与他披判,不要与他牵绊,我却会斡旋运用得他,方始是自己胸襟。①

在此,自我的评判已取代了对他人(包括权威)的盲从。这种"自出精神"的主张可以看作是自作主宰论的进一步引申,它在某种程度上已蕴含着对主体独立思考的肯定。正是从如上前提出发,陆九渊提出了六经注我的著名论点:

> 学苟知本,六经皆我注脚。②

"知本"即把握核心的思想或原则,用另一命题来表述,也就是"先立乎其大者"。按陆氏之见,儒家的观念主要体现于其基本的思想或原则之中,六经无非是对这些原则的不同阐述和发挥;主体(我)一旦把握了这些思想主干,那么,六经便只能起具体的印证作用。这里当然并没有以自我的意见取代儒家正统思想之意,在维护儒家正统这一点上,陆、王与程、朱并无二致:以知本为六经注我的前提,便表明了这一意向。不过,陆九渊将主体自身对核心观念的体认(知本)与拘守六经区别开来,强调自我的领悟而反对盲从六经,这毕竟不同于做

---

① 〔宋〕陆九渊:《陆九渊集》,第88页。
② 同上书,第395页。

圣人的奴仆,它或多或少为主体的独立思考提供了某种思想的空间。

在王阳明那里,天理进一步内化为主体的良知,后者构成了自我的内在权衡:

> 只致良知,虽千经万典,异端曲学,如执权衡,天下轻重莫逃焉。①

这种权衡既指是非准则,又兼指价值评价的标准。权衡一旦在手,则可区分各种不同观点,从容应变。

良知作为内在的准则,普遍地存在于每一个体之中,从而,每一个体都具有自知是非的能力:"尔那一点良知,是尔自家底准则。尔意念着处,他是便知是,非便知非,更瞒他一些不得。"②在此,自我的评判已不限于经学领域,它具有了更广的意义。一般而言,内在的良知总是相对于外在的教条或意见而言。以内在良知为是非准则,意味着自我的评判非外在的教条或意见所能左右:

> 凡意念之发,吾心之良知无有不自知者。其善欤,惟吾心之良知自知之,其不善欤,亦惟吾心之良知自知之,是皆无所与于他人者也。③

道德行为的过程总是包含着意念活动,意念往往又有正邪之别,并相应地决定着行为的不同性质。如何区分意念(动机)的善恶? 在王氏

---

① 〔明〕王阳明:《五经臆说十三条》,《王文成公全书》卷二十六。
② 〔明〕王阳明:《传习录下》,《王文成公全书》卷三。
③ 〔明〕王阳明:《大学问》,《王文成公全书》卷二十六。

看来,判断的依据便是主体的内在良知,而非外在的意见或规范。如果说,在程、朱那里,自我仅仅是外在权威的附庸,那么,陆、王则使自我开始真正成为道德评价的主体。

从良知准则论出发,王阳明提出了求是非于心的主张:

> 夫学贵得之心,求之于心而非也,虽其言之出于孔子,不敢以为是也,而况其未及孔子者乎? 求之于心而是也,虽其言之出于庸常,不敢以为非也,而况其出于孔子者乎?[1]

自儒学独尊之后,孔子已逐渐成为权威的化身。孔子之言则几乎被视为绝对真理,对它唯有顺从,而不能有异议。朱熹所谓做圣人之言的奴仆,即表现了这种心态。与之相异,王阳明以求之于心,否定了求之于孔子,在这种否定之后,显然蕴含着外在教条的某种贬落。尽管其中并无拒斥儒家基本原则之意,但它却明白地确认:对儒家的基本原则,每一主体都可以并且应该有自身的理解(贵得于心),而不应满足于权威的解释。正是在相同的意义上,王阳明接受了陆九渊六经注我的论点,反对拘泥于经:"凡看经书,要在致吾之良知,取其有益于学而已,则千经万典,颠倒纵横,皆为我之所用。一涉拘执比拟,则反为所缚。"[2]

陆、王以内在良知制衡外在权威,其思路显然不同于正统理学,它在某种程度上削弱了正统理学的权威主义传统,并抑制了经学独断论的过度膨胀。良知自我评判功能的突出与独断论的相对松弛,为主体的独立思考提供了某种可能,后者又进而引发了与正统儒学

---

① 〔明〕王阳明:《传习录中》,《王文成公全书》卷二。
② 〔明〕王阳明:《答季明德》,《王文成公全书》卷六。

相对的异端思想。在李贽那里，便不难看到这一点。如前所述，李贽在思想上深受王学的影响，其童心说便是良知论的进一步发展。正是基于童心说，李贽提出了不以孔子是非为是非的大胆论点："前三代，吾无论矣。后三代，汉唐宋是也，中间千百余年，而独无是非者，岂其人无是非哉？咸以孔子之是非为是非，故未尝有是非耳。"①以孔子为是非的唯一准则，势必排斥多元的思想格局；在单一的权威下，是非的讨论、自由的思考都将失去任何立足之点。这种看法，已注意到了权威主义和经学独断论对思想的钳制，而对这种钳制，李贽明确表示否定："但无以孔子之定本行罚赏也，则善矣。"②从求是非于心，到不以孔子是非为是非，良知准则论开始向非权威主义演进。

当然，陆、王强调内在良知的自我判断，固然引发了后来非权威主义的异端思想，但陆、王本身并没有完全离开权威主义的轨辙。陆九渊主张六经注我，但其前提则是"知本"，这样，"注我"实质上也就是对"我"所理解的儒家基本原则的印证，换言之，在"我"之后还存在更根本的原则。正是在此意义上，陆九渊一再强调，作为自我主宰的心，并非仅仅指个体之心，它体现的乃是天下之所同："理乃天下之公理，心乃天下之同心。"③这种"同心"实质上与理合一，因而已不同于李贽的童心。同样，王阳明以良知为内在准则，但良知并非个体之"吾心"，它以天理为内容，因而一开始便有普遍性的品格。④ 正是后者，决定了它同时又是一种公是公非的标准："是非之心，不虑而知，不学而能，所谓良知也。良知之在人心，无间于圣愚，天下古今之所

---

①　〔明〕李贽：《藏书·世纪列传总目前论》。

②　同上。

③　〔宋〕陆九渊：《陆九渊集》，第 196 页。

④　参见拙著《王学通论——从王阳明到熊十力》，第二章。

同也。世之君子惟务致其良知，则自能公是非，同好恶。"①不难看出，陆、王在总体上所注重的是同而不是异，是一元而不是多元。良知的评判最终仍回归于横亘于天下古今的至上准则，主体的意见则相应地统一于权威化的道。王阳明不赞成求是非于孔子，其依据即是在孔子之上还有更根本的道："夫道，天下之公道也；学，天下之公学也，非朱子可得而私也，非孔子可得而私也。天下之公道也，公言之而矣。"②这样，陆、王固然多少弱化了以圣人经传形式出现的权威，却维护了以公道形式出现的形而上的权威。对天下之公道的如上确信，本质上仍然体现了权威主义的价值原则。因此，与其说陆、王已在价值观上超越了权威主义，不如说他们试图通过心与理的合一以避免权威主义的过度强化。

## 六　醇儒境界

权威总是与自我相对。无论是天理对主体的抑制（程、朱），还是主体对天理的认同（陆、王），权威的原则总是通过自我而实现。广而言之，价值关系的建立、价值取向的调整等，都直接或间接地指向主体。这样，自我的完善便成为宋明新儒学无法回避的问题。事实上，从先秦开始，儒家便自觉地关注于主体人格，并以止于至善为不断追求的价值目标。作为儒学的延续，理学同样受到这一价值传统的制约。

### （一）明诚统一与德性之知的强化

理想的自我应当具有何种品格？理学家首先提出了诚的要求。

---

① 〔明〕王阳明：《传习录中》，《王文成公全书》卷二。
② 同上。

周敦颐说:"诚者,圣人之本。"①圣人即理想的人格,而这种人格即以诚为其道德本体。朱熹对此作了进一步发挥:

> 诚者,至实而无妄之谓,天所赋、物所受之正理也。人皆有之,而圣人之所以圣者无他焉,以其独能全此而已。②

诚作为内在品格,主要指道德上的真(与伪相对)。真诚是人格挺立的基础,一般人虽然也不乏道德上的真,但往往有时而伪,难以一以贯之,唯有达到了理想的人格境界,才能始终保持真诚的品格。反过来,只有具有真诚的品格,德性才可能获得恒定性:"诚有是物,则有终有始;伪实不有,何终始之有!"③

除了诚之外,理想人格还具有另一重规定,即所谓"明"。在宋明新儒学中,诚与明常常并提。明即理性的自觉:"自其外者学之,而得于内者,谓之明。"④每一主体都具有诚的潜能,但最初这种潜能还处于自发的状态,唯有通过致知过程,才能使之提升到自觉的境界。因此,按新儒学的看法,明与诚是相互关联的,由明可以达到诚,诚也可以成为明的根据,前者也就是所谓自明诚,后者则是自诚明:

---

① 〔宋〕周敦颐:《通书·诚上》。

② 〔宋〕朱熹:《通书解·诚上章》。J.白诗朗认为,诚在朱熹的伦理思想中具有特别重要的地位,而诚又主要与自我实现相联系(J. Berthrong, "Chu His's Ethics: Jen. and Cheng", *Journal of Chinese Philosophy*, No.2. 1987),这一看法注意到了朱熹所赋予诚的人格意义。但白诗朗未能进一步指出,这一规定在理学中具有普遍性。

③ 〔宋〕张载:《张载集》,第21页。

④ 〔宋〕程颢、程颐:《二程集》,第317页。

自诚明者,先尽性以至于穷理也,谓先自其性理会来,以至穷理;自明诚者,先穷理以至于尽性也,谓先从学问理会,以推达于天性也。①

由诚而明,意味着首先确立道德本体,并以此范导穷理致知的过程(为穷理过程规定总的方向),从而使理性合乎一般的伦理准则;由明而诚,则是通过致知穷理的过程而达到自觉,并进一步深化对本体的体认,二者展开为一个相互作用的过程,并最后凝结为统一的人格结构。正是在后一意义上,新儒学认为:"诚与明一也。"②

诚本质上是一种善的品格,明则具有理智的属性,诚明统一,无疑体现了先秦儒家仁智统一的人格取向。事实上,对明诚的双重确认,本身即源于《中庸》,③就此而言,诚明统一的思维路向,可以看作是对早期儒家思想的发挥。不过,宋明新儒学的人格理论并非前人的简单重复,它同时又有自身的特点。这不仅在于新儒学将诚提到了道德本体的高度,而且表现在它对诚明统一的内涵作了新的阐释。

如前所述,明首先是理性的品格。按新儒学之见,建构人格本体除了明之外,还需要有觉,觉以理性思虑为基础,但又不同于一般的致知过程:

莫先致知,能致知,则思一日愈明一日,久而后有觉也。学而无觉,则何益矣?又奚学为?……才思便睿,以至作圣,亦是一个思。④

---

① 〔宋〕张载:《张载集》,第330页。
② 〔宋〕程颢、程颐:《二程集》,第317页。
③ 参见本书第四章。
④ 〔宋〕程颢、程颐:《二程集》,第186页。

朱熹对知与觉作了更明确的区分：

> 知，谓识其事之所当然；觉，谓悟其理之所以然。①

知主要展开为一个理解过程，其静态形式表现为"明"，觉则是主体的了悟。理解固然可以使人懂得所当然（应当做什么），却未必能使人将其化为具体的行动，觉悟则意味着所知转化为主体的内在德性，并使主体由单纯的知当然进一步体认到所以要循当然，从而形成行其所知的内在要求。从人格本体的建构看，由知（明）到觉（悟），显然是主体意识的重要飞跃，道德的境界和道德的意识正是通过由知到悟的不断过渡而逐渐形成的。也正是在此意义上，宋明新儒学一再强调道德境界的提升需要通过悟："上达必由心悟。"②"时时于良知上理会，久久自当豁然有见。"③从良知上理会，到豁然有见，展开为一个觉悟过程。

宋明新儒学要求由知（明）而觉（悟），并以此作为人格完善的必要环节，明显地吸取了佛教的某些思想。这一点，理学家并不讳言：

> 觉悟之说，虽有同于释氏，然释氏之说亦自有同于吾儒而不害其为异者，惟在于几微毫忽之间而已，亦何必讳其同而遂不敢以言，狃于其异而遂不以察之乎？④

---

① 〔宋〕朱熹：《孟子集注·万章上》。

② 〔宋〕朱熹：《孟子集注·尽心下》。

③ 〔明〕王阳明：《答周冲书》（二），《中国哲学》第一辑，北京：生活·读书·新知三联书店，1979年，第320页。

④ 〔明〕王阳明：《答徐成之》，《王文成公全书》卷二十一。

相对于传统儒学,佛教(特别是禅宗)对主体之"悟"确实作了更多的考察。禅宗认为,佛与众生之别,即在悟与迷,而成佛的途径无非是由迷而悟。简言之,个体的解脱主要靠自我的觉悟。这些看法,已注意到了主体觉悟在精神境界升华中的作用。不过,禅宗在注重悟的同时,对"明"(知)未免有所忽视。在禅宗看来,悟并不需要以明(理性理解)为前提,相反,理性的逻辑思维常常会成为由迷到悟的障碍,因而他们一再主张不立文字,由此不免使主体的觉悟过程蒙上了一层非理性主义的阴影。新儒学强调明与觉的统一,显然更多地体现了儒家的理性主义传统。同时,佛教(禅宗)以作用为性,忽视了统一的人格结构,与之相异,新儒学肯定明觉统一,则以建构人格本体为其目标。

新儒学在知性理解之外,又注意到道德觉悟的作用。对人格的这种考察,无疑较前人更为深入。从理论上看,善的品格之形成,确实并非仅仅依靠狭义的知,知固然可以使人了解什么是善,却不一定能使这种知识内化为主体的德性,唯有由明而觉,亦即通过主体自身的觉悟过程,才能在人格上达到一种善的境界。总之,完美的人格应当是明(理性之知)与觉(道德觉悟)的统一。新儒学的上述看法,似乎已有见于此。事实上,在新儒学那里,诚的人格本体在某种意义上便表现为明与觉的统一,或者说,明与诚正是通过觉而相互沟通。

在理学以前,儒家的人格学说更多地注重知情意的统一。从一方面看,宋明新儒学以觉为中介将知情意统一的人格结构提炼为明诚统一的本体,首先使人格更具有一种精神境界的特征。一般而论,价值观意义上的人格完善,总是展现为一种理想的精神追求,后者从静态看,便是不同层面的境界。这样,完美的人格便集中体现为一种崇高的精神境界,正是这种境界,构成了儒家的价值目标。从另一方面看,明诚统一的人格境界以道德觉悟为内在环节,而道德觉悟意着化单纯的知当然为行当然。换言之,它一开始即蕴含着从理解走向行动的要求,与之相联系,以觉为中介而实现的明诚统一,本质上使人格具有了一种实践的品格。理学家一再要求由明觉做工夫:"学者既立有必为圣人之志,只消就自己良知明觉处朴实头致了去,自然循循日有所至。"①"为圣人"无非是达到理想的人格境界,而成圣即展开为一个以明觉(诚)之本体为根据的实践过程。

人格对主体行为具有统摄作用,而要实现这种统摄,人格本身便必须具备恒定性。如何保持人格的恒定性?新儒学提出了主敬之说。关于敬,理学家作了多方面的阐释,它首先指专注于本体:"主一之谓敬。"②"敬者,守此而不易之谓。"③"敬则德聚。"④作为存守本体的工夫,敬的特点在于常惺惺:

敬只是常惺惺法,所谓静中有个觉处,只是常惺惺在这里。⑤

"惺惺"即醒觉,以惺惺释敬,始于二程的弟子谢良佐,而其基本精神则贯穿于整个新儒学。依据如上解释,敬便是指始终保持一种醒觉的状态而无任何松弛;换言之,主体应当时时严然肃然,谨畏庄重,摒除一切苟且之意。如果说,明诚统一是人格的深层结构,那么,持敬则是人格的外化形态。新儒学的这些看法注意到了人格境界的恒定,需要以自觉谨严的精神状态为保证。它虽然吸取了佛教的某些观念(惺惺之说,即源于佛教),但其内涵却与之相异:新儒学之敬,旨

---

① 〔明〕王阳明:《答刘内重》,《王文成公全书》卷五。
② 〔宋〕程颢、程颐:《二程集》,第 1173 页。
③ 〔宋〕朱熹:《朱子语类》卷十二。
④ 同上书,卷十一。
⑤ 同上书,卷六十二。

在维护内在道德本体(所谓"敬以直内"),佛教之"惺惺",则缺乏本体的依托。①

人格作为静态的本体,呈现为未发的形态。与未发相对,还有已发:

> 以心之德而专言之,则未发是体,已发是用。②

已发未发之说,源出于《中庸》,不过,《中庸》所谓已发未发,主要就情而言:"喜怒哀乐之未发,谓之中,发而皆中节,谓之和。"③宋明新儒学则对此作了引申,将其广义地理解为主体精神的两种形态。从人格的角度看,所谓未发,是指自我的内在形态,已发则是内在人格在社会交往过程中的外在展现。按新儒学之见,人格并不是寂然不动的虚静本体,它总是在日用常行中体现出来,因此,不能仅仅关注于未发的涵养;另一方面,已发又以未发之体为根据。本体不端正,则已发之用不免有所偏。朱熹曾批评当时学者未能兼顾这两者:

> 今人多是偏重了。只是涵养于未发,而已发之失乃不能制,是有得于静而无得于动也;只知制其已发,而未发时不能涵养,则是有得于动而无得于静也。④

---

① 理学的集大成者朱熹已对此作了辨析。《朱子语类》卷一一八载:"或问:谢氏常惺惺说,佛氏亦有此语。曰:其唤醒此心则同,而其为道则异。吾儒唤醒此心,欲他照管许多道理。佛氏则空唤醒在此,无所作为,其异处在此。"
② 〔宋〕朱熹:《朱子语类》卷二十。
③ 《中庸·第一章》。
④ 〔宋〕朱熹:《朱子语类》卷一一三。

这些看法既有见于人格本体应当在日用常行的道德实践中得到完善,从而避免了本体的封闭化;又肯定了本体的统摄作用,从而超越了日常行为的偶发性。

持敬之说与已发未发的并重在某种意义上较多地展开了人格中"诚"这一侧面,除了"诚"之外,人格本体还具有理性的品格("明")。作为人格的内在规定,理性被赋予了特定的内涵。在德性之知与见闻之知的辨析中,这一点表现得十分明显。本章第一节已提及,自张载开始,宋明新儒学便将德性之知与见闻之知严格地区分开来:

> 诚明所知乃天德良知,非闻见小知而已。①
>
> 见闻之知,乃物交而知,非德性所知;德性所知,不萌于见闻。②

这里所说的闻见之知,并不仅仅指感性之知,而是泛指以物为对象的事实认知,正是在此意义上,程颐将闻见之知称为"博物多能"③。与之相对的德性之知则是与善恶评价相联系的价值认识,前者大致表现为工具理性或技术理性的功能,后者则从属于价值理性。宋明新儒学以为诚明所知乃天德良知,意味着将人格本体中的理性品格主要理解为价值理性,换言之,在新儒学那里,价值理性一开始便处于支配的地位。对人格的如上规定,体现了以价值理性范导工具理性的意向,它对于避免理性走向歧途,无疑具有不可忽视的意义。事实上,从先秦开始,儒家便已开始确立伦理理性的优先地位,宋明新儒

---

① 〔宋〕张载:《张载集》,第20页。
② 同上书,第24页。
③ 〔宋〕程颢、程颐:《二程集》,第317页。

学强调德性之知高于见闻之知,则从更广的层面突出了价值理性的范导作用。

然而,由肯定德性之知(价值理性)的主导性,宋明新儒学又多少表现出轻视见闻之知(广义的工具理性)的偏向。如前所述,理学家一般都以见闻之知为小知,并强调德性之知不萌于见闻之知而又超越于见闻之知。从这一前提出发,理学家对技术理性层面的事实认知,都持贬抑的态度。张载便认为:"医书虽圣人存此,亦不须大段学,不会亦不甚害事,会得不过惠及骨肉间,延得顷刻之生,决无长生之理,若穷理尽性则自会得。"①在此,由穷理尽性而形成的德性之知,便压倒了只具有工具价值的闻见之知(医学知识)。王阳明说的更直截了当:

> 大端惟在复心体之同然,而知识技能非所与论也。② 是故明伦之外无学矣。外此而学者,谓之异端,非此而论者,谓之邪说。③

这样,与天人之辩上将理性化理解为价值理性的无条件优先相应,在人格取向上,宋明新儒学多少以价值理性(德性之知)净化了技术理性(知识技能),后者无疑使儒家的人格理想变得片面化了。

在新儒学那里,以德性之知的形式表现出来的价值理性,往往以天理为内容。从而,见闻之知与德性之知的相克,常常展开为事功之智与天理的对峙:"凡事求可,功求成,取必于智谋之末而不循天理之

---

① 〔宋〕张载:《张载集》,第 278 页。
② 〔明〕王阳明:《传习录中》,《王文成公全书》卷二。
③ 〔明〕王阳明:《万松书院记》,《王文成公全书》卷七。

正者,非圣贤之道也。"①以事功之智为末,以天理为正,实际上即从另一个侧面强化了价值理性。正是基于以价值理性净化技术理性的思路,宋明理学将天理视为人格更根本的规定。理学家都把存守人格本体称为主一,而主一的具体内涵即是主于天理:"主一是专主一个天理。"②依据这种理解,则人格便或多或少被归结为天理的化身。事实上,在宋明新儒学那里,理想的人格确实常常被视为天理的人格化或人格化的天理:

> 圣人一身,浑然天理。③
>
> 人到纯乎天理方是圣,金到足色方是精……故虽凡人而肯为学,使此心纯乎天理,则亦可为圣人。④

是否成圣(达到理想的人格境界),完全取决于人格是否纯乎天理;明与诚的统一,通过价值理性的强化而最后归本于天理。

浑然天理的理想人格,也就是所谓醇儒,在某种意义上,醇儒构成了理学的人格典范。朱熹在与陈亮的论争中,对此作了阐述:

> 愿以愚言思之,绌去义利双行、王霸并用之说,而从事于惩忿窒欲、迁善改过之事,粹然以醇儒之道自律。⑤

醇儒一词,并非首见于理学,汉以后用醇儒一词者不乏其人。不过,

---

① 〔宋〕朱熹:《孟子集注·梁惠王上》。
② 〔明〕王阳明:《传习录上》,《王文成公全书》卷一。
③ 〔宋〕朱熹:《朱子语类》卷五十八。
④ 〔明〕王阳明:《传习录上》,《王文成公全书》卷一。
⑤ 〔宋〕朱熹:《答陈同甫》,《朱文公文集》卷三十六。

在理学以前,醇儒一般指学问超越外在的记诵而达到纯正专精,所谓"所言涉猎书记,不能为醇儒"①。理学家则赋予醇儒以新的内涵,并将其提升为一般的人格典范。根据朱熹的解释,作为人格典范,醇儒的基本特征即在于注重内在的涵养,所谓"惩忿窒欲、迁善改过",不外是一种内圣的境界。这样,纯乎天理实际上便意味着纯乎内圣。

相对于先前的儒家,宋儒与明儒确实更多地关注于自我的内在心性。② 尽管理学家本人并非远离社会政治生活,相反,从宋到明,理学家都一再地涉足于经世之务,王阳明甚至还有所谓破"山中贼"及平定藩王叛乱的赫赫功业,但在价值取向上,理学家却一无例外地将内在心性的完善放在首要地位,并以此否定外在的事功。朱熹要陈亮"绌去义利双行、王霸并用之说",其实便是对事功之学的批评,其内在的含义无非是要求由经纬天地的外在抱负,回归内在的心性涵养。在其论著中,朱氏一再明白地点出此意:"向内便是入圣贤之域,向外便是趋愚不肖之途。"③王阳明虽以事功名重一时,但在价值取舍上却与其他理学家毫无二致:

> 君子之事,进德修业而已,……故德业之外无他事功矣。乃若不由天德而求骋于功名事业之场,则亦希高慕外。④

---

① 〔汉〕班固:《前汉书·贾邹枚路传》。

② 就此而言,W.T.狄百瑞将理学的道统概括为心学(Learning of the Mind and Heart),似乎并非毫无根据(参见 W. T. Bary, *Neo-Confucian Orthodoxy and the Learning of the Mind and Heart*, New York:Columbia University Press, 1981)。牟宗三认为,"周濂溪、张横渠、程明道、陆象山、王阳明、刘蕺山这些思想家正是照内圣说",并"以内圣作主"(牟宗三:《中国哲学十九讲》,台北:学生书局,1983 年,第 398 页),亦有见于宋明理学的如上特点。

③ 〔宋〕朱熹:《朱子语类》卷一一九。

④ 〔明〕王阳明:《祭朱守忠文》,《王文成公全书》卷二十五。

不难看出,在宋明理学那里,内圣已压倒了外王,"德业之外无他事功"便极概括地反映了这一趋向。

宋明理学强化人格的内圣特征,有其多方面的根源。从儒学的演变看,孟子已突出了内圣的路向,从而在理论上开了心性之学的先河。就社会政治结构的演变而言,随着大一统中央集权的不断强化,知识分子(士)愈来愈远离权力的中心,呈现出所谓"边缘化"的趋势,[1]尽管科举制的确立为士的参政提供了机会,但一旦进入权力圈,其身份便开始由士转换为吏或官,并相应地容易游离儒家的规范。儒家虽然承认凡人皆可成圣,但其理想人格实质上更多地是为社会精英(主要是士)而设定,朱熹说:"古之学者,始乎为士,终乎为圣人。此言知所以为士,则知所以为圣人矣。"[2]从中不难看出士与理想人格(圣)的如上关系。既然现实的政治格局使精英平治天下的外王理想越来越失去了实现的可能,则理想人格中的外王规定便相应地容易被淡化。另一方面,士一旦走向官场,便很难避免蜕变,这样,心性修养的本位作用就显得尤为重要。北宋前期范仲淹、王安石以功利原则行新政,明显地偏离了儒家的传统规范,而范、王均是由士跻身于官。这一事实从另一个侧面使德性涵养的意义显得更为突出,内圣的规定则由此而一重再重。此外,宋代承五代十国而兴,长久的战乱导致了道德约束的松弛,而宋明两代又外患不断,时时面临民族危机,后者使强化社会的道德凝聚力成为十分迫切的社会问题。这些历史的因素与理学注重价值理性的致思趋向交互作用,从不同的方面导致了由外王到内圣的历史倾斜。

---

① 余英时认为,近代知识分子开始呈现边缘化趋向。其实,这种现象同样存在于传统社会。

② 〔宋〕朱熹:《策问》,《朱文公文集》卷七十四。

这种倾斜的结果之一，便是人格的某种扭曲。在"惩忿窒欲"的要求下，忍让、收敛、内缩压倒了奋争、进取、拓展。理学家虽然也重气魄，但气魄的作用往往更多地被规定为抑制功利的追求："人若有气魄，方做得事成。于世间祸福得丧利害，方敌得去，不被他恐动。"①理学所一再主张的主敬，同样地含有慎微畏谨的一面，换言之，道德本体的存守，主要便依靠内敛。从王阳明的如下议论中，我们可以对这种人格形态有一个大致的了解：

> 精神、道德、言动，大率收敛为主，发散是不得已，天地人物皆然。②

从内在精神到外在行为，都指向了内在收敛。这种涵养与行为的方式同时又被提升为普遍的法则（天地人物皆然），从而获得了形而上的根据。由内圣衍化为内敛，儒家理想人格中刚毅奋进这一面不免有所削弱。在宋明理学的人格设定中，我们确实较少看到《易传》那种范围天地、进退万物的气象。

前文曾论及，在义利之辩上，理学由注重义而空前地突出了主体的节操，就其外在形式而言，舍生取义的气节每每表现为人格的挺立。这种凛然的气度与畏谨内敛的人格形态显然颇不相容，但二者又确实都是内圣品格的不同展现。它表明，以内圣为主要规定的理学人格，存在着内在的紧张。从外王的贬落到内圣本身的内在紧张，宋明理学的人格设定逐渐展示出其非圆融的一面。

---

① 〔宋〕朱熹：《朱子语类》卷五十二。
② 〔明〕王阳明：《传习录上》，《王文成公全书》卷一。

（二）从变化气质到复性

　　人格理想规定着成人之道，成人过程则关联着对人性的理解。张载已将性区分为两种，即气质之性与天地之性：

　　　　形而后有气质之性，善反之则天地之性存焉。[①]

后来的理学家大多接受了这一看法，并作了进一步的展开。天地之性即天所赋予的本善之性，气质之性则是与人的生理结构相联系的自然之性。朱熹对此作了更具体的阐释："论天地之性，则专指理言；论气质之性，则以理与气杂而言之。未有此气已有此性，气有不存，而性却常在。"[②]以理为天地之性的内容，这是朱熹的发挥。它使天地之性所以本善获得了形而上的根据。理与气相杂，安置于人之中，即构成了气质之性，唯其理气相杂，故有善有恶、有清有浊，"气质之性，固有美恶之不同矣"[③]，"人之气质，清浊粹驳"[④]。

　　宋明新儒学以天地之性论证人性本善，表明了对人的内在价值的肯定。在这方面，显然上承了孔孟，特别是孟子的思路，不过，理学家对人性的看法，又并非孟子性善说的简单重复，就其引入气质之

---

　　①　〔宋〕张载：《张载集》，第 23 页。与张载大致同时的道教金丹派南宋的开山者张伯端，亦对气质之性与天地之性作了区分。不过，他似乎主要着眼于养生，从气质之性向天地之性的返归，更多的与内丹相联系。（参见《玉清金笥青华秘文金室内炼丹诀》卷上，《道藏》第 4 册，北京：文物出版社，上海：上海书店，天津：天津古籍出版社，1988 年，第 88 页。）张载对人性的如上看法则更侧重人格的培养，详后文。

　　②　〔宋〕朱熹：《朱子语类》卷四。

　　③　〔宋〕朱熹：《论语集注·卫灵公》。

　　④　〔明〕王阳明：《传习录上》，《王文成公全书》卷一。

性,并以此解释善恶之形成而言,似乎又吸取了荀子的某些看法。从成人之道看,确认天地之性的意义即在于为成人过程提供了内在根据。天地之性内在于主体,便构成了向善的潜能,这种潜能王阳明称之为"天植灵根"①,完美的人格无非是这种潜能的进一步展开。然而,天地之性就其现实的形态而言,又总是与气质之性纠缠在一起,而气质又有善恶之分,这就使潜能的展开必然伴随着为善去恶的工夫。正是气质之性的存在,使后天作用构成了成人过程必不可少的环节,后者具体便表现为变化气质:

> 为学大益,在自求变化气质。②
>
> 今日为学用力之初,正当学问思辨而力行之,乃可以变化气质而入于道。③

变化气质与荀子所谓"化性起伪"颇有相通之处。牟宗三以为朱子的头脑近于荀子,④就此而言似不无道理,不过这一断语并不全面。从总体看,理学(包括朱子学)在成人之道上带有折中孟荀的特点:如果说,变化气质上承了荀子的化性起伪,那么,以天地之性为成人的根据则导源于孟子的性善说。宋明理学对气质之性与天地之性的设定,当然带有思辨构造的意味,但它由此肯定理想人格的培养既要以内在潜能为根据,又离不开后天的作用过程,展示的是一种范围孟荀而进退之的气度及更为开阔的理论视野。

变化气质具体展开为一个穷理与涵养交互作用的过程。朱熹对

---

① 〔明〕王阳明:《传习录下》,《王文成公全书》卷三。
② 〔宋〕张载:《张载集》,第 274 页。
③ 〔宋〕朱熹:《答汪尚书》,《朱文公文集》卷三十。
④ 参见牟宗三:《中国哲学十九讲》,第 400 页。

此作了如下概述：

> 存养与穷理工夫皆要到。然存养中便有穷理工夫，穷理中
> 便有存养功夫。①

穷理即知其所当然，它主要表现为一个理性化的过程。在理学家看来，唯有通过理性的明理过程，才能由气质之性返归天地之性："惟积学明理，既久而气质变焉。"②在人格设定上，理学以"明"为理想人格的内在规定，穷理以达天性，可以视为这一思路的逻辑展开，它同时内在地体现了儒家的理性主义传统。

相对于穷理的理性化过程，涵养更多地与主体的省察、体悟相联系。按理学之见，气质的变化，德性的培养，不能仅仅凭借理智的讲论、明辨、理解，而要经过自身的切实体究："此个道理，须是用工夫自去体究。讲论固不可阙，若只管讲，不去体究，济得甚事。"③"圣人气象自是圣人的，我从何处识认？若不就自己良知上真切体认，如以无星之称而权轻重。"④在穷理中，自我仅仅是主体而不是对象，思维的过程主要指向对象，在涵养中，自我既是主体又是对象，整个过程带有反身的特点；正是通过涵养，主体的所体所验开始与自身的生命存在融合为一，由明而诚的觉悟过程，在某种意义上也正是通过自我的涵养而实现的。理学的这些看法，显然已较为深入地注意到了成人过程的特点。

从德性培养的角度看，理智的讲论、辨析与自我的体悟、体究确

---

① 〔宋〕朱熹：《朱子语类》卷六十三。
② 〔宋〕程颢、程颐：《二程集》，第1183页。
③ 〔宋〕朱熹：《朱子语类》卷一一三。
④ 〔明〕王阳明：《传习录中》，《王文成公全书》卷二。

实有各自的侧重点。一般而言,理智的理解是一个道德认识的过程,其结果主要表现为关于当然的知识。体认则是对理智所接受的内容的再省察,用朱熹的话来说,即"体认是把那听得底自去心里重复思量过"①。这种再省察已非单纯的认知,而是表现为理性认知、价值评价以及实践体验的综合作用,它也并非仅仅指向对象,而是一种与自我的生命存在融合为一的切己体悟,由此所沉积的是一种以德性为内容的人格结构,这种人格结构反过来又会影响明理的过程。总之,道德认识(穷理)与道德涵养(体认)是一个相互区别而又相互作用的过程;穷理为涵养提供了理智的基础并渗入于涵养之中;涵养所凝聚的人格本体又制约着穷理过程。宋明理学强调穷理与涵养不可偏废,似乎已有见于此。

穷理与涵养的统一,并不具有思辨的性质。作为变化气质的成人过程,它即展开于日用常行之中:

> 此理初无内外本末之间,凡日用间涵泳本源,酬酢事变,以至讲说辨论,考究寻绎,一动一静,无非存心养性,变化气质之实事。② 不离日用常行内,直造先天未画前。③

日用即道是儒家的基本观念,《中庸》对此有过系统的阐释。理学所谓于日用间涵泳本体,显然以此为理论前提。对日常世界的注重,固然容易抑制创造的冲动;但强调变化气质的实事即内在于日用常行,则使成人过程不同于超验的玄思及神秘的反省。如所周知,日常世

---

① 〔宋〕朱熹:《朱子语类》卷一百四。
② 〔宋〕朱熹:《答李伯谏》,《朱文公文集》卷四十三。
③ 〔明〕王阳明:《别诸生》,《王文成公全书》卷二十。

界具有不可选择的性质。对主体来说,日常世界总是一种既定的存在。主体的在世,首先便是存在于日常世界,后者实际上构成了主体精神升华的本体论前提。海德格尔将日常的共在理解为自我的沉沦,唯有从日常世界返归自我的内在世界,才能在烦与畏的体验中领悟个体存在的价值。相对于此,理学主张在日常世界中达到理想的人格境界,无疑更多地注意到了内在性与超越性的统一,并展现了较为健全的价值取向。

日用常行既有现实性的品格,又在本质上展开为一个实践的过程,在日用间涵泳本源,同时意味着通过切实的力行以体悟圣人气象。按朱熹的理解,"圣人气象"的特点是:

> 虽超乎事物之外,而实不离乎事物之中,是个无事无为底道
> 理,却做有事有为之功业。天样大事也做得,针样小事也做得。①

这里的"事",主要即是日常践履。二程一再强调孟子的"必有事"②,其内在的意蕴也是注重日用之行。成人过程不离践履,这一观念已见于先秦儒家。孔子"习相远"中的习,便包括广义的行,宋明新儒学上承的正是这一传统。人格作为道德理想的具体化,与主体实践具有难分难解的关系:它不仅唯有通过行为过程才能得到外在展现,而且只有在长期的自我磨炼中才能形成稳定的本体结构。这种磨炼常常并非采取惊天动地的形式,毋宁说,它更多地展开于日常世界中细微平凡的活动中:"君子之行也,不远于微近纤曲而盛德存焉。"③理学

---

① 〔宋〕朱熹:《朱子语类》卷四十。
② 〔宋〕程颢、程颐:《二程集》,第27页。
③ 〔明〕王阳明:《远俗亭记》,《王文成公全书》卷二十三。

家将人格培养与日用常行联系起来,一方面赋予日常的庸言庸行以某种超越的意义,另一方面又使成人过程避免了由超越走向虚寂;这种看法具体地体现了成人过程与日用即道的统一,并进一步展示了儒家内在超越的价值取向。

不过,日常世界的生活践履往往表现为同一模式的循环往复,其价值追求是重复而非创造。同时,理学家将本善之性(天地之性)视为成圣(达到理想人格)的"天植灵根",以为理想人格的全部内涵已具体而微地蕴含于这种先天的根据之中,涵养过程无非是转换不良的气质,净化后天的习染,以回复到本善的起点。依此,则人格的完善并不表现为新质的形成过程,它在本质上缺乏一种创造的性质。当成人过程与日用即道(于日用间涵养本体)相融合时,其原创性便相应地被进一步淡化。这种思维趋向,使理学家在人格学说上很自然地接受了李翱的复性说:

> 明德者,人之所得乎天,而虚灵不昧,以具众理而应万事者也。但为气禀所拘,人欲所蔽,则有时而昏。然其本体之明,则有未尝息者,故学者当因其所发而遂明之,以复其初也。[1]
> 心之本体,即是天理。……学者用功,虽千思万虑,只是要复他本来体用而已。[2]

天赋之性是一种不变的本体,将后天工夫规定为向本体的回复,或多或少使理想人格的培养带上了某种封闭的性质。依据这种理解,成圣实质上已非新的人格的形成过程,而主要表现为某种预定的单一

---

① 〔宋〕朱熹:《大学章句》。
② 〔明〕王阳明:《传习录中》,《王文成公全书》卷二。

模式的不断再现,人格的开放性、多样性再一次被忽视,而理想人格的凝固性、划一性,则由此得到了进一步的强化。它从一个侧面凸显了宋明新儒学在价值追求上的内在弱点。

# 第八章

# 明清之际：历史的反省与自我转换

        明清之际，历史出现了引人注目的变迁。这种变迁不仅表现为朝代的兴亡更迭，而且在更深刻的意义上展开于经济、文化等各个层面。新的社会经济因素的滋长以及市民阶层的崛起，西学的东渐，农民对传统社会秩序的批判，以及清兵入关引起的民族矛盾的激化，等等，形成了不同程度的社会震荡，并直接或间接地冲击着占主导地位的儒家价值体系。

        从思想史上看，明清之际是一个群星灿烂的时代。黄宗羲、顾炎武、王夫之、傅山、方以智、孙奇逢①、

---

    ①   孙奇逢（1584—1675），字启泰，号钟元，原籍直隶容城（今河北徐水县）。因讲学于辉县夏峰村，人称夏峰先生。明清之际重要的思想家、教育家。曾起兵抗清，晚年办书院（转下页）

李颙①、唐甄②等思想家同时或相继活跃于思想舞台,蔚为壮观。在为学旨趣上,这些思想家大多未离儒家立场,其中不少人还被同时代人或后人奉为一代大儒。然而,作为敏锐的思想家,他们比其他人更深切地感受到了时代的震荡。正是以普遍的历史剧变为背景,明清之际的大儒在承继儒学传统的同时,又对其作了多方面的反省和转换,这种反省和转换在某种意义上具有自我批判的性质。就其外在形态而言,儒学的自我批判首先表现为对理学(宋明新儒学)的反动,明清之际的大儒几乎都对理学作过不同程度的理论诘难,并以各种方式提出了从理学回归原始儒学的历史要求。这样,儒学的自我批判在一定意义即取得了复兴儒学(复兴原始儒学)的形式。当然,正如欧洲的文艺复兴并非简单地回到古典时代一样,以自我批判为内涵的儒学复兴同样深深地刻上了明清之际的时代印记。

以复兴传统为形式的儒学自我批判,其内容涉及多重领域,而价值体系的反省和调整,则始终是其重心。如前所述,新的社会经济因素的滋长、市民意识的萌生、西学的东渐等等,与阶级、民族的冲突交织在一起,既冲击了儒家的价值体系,也为其自我反省和转换提供了新的背景与参照系,从而使人们较以往更容易看到它的消极面与有恒久生命的趋向。事实上,在清算理学的形式下,明清之际的诸儒同时也从不同方面对整个儒家价值观作了自我总结,而儒家的价值体

---

(接上页)讲学。清初,与黄宗羲、李颙同被誉为"三大儒"。著作有《理学宗传》、《道一录》、《圣学录》、《四书近指》,诗文、语录等被收入《夏峰先生集》。

① 李颙(1627—1705),字中孚,号二曲,陕西周至人。曾讲学于中州、江南,拒绝清廷多次征召。学术上主张"明体适用",范围朱陆而进退之。著作有《二曲集》。

② 唐甄(1630—1704),字铸万,别号圃亭,四川达州(今四川达县)人。中举人后,会试不第,曾任十个月的知县,不久罢官,从此一意治学。代表作为《潜书》,其中提出了一系列政治主张,对君主专制多有批评。

系则在延续中又被赋予新的历史内涵。儒学的这种自我反省与转换主要展开于明清之际,其余波则触及清中期。本书的历史考察也主要围绕这一历史时期。

## 一 经纬天地:逸出内圣之境

儒学演变到宋明时期,内圣逐渐成为主导的价值目标,儒学在某种意义上取得了心性之学的形态。相对于原始儒学,理学(宋明新儒学)对内在心性的完善确实予以了更多的关注,在朱熹对陈亮的诘难中①,传统的外王几乎完全为内圣的价值追求所涵盖。然而,至明清之际,"天崩地解"的历史剧变开始使理学的如上价值取向越来越显得苍白贫乏,而理学家的心性之学也逐渐失去了往日的光环。在总结明亡历史教训时,明清之际诸儒几乎都追溯到了内圣压倒外王的理学价值定势。于是,从理学(宋明新儒学)回归原始儒学,便成为明清之际普遍的时代要求。尽管明清之际诸儒对理学的态度不尽相同,如一些人较多地批评了程朱理学,另一些人着重以陆王心学为抨击对象,但在总体上却表现出一种相近的趋向,即抑宋明理学而扬原始儒学。王夫之虽吸纳了宋明理学的某些思维成果,但同时又对其作了多方面的责难:"朱子以格物穷理为始教,而檃括学者于显道之中;乃其一再传而后,流为双峰、勿轩诸儒,逐迹蹑影,沉溺于训诂。故白沙起而厌弃之,然而遂启姚江王氏阳儒阴释诬圣之邪说。"②在王氏看来,与宋明的理学家相对,古之儒者则无狂思荡理之弊:"抑古之为士者,秀而未离乎其朴,下之无记诵词章

---

① 朱、陈曾就王霸等关系往返驳难,展开论战。
② 〔明〕王夫之:《张子正蒙注·序论》。

以取爵禄之科,次之无权谋功利苟且以就功名之术;其尤正者,无狂思陋测,荡天理,蔑彝伦而自矜独悟。"①正是基于如上的历史比较,王夫之提出了"六经责我开生面"的主张,而复兴经学的内在意蕴则是复兴原始儒学。

在顾炎武那里,以上的历史意向得到了更明确的表述:

> 然愚独以为,理学之名,自宋人始有之。古之所谓理学,经学也……今之所谓理学,禅学也。②

这里的经学即是本然形态的儒学。所谓理学即经学,实质上即是要求从明心见性的理学,回到儒学的本然形态。顾炎武曾批评宋明理学"以明心见性之空言,代修已治人之实学"③,而理学即经学正是与之相对的反命题。这一主张当然并非明清之际首次提出,早在明代嘉靖隆庆年间,归有光即已有类似的看法:"天下学者,欲明道德性命之精微,亦未有舍六艺而可以空言讲论者也。"④不过,归氏的见解虽然为尔后的儒学复兴提供了理论先导,但在当时并没有产生重要的反响,唯有到了明清之际,以深入的历史反省为前提,从心性之学向原始儒学的返归,才成为普遍的思想呼声。

作为一种时代思潮,向传统儒学的回溯当然绝非仅仅为了发思古之幽情。从价值观的演进看,复兴原始儒学的真正意蕴,首先在于

---

① 〔明〕王夫之:《张子正蒙注·序论》。

② 〔清〕顾炎武:《与施愚山书》,《亭林文集》卷三,北京:中华书局,1983年,第58页。

③ 〔清〕顾炎武:《日知录》卷七。

④ 〔明〕归有光:《送计博士序》,《震川先生集》,上海:上海古籍出版社,1981年,第213页。

价值重心和目标的转换。为了具体地了解这一点,我们不妨看一看清初之儒黄宗羲对原始儒学内涵的阐释:

> 儒者之学,经纬天地,而后世乃以语录为究竟,仅附答问一二条于伊洛门下,便厕儒者之列,假其名以欺世。治财赋者,则目为聚敛;开阃扞边者,则目为粗材;读书作文者,则目为玩物丧志;留心政事者,则目为俗吏。徒以生民立极,天地立心,万世开太平之阔论钤束天下,一旦有大夫之忧,当报国之日,则蒙然张口如坐云雾,世道以是漻倒泥腐,遂使尚论者以为立功建业别是法门,而非儒者之所与也。①

这里首先对儒者之学与后世儒学作了区分,前者是儒学的原始形态,后者则是宋明新儒学(理学)。在黄宗羲看来,二者具有完全不同的价值取向:原始儒学以经纬天地、立功建业为追求的目标,后世理学则鄙视事功、空谈立心。于是,从后世理学向原始儒学的回归,也就意味着超越心性之论而确立经世事功的价值目标。历史地看,儒家的价值体系在其形成之时便已包含内圣与外王双重路向,尽管儒家一开始即把重心放在内圣一侧,但外王的观念并未因此而泯灭。从荀子到董仲舒,外王的追求一直不绝如缕,而明清之际的诸儒则在回到原始儒学的形式下,空前地强化了这一价值取向。王夫之的"尽废古今虚妙之说而返之实"②、顾炎武的"综当代之务"③、孙奇逢的"经

---

① 〔清〕黄宗羲:《赠编修弁玉吴君墓志铭》,《南雷文定后集》卷三。
② 〔清〕王敔:《大行府君行状》。
③ 〔清〕顾炎武:《日知录》卷七。

世宰物"①、朱之瑜②的"经邦弘化、康济艰难"③,以及后来万斯同④所谓"经世之学,实儒者之要务"⑤等,无不体现了如上趋向。

这是一种价值重心的转换。尽管它在形式上表现为传统的回归,并且事实上也确实从一个方面上承了原始儒学,但它绝非传统价值观的简单重复。如前所述,原始儒学虽然内含外王与内圣双重路向,但二者之间始终存在着价值地位的倾斜:内圣一开始便被赋予了本位的意义。相形之下,在明清之际,二者的关系已发生了引人注目的变化。从这一时期诸儒对仁义与事功的关系的辨析中,我们可更具体地窥见此点:

> 道无定体,学贵适用。奈何今之人执一以为道,使学道与事功判为两途。⑥

> 事功节义,理无二致……离事功以言道德,考亭终无以折永康之论。⑦ 自仁义与事功分途,于是言仁义者陆沉泥腐……岂知古今无无事功之仁义。⑧

① 〔清〕孙奇逢:《夏峰先生集》卷四,北京:中华书局,2004 年。

② 朱之瑜(1600—1682),字鲁玙,号舜水,浙江余姚人。出身世族,少时即怀经世之志。清兵入关后曾参加抗清斗争,明亡后东渡日本,留居长崎,晚年主要在日本讲学,对日本近代文化产生了重要影响。著作主要收入《朱舜水集》。

③ 〔明〕朱之瑜:《朱舜水集》,北京:中华书局,1981 年,第 383 页。

④ 万斯同(1638—1702),字季野,号石园,浙江鄞县人。师事黄宗羲,为黄氏高足。曾参加《明史稿》修撰,为浙东学派的重要人物。著作有《儒林宗派》、《群书辩疑》、《石园文集》等。

⑤ 〔清〕万斯同:《石园文集·与从子贞一书》。

⑥ 〔清〕黄宗羲:《姜定庵先生小传》,《南雷文定五集》卷三。

⑦ 〔清〕黄宗羲:《明名臣言行录序》,《南雷文定后集》卷一。

⑧ 〔清〕黄宗羲:《国勋倪君墓志铭》,《南雷文定四集》卷三。

这些看法,并非仅仅是黄宗羲一人之见,它所代表的乃是当时诸儒的普遍见解。肯定内在仁义与外在事功的统一,当然很难说是一种新的价值观,但值得注意的是,在二者的统一中,侧重之点已开始转向事功。按黄宗羲之见,仁义并非仅仅存在于内在道德世界,它应当具体展现于事功过程,质言之,正是外在的事功,构成了内在德性的现实确证。所谓离事功则"言仁义者陆沉泥腐","无无事功之仁义"等等,强调的也正是这一基本点。可以看出,在这里,外王不再仅仅是附庸,它实质上已多少由价值体系的边缘走向其核心。价值原则的如上倾斜显然既不同于宋明理学,也有别于原始儒学,它在某种意义上表现为儒家价值观的折变。

价值重心转换的背后,是历史的变迁。晚明以来,多重矛盾的交织,使整个社会处于深重的危机之中。朝政的腐败导致了政治的昏暗;土地兼并的加剧,又进一步激化了社会矛盾;女真族的进逼,则使外患日趋严重。总之,衰败没落之势已日渐显露。明末的东林学者已敏锐地注意到了这一点:"臣观天下事势岌岌矣。"[1]明亡之后,诸儒痛定思痛,从不同方面分析明季衰世形成的根源,而明心见性的路向,则是诸儒归咎的首要对象。顾炎武的如下议论,在相当程度上代表了清初诸儒的普遍看法:"刘石乱华,本于清谈之流祸,人人知之,孰知今日之清谈有甚于前代者。昔之清谈谈老庄,今之清谈谈孔孟,未得其精而已遗其粗,未究其本而先辞其末。不习六艺之义,不考百王之典,不综当代之务,举夫子论学、论政之大端一切不问,而曰一贯,曰无言。以明心见性之空言,代修己治人之实学,股肱惰而万事荒,爪牙亡而四国乱,神州荡覆,宗社丘墟。"[2]将明亡的根源归结为明

---

① 〔明〕高攀龙:《今日第一要务疏》,《高子遗书》卷十七。
② 〔清〕顾炎武:《日知录》卷七。

心见性的内圣趋向,当然并未触及问题的真正症结,但这里重要的是:它从一个方面隐隐地折射出,单纯的内圣进路已不再适应历史的需要。如果说,维系既存社会秩序的要求使宋明新儒学更多地关注于主体心性的涵养,那么,动荡剧变之秋则将弘邦经世的外在事功推向了时代的前沿。两种不同的价值趋向,分别体现了不同的历史选择。

价值重心的转换内在地制约着人格理想。宋明新儒学追求明心见性,最终指向人性的完善,而理学家所推崇的人格典范,也就是所谓醇儒,其特征在于惩忿窒欲,持敬内敛。从开物成务、救世安邦的历史需求出发,明清之际诸儒对理想的人格重新作了界定。与理学的醇儒境界相对,这一时期所普遍呼唤的是经纬天地、建功立业的英雄和豪杰:

> 千古之英雄豪杰,经世宰物莫有外焉。[1] 未有圣贤而不豪杰者也。能兴即谓之豪杰。[2]
> 学莫先于立志。立志则为豪杰,不立志则为凡民。[3]

如此等等。在这里,豪杰已取代醇儒而成为新的人格范型。

豪杰的观念,当然并不是明清之际首次出现;孟子早已提到豪杰[4],王阳明则进一步将豪杰精神提到了引人注目的地位。不过,在孟子、王阳明那里,豪杰精神更多地表现为一种内在的品格,其特点在于保持自我的道德操守,不为世俗所移。所谓"自非豪杰,鲜有卓

---

① 〔清〕孙奇逢:《两大案录序》,《夏峰先生集》卷四。
② 〔明〕王夫之:《俟解》。
③ 〔清〕黄宗羲:《孟子师说》卷七。
④ 参见《孟子·尽心上》。

然不变者"①,便表明了这一趋向。对豪杰精神的这种理解,仍未超出内圣的范畴。相形之下,明清之际的诸儒则赋予了豪杰以完全不同的内涵。从颜元对汉宋以来儒生的批评中,即不难看到此点:"汉宋以来,徒见训诂章句、静敬语录与帖括家,列朝堂、从庙廷、知郡邑、塞天下痒序里塾中白面书生;微独无经天纬地之略、礼乐兵农之材,率柔脆如妇人女子,求一腔豪爽倜傥之气,亦无之!"②豪杰既非惩忿窒欲的醇儒,也非温良柔雅的书生,他具有经天纬地之胆略,其视野早已超越了自我的完善而转向广阔的外部世界。对豪杰精神的如上理解,与南宋永康事功学派颇有相通之处。在就王霸问题与朱熹展开的辩难中,陈亮一反理学的陈腐说教,强调理想人格应当具有"推倒一世之智勇",明末清初诸儒的人格学说与之显然前后相承。

作为不同于醇儒的人格典范,豪杰首先具有实践的品格。儒家讲成人,本有注重践履的传统。不过,就其主要倾向而言,传统儒家的所谓行,更多地偏重道德实践,而宋明理学则进一步将其纳入了居敬涵养的轨辙。在明清之际诸儒看来,以涵养为内容的践履,并不是未来意义上的实践,真正具有豪杰气概的儒者,应当在辅世济民的现实过程中展开其人格力量:"儒者天地之元气,以其在上在下,皆能造就人材以辅世泽民、参赞化育故也。若夫讲读著述以明理,静坐主敬以养性,不肯作一费力事,虽曰口谈仁义,称述孔孟,其与释老之相去也者几何?"③在这里,理想的人格已与广义的社会实践融为一体,它从另一侧面强化了外王的价值取向。

---

① 〔明〕王阳明:《与辰中诸生》,《王文成公全书》卷四。

② 〔清〕颜元:《泣血集序》,《习斋记余》卷一,《颜元集》下,北京:中华书局,1987年。

③ 〔清〕颜元:《存学编》卷二,《颜元集》上。

外在实践展示了豪杰之士的总体特征,但这并不意味着理想人格仅仅表现为一种单一的模式。明末清初的儒家思想家费密①即已明确提出:"不尽律人以圣贤。"②这一主张的内在意蕴便是反对人格的划一化。在清初诸儒看来,人格不必求全,只要具有某一方面的专门才干,并在实践中加以具体的运用,便不失为豪杰:"各专一事,未尝兼摄,亦便是豪杰。"③每一主体各专一事,综合起来,便形成了人格的多样发展趋向。黄宗羲对此作了具体的阐述:

> 从来豪杰之精神,不能无所寓。老、庄之道德、申、韩之刑名,左、迁之史,郑、服之经,韩、欧之文,李、杜之诗,下至师旷之音声,郭守敬之律历,王实甫、关汉卿之院本,皆其一生之精神所寓也。④

经世活动表现为广义的文化创造,后者展开于哲学、政治、历史、文学艺术、科学等各个领域,正是在这种不同的文化创造中,理想的人格取得了多样的形式。对豪杰精神的如上界定,显然不同于理学家片面地以醇儒律人,它同时也使外王的价值路向超越了狭义的力行而获得了更为丰满的内涵。

可以看出,儒家的价值体系演进至明清之际,确实出现了重要的折变。以深刻的历史震荡为契机,广义的经世事功成为普遍的价值

---

① 费密(1623—1699),四川新繁(今属成都市)人,早年曾受程朱理学的影响,后转向实学。主张"通人事以致用"(《弘道书》卷下)。著作甚丰,但不少已失传,现存主要著作为《弘道书》。

② 〔清〕费密:《弼辅录论》,《弘道书》卷上。

③ 〔清〕颜元:《学须》,《习斋言行录》卷下,《颜元集》下。

④ 〔清〕黄宗羲:《勒熊封诗序》,《南雷文定后集》卷一。

尺度,与之相应,在回到原始儒学的形式下,价值重心开始由内圣向外王倾斜,后者渗入于人格理想,即表现为从醇儒到豪杰的转换,而作为一种新的思维定势,它则同时展开于儒家价值体系的各个方面。这种价值趋向既与明末清初的实学思潮彼此呼应,又超越了学术思潮的层面而具有普遍的范导意义。

## 二 经学的实证化与理性的工具意义

价值重心的转换体现于儒家价值体系的内在结构,便进一步涉及儒家的理性主义原则。

崇尚理性,是儒家基本的价值趋向。自先秦开始,儒家便逐渐形成了理性主义的价值传统。孔子在突出仁道原则的同时,又强调仁知统一,从而奠定了理性原则在儒家价值体系中的地位。儒家之拒斥超验的彼岸世界,抑制意志的盲目冲动,强调自觉地由仁义行,突出人格的理智规定,等等,无不体现了理性主义的价值原则。即使附会天人的董仲舒,同样在天人感应的神秘形式下注入了理性的内涵。正是这种理性主义的传统,使儒家与宗教的迷狂始终保持了相当的距离,并超越了意志主义的原则,在这方面,儒家无疑展示了较为健全的价值取向。

然而,在儒家那里,理性原则虽然得到了确认,但仁知统一的基本格局,却使理性一开始便表现出伦理化的趋向。孔子把"知"界定为知人,意味着以人际的伦常关系为知的内涵,而在人格结构中,知则进一步被涵盖于仁义之中。根据这种理解,实践理性显然优先于理论理性,理性的价值意义则相应地压倒了其工具意义。在宋明理学那里,儒家如上传统不仅得到了延续,而且进一步趋于极端。如前所述,理学家对德性之知与见闻之知作了严格区分,并强调德性之知的主导地位。所谓德性之知,涉及的首先是主体存在的意义,而不是对象世界的自在规定,它在本质上属于广义的价值理性。确认德性之知的优先性固然有助于避免工具理性的僭越,但由此抑制见闻之知(对事实的认知),则显然使理性变得片面化了。对仁与知以及德性之知和见闻之知的如上定位,往往容易形成轻视乃至贬抑科学的价值定势,后者与内圣的路向在逻辑上相互关联。

作为儒学的后继者,明清之际的诸儒几乎都上承了儒家的理性主义传统,注重理性,追求格物致知大致构成了当时的普遍风尚。然而,这一时期的诸儒对理性之知的理解,却出现了与先儒有所不同的趋向;尽管他们并不否定德性之知,但其视野却已在很大程度上超越了伦理之域。从顾炎武、方以智到戴震、阮元①,注意的重心已首先指向了实学。顾炎武指出:

> 士当求实学,凡天文、地理、兵农、水土及一代典章之故,不可不熟究。②

方以智则把经济、技艺等都列入道的学说之中③,并主张研究质测之学:"物有其故,实考究之,大而元会,小而草木蠡蠕,类其性情,征其好恶,推其常变,是曰质测。"④所谓质测之学,主要即表现为事实的认知。在此,理性的领域已由德性之知扩及广义的科学知识。

①  阮元(1764—1849),字伯元,号芸台,江苏仪征人。二十五岁中进士,曾任山东学政、浙江学政、内阁学士。治学严谨,曾撰《十三经注疏校勘记》,为乾嘉学派的重镇。论学之旨,在"实事求是"(《研经室集·自序》)。
②  〔清〕顾炎武:《亭林余集·三朝纪事阙文序》。
③  〔明〕方以智:《通雅·文章薪火》。
④  〔明〕方以智:《物理小识·自序》。

明末清初诸儒对知与学的如上理解,使传统的知识范畴发生了引人注目的变化,这种变化不仅在于其外延的扩大,而且更在于其内涵的深化。在传统的儒家价值体系中,天文、地理等质测之学只是技,唯有涉及存在意义的德性之知,才进入了道的领域;相对于道,技只具有从属的性质,其地位完全无足轻重。相形之下,明清之际诸儒则对质测之学作了不同的定位:它已在某种程度上由技提升为道。顾炎武将天文地理等视为实学,已表现了这一趋向。阮元则更明确地把数学等规定为:"儒流实事求是之学"①,亦即把科学由一般的"学"进而引入儒学之中,从而使之不再仅仅表现为德性之知的附庸。在质测之学由技到道的演化背后,是工具理性价值地位的提升。较之理学家指斥科学研究为玩物丧志,这里体现的价值取向显然有所不同。

宋明新儒学(理学)好谈格物穷理。然而,与强调德性之知的至上性相应,宋明新儒学往往将穷理过程与涵养过程融合而为一,从而使之失去了认知的意义而完全从属于伦理的体认。与理学的这一思路相对,明清之际诸儒开始致力于格物与质测的沟通。王夫之曾对格物作了如下的界说:

> 盖格物者,即物以穷理,惟质测为得之。②

在此,格物已被视为一种带有实证性质的研究过程。正是根据这种理解,明末清初的诸儒对传统的儒学提出了种种批评。针对儒者忽视具体科学的偏向,方以智提出:"历数律度,是所首重,儒者多半弗

---

① 〔清〕阮元:《畴人传·序》。
② 〔明〕王夫之:《搔首问》。

问,故秩序变化之原,不能灼然。"①科学知识的贫乏,必然导致妄立虚理,王锡阐已注意到了这一点:"儒者不知历数,而援虚理以立说。"②王锡阐是清初著名思想家③,与顾炎武等人关系甚深,学术见解也大致相近。他的观点,实际上代表了当时诸儒的普遍看法。

与返观心性的内圣之学不同,质测之学本质上旨在明自然之理,后者决定了它首先将指向外部对象。黄宗羲曾批评明儒喻国人(春山)以《周易》之卦象附会昼夜之长短,而完全无视具体的天象:"舍明明可据之天象,附会汉儒所不敢附会者,亦心劳而术拙矣。"④这里的内在要求即是以外部存在(天象)为据,以自然为考察对象,它已隐约透露出面向自然的致思趋向。探索自然需要一种尊重事实的态度,黄宗羲对主观附会的否定,已从一个方面表明了这一点。清初的另一些儒家学者对此作了更具体的阐释,如王锡阐便一再主张"验于天"和"实测":"验于天而法犹未善、数犹未真、理犹未阐者,吾见之矣;无验于天而谓法之已善、数之已真、理之已阐者,吾未之见也。"⑤这种看法对乾嘉时期清儒同样产生了重要的影响,焦循⑥即认为,自然对象只能以实测而知:"天不可知,以实测而知。……非可以虚理

① 〔明〕方以智:《天类》,《物理小识》卷一。
② 〔清〕王锡阐:《晓庵新法·自序》。
③ 王锡阐(1628—1682),字寅旭,号晓庵,江苏吴江人。明亡后,痛不欲生,曾数次自尽,但均未遂。后转而发愤研究天文历数之学,成为清初兼通中西天文学的著名学者。著作有《晓庵新法》、《历法》、《历策》、《五星行度解》等。
④ 〔清〕黄宗羲:《答范国雯问喻春山历律》,《黄宗羲全集》第10册,杭州:浙江古籍出版社,1985年,第184页。
⑤ 〔清〕王锡阐:《推步交朔·序》。
⑥ 焦循(1763—1820),字理堂,又字里堂,世居江都黄珏(今属江苏邗江县)。考进士未第,遂潜心著述,涉猎甚广,对史学、文学、音韵、医学、生物、地理等都有研究,尤精于推步历算。著作甚多,有《易学三书》、《孟子正义》、《里堂学算记》、《医说》等,另有文集《雕菰集》等。

尽,非可以外心衡也。"①这里体现的,是一种实证的精神,而实证精神正是工具理性的基本要求之一。就此而言,引入实证精神,意味着更具体地确认工具理性的意义。

把握对象之理,不仅需要实证的态度,而且涉及一系列的思维方法,而为明末清初诸儒所特别关注的,则是数学的方法。早在明末,徐光启、李之藻等便对数学的方法予以了高度的重视。如李之藻即提出了"缘数寻理"的主张②。清初的黄宗羲进一步将这种方法论原则概括为"借数以明理"③。所谓"缘数寻理"或"借数明理",也就是以数学的方法揭示对象的本质及规律。清儒对这种以数明理的方法,普遍抱有信赖的态度。王锡阐在要求实测的同时,又指出:"欲求精密,则必以数推之,数非理也,而因理生数,即因数可以悟理。"④后来,阮元更以是否把握数学方法为判断通儒的准则之一:"数为六艺之一,而广其用则天地之纲纪,群伦之统系也。天与星辰之高远,非数无以效其灵;地域之广轮,非数无以步其极;世事之纠纷繁颐,非数无以提其要。通天地人之道曰儒,孰谓儒者而可以不知数乎?"⑤在此,以数明理被赋予了普遍的方法论意义,并成为儒学的题中应有之义。就其内涵而言,以数明理基本上表现为一种逻辑的运演(推导)。它所趋向的,是一种形式的理性化;而工具理性所追求的,也正是这样一种形式的理性化,它与价值意义上的合理性意味颇有不同。如果说,实证精神主要从总体上展示了工具理性的一般原则,那么,数学方法所体现的严密性和形式化趋向则构成了工具理性更内在的特

① 〔清〕焦循:《易图略自序》,《雕菰集》卷一六。
② 〔明〕李之藻:《同文算指序》。
③ 〔清〕黄宗羲:《答忍庵宗兄书》,《南雷文定五集》卷一。
④ 〔清〕王锡阐:《历说一》,《松陵文录》卷一。
⑤ 〔清〕阮元:《里堂学算记序》,《研经室三集》卷五。

征。这样,确认以数明理的普遍意义,实质上也就从另一侧面高扬了工具理性。

实证性与逻辑的严密性作为一种普遍的方法论原则,同样制约着经学。自两汉以来,经学已逐渐成为儒学的正统形态。明末清初(以及清中期)的诸儒虽然已开始注意到明自然之理,但并未由此走出经学之域。顾炎武要求从理学回归经学,王夫之以"六经责我开生面"自勉,等等,均未摆脱以经学为儒学之正统这一传统观念。不过,与宋明新儒学将经学理学化不同,明清之际的诸儒更多地致力于经学与质测之学的沟通。前文曾提及顾炎武强调"士当求实学",而明实学也同时被视为通经的必要条件。戴震后来对此作了更明确的表述:"至若经之难明,尚有若干事:诵《尧典》数行至'乃命羲和',不知恒星七政所以运行,则掩卷不能卒业;诵《周南》、《召南》,自《关雎》而往,不知古音,徒强以协韵,则龃龉失读。诵《古礼经》,先《士冠礼》,不知古者宫室、衣服等制,则迷于其方,莫辨其用。不知古今地名沿革,则《禹贡》职方失其处所。不知'少广','旁要'则《考工》之器不能因文而推其制。不知鸟、兽、虫、鱼、草、木之状类名号,则比兴之意乖。"[1]概言之,治经总是涉及天文、地理、数学、语言、生物、机械等具体科学。在此,质测之学已被理解为经学的工具。

正是以科学的观念为工具,有清一代的经学取得了不同以往的面目。宋儒治经,一般偏重义理的阐发,而其末流则往往流于附会臆断。清儒立说,首先以本文为据,从音、义、形等方面入手考释字义,并辅之以版本的辨伪、校勘,具体科学知识的参证,等等。至乾嘉时期,音韵学、校勘学等具体科学逐渐趋于成熟,形成了附庸蔚为大国

---

[1] 〔清〕戴震:《与是仲明论学书》,《戴震集》,上海:上海古籍出版社,1980年,第183页。

的格局。具体科学在经学内部的成长,从一个侧面展示了工具理性或科学理性地位的提升。尤为值得注意的是,随着经学之趋向于朴学,治经方法本身也发生了重要的折变。与宋儒重性理、轻实证不同,清儒揭橥实事求是的原则:"通儒之学,必自实事求是始。"①以此为出发点,他们主张"会通义例"与"一以贯之"的统一,"会通义例"即从具体的经验材料中概括出一般的条理,"一以贯之"则是以一般的义例通则为指导进而考察特殊的现象,二者展开为归纳与演绎的交互作用。与会通义例和一以贯之相联系的,是溯源达流的历史主义方法②,而通过博考精思,条理分析以及寻源溯流之后所作出的断论,最后又必须诉诸严密的验证,唯有如此,方为十分之见:"所谓十分之见,必征之古而靡不条贯,合诸道而不留余议,钜细毕究,本末兼察。"③清儒的这种治经方法,本质上接近于实证科学的原则,正是这一事实,使清代经学常常被称为朴学。如果说,宋明理学赋予经学以形而上的特性,那么,清代诸儒则使经学趋于实证化。

按其本义,经学首先代表了一种正统的意识形态。作为意识形态,它主要体现了一定时期人们的愿望、理想、评价准则、文化模式、行为目标等,而后者无疑属于广义的价值理性,相对于经学的意识形态内容,天文、历数、音韵等具体科学及博考精思、严于求是的方法论思想,则更多地展示了理性的工具功能。清儒将具体科学及实证方法引入经学,以此作为治经的必要手段,明显地表现出融合二者的趋向。事实上,在经学实证化的背后,我们看到的正是工具理性向价值理性的渗入。这种渗入本身蕴含着多重的价值意义。

---

① 〔清〕钱大昕:《卢氏群书拾补序》,《潜研堂文集》卷二十五。
② 参见〔清〕卢文弨:《答朱秀才理齐书》,《抱经堂文集》卷十九。
③ 〔清〕戴震:《与姚孝廉姬传书》,《戴震集》,第185页。

意义之一，是工具理性价值地位更深刻的转换。如前所述，在传统儒学中，科学始终只处于技或艺的领域，当明清之际诸儒将质测由技提升到学时，科学已开始获得自身的价值，在经学实证化的形式下，它则进一步由一般的"学"步入了经学，从而，其价值地位也相应地得到了更高层面的确认。对工具理性的如上注意，或多或少为接受近代的实证科学提供了某种价值依据及心理准备。事实上，明清之际诸儒对西方科学的认同，与工具理性地位的提升，便存在着相辅相成的关系。直到近代，胡适在引入西方近代实证科学方法之时，仍然一再地将其与清儒的治经方法加以沟通，以获得传统的根据。①

然而，清儒以具体科学及实证方法为明经的工具，同时又使其功能及意义受到了限制。作为治经的手段，科学方法的作用多少被囿于经学一隅。尽管随着经学的实证化，经学内部的某些科学分支（如音韵学）逐渐蔚为大国，但服务于治经这一基本点，使之始终未能完全摆脱从属的地位。总之，就经学而言，其实证化意味着扬弃蹈空的心性之学，但就整个时代的运思倾向而言，经学的实证化则意味着工具理性开始转向文献考证。这样，虽然明清之际一度出现了面向自然的呼唤，但面对以实证方法治经的朴学思潮，这种呼唤终于未能成为时代的强音。对工具理性的如上限制，既以明清之际从理学回到经学的历史要求为背景，又体现了儒家传统价值观念的制约。

不过，从另一个视角看，经学的实证化还有其更深层的价值意蕴。一般而论，实证的趋向总是与形而上的超验趋向相对，肯定实证研究的价值，往往逻辑地导向否定形而上学。与宋明理学家时时流露出浓厚的形而上学兴趣不同，清儒更倾向于从事拆解形而上学的

---

① 参见拙作《评胡适对清代朴学方法的改造》，《社会科学战线》，1986 年第 3 期。

工作。戴震曾对宋儒将天理形而上化提出了批评:"宋儒合仁、义、礼而统谓之理,视之如有物焉,得于天而具于心,因以此为'形而上',为'冲漠无朕';以人伦日用为'形而下',为'万象纷罗'。盖由老、庄、释氏之舍人伦日用而别有所贵,道遂转之以言夫理。在天地,则以阴阳不得谓之道,在人物,则以气禀不得谓之性,以人伦日用之事不得谓之道。六经、孔孟之言,无与之合者也。"①理学家将仁、义等当然之则加以超验化,使之成为至上的天理,这既是对价值理性的强化,又表现出蔑视具体存在而崇尚形而上之本体的价值取向。在戴震看来,这种形而上的本体不外是思辨的虚构。他对形而上与形而下作了如下的界说:

> 形谓已成形质,形而上犹曰形以前,形而下犹曰形以后,阴阳之未成形质,是谓形而上者也,非形而下明矣。②

这里体现的,是一种拒斥形而上学的趋向,它不仅展示了一种本体论的立场,而且有其价值观意义。就后者而言,对形而上学的拒斥,即意味着价值重心由超验之域转向具体存在,这种思路与突出技术理性的近代实证主义颇有相近之处。

在传统儒学,特别是宋明儒学中,理(道)作为存在的最高根据,总是给人提供一种终极意义上的满足,而儒学(特别是理学)所追求的,首先也正是这样一种形而上的价值意义。从拒斥形而上学的前提出发,清儒对理的功能作了不同的理解:

---

① 〔清〕戴震:《孟子字义疏证》下,《戴震集》,第 314 页。
② 〔清〕戴震:《绪言》上,《戴震集》,第 352 页。

举理,以见心能区分;举义,以见心能裁断。分之,各有其不
易之则,名曰理;如斯而宜,名曰义。是故明理者,明其区分也;
精义者,精其裁断也。①

就对象而言,理标示一事物区别于他物的特殊规定;就主体认识能力
而言,理性(心)的作用主要在于分析。这种分析所提供的,主要是关
于对象特殊规定的精确知识,而不是终极意义上的关切。不难看出,
与形而上的本体转换为具体的分理相应,理性的实证精神与工具意
义多少冲淡了其价值意义。

　　总之,儒家的理性主义价值原则在明清之际及清代出现了引人
注目的变化。随着质测之知由技到学的提升及经学的实证化,以追
求价值的合理性(实质的合理性)为特征的人本主义理性传统,在某
些方面开始向崇尚工具合理性(形式合理性)的工具主义理性原则扩
展。这种转换既以明末清初经世致用的社会思潮为背景,又明显地
受到东渐之西学的影响。从晚明开始,近代西方的科学思想及科学
方法即开始逐渐传入中国。尽管这一时期所输入的西学常常纠缠着
天主教神学,并且远远谈不上系统和深入,但西方近代科学中所蕴含的
实证精神及工具理性等等,却对占主导地位的儒家价值体系形成了内
在的冲击,并相应地影响着初步接触西学的儒家思想家。早在明末,徐
光启便深有感触地说:"余尝谓其教必可以补儒易佛,而其绪余更有一
种格物穷理之学,凡世间世外,万事万物之理,叩之无不河悬响答,丝分
理解;退而思之,穷年累月,愈见其说之必然而不可易也。"②这里虽夹

<hr>

① 〔清〕戴震:《孟子字义疏证》上,《戴震集》,第267页。
② 〔明〕徐光启:《泰西水法序》,《徐光启集》,上海:上海古籍出版社,1984
年,第66页。

带着某种宗教的认同,但更多地表现了对西方近代科学思想及科学方法的推崇,后者在明清之际成为一种普遍的趋向。方以智曾指出"泰西质测颇精"①,王夫之亦认为"西夷以巧密夸长"②,并对西洋历家的"远镜质测之法"颇为赞赏③。稍后的李塨由此要求"参以近日西洋诸法"④,戴震同样对"西洋之学"作了多方面的肯定,并以为"其制器之巧,实为甲于古今"⑤。直到阮元,仍称赞"西人熟于几何,故所制仪象极为精审"⑥。从科学方法到工艺技术,近代的西学在明末至清代的诸儒中留下了不可忽视的印记。如果说,价值重心向外王的倾斜更多地以天崩地解的社会震荡为历史根据,那么,儒家理性主义传统的某种转换,则从一个侧面折射了西学东渐的时代特征。

### 三 化"天之天"为"人之天"

历史的变迁引发了价值重心的转换,价值体系的某些方面由此而被提到了突出的地位。然而,儒家价值体系在其演进过程中毕竟形成了相对稳定的问题域,天人关系便是其基本的价值问题。作为儒学的认同者,明末至清代的诸儒对此同样予以了自觉的关注。

就人与天地万物的关系而言,诸儒首先确认了人的价值:

---

① 〔明〕方以智:《通雅·读书类略》。
② 〔明〕王夫之:《思问录·外篇》。
③ 同上。
④ 〔清〕李塨:《恕谷年谱》卷三。
⑤ 《四库全书总目提要》卷一一五,子部,谱录类。
⑥ 〔清〕阮元:《南怀仁》,《畴人传》卷四五。

惟人则全具健顺五常之理。善者，人之独也。① 是故人也者，天地至盛之征也。②

天地之中人独贵，这是儒家的基本信念。它所体现的，是一种人本主义的价值原则。明清诸儒的如上看法，大致承继了儒家的这一人本主义传统。当然，诸儒并未停留于这一简单的结论，他们力图进而对人所以为贵作出理论上的解释："惟此好学、力行、知耻之心，则物之所绝无，而人之所独也；抑天之所未有，而二气五行之精者凝合为人而始有也。天地之生，人为贵，贵此而已。"③"好学"体现了理性的能力，"力行"是一种实践品格，"知耻"则展示了内在的道德意识。清儒从这些方面去寻找人之为贵的根据，基本上仍沿循了儒家的思路。

人初到世间，本来只是一种自然意义上的存在。作为一种自然的存在，它并不具有好学、力行、知耻等品格。要使人真正获得内在的价值，便必须经过一个从"天之天"（自然的存在）到"人之天"（人化的存在）的过程："昔之为天之天者，今之为人之天也……入乎人者出乎天，天谓之往者人谓之来。"④这一过程，本质上表现为自然的人化。戴震对个体的人化过程作了较为具体的考察："由血气之自然，而审察之以知其必然，是之谓理义。"⑤血气之自然即自然的本能，理义则表现为人文的规范。人之所以独为天下之贵，即在于能够通过理性的认识（知其必然）而超越血气之自然，达到人文的境界。

广义的自然兼指对象，就对象而言，从天之天到人之天的转化过

---

① 〔明〕王夫之：《张子正蒙注》卷三。
② 〔清〕戴震：《原善》中，《戴震集》，第 159 页。
③ 〔明〕王夫之：《礼记章句·中庸衍》。
④ 〔明〕王夫之：《诗广传》卷四。
⑤ 〔清〕戴震：《孟子字义疏证》上，《戴震集》，第 285 页。

程(自然的人化过程),主要表现为化自在之物为为我之物。先秦儒家的代表人物之一荀子,已注意到了自然人化的这一内涵,并对此作了具体的考察。然而,在宋明新儒学(理学)那里,自然的人化虽然被空前的突出,但这一过程同时又常常被狭隘地理解为人的自然本性的转化。对象由自在之物到为我之物的历史过程,基本上处于他们的视野之外。与宋儒不同,明清之际诸儒在这方面更多地上承了荀子的儒学传统,强调通过人的作用而变革对象,从而使之为我所用:"天之所无,犹将有之;天之所乱,犹将治之。"①在此,人之天显然获得了更广的意义。

当然,对象的人化(化自在之物为为我之物),并不意味着走向狭隘的人类中心。换言之,从天之天走向人之天,并不是天人关系的唯一原则:"人定而胜天,亦一理也,而不可立以为宗。"②从对象看,自然的人化总是以合乎自然之理为条件,而并非仅仅以人的意志强加于自然。就主体而言,从血气之自然到人文层面的理义,也并非单纯地表现为对人的天性之戕贼。在清儒看来,人固然不能停留在自然状态,但如果对人的自然属性完全采取虚无主义的态度,则将走向另一极端:"舍气禀气质,将以何者谓之人哉?"③因此,清儒在肯定自然(天)应当人化的同时,又一再反对无条件地蔑视、贬抑自然。王夫之指出:"人之生理在生气之中,原自盎然充满,条达荣茂。伐而绝之,使不得以畅茂,而又不施以琢磨之功,任其顽质,则天然之美既丧,而人事又废。"④人事诚然不可废,但人的天性之中本身又蕴含着向善的根据。如果将人的生理伐而绝之,则人化的过程便失去了出发点。

---

① 〔明〕王夫之:《续春秋左氏传博议》卷下。
② 同上。
③ 〔清〕戴震:《孟子字义疏证》中,《戴震集》,第 302 页。
④ 〔明〕王夫之:《俟解》。

戴震对此作了更深入的理论分析：

> 善,其必然也;性,其自然也;归于必然,适完其自然,此之谓
> 自然之极致,天地人物之道于是乎尽。①

这里的必然即人文意义上的当然(善的德性)。自然的本性无疑应当
提升到当然,但从自然(天)到当然(人)并不是以当然去消融或拒斥
自然,而是在当然之中实现作为天然之美的自然潜能(完其自然)。
正因如此,故归于必然同时即意味着达到一种安然无憾的境界:"就
其自然,明之尽而无几微之失焉,是其必然也。如是而后无憾,如是
而后安,是乃自然之极则。"②所谓如是而无憾,如是而安,便是指自然
的人化并没有以扭曲人的天性为代价。

　　清儒的如上看法蕴含着一种基本的价值趋向,即肯定天与人的
统一。历史地看,天人合一本是儒家的信念。不过,如前文一再提到
的,在天人关系上,传统儒学更侧重于自然(天)的人化。魏晋时期,
以援道入儒为形式,自然的原则一度受到普遍的注重,但随着儒学的
理学化,人文的规范很快便压倒了自然的原则,而主体的"天然之美"
则相应地受到了抑制。在这方面,清儒显然不同于宋明理学而更接
近于魏晋时期的儒学,他们反对"以机巧丧其本心"③,并反复强调
"自然之与必然,非二事也"④。而他们对自然与当然(必然)的论述,
确实较好地体现了人文原则与自然原则的统一。就此而言,清儒在
承继儒家天人合一之思路的同时,无疑又使之获得了新的内涵。

---

① 〔清〕戴震:《孟子字义疏证》下,《戴震集》,第312—313页。
② 〔清〕戴震:《孟子字义疏证》上,《戴震集》,第285页。
③ 〔明〕王夫之:《俟解》。
④ 〔清〕戴震:《孟子字义疏证》上,《戴震集》,第285页。

## 四　造 命 与 循 理

如前所述,根据清儒的看法,人的价值首先表现在化"天之天"(自然)为"人之天",而后者又具体展开于造命、相天的过程。

命是儒家价值体系中早就出现的范畴,它与力相对,表现为一种必然趋势;而这种趋势又往往被赋予某种神秘的形式。尽管荀子已剔除了命的神秘形式;但在正统儒学中,命仍然主要被界定为一种超验的力量。相形之下,清儒似乎更多地上承了荀子的思路。按清儒之见,命并不体现任何神秘的意志,而完全表现为一种自在的力量:"天之命,有理而无心者也,有人于此而寿矣,有人于此而夭矣,天何所须其人之久存而寿之? 何所患其人之妨已而夭之? 其或寿或夭不可知者,所谓命也。"①天与命是同一序列的范畴,天的自在性,使命也呈现为一种自然(无心)的趋势。在此,清儒主要做了还原的工作(命由神秘的必然被还原为自然的力量)。那么,从正面看,命的具体内涵究竟是什么? 清儒对此作了如下的解说:

> 天者,理也;其命,理之流行者也。②

质言之,命即理在自然过程中的体现,对命的如上界定既肯定了命(必然趋势)的自在性,又展示了其作为事物稳定的内在联系的特性。

命作为自在的必然趋势,首先存在于主体之外并制约着主体的实践。然而,对明清之际诸儒来说,主体并不仅仅是被决定者,在化

---

① 〔明〕王夫之:《读通鉴论》卷二十四。
② 同上。

天之天为人之天的过程中，人同时表现出一种造命的能力。与黄宗羲齐名的清初大儒孙奇逢已指出："有志之士，不听命于数，我由命造，命亦由我造。"①这是当时相当普遍的观念。如陈子龙亦认为"志士仁人莫不究其力之所至而不言命之所有"②。质言之，主体不应当被动地受命。王夫之对此作了进一步的发挥：

　　　唯造命者而后可以俟命；能受命者而后可以造命，推致其极，又岂徒君相为然哉？③

他肯定了君相可以造命之说，但又作了重要的补充，即强调不仅君臣相可以造命，而且每一主体都具有作用于命的能力："一介之士，莫不有造焉。"④这样，人可造命便被提升为一个普遍的命题。

　　所谓造命，即是在实践过程中支配和利用必然之理，并由此实现主体的目的。命作为理之流行，本是对象之间的自在联系，唯有通过主体的作用，才能为人服务。在这一意义上，王夫之认为道之用依乎人："道行于乾坤之全，而其用必以人为依。"⑤主体支配必然之理（道）并使之为人所用的造命过程，展开于天人关系及社会生活的各个方面。就对象而言，它表现为对自在之物的改造："金得火而成器，木受钻而生火，惟于天下之物知之明，而合之，离之，消之，长之，乃成吾用。不然，物各自物，而非我所得用。"⑥金属加热后可以锻打成器，

---

①　〔清〕孙奇逢：《日谱》卷九。
②　〔明〕陈子龙：《王日逑九种心传序》，《陈忠裕公全集》卷二五。
③　〔明〕王夫之：《读通鉴论》卷二十四。
④　同上。
⑤　〔明〕王夫之：《周易外传》卷一。
⑥　〔明〕王夫之：《张子正蒙注》卷三。

这是必然之势,而人在支配了这一必然之势后,便可以通过具体的实践活动,将其改造成合乎人需要的存在,这一过程即构成了前文所谓的化"天之天"为"人之天"的具体内容。总之,唯有以造命为中介,才能扬弃对象的自在性质。正是在这一意义上,王夫之认为:"自然者天地,主持者人。"①

主体的作用同样体现于自我本身。人降生到世,总是包含着各种自然的潜能或禀赋,如目有视的功能,耳有听的功能,等等,但这种自然潜能唯有经过后天的努力过程,才能成为"人"的现实能力:"夫天与之目力,必竭而后明焉;天与之耳力,必竭而后聪焉;天与之心思,必竭而后睿焉;天与之正气,必竭而后强以贞焉。"②在此,造命便表现为通过尽人力以实现自然的潜能,并使之取得人化的形式。

化自然的禀赋为人的现实能力,当然只是主体造命于自身的一个方面;在更深层的意义上,这种作用还展现于人的德性及本质的形成之上。王夫之对此作出了较多考察。在他看来,人与动物不同:"禽兽终其身以用其初命,人则有日新之命矣。"③动物(禽兽)的本性是命定的,其自然的禀赋即构成了它一生的本质,换言之,它只能被动地接受天之所赋。人的本性则并非由自然的禀赋所决定,从而完全不同于既成的规定。从根本上说,人的本性乃是形成于主体自身的创造过程,而并不是一种先天的命运。所谓人有日新之命,便是指人性处于不断创造的过程中,也正是在同一意义上,王夫之强调人性"日生而日成"④。在成性(人的德性与本质之形成)的过程中,人固

---

① 〔明〕王夫之:《周易外传》卷二。
② 〔明〕王夫之:《续春秋左氏传博议》卷下。
③ 〔明〕王夫之:《诗广传》卷四。
④ 〔明〕王夫之:《尚书引义》卷三。

然要以自然的禀赋为根据,并受到其影响,但同时又"自取自用"①,亦即积极地进行权衡取舍。这种看法确认了人在塑造自我中的能动作用,并相应地扬弃了对人性的宿命理解。

也正是从成性(人的德性与本质形成于主体自我塑造过程)的观点出发,王夫之对宋明理学,特别是程朱的人性理论提出了批评。朱熹对天地之性与气质之性作了区分,以为气质有清有浊,人的愚贤即取决于气质的清浊:"禀气之清者为圣为贤,如宝珠在清冷水中;其气之浊者为愚为不肖,如珠在浊水中。"②这种看法实际上赋予人性以命定的性质:人的德性(贤或不肖)完全决定于天之所赋,主体的后天努力无法改变这种命定的天性。这种人性问题上的命定论受到王夫之的责难:"且其以所禀之厚薄清浊为命,而成乎五德之有至有不至,则天既予之以必薄、必浊之命,而人亦何从得命外之性以自据为厚且清焉!"③王夫之认为朱熹以命之清浊厚薄解释性,其结果即是限制乃至勾销主体自我选择、自我塑造的能力,从而使人成为天命的被动接受者。对这种人性命定论的否定,从另一个侧面突出了主体自身在成性(从自在的我走向自为的我)过程中的作用。

从主体认知能力的形成到性日生日成,可以视为命由我造在自我实现中的体现,但造命过程并不限于此,它同时展现于外在的社会关系。在考察亲子君臣之伦时,清儒指出:

> 天下之物与我同源,而待我以应而成。故尽孝而后父为吾

---

① 〔明〕王夫之:《尚书引义》卷三。
② 〔宋〕朱熹:《朱子语类》卷四。
③ 〔明〕王夫之:《读四书大全说》卷十。

父,尽忠而后君为吾君,无一物之不自我成也。①

亲子、君臣关系是广义的社会伦常关系,主体在世,总是与父、君共处于一个社会统一体中。然而,在清儒看来,社会的伦常关系(不是血缘的自然关系)并不仅仅是一种外在的强加,也不是绝对的命定,它同时又是通过主体自身的自觉活动而建构起来的。所谓尽孝而后父为吾父,尽忠而后君为吾君,便是指唯有通过主体的具体实践(尽孝、尽忠),才能真正形成社会伦常意义上的亲子、君臣关系,而无一物不自我成,则强调这一过程的普遍性。

清儒的如上看法与宋儒显然有所不同。与人性问题上宿命观点相应,宋儒常常突出社会伦常关系的强制性,他们一再宣称:"君臣、父子,天下之定理,无所逃于天地之间。"②依照这种理解,则君臣、父子便成为天命在社会伦常关系上的具体化,主体对此只能消极接受,而无法抗拒。清儒以主体的实践过程(尽孝尽忠等践履)为社会伦常关系建立的前提,无疑扬弃了对社会关系的这种宿命规定。它在更广的历史视野上展示了主体的"造命"能力。

从逻辑上看,力(主体力量)命(外在必然性)关系可以视为天人关系的进一步展开,化"天之天"为"人之天"的人文原则如果贯彻到底,便应当引向对主体力量的确认。然而,在宋明新儒学那里,人文的原则却总是与宿命的观念纠缠在一起:一方面,他们在天人关系上将侧重之点更多地放在自然(天)的人化,而自然的人化首先以肯定主体的作用为前提;另一方面,又一再地强化天命的统摄性,从主体的品格到广义的社会伦常关系,都或多或少被赋予某种命定的性质。

①　〔明〕王夫之:《张子正蒙注》卷四。
②　〔宋〕程颢、程颐:《二程集》,第77页。

不难看出,在天人关系上的人文原则与力命关系上的宿命倾向之间,存在着某种紧张。这种理论上的紧张,显然削弱了儒家价值体系的内在力量。相形之下,明末与清代诸儒在要求从"天之天"走向"人之天"的同时,又提出了造命的观念,并将其展开于对象、自我、社会各个领域,从而空前地突出了主体的力量。对力命关系的如上理解,既抑制了儒家价值体系中的宿命论潜流,又化解了宋明儒学所包含的内在紧张,儒家价值体系由此多少获得了新的生机。

明清之际诸儒肯定一介之士均可造命,使人自然联想起泰州学派造命却由我之说,在以力抗命(否定宿命论)这一点上,二者确实有相通之处。不过,泰州学派由强调造命,又忽视了普遍之道对主体行为的规定:"此身才立,而天下之道即现,此身才动,而天下之道即运。"①在此,自我对道的宰制,完全压倒了道对自我的制约。这种看法带有明显的意志主义倾向。相对于此,清儒表现出不同的思路,王夫之在这方面更具有代表性。按王氏之见,主体固然有造命的能力,但造命不能离开循理:"惟循理以畏天,则命在己矣。"②所谓循理畏天,便是自觉地遵循必然之理,换言之,造命并不意味着可以任意违背自然规律。

清儒肯定循理与造命的统一,可以看作是天人之辩的进一步展开。事实上,循理即在更深的层面上表现了对天(自然)的认同,而这种认同又构成了命由我立的前提。王夫之指出:

> 己无不诚,则循物无违而与天同化,以人治人,以物治物,各顺其受命之正,虽不能知者皆可使由,万物之命自我立矣。③

---

① 〔明〕罗汝芳:《罗近溪先生语要》。
② 〔明〕王夫之:《读通鉴论》卷二十四。
③ 〔明〕王夫之:《张子正蒙注》卷三。

在此,合乎必然之理(循物无违)与天人合一(与天同化)表现为同一过程的两个方面。正是在这种统一中,人进而支配外部对象,并使之由"天之天"转化为"人之天"。可以看出,通过力命之辩与天人之辩的沟通,清儒既扬弃了宿命论,又拒斥了意志主义,从而表现了更为健全的价值取向。

## 五 理欲统一及其内在意蕴

儒学演变到宋明,理欲之辩逐渐成为价值观的中心问题之一。理作为理性规范的内化,从一个侧面体现了人的本质力量;欲作为感性的要求,则更多地渗入了人的自然天性。这样,按其内在的逻辑关系,理欲之辩即可以视为天人之辩的进一步展开。在明清之际诸儒那里,天人关系的辨析同样与理欲关系的讨论联系在一起:

> 故终不离人而别有天,终不离欲而别有理也。[1]

在此,天人的统一即构成了理欲统一的理论前提。关于理欲统一的价值意蕴,我们将在后文具体论述。

与理学家强调灭人欲不同,明末及清代诸儒首先将欲视为主体的普遍要求:"饮食男女之欲,人之大共也。"[2]即使圣人,亦不能免欲:"饮食男女,人之大欲存焉,众人如是也,贤哲亦未尝不如是也。"[3]作为圣人与凡人共有的趋向,欲不同于道德上的恶:

---

① 〔明〕王夫之:《读四书大全说》卷八。
② 〔明〕王夫之:《诗广传》卷二。
③ 〔清〕费密:《统典论》,《弘道书》卷上。

欲生于情,在性之内,不能言性内无欲。欲不是善恶之恶。天既生人以血气心知,则不能无欲。①

这里的血气心知泛指人所具有的自然属性及能力(如目能视、心能觉之类);欲即是与此相联系的感性要求,正如人的感性存在不能归结为道德上的恶一样,感性的欲望也并非天生的恶。欲与恶的如上划界,为理欲关系的价值定位提供了理论依据。

感性欲望与感性存在的同源,决定了二者在人的整个发展过程中的内在关联。与宋儒对人的生命存在的漠视不同,清儒一再肯定生命存在的价值,并以抑制人的生命力量为人生大病:"人之生也,莫病于无以遂其生。"②儒家以仁道为基本的价值原则,在清儒看来,仁的具体体现即在于实现主体的生命潜能:"得乎生生者谓之仁"③。而要真正实现人的生命潜能,便不能无视感性的要求,因为生命的完成首先以感性需要的满足为条件:"声色臭味之欲,资以养其生。"④如果仅仅强调察天理,一味抑制乃至禁绝人欲,则将断灭人的生意:"使不于人欲之与天理同行者,即是以察夫天理,则虽若有理之可为依据,而总于吾视听言动之感通而有其贞者,不相交涉。乃断弃生人之大用,芟薙无余,日中一食而后不与货为缘,树下一宿而后不与色相取,绝天地之大德,蔑圣人之大宝。"⑤质言之,根绝人欲则意味着扼杀人的一切生机。

于是,人欲不再是自我实现的道德障碍,而是人的生命力量的确

---

① 〔清〕阮元:《性命古训》,《研经室一集》卷一。
② 〔清〕戴震:《孟子字义疏证》上,《戴震集》,第 273 页。
③ 〔清〕戴震:《原善》上,《戴震集》,第 158 页。
④ 〔清〕戴震:《孟子私淑录》中,《戴震集》,第 425 页。
⑤ 〔明〕王夫之:《读四书大全说》卷八。

证。感性要求与生生之德由对立而走向了统一,这是一种价值观念的转换。正是通过如上转换,儒家传统的人本主义开始获得了新的内涵:它已不仅仅表现为尊重主体的类的本质,而且以关怀主体的生命存在为内容。也正是在这种广义的人文关怀中,个体的内在价值得到了进一步确认。当清儒以生生为仁,并将感性要求与生生之仁联系起来时,我们确实可以看到人本主义趋向的转型。

人欲不仅仅体现了对生命力量的确证,在更深层的意义上,它同时构成了主体自我发展及实践活动的内在动力。戴震指出:

> 天下必无舍生养之道而得存者,凡事为皆有于欲,无欲则无为矣;有欲而后有为,有为而归于至当不可易之谓理;无欲无为又焉有理![1]

人的一切活动最终都以人的感性存在为前提,反过来,作为感性存在之确证的感性要求(人欲),总是直接或间接地制约着人的活动。在某种意义上,正是实现生命潜能的要求,为人的实践活动提供了原始的推动力。理学家蔑视事为,追求静寂,故主张无欲(周敦颐尝云:"无欲故静")。相形之下,清儒体现的显然是另一种价值取向。这里既有从内敛主静到积极有为的演化,又蕴含着对人欲作用的不同理解:在"有欲而后有为"的信念中,感性的要求(人欲)已被视为主体创造的内在源泉;它从社会实践的角度,确认了人欲的正当性及其积极意义。

清儒的如上观念,明显地折射了明清之际的市民意识。如前所述,自晚明以来,随着商品经济的滋长,市民阶层及其社会作用越来

---

[1] 〔清〕戴震:《孟子字义疏证》下,《戴震集》,第 328 页。

越为人所注意。黄宗羲已指出："世儒不察,以工商为末,妄议抑之。夫工固圣王之所欲来,商又使其愿出于途者,盖皆本也。"①从逻辑上说,既然工商皆本,则市民阶层要求促进工商业发展的愿望,以及与之相适应的观念,也应当是合理的。这种看法已不同于鄙视利欲的儒家传统观念。清中期,工商业虽然受到了某种抑制,但在东南沿海等地,它的发展并未停止,如戴震生长的休宁县,便是商人(徽商)活跃的地区之一。戴震本人年轻时亦曾往来闽赣,从事商业活动。作为思想敏锐的思想家,明清之际及清代的诸儒,或多或少都感受到了新时代趋向,而在他们的价值观念中,确实也可以看到市民意识的渗入。

当然,确认欲不可免,并不意味着以欲排斥理。在清儒看来,理与欲并不是彼此对峙的两极,二者存在内在的关联:

> 天理充周,原不与人欲相为对垒。②
>
> 学者只时从人欲中体验天理,则人欲即天理矣,不必将天理人欲判然分作两件也。③

理与欲的统一,首先表现在理不能离开欲,所谓从人欲中体验天理,已蕴含了此意。在具体阐述理欲关系时,清儒便明白地指出了这一点:"人心本无天理,天理正从人欲中见,人欲恰好处,即天理也。向

---

① 〔清〕黄宗羲:《明夷待访录·财计三》。

② 〔明〕王夫之:《读四书大全说》卷四。

③ 〔清〕陈确:《瞽言一·近言集》,《陈确集》,北京:中华书局,1979 年,第 425 页。陈确(1604—1677),字乾初,浙江海宁人。早年有文名。四十岁师从刘宗周,与黄宗羲同为刘氏高足。明亡后隐居著述。在理欲等问题上对宋儒多有批评,著作有《大学辨》、《性解》、《学谱》等,主要都收集在《陈确集》。

无人欲,则亦并无天理之可言矣。"①在此,欲已被视为理发生和存在的基础。

如前所述,与欲相对的理,主要以普遍规范为内容,其具体形式则是理性的要求。不同于人欲主要与个体的感性存在及生命力量相联系,理性的要求更多展示了类的普遍本质。然而,正如认识论意义上的理性必须建构于感性之上一样,价值观上的理性要求也难以游离感性的需要,后者决定于如下的基本事实:类的普遍本质总是存在于个体之中。一旦抽去了感性的基础,理性的要求便将成为无生命的抽象教条,从而变得干燥、贫乏,并失去其本来的存在价值。当清儒指出"薄于欲者之亦薄于理"②时,显然已注意到了这一点。

理作为普遍规范的泛化,总是关联着道德原则,欲则在其本源的层面上表现为物质需要,从而,理与欲之辩在更广的意义上同时涉及道德原则与物质需要的关系。在清儒看来,道德原则的完美体现,并不在于净化人欲,相反,真正的道德境界总是表现为遂欲达情:"道德之盛,使人之欲无不遂,人之情无不达,斯已矣。"③理学家以抑制乃至泯灭人欲为达到道德之境的前提,则表现了不同的思维趋向:它的实际内蕴在于道德与人欲的对立,如此对立的结果并不是维护道德而是废弃人伦。在这方面,宋儒实质上已开始向释氏靠拢:"离欲而别为理,其唯释氏为然。盖厌弃物则,而废人之大伦矣。"④如前所述,道德总是具有二重性,它既超越于感性要求及物质利益,又并非完全与之隔绝:就其起源与作用而言,道德的功能在于协调社会的利益关

---

① 〔清〕陈确:《瞽言四·无欲作圣辨》,《陈确集》,第 461 页。
② 〔明〕王夫之:《诗广传》卷二。
③ 〔清〕戴震:《孟子字义疏证》下,《戴震集》,第 309 页。
④ 〔明〕王夫之:《读四书大全说》卷八。

系,并最终使物质利益得到最大限度的实现。离开了这一目标,道德原则及伦常的现实意义便容易被架空。从孔孟开始,儒家较多地突出了道德超越感性这一面,并相应地强调了对主体利欲的抑制。这种价值取向固然突出了道德的内在价值及其崇高性,但同时也多少使之趋于抽象化,后者在宋儒那里表现得更为明显。相形之下,清儒指出理不能游离欲,无疑更多地赋予道德以现实性品格,它同时也使正当的物质需求获得了较为合理的价值定位。

从另一方面看,感性的要求确认着人的生命力量,漠视感性的要求而片面张扬理性的原则,往往将导致生命意义的失落。因此,清儒一再反对信理太过:"儒者不患不信理,患在信之过,而用法过严者,亦是一病。"①宋儒强调以理灭欲,即有此蔽。理与欲的隔绝,不仅使自身变得抽象化与贫乏化,而且不免流于冷酷的理性专制。戴震曾尖锐地指出了这一点:

> 理欲之分,人人能言之。……尊者以理责卑,长者以理责幼,贵者以理责贱,虽失,谓之顺。②
>
> 六经、孔孟之书,岂尝以理为如有物焉?外乎人之性之发为情欲者,而强制也哉!③

原始儒学固然注重人的理性本质,但并不完全无视人的感性存在,而在宋儒那里,理性的要求越来越成为超验的规定。在理性至上的价值结构中,个体的意愿、需要变得无足轻重,而在上者则以理性的名

---

① 〔清〕汤斌:《语录》,《汤潜庵集》卷上。
② 〔清〕戴震:《孟子字义疏证》上,《戴震集》,第 275 页。
③ 同上。

义压制在下者。总之,作为外在于人欲的超验趋向,理性失去其应有的精神感召力,而开始蜕变为内在的强制工具。理性专制推向极端,便不可避免地引导到以理杀人:"其所谓理者,同于酷吏之所谓法。酷吏以法杀人,后儒以理杀人,浸浸乎舍法而论理,死矣,更无可救矣!"①所谓以理杀人,首先表现了对生命价值的漠视。它表明,理性一旦脱离了感性,便容易在价值观上走向人道原则的反面。

当然,理与欲的统一不仅仅在于理不应当摒弃欲。作为感性要求的体现,欲往往渗入了自然的本能,带有某种自发的性质。如果任其自流,同样容易导致消极后果。正是基于此,清儒在肯定欲不可灭的同时,又一再反对纵欲:"纵欲趋利,则天下求无其人而不得,是人类之狼蚕也。"②正因为人欲一开始便与人的自然存在相联系,故一味纵欲便不免将人降低到动物的水平。要避免这一归宿,便不能离开理的制约:"天理者,节其欲而不穷人欲也。"③正是以理制欲,构成了理欲统一的另一重要内涵。对理性规范作用的如上确认,既渗入了从自在走向自为的要求,又表现了对人的本质力量的注重。在这方面,清儒并没有离开儒家的价值传统。

不过,与容忍正当的人欲相应,清儒所谓以利制欲,并未导向寡欲或灭欲。按清儒之见,理性的作用不仅仅表现为自我约束,而且同时展开为一个推己及人的过程,对人欲的合理调节在于由遂己之欲到遂人之欲:"遂己之欲,亦思遂人之欲,而仁不可胜用矣。"④"以己之情通乎人之情,以己之欲通乎人之欲,己欲立而立人,己欲达而达

---

① 〔清〕戴震:《与某书》,《戴震集》,第 188 页。

② 〔明〕王夫之:《张子正蒙注》卷六。

③ 〔清〕戴震:《孟子字义疏证》上,《戴震集》,第 276 页。

④ 〔清〕戴震:《原善》下,《戴震集》,第 347 页。

人,己所不欲,勿施于人。"①一旦每一主体的正当人欲得到实现,理性的要求也就同时得到了具体的体现:

人欲之各得,即天理之大同。②

推己及人本是儒家的为仁之方,其形式主要表现为理性的推论,但在清儒那里,这种理性的形式之下又蕴含了对人欲的普遍尊重。这里无疑体现了理与欲的统一,但其重心已由理对欲的抑制,转向了欲的普遍实现:当清儒以人欲各得界定天理时,即明显地蕴含了这一趋向。可以看出,在如上理解中,人欲已不仅仅意味着人与人之间的冲突,它可以通过推己及人而达到彼此协调与沟通,而理性的作用首先即体现于这一过程之中,这种价值取向既扬弃了理性的专制,又避免了感性的僭越。

从先秦开始,理欲关系便与义利关系交织在一起,成为儒家价值体系的基本问题。前文曾一再提及,作为普遍规范的内化,理更多地表现了人的类的本质,欲则首先植根于个体的生命存在。与强调自然的人化相应,儒家对理性本质的关怀往往超过了生命存在。事实上,从自在的人走向自为的人(自然的人化),常常被理解为个体的社会化,而这一过程同时又是通过确立理性的主导地位而实现的。在宋明理学中,以天理压倒人欲为特征,强化理性本质的趋向又得到了片面的发展。对理欲的如上定位显然带有某种本质主义的特质,它不仅难以摆脱感性与理性的内在紧张,而且容易走向本质与存在的分离。相对于这一传统,清儒注重生命存在的意义,并在主张以理制

① 〔清〕焦循:《孟子正义》,卷二十二。
② 〔明〕王夫之:《读四书大全说》卷四。

欲的同时又肯定"正德非以伤生"①，"理者存乎欲"②，无疑多少化解了感性与理性的紧张，而它的更深层的价值意义则表现为个体存在与普通本质的双重确认。这一价值趋向，从另一侧面展示了儒家价值体系的自我转换。

## 六　我的自立与群体认同

对理欲的理解制约着类的本质与个体存在的各自定位，这样，理欲之辩总是将引向群己之辩。

与确认个体存在相联系，清儒反对无我。在清儒看来，无我之说总是难以在理论上自洽："言无我者，亦于我而言无我尔。如非有我，更孰从而无我乎！于我而言无我，其为淫遁之辞可知。"③无我以承认有我为前提，既承认有我，又欲泯灭自我，显然存在逻辑上的问题。清儒所理解的我并非游离于理之外："我者，大公之理所凝也。"④作为理之所凝，我更多地表现为德性的主体："我者，德之主。"⑤总之，我是内在道德品格的承担者，正是我，赋予现实的人格以统一性。清儒对"我"的如上界定，与宋儒显然有相通之处。不过，宋儒往往将我分离为道心的我与人心的我，并以道心为公、人心为私。换言之，在宋儒那里，理想的我仅仅表现为天理（道心）的化身，而作为感性存在的我则被归入拒斥之列。正是基于如上前提，他们常常主张"圣人无我"。与这种分离自我的思路不同，清儒在肯定有我的同时，又从理欲不二

①　〔明〕王夫之：《张子正蒙注》卷三。
②　〔清〕戴震：《孟子字义疏证》上，《戴震集》，第 273 页。
③　〔明〕王夫之：《思问录·内篇》。
④　同上。
⑤　〔明〕王夫之：《诗广传》卷四。

的观点出发,将自我视为小体与大体、人心与道心的统一:

> 形色者,我之函也,而或曰:圣人无我,不亦疑于鬼而齐于木石禽虫之化哉?故知:仁,有函者也;圣人有我者也。有我以函而后可实。欲其理乎! 小体其大体乎! 人心其道心乎! ①

相对于理学家将自我普遍化(将其等同于抽象之道心)的趋向,清儒似乎做了某种还原的工作,亦即把与理为一的抽象主体,还原为德性与形色(生命情感)、道心与人心相统一的具体自我。可以看到,在清儒那里,自我已开始恢复其本来的意义,并得到了真正的确认。

就价值观而言,确认自我(肯定有我)的意义首先在于为个体原则提供了某种本体论的前提。正是从圣人有我的观点出发,清儒对个体原则作了多方面的阐发。按清儒之见,作为理欲统一的主体,自我总是具有独立的意志:"志之自主者,人也。"②这种意志具有自主的品格,而非外在力量所能强制:"若其权不自我,势不可回,身可辱,生可捐,国可亡,而志不可夺。"③正是不可夺之志,赋予主体以挺立的人格。强调人格的独立性是儒家的基本特点,孔子已有"匹夫不可夺志"之说,孟子则以"威武不能屈"为人格的内在特征,宋明儒学之注重节操,同样体现了相近的价值取向。在这方面,清儒无疑上承了儒家的传统。当然,清儒对独立人格的外在社会效应作了更多的考察:"裁之于天下,正之于己,虽乱而不与俱流,立之于己,施之于天下,则凶人戢其暴,诈人敛其奸,顽人砭其愚,即欲乱天下,而天下犹不乱

---

① 〔明〕王夫之:《诗广传》卷五。
② 〔明〕王夫之:《尚书引义》卷六。
③ 〔明〕王夫之:《续春秋左氏传博议》卷下。

也。"①从正之于己到施之于天下，主体人格由拒斥世俗的同化（不与俱流）走向积极地教化天下，从而展示了其现实的具体力量。

当然，个体人格并不仅仅外化于社会的教化过程，从另一侧面看，它同时体现为内在的自我意识，后者在清儒那里具体表现为知耻。王夫之指出："世教衰，民不兴行，'见不贤而内自省'，知耻之功大矣哉！"②这里，知耻首先与主体的反省意识相联系。就其内涵而言，知耻可以有两种形式：其一，由于个体自身行为的逾矩而产生的自责或悔愧；其二，因期望目标未能实现而形成的心理失衡。如果说，前者内在地蕴含着自我担当（自我负责）及维护主体人格尊严的要求，那么，后者则体现了对个体自我实现的高度自觉，二者从自我意识的角度赋予个体原则以新的内涵。当然，知耻的观念并非首见于清儒，孔子已提出"行己有耻"③，孟子亦认为"人不可以无耻"④不过，孔孟往往将"耻"感与普遍责任联系起来，如孔子即把行己有耻理解为"使于四方，不辱君命"⑤。相形之下，清儒着重从主体自立的角度，对知耻的意义作了规定：

> 士而不先言耻，则为无本之人。⑥

在此，作为自我意识的知耻已被提升到本体的高度，成为人格挺立的内在根据（本）。

---

① 〔明〕王夫之：《续春秋左氏传博议》卷下。
② 〔明〕王夫之：《思问录·内篇》。
③ 参见《论语·子路》。
④ 《孟子·尽心上》。
⑤ 《论语·子路》。
⑥ 〔清〕顾炎武：《与友人论学书》，《亭林文集》卷三。

按其本义,知耻更多地体现为道德意识,而自我的个性当然不仅仅限于作为实践理性的自我意识,从更广的视域看,它往往进而展开为思想的多元化。在清儒看来,真理并不是一种独断的体系,它在本质上具有开放的性质;后者具体表现为一本而万殊:"有一偏之见,有相反之论,学者于其不同处,正宜著眼理会,所谓一本而万殊也。"①真理总是由多方面的规定(万殊)所构成的统一体,而不同主体的自得之见,则分别构成了统一体的各个侧面。正由于一本总是展开为万殊,因而应当允许个体从不同的角度,对真理作自由的探讨。也正是基于这一看法,清儒要求注重个体的创见:"学问之道,以各人自用得著者为真。"②在此,个性原则即具体展开为提倡独立思考。相对于传统儒学主要将个性原则与道德自立联系起来而言,清儒由要求知耻进而主张在学术上自由探索、独立思考,似乎更多地表现了一种开放的心态。

在清儒以前,儒家的一些异端思想家已在不同程度上表现出对思想自由的追求,如嵇康反对"思不出位"而主张思出其位,已明显地蕴含着冲破思想禁锢的意向;李贽进而提出不以孔子之是非为是非,亦即要求走出封闭的思维格局。清儒肯定一偏之见、相反之论的价值,并将学问之道理解为个体的创造性思考,显然与之有前后相承之处。不过,相对于异端思想侧重消极意义上的破(否定旧的思维模式)而言,清儒对思想自由的呼唤更多地表现为个性原则的正面展开;同时,异端思想家往往由反对独断论而走向相对主义,如李贽便认为是非"无定质","无定论"③。清儒则把学术之途,"不得不殊",

---

① 〔清〕黄宗羲:《明儒学案·发凡》。
② 同上。
③ 〔明〕李贽:《藏书·世纪列传总目前论》。

理解为对真理的不同的探索,并注意到了个体意见与真理的区分①。在这方面,清儒无疑仍浸染着传统儒家对统一之道的信念。

个性的多样化不仅在于学术的殊途探索,而且表现为豪杰精神的多方面展示。如前所述,清儒以豪杰为理想人格。这种人格模式并不是单一的,它总是有其多样的表现形式,从老庄的哲学思辨到法家的刑名之学,从左丘明、司马迁的历史研究到韩愈、欧阳修的文章,从郭守敬的律历制定到王实甫的院本创作,都无不渗入了豪杰精神,并展示出人格的力量②。而主体的个性也正是在不同的人格及其活动中获得了多样的表现。较之传统儒学成人之道的划一化趋向,清儒对人格精神形态多样化的规定,确乎表现了不同的思路。

从确认有我到强调个体之志不可夺,从知耻到独立思考,从学术的多途性到人格的多样化,个体原则得到了多侧面、多层次的展现。历史地看,主体性很早就成为儒家的关注之点,孔子主张为己成己,已为这一趋向提供了先导;孟子而后,直到宋明理学,个体原则始终是儒家价值体系的题中之义。不过,如前文一再提到的,就总体而言,传统儒学对个体原则的规定往往较为狭隘,其丰富的内涵也未能得到充分展开。更应指出的是,个体的自我认同常常为整体至上的总原则所压倒,在正统化的理学中,这一趋向表现得尤为明显。相对于此,清儒对个性原则的多重阐释,无疑是儒家价值体系引人注目的自我转换,而从个体原则的如上突出中,亦可以看到市民观念的某种影响。不妨说,后者在某种意义为价值趋向的转换提供了时代的意识氛围。

当然,确认自我并不意味着忘怀群体。前文已指出,清儒由强调

---

① 〔清〕戴震:《孟子字义疏证》上,《戴震集》。

② 参见〔清〕黄宗羲:《靳熊封诗序》,《南雷文定后集》卷一。

知耻而突出了主体的自我负责（自我担当）意识，而在他们看来，对自我负责与对群体负责并非彼此对立，相反，自我责任的淡化，总是将导致群体责任的淡化。顾炎武指出："士大夫之无耻，是谓国耻。"①在此，自我的责任意识（维护自我的人格尊严）即构成群体责任感的前提。正是基于如上思路，清儒由要求自我担当，进而主张担当天下之任：

> 既以身任天下，则死之与败，非意外之凶危。②
> 保天下者，匹夫之贱与有责焉耳矣。③

在天下兴亡、匹夫有责的慷慨陈词之后，是对群体命运的深切关怀。从主体社会责任的如上强化中，可以看到儒家以天下为己任之传统的深刻影响。

不过，值得注意的是，在清儒那里，群体范畴的内涵已开始发生重要的变化。从他们对国与天下、一姓与万民等的区分中，即不难窥见这一点。顾炎武在谈到亡国与亡天下之异时，曾提出："有亡国，有亡天下。亡国与亡天下奚辨？曰：易姓改号，谓之亡国。仁义充塞，而至于率兽食人，人将相食，谓之亡天下。"④在此，所谓国，便是指以君主为代表的整体，与之相对的天下，则以作为个体总和的公众为其内涵。王夫之对此作了更明确的概述："一姓之兴亡，私也；而生民之生死，公也。"⑤一姓即君主，生民则是天下之人。可以看出，清儒的如

---

① 〔清〕顾炎武：《日知录》卷一三。
② 〔明〕王夫之：《读通鉴论》卷二八。
③ 〔清〕顾炎武：《日知录》卷一三。
④ 同上。
⑤ 〔明〕王夫之：《读通鉴论》卷一七。

上观点已开始剔除对群体的整体主义规定：当他们以一姓为私时，已在某种程度上扬弃了以君主为象征的"虚幻整体"，换言之，群体开始从超验的设定，向现实的天下之人回归。

正是基于群体范畴的如上界定，清儒要求重建群与己的统一：

> 以天下论者，必循天下之公。[①] 合天下之私，以成天下之公，此所以为王政也。[②]

公体现了群体的普遍价值。循天下之公，成天下之私，不外是对群体的价值认同。然而，天下之公，又通过合天下之私而形成，即它乃是以确认每一个体的价值为前提。在群体（公）与自我（私）的如上合一中，自我没有被淹没在整体之中。对群己统一的这种理解，显然不同于以整体吞并个体的整体主义。事实上，按清儒之见，在整体至上的专制形式下，不可能真正达到群与己的统一，相反，专制高压常常容易导致个体与群体的离心趋向。王夫之曾深刻地指出了这一点："其上申韩者，其下必佛老……何也？夫人重足以立，则退而托于虚玄以逃咎责，法急而下怨其上，则乐判弃君亲之说以自便。"[③]法家强调君主专制，身处专制结构中，个体往往将整体视为一种异己的存在，并力图摆脱虚幻整体的压抑，而个体的社会责任感也相应地容易被削弱，由此导致的结果则是个体与整体的对峙。这些看法从另一侧面表明：群与己的统一固然离不开个体对群体的认同，但同样要以群体对个体的关怀、尊重为内容，质言之，群体与自我应当得到双重确认。

---

① 〔明〕王夫之：《叙论》一，《读通鉴论》卷末。
② 〔清〕顾炎武：《日知录》卷三。
③ 〔明〕王夫之：《读通鉴论》卷一七。

群己关系总是直接或间接地涉及利益关系。作为理与欲的统一,自我既是道德主体,又是利益主体。个体对自身利益的追求都有其正当合理的一面,但同时又应尊重他人的相同要求。专制主义的非正义性,即在于以虚幻的整体之利否定天下人的利益:"后之为人君者不然,以为天下利害之权皆出于我,我以天下之利尽归于己,以天下之害尽归于人,亦无不可,使天下之人不敢自私,不敢自利。……向使无君,人各得自私也,人各得自利也。"①天下之人即个体的总和,一方面,自我应实现并维护自身的利益,专制君主对这种权利的剥夺即意味着对个体的践踏;另一方面,实现个体权益并非一己的专利,而是天下之人的共同权利。清儒将"自利"与"人皆得"联系起来,即表露了这一点。事实上,当清儒主张合天下之私以成天下之公时,即已蕴含了如上思路。这里虽注入了对专制整体扼杀个体之利的不满,但并未由此在利益关系上导向自我中心。它所表现的,是一种协调个体之利与群体之利的趋向。从价值观看,这种努力既体现了儒家关怀群体的传统,又通过群己关系与利益关系的联结而使群和己的统一获得了更为具体的内容。

明末至清,社会的变迁、震荡引发了普遍的历史反省,以此为背景,儒学经历了深刻的自我批判。伴随着儒学的自我批判,儒家价值体系也发生了重要的转换。作为儒学中的人物,明清诸儒并没有完全超越儒学的传统,儒家的基本价值原则仍得到了历史的承继。然而,时代的外在制约与儒学的自我批判交互作用,又使其价值重心发生了引人注目的变化,并相应地促发了某些价值关系的重新定位。如果说,传统的稳定和延续显示了儒家价值体系的内在生命力及恒久的文化意义,那么,自我批判则从一个侧面凸现了其

①〔清〕黄宗羲:《明夷待访录·原君》。

历史性及固有弱点,二者从不同方面展示了儒家价值观的复杂内蕴。在明清之际的如上演进、折变中,儒家价值体系既济而又未济,表现了一种开放的品格,正是后者,为其进一步的转换提供了历史的前提。

# 第九章

# 儒家价值体系在近代的历史命运

　　明清之际儒学的自我批判并没有终结儒家的价值传统。历史步入近代之后,儒家的价值体系仍然制约着社会的进程。在走向近代(现代)的艰难跋涉中,儒学一再地收到来自不同方向的回应,并多次重演着挫折与复兴的悲喜剧。这种历史命运深刻地展示了儒家价值体系的复杂内涵,同时也为进一步思考儒学与现代化的关系提供了前提。

　　走向近代(现代)的历史意蕴,在于完成近代化(现代化)①,这一过程自始便与如何对待传统文化交

---

　　①　近代化与现代化之区分只具有相对的意义,按其本来内涵,二者均指以工业化为基础并与传统的农业社会相对的社会文化变革。在英语中,二者系同一个词(modernization),不过,为了与习惯上的历史分期相对应,本书在表述上作了一些分别。

织在一起。作为传统文化的主流,儒学(包括儒家价值体系)曾一再受到传统批判者的抨击。五四时期,这种抨击甚至达到相当激烈的程度。然而,也正是在近代,出现了以维护儒家道统为己任的新儒家。这种近乎悖论的历史现象既表现了对儒学意义的不同理解,也蕴含着对近代化(现代化)道路的不同选择。

## 一　权威的失落：传统与近代化的紧张

中国的近代化,一开始便伴随着抗拒殖民化的过程。从传统向近代的转化,最初并非出于中国人的自愿选择,它首先以强制的方式展开。以工业革命所带来的经济、军事实力等为后盾,西方列强相继东侵,形成了鲸吞之势。这种进逼对中国的独立与生存提出了必须正视的挑战,并导致了空前的民族危机。面对如上背景,救亡逐渐成为一种普遍的时代意识。从严复的《救亡决论》,到五四的反帝呐喊,救亡意识始终制约着近代的文化思潮和社会运动。

然而,西方列强的东侵在导致殖民化的同时,又具有另一重意义。当列强将触角伸向中国时,它们大致已完成了或正在完成从前近代化向近代化的转化。尽管列强的首要兴趣并不在于促使中国走向近代,但封闭的大门既然被炮火轰开,则中国与近代世界的联系便成为不可避免的历史结果。以血与火为前导,西方近代的生产方式、政治样态、文化思潮、价值观念等等,以不同的形式涌入了中国。历史展示了自身的逻辑:在面临殖民化威胁的同时,中国又被强行纳入了近代化的轨道;如果说,前者激发了救亡的意识,那么,后者则引发了与传统相对的近代的观念。

如前所述,救亡的意识首先蕴含着抗拒殖民化的要求,而摆脱民族危机(反殖民化)的根本出路则在于自强。因此,救亡意识总是指向富国强兵。如何实现自强？早在近代的开端，魏源即已提出了"师夷之长技以制夷"的主张，尽管"长技"的内涵以后不断被深化和扩展，但师夷这一思路却一再得到确认。于是，我们又一次看到了历史的悖论：对西方列强的抗争意识，往往融入了向西方学习（师夷）的意向。另一方面，随着近代化的起步，传统与近代之间的紧张开始成为引人注目的问题：走向近代的过程，总是在不同程度上遇到传统的阻力，而在这种紧张与对峙的背后，则蕴含着两种观念的冲突。质言之，走出前近代的历史过程，要求超越传统的观念（包括价值观念）。师夷的主张最初只限于科技工艺，但其逻辑与历史的引申则导向了近代西学与传统中学的对立。这样，救亡的意识与近代化的要求相互交织，便十分自然地形成了对传统的批判趋向。

作为传统文化的主流，儒学在近代的批判思潮中无疑首当其冲。如前所述，明清之际，儒学曾经历了一场深刻的自我批判，其价值体系亦相应地得到了某种自我调整。然而，明末清初虽然出现了普遍的历史震荡，但整个社会仍处于前近代时期，从根本上超越传统的历史条件并没有成熟。同时，更重要的是，尽管明清之际诸儒对儒家价值体系作了自我调整和转换，但这种转换始终未能成为儒学的正统。它对社会各个层面的影响也相当有限，从总体上看，占主导地位的仍然是为宋明理学所系统化的儒学体系。清初的统治秩序稳固之后，程朱理学便很快被再次钦定为官方的意识形态。1712 年，康熙下诏特升朱熹配祀孔庙，并命朝臣编纂《朱子全书》，便表明了这一点。与如上事实相应，近代的批判锋芒所指向的，首先也是为宋明理学所系统化的正统儒学。

早在 19 世纪末，近代的启蒙思想家便已揭开了传统批判的序幕。谭嗣同提出了"冲决网罗"的主张。谭氏所谓网罗，首先即是正统儒学所维护的名教，而名教的核心则是君主专制："二千年来君臣一伦，尤为黑暗否塞,无复人理,沿及今兹,方愈剧矣。"正是专制的束缚,导致了社会的停滞与僵化。在谭氏看来,专制统治所凭借的内在支柱,不外是三纲五常:"夫彼君主犹是耳目手足,非有两头四目,而智力出于人人也。亦果何所恃以虐四万万之众哉? 则赖乎早有三纲五伦字样,能制人之身者,兼能制人之心。"①三纲五伦所体现的是权威主义的价值原则,它既规范着人的外在行为,又制约着人的内在意识,而专制主义正是以此实现了对人的双重禁锢。这种批评显然触及了正统儒学价值原则的负面意义。

儒家的名教展开于理欲关系,即表现为崇天理抑人欲,它从另一个侧面构成了对人的无形束缚。正是基于这一事实,谭氏对宋明新儒学(理学)的理欲之辩提出了责难:"世俗小儒,以天理为善,以人欲为恶,不知无人欲,尚安得有天理? 吾故悲夫世之妄生分别也。天理,善也,人欲,亦善也。"②以人欲为恶,意味着蔑视个体的感性存在,它同时将导致对自愿原则的否定。广而言之,正统儒学所规定的伦常,都具有这一特点:"中国之五伦……貌合神离,强遏自然之天乐,尽失自主之权利。"③理学家虽然也讲寻孔颜乐处,但在这种境界中,对天理的自觉顺从总是压倒了主体的内在意愿。谭嗣同认为五伦遏自然之天乐,无疑已注意到了正统儒学价值体系的深层特点,而他批评五伦尽失自主之权利,则明显地渗入了近代的观念。

较之谭嗣同,严复对近代西学有更深入的理解,其视野也更为开阔。对严复来说,传统与近代的区分也就是中学与西学的差异,而他对传统的批判,也正是以中学与西学的比较为背景。从价值观看,中

---

① 谭嗣同:《谭嗣同全集》,北京:中华书局,1981 年,第 337 页。
② 同上书,第 301 页。
③ 同上书,第 198 页。

西的不同首先表现在对古今的态度："中之人好古而忽今,西之人力今以胜古。"①这里的好古,主要便是指正统儒学的价值取向,儒学的理想往往不是指向未来,而是停留于过去。所谓三代之世,便是儒家津津乐道的理想社会,这种好古的取向往往容易形成保守的意识,从而滞缓社会的变革。可以看到,这里已开始揭示近代化的进程与尚古的传统之间存在内在的紧张。

好古使人安于现状,力今则要求依靠主体的力量开辟未来。因此,与好古同力今的对立相联系的,是委天数与恃人力的区分:"中国委天数,而西人恃人力。"②在力命关系上,儒家固然并不完全否定主体的作用,但就总体而言,顺命无疑占更主导的地位。在宋明的正统儒学中,这一趋向表现得更为明显;而由此形成的,则是一种宿命论的传统,后者反过来又助长了政治上的专制,并相应地构成了对自由的限制。对此,严复作了如下分析:"彼(西方——引者)行之而常通,吾(中国——引者)行之而常病者,则自由不自由耳。"③质言之,在委天数与恃人力之后所蕴含的,是宿命论与自由原则的对立。这些看法已深入到了儒家价值观的内在特征,它所侧重的同样是传统价值观对近代化过程所带来的消极作用。

与谭、严一样,梁启超认为,社会的进步离不开对传统的批判:"吾请以古今万国求进步者,独一无二不可逃避之公例,正告我国民。其例维何?曰破坏而已。"④在价值观上,梁氏的破坏主义首先指向心奴传统:"辱莫大于心奴,而身奴斯为末矣。"⑤心奴的表现之一,即是

---

① 严复:《论世变之亟》。
② 同上。
③ 同上。
④ 梁启超:《新民说·论进步》。
⑤ 梁启超:《新民说·论自由》。

诵法孔子,"为古人之奴隶"①。这种批评,显然已涉及儒家的权威主义原则。早在魏晋,嵇康已指出名教的独断导致了"思不出位"的现象,而心奴无非是思不出位的进一步发展,它所体现的是权威主义对主体内在意识的禁锢。一旦陷于心奴的境地,便难以自由地开创未来。因此,要真正获得自由创造的权能,便必须除心奴:"若有欲求真自由者乎,其必自除心中之奴隶始。"②这里所展示的思路,基本上与严复等一脉相通。

可以看到,在19世纪末及19世纪与20世纪之交,儒家的价值体系已受到了多方面的抨击。这种抨击当然不限于谭嗣同、严复、梁启超,但从以上诸氏中,我们已多少可以看到对传统进行批判的历史趋向。对传统儒学的批判,首先导源于传统与近代之间的紧张;尽管谭、严、梁诸氏批判的侧面各有不同,但其出发点则都是超越传统,走向近代。当然,作为推进近代化的先驱,他们对近代与传统的关系还缺乏具体而深入的理解,对未来理想的追求往往使他们较多地注意传统的消极面。同时,也由于近代志士还来不及对传统作具体的梳理,因而他们往往将儒家价值体系放在混而未分的传统中加以批判,而并未形成否定儒学的明确观念,换言之,他们并未直接以反儒的姿态出现。③

辛亥以后,尽管整个社会结构并未得到根本的触动,但帝制的终结与共和制的建立,毕竟向政治上的近代化迈出了一步。社会政治结构的如上变革,反过来又进一步强化了人们的近代意识。袁世凯的称帝与张勋的复辟先后遭到举国上下的一致声讨,便表明传统的

---

① 梁启超:《新民说·论自由》。

② 同上。

③ 章太炎在《诸子学略说》、《演说录》等文中曾指名讥评孔子及儒家,不过,他同时又是古文经学的大师。就此而言,他并未完全走出儒家营垒。

政治模式已被普遍否弃,而这一现象背后所蕴含的则是近代观念之深入人心,它似乎已隐隐地预示:近代化正在成为时代的主旋律。从另一方面看,帝制(君主专制)曾是传统价值观念的政治支柱,它以超道德的形式,赋予传统价值以权威的性质。随着帝制的覆灭,以儒家为主导的传统价值体系失去了王权的依托,其至上的地位开始动摇,并逐渐成为所谓"游魂"。如果说,近代意识的普遍强化,使传统的价值观念变得越来越难以接受,并进一步引发了反传统的意向;那么,王权的崩溃以及与之相应的权威基础的失落,则使对传统的激烈反叛成为可能。

五四前后,《新青年》首先发难,举起了反儒教的旗帜,而这一时期对传统儒教的批判,在中国近代史上确实有典型的意义,其影响远远超出了五四时期。为什么新文化运动的风云人物首先将批判的锋芒指向了儒教? 从陈独秀的如下议论中,我们不难知其大概:

> 惟以其(孔教——引者)根本的伦理道德,适与欧化背道而驰,势难并行不悖。吾人倘以新输入之欧化为是,则不得不以旧有之孔教为非。[①]

所谓欧化,即是当时所理解的近代化。在此,儒家的价值体系(孔教)与近代化的过程被视为不相容的两极,如后文将要指出的,这种看法在理论上无疑有其偏颇之处,但它却同时表明:五四时期的儒教批判,乃是以完成近代化的意向为其历史前提。

新文化运动的反儒,承袁氏称帝与张勋复辟两次闹剧而起,这一历史因素使抨击专制等级观念成为反儒教的首要内容。李大钊曾分

---

① 陈独秀:《答佩剑青年》,《新青年》,3 卷 1 号。

析了孔子学说与专制社会的关系："孔子生于专制之社会、专制之时代,自不能不就当时之政治制度而立说,故其说确足以代表专制社会之道德,亦确足为专制君主所利用资以为护符也。"①作为与专制秩序相适应的价值原则,儒教与近代的民主共和制难以相容。这种逻辑推论在陈独秀的如下论述中表述得相当典型："所谓名教,所谓礼教,皆以拥护此别尊卑、明贵贱制度者也。""盖共和立宪制,以独立、平等、自由为原则,与纲常阶级制为绝对不可相容之物,存其一必废其一。"②类似的观点亦见于另一些儒学批判者,如吴虞便认为："共和之政立,儒教尊卑贵贱不平等之义当然劣败而归于淘汰。"③这里体现的确实是一种不同于传统儒家的价值观念:对近代民主的信仰,已取代了对专制等级的确认。面对民主化的政治进程,维护君臣之义的儒家价值原则无可挽回地失去了其历史的价值。

政治上的专制体现在意识形态上,即展开为拒斥多元的独断趋向。儒家重经权之辩,而在总体上,经总是压倒权,随着儒学的正统化,独断的观念逐渐衍化为价值观上的权威主义原则。儒学批判者比较敏锐地注意到了这一点。易白沙指出:孔子的思想"易演成思想专制之弊"④。吴虞对此作了更具体的批评:"自孔氏诛少正卯,著'侮圣言''非圣无法'之厉禁,孟轲继之,辟杨、墨,攻异端,自附于圣人之徒;董仲舒对策,以为诸不在六艺之科,孔氏之术者,皆绝其道,勿使并进;韩愈《原道》'人其人,火其书,庐其居'之说昌,于是儒教专制统一,中国学术扫地。"⑤前文曾提及,谭、梁诸氏对儒家的独断论及

---

① 李大钊:《李大钊文集》上,北京:人民出版社,1984 年,第 264 页。

② 陈独秀:《吾人最后之觉悟》,《新青年》,1 卷 6 号。

③ 吴虞:《吴虞集》,成都:四川人民出版社,1985 年,第 64 页。

④ 易白沙:《孔子评议》上,《青年杂志》,1 卷 6 号。

⑤ 吴虞:《吴虞集》,第 98 页。

权威主义偏向已多所批评,易、吴的议论可以视为这种批评的继续;与政治民主化一样,对思想专制的否定,体现的是一种近代的观念。事实上,吴虞之抨击儒教的专制统一,即是因为它使"言论出版皆失自由"①,而对言论出版自由的向往,则是一种近代的要求。不妨说,正是这种近代的视野,使五四时期对儒家独断论的批评有别于嵇康、李贽等儒学异端。

个体与群体关系的界定,是价值观的一个重要方面。当五四时期的思想家对中西价值观作进一步的比较时,便明显地感受到了二者在上述问题上的差异。陈独秀曾有一个著名的论点,即"西洋民族以个人为本位,东洋民族以家族为本位"。② 而儒家的价值观即体现了东洋民族的价值取向。家族本位的逻辑引申即是整体至上,其后果是多方面的:"一曰损坏个人独立自尊之人格;一曰窒碍个人意思之自由;一曰剥夺个人法律上平等之权利(如尊长卑幼同罪异罚之类);一曰养成依赖性,戕贼个人之生产力。"③这一看法在当时具有相当的普遍性,如李大钊亦认为,"东人以牺牲自己为人生之本务,西人以满足自己为人生之本务。故东方之道德在个性灭却之维持,西方之道德在个性解放之运动"④。将儒教为主导的中国传统价值观概括为家族本位、群体至上,无疑注意到了儒家价值体系的某些特征。尽管"损坏个人独立自尊之人格"、灭却个性等断论不免有笼统之弊,但对限制个性发展的批评,在当时却有其历史的理由:它的内在意蕴在于人的近代化。从吴虞的如下议论中,我们不难看到这一点:"儒教

---

① 吴虞:《吴虞集》,第 98 页。
② 陈独秀:《东西民族根本思想之差异》,《新青年》,1 卷 4 号。
③ 同上。
④ 李大钊:《东西文明根本之异点》,《李大钊文集》上,第 559 页。

不革命,儒学不转轮,吾国遂无新思想,新学说,何以造新国民?"①所谓新国民,也就是近代的人格。新文化运动对儒教抑制独立人格的批评,在某种意义上正是基于造就近代人格(新国民)的历史需要。

严复在比较中西价值观时,曾认为"中国委天数",五四时期的儒教批判者对此作了进一步的考察。陈独秀指出:"儒者不尚力争。"②所谓不尚力争,即逆来顺受,忍让内敛。李大钊在比较东西文明之后,认为东西方文明的根本差异在于东方文明主静,西方文明主动;后者趋向于同自然、同他人奋斗,前者则往往流于消极苟安。以静为本位如果走向极端,"则事事一听之天命,是谓定命主义(Fatalism)"③。这里所说的东方文明虽然不限于儒家价值体系,但显然包括儒家价值观。以动静来区分中西文明,当然还停留在较抽象之层面,不过,认为不尚力争容易导向命定主义,则确实并非毫无根据。事实上,严复的"委天数"之讥,已注意到了这一点。宿命论使人安于现状,不求变革,这与抗命奋进、创造未来的近代意识显然难以相容。尽管明清之际的诸儒对传统的宿命论已有所冲击,但正统儒家的宿命论倾向并未在根本上得到触动。作为传统遗产,这种宿命论在某种意义上确乎容易成为走向近代的精神重负,而五四时期对宿命趋向的批评,亦旨在"将从来之静止的观念、怠惰的态度根本扫荡,期与彼西洋之动的世界观相接近"④,从而完成从传统到近代的过渡。

淡化以致鄙视功利意识,是儒家价值观的特点之一。随着西方

① 吴虞:《吴虞集》,第98页。
② 陈独秀:《东西民族根本思想之差异》,《新青年》,1卷4号。
③ 李大钊:《东西文明根本之异点》,《李大钊文集》上,第558—559页。
④ 同上书,第563页。

近代观念的涌入,儒家义利之辩与近代价值观念之间的反差越来越显露出来。早在19世纪末,谭嗣同已一反贬抑工商、耻言功利的儒家传统,将通商视为"两利之道"①。至五四时期,儒学批判者进一步对儒家非功利的倾向提出责难:"周礼崇尚虚文,汉则罢黜百家而尊儒重道——名教之所昭垂,人心之所祈向,无一不与现实生活背道而驰。……若事之无利于个人或社会现实生活者,皆虚文也,诳人之事也。"②质言之,拒斥功利的儒家名教只是一种抽象的虚文,它在本质上与近代文明格格不入,因为后者乃是建立于实利主义之上:"自约翰弥尔(J. S. Mill)'实利主义'唱道于英,孔特(Comte)之'实验哲学'唱道于法,欧洲社会之制度,人心之思想,为之一变。"③对功利原则的礼赞与抨击儒家名教形成了对照,而在这一贬一颂之后,则是价值观念的内在转换。

概而言之,五四前后,儒家价值体系受到了又一次猛烈的冲击。尽管批判的范围不限于以上论及的诸方面,但仅此已可以看到,其深度与广度较19世纪末的传统批判又进了一步。以走向近代为历史背景,五四新文化运动着重揭示了儒家价值体系与近代化过程的内在紧张,其批判的锋芒主要即指向儒学不适应近代化这一面。作为传统的价值体系,儒家价值观形成于前近代化的过程,它的某些具体原则与近代化的过程难免有所抵牾,后者在一定意义上确实可能成为走向近代的内在阻力。五四时期的儒学批判者注意到这一方面,无疑体现了一种历史的自觉。

从更广的层面看,近代化是一种深刻的社会转型,与工艺、经济、

---

① 谭嗣同:《仁学》卷上。
② 陈独秀:《敬告青年》,《新青年》,1卷1号。
③ 同上。

政治等方面的变革相应，它还需要普遍的观念支持。当整个社会还笼罩在传统观念之中时，近代化的过程往往会受到各个方面的排拒，而很难将各种社会力量凝聚到自身周围；唯有通过观念的转换，才能逐渐化解对近代化的疏离与排拒心态。一般认为，五四时期对儒家价值观的冲击，具有重要的思想启蒙意义。从近代化的进程看，这种启蒙意义的历史作用，首先即体现于化解对近代化的拒斥心态。

不过，五四时期，观念转换的历史迫切性，往往压倒了对传统价值观的具体分析。在全面抨击儒家价值体系的同时，儒学批判者常常忽视了儒家价值观的多重意蕴。如他们固然注意到了正统儒学抑制个性这一面，但却未能同时看到儒学注重人格挺立的传统；对儒家宿命论倾向的指斥，一再掩蔽了儒家为仁由己(肯定道德自主性)的价值原则，等等。在这方面，五四前后的儒学批判确实不免有简单化及形式主义之弊。与以上偏向相联系，五四时期往往更多地注重儒家价值体系的特定历史内涵，而较少分析其价值原则的普遍意义。如陈独秀便认为，孔教的精神与真意即是君臣、父子、夫妇之道。[①] 这种看法有意无意地将儒家价值体系等同于特定的原则，从而多少妨碍了对儒家价值观在现代的正面意义作出恰当评估。

对儒家价值体系的简单化理解，总是逻辑地包含着较强的否定趋向，事实上，在打倒孔家店的要求中，我们已不难看到这一点。这种趋向固然顺应了超越传统的时代主旋律，因而有其历史的合理性，但以打倒儒教的形式来实现传统的超越，毕竟又蕴含着与传统完全脱节的可能，而后者往往容易引发文化认同的危机及意义的危机。近代化的过程固然应当超越传统，但如果超越传统被理解为传统的断裂，则近代化便不免具有异己的性质。面对异己的存在，往往难以

---

① 陈独秀：《孔教研究》，《每周评论》，第20号。

形成文化的认同,而依归的失落又将导致价值目标的缺失,于是,意义的危机便很难避免。确实,在五四时期,我们常常可以看到知识分子精神世界的迷惘、痛苦、紧张。这种心态与否定传统之后出现的认同危机,显然有着历史的联系,它对近代化过程无疑将产生另一重负面影响。

## 二 返本开新:新儒家的选择及其双重意向

文化认同的危机,引发了对传统的重新思考。面对传统批判带来的思想震荡和价值失落,现代新儒家作出了自己的历史回应。作为近现代引人注目的保守主义思潮,新儒家大致形成于五四时期,其后薪火相传,绵延至今,已历经数代。从熊十力、梁漱溟到牟宗三、唐君毅等,新儒家都试图通过对儒家传统的重新认同,以避免或克服文化的断裂,并重新获得价值的依归。熊十力说:"我对于那个根本主张,特别苦心参究,而最终之结果,则仍表同情于儒家人本主义。"[1]这里明确宣告了回归儒学的立场;牟宗三进一步要求肯定儒家道统,其具体内涵即是"护住孔孟所开辟之人生宇宙之本源"[2]。相对于打倒孔家店的批判洪流,新儒家似乎赋予儒学以新的历史转机。

当然,认同儒家传统,并不意味着拒斥近代化(现代化)。作为现代儒者,新儒家并不仅仅拘守儒家门户,对西方输入的近代文化,也并非一概否定。梁漱溟曾说:"我对这两样东西完全承认,所以我的提倡东方化与旧头脑的拒绝西方化不同。所谓两样东西是什么呢? 一个便是科学的方法,一个便是人的个性申展,社

---

[1] 熊十力:《十力语要》卷四。
[2] 牟宗三:《道德的理想主义·序》,台北:学生书局,1985 年。

会性发达。"①熊十力也认为，"至于物理世界，则格物之学，西人所发皇者，正吾人今日所当挹取，又何可忽乎？"②在肯定科学价值的同时，熊氏又主张"实行民主"③。不难看出，对近代的科学与民主观念，新儒家同样抱欢迎的态度。这种心态，确实不同于拒绝近代化的"旧头脑"。它表明，新儒家并不完全是逆历史潮流而动者，将其归之为近代化（现代化）的抗拒者，不免失之简单。

不过，作为儒家道统的维护者，新儒家反对将否定儒家传统视为完成近代化的前提。与儒学批判者强调传统与近代化之间的紧张、对抗不同，新儒家力图论证传统与近代化过程的相容性。④ 按新儒家之见，儒家价值体系虽然形成于前现代化，却包含着适应近代化（现代化）的因素。熊十力指出："科学思想，民治思想，六经皆已启其端绪。"⑤在后来第二代新儒家的共同宣言中，这一点再次得到重申："我们不能承认中国文化思想没有民主思想之种子，其政治发展之内在要求不倾向于民主制度之建立，亦不能承认中国文化是反科学的，自来即轻视科学实用技术。"⑥质言之，儒学及以儒学为主干的中国传统文化并不仅仅是专制主义、权威主义、整体至上等价值原则的等价物，儒家价值体系中同时也蕴含着与近代民主化、科学化进程相一致的观念与趋向。这些看法固然还带有（特别是在早期新儒家那里）"古已有之"的痕迹，但相对于儒学批判者对传统儒学的简单化定性，却多少具有某种纠偏的作用。如前所述，形式主义的理解往往容易

---

① 梁漱溟：《梁漱溟全集》第 1 卷，济南：山东人民出版社，1989 年，第 349 页。
② 熊十力：《十力语要》卷三。
③ 熊十力：《原儒》上卷。
④ 在这方面，梁漱溟也许是个例外。
⑤ 熊十力：《读经示要》，重庆：南方印书馆，1945 年，第 151 页。
⑥ 牟宗三、徐复观、张君劢、唐君毅：《为中国文化敬告世界人士宣言》。

导致对传统的片面否定,从这一前提看,新儒家要求人们注意儒学的另一面,则更有其不可忽视的意义。

作为近现代的思想家,新儒家当然并不满足于指出传统儒学中包含与近代化一致的端绪和种子。依新儒家之见,传统儒学虽然并不与近代的科学和民主相冲突,但就总体而言,它之所长主要在心性之学;它固然可以向近现代的科学与民主发展,但毕竟没有完成这种转换。在新儒家的第二代、第三代中,这一意识更为自觉。牟宗三便认为,在维护儒家道统的同时,必须开出学统和政统,前者(学统)旨在转出知性主体以发展科学,后者(政统)则是建立民主政体所不可或缺。这一过程常常被称为"返本开新"或"开新外王":"儒家的当前使命——开新外王""今天这个时代所要求的新外王,即是科学与民主政治。"①第二代新儒家的共同宣言同样郑重地提出了这一要求:

> 我们说中国文化依其本身之要求,应当伸展出之文化理想,是要使中国人不仅由其心性之学,以自觉其自我之为一"道德实践的主体",同时当求政治上,能自觉为一"政治的主体",在自然界、知识界成为"认识的主体"及"实用技术的活动之主体"。②

可以看到,所谓由内圣(心性之学)开出新外王,蕴含着两个基本的前提:其一,仅有内圣,尚不足以满足近代化的历史需要;其二,儒家的内圣本身包含着自我转换的可能,换言之,它可以开出近代的科学和民主,从而与近代化(现代化)过程接轨。后者可以看作是儒学批判

---

① 牟宗三:《政道与治道·新版序》,台北:学生书局,1985 年。
② 牟宗三、徐复观、张君劢、唐君毅:《为中国文化敬告世界人士宣言》。

者的进一步回应,它从更内在的层面论证了儒学与近代化(现代化)的相容性。

近代化(现代化)作为一个历史过程,并不仅仅意味着进步和发展,它往往会伴随某些负面的结果。第一次世界大战后,工业文明的异化现象已开始显露,从自然与人的关系到人与人的关系,都出现各种形式的紧张与失衡。第二次世界大战后,这种紧张与失衡进一步加剧,作为主体的人,似乎越来越被物化。在接受近代化(现代化)并力图寻找和发展传统儒学与近代化之契合点的同时,新儒家对以上的历史后果予以了极大的关注,并提出了尖锐的批评。梁漱溟认为:"西洋人从来的人生态度到现在已经见出好多弊病。"①这种弊病甚至将导致人类的自我毁灭:"今日科学发达,智虑日周,而人类顾有自己毁灭之虞。"②第二代新儒家的看法大致相近,在分析已完成现代化过程的西方社会时,他们亦开始注意到近代化(现代化)过程中的异化问题:"西方文化今日面前所摆的问题是在人的方面。因人的方面未得到解决,反映转来,致令本是为人所成就的物,结果,反常成为人的桎梏,人的威胁;所以才有欧洲的衰微,才面临过去希腊罗马所同样经过的死亡绝续的大试炼。"③

相对于 19 世纪末以来对近代化(现代化)的乐观信念,新儒家无疑表现了一种不同的眼光。一方面,作为感受到时代脉搏的思想家,新儒家并不自绝于近代化(现代化)的历史潮流;另一方面,对近代化(现代化)负面结果的敏锐意识,又使他们对近代化(现代化)的进程疑虑重重。如何避免并克服近代化(现代化)过程的消

---

① 梁漱溟:《梁漱溟全集》第 1 卷,第 531 页。
② 梁漱溟:《中国文化要义》,成都:路明书店,1949 年,第 143 页。
③ 徐复观:《儒家政治思想与民主自由人权》,台北:学生书局,1988 年,第 87—88 页。

极趋向？正是对这一问题的思考,使新儒家再一次将目光转向了传统儒家。熊十力说:

> 今日人类,渐入自毁之途,此为科学文明一意向外追逐,不知反本求己,不知自适天性,所必有之结果。吾意欲救人类,非昌明东方学术不可。[1]

熊氏所谓东方学术,主要便指东方儒学。在熊氏看来,近代工业文明(科学文明)的弊端已威胁到人类的存在,唯有引入儒学传统,才能使近代化走向正途。梁漱溟更具体地阐述了这一立场:"我们此刻无论为眼前急需的护持生命财产个人权利的安全而定乱入治,或促进未来世界文化之开辟而得合理生活,都非参取第一态度,大家奋往向前不可;但又如果不根本的把他含融到第二态度的人生里面,将不能防止他的危险,将不能避免他的错误,将不能适合于今世第一和第二路的过渡时代。"[2]第一态度即近代西方文化的路向,第二态度则是以儒家为主干的中国文化的路向。欲推进社会及个人的发展,必须走近代化之路;但要抑制其消极面,则又应当融入传统儒学的价值取向。这样,在新儒家那里,儒学即呈现出双重意义:它既包含着可以继续开出适应近代化过程的方面,又具有规范、制约近代化过程的作用。如果说,肯定儒学的适应性旨在避免因拒斥传统而导致近代化与传统的脱节,那么,强调儒学的规范性则是试图消弭近代化过程中的负面结果。

儒家价值体系的规范作用展开于各个方面。对新儒家来说,儒

---

① 熊十力:《十力语要》卷二。
② 梁漱溟:《梁漱溟全集》第 1 卷,第 537—538 页。

学的核心即是内圣之学或心性之学。一旦确认内圣的主导地位,则外在的活动皆有所本,追逐物欲的机械人生将转换为主体的自我实现,内在的罪恶亦可由此泯灭:"内心之明是性海。在步步彰显中,即是'自觉地求实现'之过程,同时亦即是'从根上彻底消化罪恶'之过程。此之谓内圣工夫。"①就人与自然的关系而言,西方人在近代化(现代化)的过程中往往对自然采取对待、利用、要求、征服的态度,由此导致天(自然)与人的截然分离。与之相对,儒家则以天人合德为理想境界;以此作为处理天人关系的原则,则可以重建二者的统一:"此心此性,同时即通于天。于是人能尽心知性则知天,人之存心养性亦即所以事天。"②在人与人的关系上,近代化的西方往往过于功利化,"谁同谁都是要算账,甚至于父子夫妇之间也都如此"③,由此导致了人与人之间、个人与群体之间的对立、紧张、冲突;儒家的价值原则在处理群己关系上则体现了另一种思路。徐复观说:"欧洲文化的难题,是在个体与全体的冲突上面。而儒家在这一点上,却提供出了一条可走之路。"④因为儒家的精神一方面在内在的方面肯定了个体,另一方面又在超越的方面肯定了全体,"此种个体与全体之统一,可以打开西方个体与全体对立而互相翻压之局"⑤。总之,近代化(现代化)的过程总是涉及人与天(自然)、人与人等关系,而在所有这些方面,儒家的价值原则都有其现实的规范意义。

然而,由批评近代化的消极面、强调儒家价值观的规范作用,新儒家又进而要求以儒学为本位。熊十力已明确揭橥了这一立场:"创

---

① 牟宗三:《中国哲学的特质》,台北:学生书局,1987年,第81页。
② 牟宗三、徐复观、张君劢、唐君毅:《为中国文化敬告世界人士宣言》。
③ 梁漱溟:《梁漱溟全集》第1卷,第479页。
④ 徐复观:《儒家政治思想与民主自由人权》,第90页。
⑤ 同上书,第92页。

新必依据其所本有,否则空无不能创。"①熊氏所谓"本有",便是指儒学传统,亦即返己之学(内圣之学)。近代的科学固然神力无敌,但科学的文明若离开了传统的内圣之学,则将流弊无穷:"科学在其领域内之成就,直夺天工,吾无间然。然人类如只要科学,而废返己之学,则其流弊将不可言。"②如上看法在第二代新儒家那里得到了进一步的发挥。事实上,当第二代新儒家主张由内圣开出新外王时,已明显地蕴含了这一思路:以科学民主为内容的新外王,乃是由内圣之本所引出。正是在此意义上,牟宗三说:"若是真想要求事功,要求外王,唯有根据内圣之学往前进,才有可能。"③而以内圣为根据,也就是以儒学为本位:"儒家是中国文化的主流,中国文化是以儒家作主的一个生命方向与形态,假如这个文化动源的主位性保持不住,则其他那些民主、科学等都是假的"④。

以儒家的内圣之学为本位,意味着道统的维护开始淡化近代化(现代化)的主题:相对于儒家命脉的延续,近代化(现代化)的过程似乎多少居于从属的地位。事实上,新儒家对此并不讳言:

中国文化本身之需要,只是要充量发展其仁教。因此一切科学之价值都只是为了我们要发展此仁教。⑤

人类还有其他方面的文化与学问,比科学民主对人类更为切身的,那就是正视生命的学问,即是上面说过的心性之学。⑥

---

① 熊十力:《文化与哲学》,《中国本位文化讨论集》,台北:帕米尔书店,1980年,第165页。

② 熊十力:《明心篇》,台北:学生书局,1979年,第200页。

③ 牟宗三:《政道与治道·新版序》。

④ 同上。

⑤ 唐君毅:《中国人文精神之发展》,台北:学生书局,1984年,第156页。

⑥ 牟宗三:《中国哲学的特质》,第89页。

其所不同于西方者,将只是勉励大家以仁心来提撕科学,使无善无恶的科学,只在完成人的道德上发生作用。[1]

这里体现的,确是地道的儒家立场。较之心性本位,科学与民主等所谓"新外王"似乎只具有工具的意义,其作用仅仅在于完成内圣。尽管新儒家一再承认传统儒学在外王方面建树不够,并以开出新外王为儒家的当前使命;但在内圣决定外王这一根本的立足点上,并未能超出传统儒家的视野。正是囿于儒家道统,使新儒学始终未能解决如何开出新外王的问题。牟宗三曾提出良知坎陷说,以为通过良知的自我坎陷,便可以转出指向对象的知性主体,从而为逻辑、数学、科学的发展提供内在根据[2]。这仍是以内在的心性本体为实证科学的本源:内圣之中万理具足,只要经过自我转换,便可提供现代文明所需要的一切,换言之,新外王不假外求,只须内寻。因此,与其说这是从内圣引出外王,不如说它是从外王回归内圣。这种内圣压倒外王的思路,无疑将抑制现代化。

至此,我们可以看到一个耐人寻味的现象。就某些方面而言,新儒家确乎已开始注意到现代化过程带来的负面结果,并把克服现代文明弊端作为一个必须正视的问题加以突出,它在某种意义上体现了后现代的意识。事实上,在梁漱溟的世界文化发展三期说中,已明显地蕴含了这一趋向。按梁氏之见,西方文化代表了世界文化发展的第一期,以儒家为主干的中国文化则是世界文化发展的第二期。[3]如果把第一期视为现代文化,那么,第二期则是后现代文化;与之相

---

① 徐复观:《儒家政治思想与自由民主人权》,第83页。
② 参见牟宗三:《现象与物自身》,台北:学生书局,1984年。
③ 参见梁漱溟:《东西文化及其哲学》,《梁漱溟全集》第1卷。

应,以属于第二期文化的儒家价值原则去规范第一期文化的发展,便表现为后现代意识对现代化的制约。另一方面,新儒家又一再强调内圣决定外王,并将现代的科学、民主视为完成心性本体的手段,亦即以内圣为道,以外王为技。这种主张本质上似乎仍未超出前现代的视域。正是这种前现代意识的渗入,使新儒家难以真正同现代化过程达到内在的融洽,从早期新儒家的心态中,我们不难窥见此点。他们固然在理智上承认科学的价值,却常常未能与之形成情感上的认同,所谓"机械实在是近古世界的恶魔"①,便是这种情结的流露。与批评近世机械恶魔相应的,是对前近代闲适生活方式的赞美:"中国人以其与自然融洽游乐的态度,有一点就享受一点,而西洋人风驰电掣地向前追求,以致精神沦丧苦闷"②。这里既有对现代化的疑惧,又有对前现代化的怀念。

这样,在新儒家那里,后现代意识与前现代观念彼此纠缠,形成了颇为复杂的价值取向。在对科学主义的批评中,这二重意识的交织得到了进一步的展现。根据新儒家的看法,科学主义"只认物而不认其他。而理智所表现的科学方法,也就只用来处理这个物,把握这个物。而到处用,即到处是物,用之于人,人亦是物;用之于孔子,孔子也是物;用之于历史文化,历史文化也是物。他们以为天下无有不可以科学方法处理的,凡不可以科学方法处理的,他们以为都是不科学的,都不是学问的对象,都在轻视中……总之则归之于现实主义,功利主义,自然主义,而成为精神之否定"③。科学主义作为近代的思潮,既表现了对科学的推崇,又有片面强化工具理性的一面,而现代

---

① 梁漱溟:《东西文化及其哲学》,《梁漱溟全集》第1卷,第489页。山东人民出版社1985年版脱一"古"字,现据商务印书馆1922年版补。

② 梁漱溟:《梁漱溟全集》第1卷,第478页。

③ 牟宗三:《道德的理想主义》,第243页。

化的负面结果与工具理性的过度膨胀确实有其难分难解的联系。与科学主义的两面性相应,新儒家对其批评同样既意味着抑制工具理性的僭越,又多少弱化了科学的价值。可以看出,前者内在地体现了后现代化的要求,后者则仍带有前现代的思想痕迹。

总之,后现代化的超前意识与前现代的滞后观念集于一身,构成了新儒家的基本特点。无论是对儒家传统的理解,抑或是对现代化过程负面结果的批评,无不渗入了以上二重意识。在后现代意识与前现代观念的交错中,历史的界限似乎已被跨越。此种现象的形成,植根于近代中国历史复杂的变革过程。一般而论,新儒家的崛起,有两个基本前提。首先是传统与近代的紧张所引起的文化认同危机。如前所说,走向近代的过程总是伴随着对传统的不同程度的冲击,而当近代化的过程与反传统融合为一时,这种冲击便将十分自然地导致近代与传统之间的紧张。同时,在中国近代,古(传统)今(现代)之争往往与中西之争交织在一起。西方文化的东渐,在另一重意义上构成了对中国传统文化的挑战,并相应地加深了文化认同的危机。新儒家兴起的另一重前提,则是近代化(现代化)过程自身矛盾的发展与外化。中国的近代化进程展开于一个相当特殊的历史条件之下。当中国的近代化开始起步时,西方的近代化过程大致已经完成或正在完成,作为一个历史过程,近代化本身往往有其负面效应。进入20世纪以后,近代化所带来的消极面已经越来越显露出来,后者使重建合理化的问题变得日益突出。如果说,古今中西的冲突所引起的文化认同危机,使新儒家在情感和理智上开始逐渐向作为中国文化主干的儒学回归,而对传统的认同,又使他们难以完全摆脱前现代意识的浸染;那么,对近代化(现代化)过程内在矛盾的初步认识,则使新儒家对近代化(现代化)过程负面结果的批评,同时体现了重建现代化过程之合理性的历史意向,而后者可以看作是一种独特的后现代观念。①

新儒家的二重文化心态在现代化过程中有其引人省思的意义。如前文所指出的,现代化过程在某种意义上是一把双刃剑。它为人类的进步与发展提供了前所未有的前景,但也带来了天人关系的失衡、人与人之间的紧张等诸多问题。西方在现代化的过程中,往往对其负面效应未能予以足够的重视,结果常常将现代化的问题移到了后现代化阶段,换言之,它们最后不得不在后现代化阶段去解决现代化过程留下的问题。作为后发展国家,中国似乎没有必要去完全重复西方所走过的路。如果在现代化的过程中适当确立后现代的意识,或者说,以后现代的意识对现代化过程作出某种范导,那么,我们确乎可以更自觉地注意现代化过程中可能出现的消极面,并将其限制在尽可能小的限度内。在这方面,新儒家无疑提供了有价值的思路。

然而,无可讳言,后现代意识与前现代意识的纠缠,同时又蕴含着另一趋向,即冲淡以至模糊现代化的主题。现代化乃是建立在科技的高度发展及大工业之上,质言之,它首先表现为一个技术的合理化过程,而过分关注前现代层面上的心性之学,往往会抑制工具理性的充分展开;对科学主义的批评,便多少表现出这一倾向。此种倾向如果进一步发展,甚至很容易导向反现代化。新儒家固然一再表示接受现代化,并努力将自己与拒绝现代化的"旧头脑"划清界限,但当他们视机械为恶魔,并要求科技为心性本体服务时,似乎已开始向消

---

① 从外在的方面看,后现代主义较多地与质疑、批评理性相联系;但在实质的层面上,后现代主义所解构的,更多地是工具、技术层面的理性,这种解构在一定意义上为广义的合理性重建提供了某种前提。就此而言,后现代观念并非与理性绝对相斥。近年出现的所谓"建设的后现代主义",似乎也从一个方面表明了这一点。

解现代化迈出了一步。

综合起来看,作为儒学的认同者,新儒家对儒家价值体系的正面意义,特别是它在现代化过程中的适应性与规范性,作了较为具体的分析。相对于传统批判者仅仅揭露儒学的消极面,这种分析无疑有助于全面地把握儒学的多重内涵及其现代意义。同时,较之五四时期的批判思潮着重强调近代化对传统的超越,新儒家似乎较多地注意到了近代化(现代化)过程与传统之间的历史联系,从而多少化解了由二者脱节所导致的文化认同危机。不过,在新儒家那里,认同儒家传统最后又引向了以儒学为本位,其文化观在总体上表现为后现代意识与前现代观念的彼此纠缠交融,后者内在地蕴含着范导现代化(重建合理性)与抑制现代化的双重意向。

# 第十章

## 走向现代

如前所述,儒学在近代既受到了前所未有的冲击,又获得了新的认同。尽管历史的选择不同,但它所围绕的却是同一个主题,即儒学与近代化(现代化)的关系。这种历史现象表明,在中国走向现代化的过程中,儒学是一种无法回避的传统;对它的态度固然可以各异,却不能无视它的存在。

19世纪末(特别是五四时期)以来的批判思潮对儒学作了多方面的清算,并以强化的形式突出了儒家价值体系对近代化过程带来的消极影响,但同时却忽视了儒学的多重意蕴,并或多或少表现出简单否定的趋向。后者导致了近代化过程与传统的某种紧张,它不仅引发了文化认同的危机与意义的危机,而且容易使人们产生对近代化(现代化)的异己感。这种文化心态往往将影响现代化过程的健康展开。

新儒家较多地将注重点集中于儒学的正面意义,并由此肯定了近代化(现代化)过程与传统的联系,从而为缓解近代化与传统的紧张作了独特的努力。但由认同儒学,新儒家又导向了儒学本位论,主张由内圣开出新外王,这一思路往往很难避免内圣压倒外王的传统框架,后者的逻辑结果则是抑制现代化的进程。

总之,儒学(包括儒家价值体系)的近代命运展现为排拒与认同的两极对峙,而在这种对峙的背后,则是对近代化方式的不同选择。如何超越如上的两极对峙? 换言之,如何对儒学传统与现代化的关系作出更为合理的定位? 当现代化再次成为时代的主旋律时,这一问题便显得越发突出了。

## 一 现代化的历史需要与儒家价值观

从前现代到现代,在某种意义上表现为一种深刻的社会变革。作为涉及社会文化各个层面的历史过程,现代化从起步到展开,都需要价值观的支持。所谓观念的转换,首先便是价值观的转换。韦伯曾对新教伦理与资本主义兴起之间的关系作了富有启示意义的考察,新教伦理的核心即是其价值体系,而所谓资本主义则被广义的理解为近代以来的西方文明。这样,当韦伯确认新教伦理与资本主义之间的因果关联时,便同时注意到了价值观对现代化过程的重要影响。

如前文所论,儒家价值体系包含多重意蕴,儒学批判思潮与新儒家分别着重强化了其中的一个侧面。从现代化的历史需要看,儒家价值取向的现实效应往往并不相同,它的某些方面可以通过转换而成为现代化过程的传统资源,另一些方面则似乎应作为历史的重负而加以扬弃。儒家价值体系的这种重新定位当然不可能一劳永逸地完成,根据解释学的观点,对传统的理解和转换本质上将展开为一个历史过程。不过,以今天的文化历史结构为背景,我们至少可以提出若干思考方向。

按照韦伯的理解,现代文明可以看作是一个理性化的过程。这里的理性化首先展开于目的与手段的关系,如果能有效地以某种手段达到特定目的,便可视为合理的行为。在某种意义上,正是对工具合理性的追求,促进了以逻辑推理为特征的数学及实验科学的发展。一般而论,与文化的不同形态相应,现代化过程总是涉及器物、制度、观念等层面,这些方面固然相互关联,但又有其相对独立的内容。就器用层面而言,现代化确实更多地依赖于工具意义上的合理化及与之相关的科学技术。今天,效率原则(目的——工具的合理性)与科技的高度发展,几乎已成为现代化的同义语。①

儒家自先秦开始,便对理性的品格予以极为自觉的关注,并由此形成了理性主义的传统。就外在形式(如理性的态度)而言,儒家的理性主义与现代化的理性化要求无疑有相近之处,但二者的内在意味则颇有不同。儒家所理解的理性,一开始便带有某种伦理化的特征。孔子肯定仁知统一,但在其仁学体系中,知基本上居于从属的地位。这一思路在儒学的演进中不断强化,逐渐成为儒家的思维定势。作为仁道的展开,理性主要不是体现为一种效率的原则,换言之,它所追求的,并不是通过理智的计较,去有效地完成某种功利的目的,而是仁道的自觉贯彻;在知仁合一的形式下,价值的关怀超越了事实

① 艾恺(Guy. S. Alitto)便认为:"现代化乃是一种理智化和效率化的过程。"(〔美〕艾恺:《世界范围内的反现代化思潮》,贵阳:贵州人民出版社,1991年,第3页)

的认知,道德的自觉压倒了功利的谋划而成为理性的主要表现形式。这种价值取向与重义轻利的原则相互关联,导致了对工具理性的相对抑制,与此相联系的则是科学始终只处于技的地位而难以提升为道。宋明时期,理学家强调德性之知对见闻之知的优先性,伦理理性为本、工具理性为末的格局进一步趋于极端化。明清之际的诸儒虽然在转换如上的传统价值趋向上作了努力,但这种转换并未能成为儒家价值体系的正统。在整个前现代时期,工具理性始终未能在正统儒学中获得应有的价值地位。

儒家的如上价值原则对建构现代文明所要求的理性化机制,确乎很难充分提供文化心理上的保证。如何使理性的内涵由狭义的道德自觉向目的—工具关系延伸? 换言之,如何由单向的价值关怀,转换到兼容效率原则? 这是儒学在应付现代化挑战时所无法回避的问题。新儒家要求从儒学固有的内圣中开出现代化的新外王,在某种意义上即表现了对如上挑战的回应,但它试图通过良知的自我坎陷以转出科学的外王,本质上乃是从儒家的内圣之学中引出现代化所要求的科技及逻辑方法,这种推绎显然只能给人提供思辨的满足。更为合理的思路似乎是实现价值取向的转换,亦即扬弃伦理理性的独尊,确认工具理性的价值意义。这里的关键并不是从儒学中开出科学的新外王,而是通过价值关系的重新定位及与此相应的观念调整,以开放的心态去接受现代文明中的工具理性及效率原则,并使理性化同时体现于目的—工具关系,从而为现代化过程提供必要的文化心理基础。

作为工具理性之体现的效率原则,总是内在地关联着功利的原则。与实现目的—工具意义上的理性化相应,现代化过程要求给予功利原则以适当定位。就一般的意义而言,功利原则包含两方面的内容: 其一,注重行为的效果;其二,确认合理的利益(包括个人利益)

追求。① 前者可以视为效率原则的逻辑引申,后者在现代化过程中则具有杠杆的意义。现代经济运行的内在动力,首先便来自利益的追求,同样,经营机制的完善、经济秩序的健全,也与后者相联系。现代大企业成功的基本条件之一,便是以最小的消耗,获取最大的成效。它既蕴含着效率原则,也体现了广义的功利原则。总之,现代化离不开社会经济的高效运作,而后者又受到功利原则的制约。

注重义利关系的辨析,是儒家的特点之一。尽管在理论上,儒家并不完全排斥利,但它所确认的利主要是普遍的整体之利,相对而言,个体之利始终未能得到应有的重视,它甚至常常被淹没、消融于整体利益之中。这种利益事实上被抽去了具体的内容,而带有某种抽象的性质。同时,即使对抽象之利的确认,也常常采取了内在的形式,即它往往是通过义而折射出来。这种趋向不仅难以形成现实的功利意识,而且容易抑制对利的合理追求。正是由突出抽象的整体之利,儒家一再强调普遍之义对利的制约,并表现出某种道义论(义务论)的倾向。在所谓"正其谊不谋其利,明其道不计其功"的经典表述中,道义对功利的抑制得到了集中的体现。

根据道义论的原则,一切以获取利益为直接目的的行为,便往往被视为不义;而离开了利益的杠杆,现代的经济秩序显然难以建立。不难看出,在儒家道义论的价值取向与现代工业文明之间,存在着内在的紧张。化解这种紧张的可能出路,便是在义利关系上转换视域,亦即改变无条件地将利益追求视为非道德的观念;在维护道义的同时,确认正当的利益要求,并将这种确认由义的内在中介,外化为行

① 这里所说的功利原则,与伦理学上的功利主义在内涵上并不完全重合。伦理学的功利主义常常将功利还原为感性的快乐,此处之功利原则的含义则更为宽泛。

为的范导原则,从而由不谋利转向谋合理之利,由不计功转向计合理之功。功利原则的外化与确立,显然有助于现代企业精神(讲究核算、注重利益等)的形成。现代化经济建立的基本条件之一,便是注重生产、流通诸领域的效益,从非功利化到功利化的转换,无疑将为这一目标的实现提供价值观念上的支持。

广义的功利原则体现于天人关系,便具体化为更有效地驾驭、控制自然。在人与自然的关系上,现代文明的基本进路是对自然的征服和支配。这种征服意识打破了人与自然之间的原始平衡,并使天(自然)与人始终保持了一定的张力,而后者转过来又为进一步作用于自然提供了某种动力。从价值观上看,对自然的征服意识表现了对主体力量的高度确信,天与人之间的紧张意识则内含着永无止境的进取精神。主体可以变革环境、改造自然,是现代人的基本信念。它使人摆脱了对自在之物的依附意识,并促使人努力去掌握自身的命运。而天与人之间的紧张,则推动着人不断地在更高层面去占有、支配自然。在现代文明对自然的步步扩张中,几乎处处可以看到如上的价值取向。如后文将要指出的,这种取向包含着自身的问题,但它对现代文明的形成确实也产生了无可否认的作用。

天人之际作为基本的价值关系,很早就受到了儒家的关注。在天人关系上,儒家当然并不完全无视主体(人)的力量,事实上,儒家一再强调通过人自身的努力,以实现自然的人化。不过,尽管儒家一些思想家(如荀子等)也注意到了人可以作用于作为客体的自然,但就总体而言,儒家所理解的自然之人化,主要指化人的天性(自然本性)为德性(人化品格)。征服自然(化自在之物为为我之物)的意向,往往未能获得应有的价值定位。在人与自然对象的关系上,儒家的基本价值取向是保持天人之间的平衡与和谐,这一点突出地表现在宋明新儒学(理学)的万物一体说之中。① 总之,对儒家来说,天与人的对立和紧张往往意味着反常,唯有合一无间,才是合理的关系。

儒家将自然的人化主要囿于从天性到德性的转换,无疑容易抑制对自然对象的作用意识。这种趋向与万物一体、民胞物与的观念相融合,便很难激发改造、变革自然的要求。肯定天人之间的原始和谐,实质上也就意味着满足于天与人既定的平衡,它与不断变革、进取的现代化要求显然不易相容。当然,这并不意味着拒斥儒家注重自然人化的传统,问题在于应由自我的人化扩及对象的人化,亦即将主体从自在到自为的过程,与化自在之物为为我之物的过程结合起来,从而使征服自然的历史实践获得应有的价值确认。这种确认的内在前提,则是超越天(自然)与人之间的原始和谐,保持二者间的适当张力和动态平衡。

现代化当然并不仅仅涉及天与人的关系,在更深的层面上,它总是指向人自身的现代化。当我们把视域转向后者时,便不难注意到,个体原则的突出构成了现代社会的显著特点。这里的个体原则当然不仅仅指狭义的个人主义,它具有多方面的内涵。强调个人的创造性,是其基本的要求。正如在天人关系上确信作为类的主体之力量一样,现代人对自我的能力充满自信,拒斥了对传统的因循和依赖,勇于开拓与创新。这种信念与意向,无疑构成了现代文明进步的重要精神资源。与个人创造性相联系的,是竞争意识。竞争的具体目标固然带有功利性,但它同时又激发个体最大限度地发挥自我的创造性。在某种意义上,正是主体的竞争意识,构成了现代社会内在的

① 理学所扬弃的人类中心观念,更多地表现为一种单向的伦理投射,而非自然对象的人化。

激活机制。个人的创造性与个体间竞争,当然离不开个体的权利,事实上,个体原则总是包含着对个体权利的确认;而对个体正当权利的关心与维护,则是推动个体参与社会竞争并使自身能力不断外化的更深层的根源。从更广的意义上看,个体原则又意味着肯定个性的多样化,这不仅仅是指个体创造的多重形式,而且包括人格的多方面发展。随着社会的世俗化,现代人要求从单一的圣贤境界,向不同个性的人格演化。

从某些方面看,儒家并不否定个体的原则。孔孟提倡为己之学,《中庸》要求成己成物,无不体现了对个体原则的确认。从先秦到宋明,强调为仁由己,人格挺立,已成为儒学的价值传统。不过,在儒家那里,个体原则主要表现为注重自我德性的完善,所谓成己为己,基本上被理解为道德上的自我实现。个体的权利意识、个体创造能力的多方面展现,等等,往往处于儒家视野的边缘。与权利意识的淡化相应,儒家更多地突出个体的责任(义务),后者又进一步引向了群体原则(强调个体对群体的责任与义务),而群体原则一旦过分强化,则很难避免整体主义的归宿。事实上,正统儒学的群体原则确实常常与整体主义纠缠在一起。

在群体原则占主导地位的价值体系中,社会的认同容易限制个体的独立,而自我的责任意识则倾向于淹没权利观念。如果说,与群体保持一致(群体认同)的思维定势往往使人较少关注个体的独创性,那么,当个体的权利意识为履行群体义务(责任)所涵盖时,竞争机制便失去了内在的根据。不难看出,儒家对个体原则的狭隘理解以及在总体上突出群体原则的价值取向,与崇尚创造与竞争的现代人格,显然有难以协调的一面。它与建构现代文明的激活机制之间,无疑也有一定的距离。从前现代走向现代的历史过程若要避免价值观上的阻力,便不能不适当化解儒家那种整体至上的观念及相对单一的责任意识,并赋予个体原则以更广的内涵及更合理的地位。也唯有如此,才能为主体创造性的充分发挥及个体的多方面发展提供必要的价值根据。

从另一侧面看,个体原则的充分展开,总是以社会的开放性为必要条件。现代社会本质上应当是开放的社会,这种开放性首先表现为非权威化。它拒绝独断的原则,要求以宽容的态度对待不同观点;从科学研究到社会决策,都允许并鼓励各种意见的交流、讨论,反对以权威自居,定于一尊。这种非权威化的、开放的心态,使现代人超越了封闭意识,乐于接受新事物、新观念,并对社会的进步与发展始终抱欢迎的态度。同时,与权威主义视不平等为天经地义相对,非权威化意味着正义与公平,它否定一切形式的特权,要求在社会生活中机会均等。总之,与非权威化相联系的宽容原则与正义原则,构成了支持现代社会运行的重要价值观念。

儒家自先秦开始,便注重经权关系的辨析。尽管儒家并不否认权变,也并不完全拒绝吸纳不同观点,不过,所谓权变,往往是围绕一般的原则而展开。这些原则固然可以变通,却不可推翻或否定,质言之,经(原则的绝对性)总是压倒了权(灵活变通)。随着儒学的正统化,这种趋向逐渐衍化为独断论的原则,后者从汉以后又取得了权威主义的形式。在权威主义的规范下,定于一尊取代了不同观点之间的自由讨论,宽容的精神受到了历史的限制,独断总是趋向于封闭,后者使人习惯于依归传统,因循既定行为模式。权威主义体现于社会结构,便展开为普遍的尊卑等级秩序,与此相联系的则是不平等的社会交往原则。

作为传统社会的价值原则,儒家的权威主义显然已难以适应现代化的历史需要。自近代开始,随着现代化过程的艰难推进,传统的权威主义已不断受到历史的冲击。五四时期对儒教的批判,在很大程度上便是针对儒家权威主义以及与之相联系的专制主义而发,它表明,扬弃权威主义已成为现代化过程所无法回避的问题。确实,从前现代到现代的转换,必然会使权威至上的观念成为历史的陈迹,但如果能比较自觉地化解权威原则,使传统的权变观念与现代的宽容原则接轨,由封闭的心态转向开放的心态,以平等、公正的意识取代等级、独尊观念,那么,现代化过程所遇到的文化心理阻力无疑可以得到某种缓解。

## 二 儒家价值体系与合理性的重建

以上主要从现代化的历史需要出发,考察了如何转换儒家价值观以适应和推进现代化过程,其着重点在于扬弃儒家价值体系中可能与现代文明相冲突的原则。在这方面,儒学与现代化的关系更多地呈现出消极的意味。

然而,作为具有复杂意蕴的传统价值体系,儒学给现代化所带来的,并非仅仅是消极的资源。倘若我们把视野转向现代化的另一面,那么,便不难看到,儒学与现代化的关系还具有另一重意义。如后文将要讨论的,现代化的过程总是不断面临着重建合理性的问题。正是在这方面,儒家价值体系进一步展示了其历史的深沉性。

前文曾一再提到,现代化作为一个历史过程,具有二重性。它既体现了进步与发展的历史趋势,又往往蕴含着负面的文化后果,后者在西方的工业社会已越来越严重地显露出来。现代化首先要求普遍地实现工具意义上的理性化,这种理性化的过程确实也带来了技术与工业的巨大进步。然而,工具理性的过度膨胀,同时亦导致了某种程度的技术统治,法兰克福学派早就提出了这一点:"工艺的基本原理就是统治的基本原理。"①工具理性所关注的是非人格化的逻辑关系,它以可计算的效率为主要追求目标,拒绝一切价值考虑的介入。随着工具理性的强化与扩张,人本身也逐渐失去了主体性而被对象化:它似乎仅仅成为机器(广义的机器,包括工业机器、政治机器等等)的附属物,除了服从技术规程之外,别无选择。作为现代分工体系中的一个角色,人的独特需要和情感受到了无情的漠视。在某种意义上,现代社会仿佛成了技术社会,从机器大生产到政治机构的运转,处处可以看到技术的专制。早期的近代启蒙思想家曾庄严地宣告人是目的,他们乐观地确信,随着工业化的完成,这一理想化的原则将越来越成为现实。然而,历史却无情地使人面对如下事实:工业化往往趋向于非人性化。

技术专制及其非人性化倾向导致了日益严重的价值危机。在工业化的西方,存在意义的失落已成为普遍的社会问题。存在主义对人的存在之关注,法兰克福学派及海德格尔等对技术异化的批判,等等,从不同方面反映了这一现象。19世纪与20世纪之交,尼采曾向世人宣告:上帝死了。这一判定是意味深长的,它表明,人可以靠自己站立起来。质言之,上帝之死的背后,应当是人的自我挺立。然而,正如工业化没有真正实现人是目的的信念一样,技术对人的操纵,也没有使人真正成为自主的存在。历史似乎又一次捉弄了人:继上帝死了之后,是人本身的虚无化。诚如一位当代哲学家所说:"19世纪的问题是上帝死了,20世纪的问题是人死了。"②与注重工具理

---

① Horkheimer and Adorno: *Dialectic of Enlightenment*, New York: Herder and Herder, 1972, p.121.参见〔德〕霍克海默,〔德〕阿道尔诺:《启蒙辩证法》,渠敬东、曹卫东译,上海:人民出版社,2006年,第108页。

② 〔美〕弗洛姆:《健全的社会》,欧阳谦译,北京:中国文联出版公司,1988年,第370页。

性相联系,现代文明往往以功利原则为社会运行的杠杆。按丹尼尔·贝尔之见,在工业化之初,往往有两股力量相互作用,即韦伯所发现的宗教推动力与经济冲动力,后者主要即表现为功利的冲动。随着工业化的发展,经济冲动力逐渐成为唯一的动力①。于是,功利的冲动越来越失去了超验的抑制力量②。无可否认,功利原则确实为社会经济的发展注入了某种活力,但功利原则的片面突出,同时也带来了另一重后果,即所谓市场取向的形成。在过度的利益欲求驱使下,人往往按市场的需要来塑造自己,"他的目标是在市场上成功地出卖自己"③。于是,人在实质上被商品化了。这种普遍的商品化与拜金主义相融合,不仅导致了主体价值的进一步失落,而且削弱了社会的凝聚力:社会似乎被分裂为仅仅关心自身利益的不同商品原子。

现代社会的另一特点是个体原则空前的突出。个体原则的注重诚然为主体创造性的发挥、个性的多样化,以及竞争机制的引入等提供了价值观的基础,但由此而过分地划定个人权利界限,并以无情的竞争为实现个体权利的方式,却很容易导向个人主义乃至利己主义。早在 19 世纪中期,托克维尔便通过考察正在走向工业化的美国社会,得出了如下结论:近代的工业化总是将归属于个人主义④。个人主

① 参见〔美〕贝尔:《资本主义的文化矛盾》,赵一凡等译,北京:生活·读书·新知三联书店,1989 年。

② 罗尔斯曾对功利原则提出了批评,并将正义视为基本的原则。从形式上看,正义似乎构成了对功利的一种限制,但罗氏立论的根据,主要是功利原则将导致分配的不公正,而它用以取代功利原则的正义原则,首先也是分配意义上的公正,其中仍内在地渗入了功利的导向(所不同的是,它更侧重权利的公正性和平等性),由此亦可见功利意识之根深蒂固。(参阅〔美〕罗尔斯:《正义论》,何怀宏译,北京:中国社会科学出版社,1988 年。)

③ 〔美〕弗洛姆:《健全的社会》,欧阳谦译,北京:中国文联出版公司,1988年,第 143 页。

④ 参见〔法〕托克维尔:《论美国的民主》,董果良译,北京:商务印书馆,1988 年。

义与普遍的商品化交互作用,使人与人之间往往只有契约、业务及竞争关系,而缺乏超功利的、情感的联系纽带,其结果即是个体间关系的疏离、淡漠,乃至紧张、冲突。当存在主义宣称"他人即地狱"时,便十分典型地折射了西方现代人与人关系的特点。80年代的一项调查表明:当代欧洲"十分之六的人认为,就他们所经历的十多年的经验而言,人们很少愿意彼此帮助。这是人们不相信他人的原因。一半以上的欧洲人表示,当他们同他人打交道时,从来都相当谨慎"①。这种心态,正是植根于冷漠、紧张的现实人伦。人与人交往的这种异化现象,已越来越为现代思想家所关注,如哈贝马斯便力图由此入手,去分析当代工业社会的诸种文化矛盾。

与利益关系上的个体化趋向相反而相成的,是社会对自我的控制和支配。现代文化越来越具有大众化的特点。通过发达的传播媒介、快速的信息传递手段(包括互联网),大众文化的影响已渗透到社会的每一个角落。追求共同趣味,是大众文化的目标之一。在不断的重复之下,具有流行色调的趣味标准便逐渐为社会大众所接受,而个体独立的判断能力则趋于衰退。大众文化的反复强化,同时也使人变得越来越习惯于服从。广播、电视、电影、通俗小说、广告等,千万次地向人们灌输各种有关政治、职业、消费、娱乐等观念,使人来不及思考便接受了这种外在的"引导"。与此相联系,人们往往趋向于认同、肯定既成的社会秩序,其批判否定的能力则愈益弱化,从而成为马尔库塞所说的"单面人"。大众文化对人的观念与行为的操纵,既是在不知不觉中以潜移默化的形式实现的,又带有某种强制的性质。它充塞于整个社会,甚至侵入人的私人空间,使人难于拒斥,又

① 〔法〕让·斯托策尔:《当代欧洲人的价值观念》,陆象淦等译,北京:社会科学文献出版社,1988年,第125页。

无法回避。在这里,我们似乎看到了一种历史的二律背反:一方面,现代化的过程要求最大限度发挥个体创造性,并且也确实为个体创造能力的展现提供了可能;另一方面,现代工业社会在通过企业管理制度、国家机构,以及法律体系等以实现对个人的外在控制的同时,又借助大众文化而操纵个人内在的精神世界,从而使人的主体性有形无形地受到窒息。① 如果说,商品化意味着人的对象化(物化),那么,大众文化对人的支配,则抑制了人的主体自觉(包括道德自觉),并趋于变相的精神依存。

现代文明的负面效应同样体现于人与自然的关系。在天人关系上,现代化的基本取向是征服与利用,它要求打破人与自然的原始平衡,不断实现对自然的支配。这种原则拒斥了对自然的宿命态度,为改造自然、化自在之物为为我之物的历史过程奠定了价值观的基础。然而,它同时也引发了对自然的片面占有,后者已渐渐导致了灾难性的后果。当天(自然)人之间的紧张被不适当强化时,无休止的掠夺自然便成为逻辑的结果,随之而来的则是波及全球的生态危机。它具体包括资源的日益枯竭以及人类生存环境的恶化,后者既表现为环境的污染,如大气、水资源、食物的污染等等,又表现为生态失衡。由于对自然的过度掠夺,生态系统的结构与功能不断遭到扰乱,由此进而导致了整个生态系统的失调。土地沙漠化,森林资源的减少,臭

---

① 丹尼尔·贝尔曾分析了工业社会中企业家与艺术家之间的矛盾:企业家本能地维护经济和社会的稳定,追求制度化、组织化;艺术家则崇尚灵感,追求个性化,而这种矛盾又与工业社会中经济、政治、文化三大领域之间的冲突相应(参见〔美〕丹尼尔·贝尔:《资本主义的文化矛盾》,赵一凡等译,北京:生活·读书·新知三联书店,1989 年)。这种现象从另一个侧面折射了此处所说的历史悖论。不过,应进一步指出的是:即使文化领域中艺术家对个性化的追求,也越来越受到商品化的冲击。如流行音乐中几乎千篇一律的节奏,大众影视中的主题雷同,等等,都反映了个性的模糊。

氧层的破坏,某些物种的灭绝等等,已使生态环境历经了前所未有的浩劫。这种全球性的问题使人类面临严重困境。德国哲学家雅斯贝尔斯曾忧心忡忡地指出:"一种不停顿的杀戮生机勃勃事物的行为最终将导致全面性的破坏。"①这并非危言耸听。事实上,天人之间的失衡,在今天确实已使人类的存在受到了威胁。

以上的描述当然并未穷尽现代化过程的全部负面现象,但仅仅这幅简略的图景即已表明,现代化并非仅仅意味着进步与发展。如果我们透过前文胪叙的现象,进一步考察其形成的根源,便可以注意到,现代化的负面结果总是受到价值观念的内在制约,换言之,它在某种意义上表现为深层价值取向的外化。如前所述,技术统治或技术专制是现代西方工业社会普遍面临的问题,而在这一现象的背后则是工具理性优先的价值趋向。正是工具理性的片面膨胀,使现代工业社会过度地关注目的与手段之间的非人格关系,而常常忘却了人自身的价值要求,由此便很自然地导致了所谓形式的合理性(目的——工具意义上的理性化)与实质的不合理性(人为技术所控制等)之间的历史悖论。在人与人的关系上,个人权利的追求,无情的竞争等等,使现代工业社会呈现某种紧张的外观。产生这种紧张的根源当然是多方面的,从价值观上看,它与自我中心的价值取向显然不无关系。现代工业社会在注重个体原则的同时,往往未能对个体原则与群体原则作出更为合理的定位,而对群体原则的相对忽视,则很容易导向自我中心,后者体现于人际关系,便往往会使这种关系呈现紧张的特点。

主体性的失落,是现代工业社会又一个引人注目的问题。随着

---

① 转引自〔德〕汉斯·萨克塞:《生态哲学》,文韬、佩云译,北京:东方出版社,1991年,第121页。

人的商品化,本来意义上的主体已渐趋消失,而大众文化则通过对自主性的消融,进一步强化了非主体化的趋势。这种现象的形成同样有其价值观上的缘由,它首先表现为功利原则的片面导向。功利原则在某种意义上是工业文明的价值杠杆,但它的过分突出,则易引向拜金主义或商品拜物教,而以后者为范导原则,将逻辑地导致以物化人格取代主体人格。主体性的失落同时又以大众文化的泛滥为背景,而大众文化则体现了平民化(大众化)的价值取向。一般而言,过度沉沦于日常世界,习惯于接受大众标准,往往会弱化自主选择的能力。就此而言,主体性的失落,既植根于功利原则的极端化,又与片面的平民化(大众化)的价值追求相关。

在天人关系上,现代工业社会的突出问题是生态环境的破坏、日益严重的污染等等。从形式上看,上述现象的产生,直接导源于对自然无限制的攫取、掠夺、占有。然而,稍加分析便可看到,这种掠夺、征服行为本身又受制于更深沉的价值观念,即狭隘的人类中心观念①。当人类的一时或局部利益成为唯一出发点时,自然对象本身的关联便开始处于视野之外。事实上,自然是一个有机的整体,人类固然已超越了自然,但其存在并不能离开自然,就后一意义而言,人与自然仍然具有某种相互依存的关系。如果以狭隘的人类中心论为处

---

① 这里似乎可以将狭义的人类中心论与广义的人类中心论作一区分。宽泛而言,人类当然无法完全避免"以人观之"。所谓生态危机、环境问题等在实质上都具有价值的意味:生态、环境的好否,首先相对于人的存在而言,无论维护抑或重建天人之间的和谐关系,其价值意义最终都在于为人自身提供一个更完美的生存背景。就此而言,广义的人类中心似乎难以完全超越。然而,在狭义的形态下,人类中心论所关注的往往仅仅是当下或局部之利,而无视人类的整体(包括全球及未来世代的所有人类)生存境域,由此所导致的,常常是对人的危害和否定。这一意义的人类中心论,最终总是在逻辑上走向自己的反面,它也可视为狭隘的人类中心论。

理天人关系的原则,单方面地为了人类的一时或局部利益去征服自然,那便很容易导致天人关系及自然本身关联的失衡。今日全球性的生态、环境问题,已深刻暴露了狭隘的人类中心原则的历史局限。

总之,在现代化过程的负面现象背后,确实可以看到某种价值观的片面范导。这一事实表明,要避免或限制现代化带来的消极效应,价值观的调整是一个不可不正视的问题。而在为现代化过程提供合理的价值范导方面,儒家价值体系无疑蕴含着多方面的资源,也正是在这方面,进一步展示了儒学与现代化的另一重关系。换言之,在转换儒家价值体系以适应现代化要求的同时,不能忽视其可能的规范作用。前文曾提及,现代新儒家已注意到了这一问题,在此点上,新儒家确乎并非毫无所见。不过,新儒家将儒学的规范意义理解为以儒学为本位,并常常站在前现代化的立场上批评现代化,这就把自己归入了文化保守主义之列。在确认儒学对现代化的规范意义时,无疑应当超越新儒家的如上立场。

在西方,一些工业化过程完成较早的国家,已开始从现代化走向后现代化,而现代化过程中所出现的负面结果,也相应地带到了后现代化社会或后工业社会。这样,对这些国家来说,后现代阶段不可避免地将受到现代化问题的困扰,换言之,它们不得不在后现代社会去解决现代化过程所留下的问题。西方工业国家从前现代化到现代化、从现代化到后现代化的历史演进,在某种意义上为后发展国家提供了历史的借鉴。对后发展国家来说,如何在完成现代化过程的同时,又尽可能避免或限制由不适当的价值导向所引起的负面效应,这是一个无法回避的问题,而在解决如上历史难题方面,儒家的价值体系无疑提供了某种理论参照。当然,具体而系统地阐释儒家价值观对现代化过程的规范意义,是一项相当复杂的工作,需要作多方面的研究,但这并不妨碍提出一些可能的思路。

工具理性与价值理性的关系,是现代化过程面临的基本问题之一。如前所述,目的——工具意义上的理性化,是从前现代走向现代的必要条件。为了顺利实现如上转化,确乎应当扬弃儒家以仁消融知、以德性之知贬抑见闻之知的传统,肯定工具理性的价值意义。但另一方面,工具理性的片面强化,在西方工业社会已导致了技术统治或技术专制的异化现象。西方所走过的这条历史弯路,当然没有必要加以重复。这样,在扬弃儒学转视工具理性之偏向的同时,对其注重仁道及德性之知的规范作用之趋向,似乎应予以充分注意。儒家普遍的价值关怀固然有其自身的局限,但它对人的存在意义的注重、对人是目的之确认等等,却有助于抑制工具理性的过度膨胀。因此,在确认工具理性之价值意义的前提下,适当引入儒家的人文观念、仁道原则,无疑是避免技术僭越的可取途径之一。同时,与工具理性追求形式的合理性不同,价值理性更多地指向实质的合理性(实现人自身的内在意义)。工具理性的片面强化,往往导致形式的合理性与实质的不合理(存在意义的失落)之间的矛盾,而体现价值理性的儒家仁道原则在化解如上紧张,进而重建形式合理性与实质合理性的统一等方面,似乎亦有其理论潜力。

现代化过程在某种意义上以功利原则为价值杠杆,对利益的追求确实为现代的工业文明提供了内在的推动力。相对于此,儒家轻视乃至鄙视功利的价值取向,多少显得有些不合拍。转换儒家对待功利的如上态度,是现代化进程的历史要求。不过,正如工具理性的过度膨胀趋向于技术专制一样,功利原则的不适当扩张,亦往往引发了拜金主义、人的商品化等异化现象。如何抑制如上趋向?在解决现代化过程所面临的这一问题上,儒家的义利之辩也许可以提供一些有启发意义的观念。就义利关系而言,儒家基本的价值原则是以义制利,根据这种原则,凡是片面追求功利目标,完全不顾道德规范要求的行为,都是不义的。儒家由此强调义的至上性,本身当然有其缺陷,但它至少在单向的功利追求之外,又展示了另一种思路。如果扬弃儒家不谋其利、不计其功的价值趋向,那么,以义制利的文化心理机制,对避免或限制功利原则的价值越位,似有不可低估的意义。事实上,这一点业已受到海外不少有识之士的注意,如日本一些企业家便把孔子"放于利而行,多怨"这一古训视为规范经营行为的重要原则,亦即以儒家的价值原则来抑制单一的功利趋向。① 同时,儒家追求崇高人生境界的价值意向,也有助于引导人体认自身的内在价值,避免一味向外逐利,进而拒斥人的商品化。

现代社会既以商品经济为特征,又是一种法理社会。它不仅将冷冰冰的商品关系普遍化,而且以无情的法律和契约关系斩断了建立在血缘、礼俗等之上的自然纽带。后者可以视为工具理性的引申:正如科技与商业行为上的理性化指向工业化一样,社会组织上的理性化以法理化为其目标,二者在某种意义上基于同样的价值原则,即追求技术性的效率。法理化对建立公正、平等的社会关系,以法治取代人治,摒弃各种形式的特权及长官意志,保证各级社会组织机构的高效运作,等等,都具有极为重要的意义。它在某种意义确实构成了社会现代化的一个方面。然而,法理化作为工具理性的体现,也往往给社会生活投上一层阴影。当冷峻无情的法律与契约几乎成为社会的主要或唯一行为准则时,人们便很少再能体验到世间的温情②;法律面前固然人人平等,但契约普遍地渗入人伦,却也令人望而生畏。

① 参见王家骅:《儒家思想与日本文化》,杭州:浙江人民出版社,1990 年,第 421 页。

② 一位现代作家以其文学家的敏感写道:"今天世界上没有爱的地位,我们已经把它消灭了。"(〔美〕福克纳:《野棕榈》,《外国文学》,1981 年第 3 期,第 31 页)这种感受在现代似乎具有普遍意义。

如果说,市场的生死竞争常常使人感受到经济的紧张,那么,无处不在的法律、契约关系则使人总是面对另一个森严的刚性世界,两者从不同方面使人与人的关系非人性化。与之相对,儒家以仁道为基本原则,而仁道的第一义则是给人以真诚的关怀(包括情感上的关怀);同时,仁尽管超越了自然,但始终没有完全割断与自然的联系。当孔子以孝悌为仁之本时,便同时确认了以血缘为自然纽带的人伦。过分沉溺于自然人伦,固然可能成为步入现代的障碍,但仁爱的精神与人文的关注相融合,同时也使儒家价值体系充满了人情味。它对满足现代人的情感渴求,填补法理世界留下的精神空白,无疑会有所作用。因此,在以法理精神扬弃传统的自然情结的同时,适当融入仁道原则,似乎并不是多余的。

随着现代化的展开,个体原则逐渐被提到了空前突出的地位。尊重个人权利,最大限度发挥个体创造性,以及适度引入竞争机制等等,既是现代工业社会的特征,也是其发展的必要保证。相对而言,儒家价值体系在这方面不免显得有些先天不足,这不仅在于其对个体原则的狭隘理解,而且表现为群体原则在总体上的优先。在走向现代化的过程中,儒家的这一价值取向无疑应当加以转换。然而,如前所述,个体原则推向极端,其流弊已日益显露,人与人之间关系的紧张化,即是其突出表现。如何建立合理的交往关系?换言之,如何使人与人之间由互为对象、互为手段的关系,转换为互为目的的关系?现代西方一些思想家(如哈贝马斯等)已敏锐地注意到了这一问题,并对此作了有益的探讨。① 在这方面,儒家价值体系同样蕴含着值得注意的思想资源。如果在确认个体原则并扩展其内涵的同时,

---

① 参见 J. Habermas：*The Theory of Communicative Actio*，Boston：Beacon Press，1984，1987。

又以开放的心态吸纳儒家注重个体责任和群体认同的价值趋向,以及己所不欲、勿施于人的忠恕原则,那么,这对于化解人与人之间的紧张,重建主体间(intersubjective)的关系,似乎应当发生积极的促进作用。

现代工业社会出现的另一负面结果,是主体的日渐失落。作为异化的一种形式,它往往使人精神上趋于麻木,并使人失去自主选择的意向及批判的能力。如何重新唤起人的主体意识?面对这一历史难题,重新省察儒家价值体系或许同样不无意义。要求个体的自我完善、强调个体的道德自觉、注意确立崇高的道德理想与道德境界,是儒家的价值目标之一。它追求的不是非人格的功利结果,也不是无选择地沉沦于世俗及大众之中,而是自我在世界中的卓然挺立。儒家的这种主体原则既避免了人的物化(包括商品化),也超越了片面的大众意识。它似乎可以为主体性的重新确认,提供某种文化心理方面的激活力。

自然与人的关系如何定位,是贯穿于现代化过程始终的问题。从前现代走向现代,当然不可能停留于天(自然)与人的原始平衡;对自然的改造与支配,也往往使天人之间保持一定的张力,而对自然的改造,则不限于主体天性的人化,它总是指向广义的自然对象。从这一前提出发,儒家主要偏重于主体自身从自在到自为,并以自然与人的非紧张化为最高境界的价值思路,显然已不能完全适应时代的要求。然而,单纯以征服、攫取为对待自然的原则,同样也给人们留下了无穷的后患。生态环境的破坏,不仅使自然固有的生物圈、生物链等面临危机,而且开始威胁人自身的存在。如前所述,这种现象乃是以狭隘的人类中心论为行为原则的逻辑结果。西方一些有识之士开始注意到这一点,并对狭隘的人类中心论提出了质疑。德国哲学家汉斯·萨克塞指出:

把人视为宇宙的中心,这种学说虽然容易让人理解,但这毕竟是一种粗糙的推断。对自然的考察使我们详细地看到人是整体的一个成员。①

类似的观念在儒家那里很早就得到了表述。事实上,儒家(特别是宋明新儒学)那种万物一体的天人观以及对类的历史绵延和天下之人的关注,确乎表现了一种博大的胸怀,其内在精神早已超越了仅仅注重一时、局部之利的狭隘人类中心论。现代文明固然不可避免地将突破天与人之间的原始平衡,但这并不意味着可以由此导向天与人的对峙。合理的思路也许是在打破平衡的同时又在总体上不断重建天与人的统一,亦即在变革自然的同时,始终承认人是宇宙整体中的一员,并把人类的整体存在境域(非一时、一地的生存状态)纳入自身视野,而在这方面,儒家以人与万物为一体、以天下为指向的观念,确实可以成为一种内在的范导原则。

在文化选择上,现代社会崇尚多元化。这一趋向体现了开放的心态,它对形成自由讨论的环境,拒斥独断论等,都有其不可忽视的意义。然而,反权威与多元化如果走向极端,往往容易导入相对主义。事实上,在现代社会中,相对主义已成为一种引人注目的文化倾向。从科学研究方法上的"怎么都行"②到价值观上不同道德理想的冲突,都表现了这一点。伴随相对主义而来的,常常是普遍的意义危机及信仰危机。所谓虚无感、荒诞感等等,无非是意义失落的不同表现。相对于此,儒家经权学说表现的是另一种思路。尽管它由强调

---

① 〔德〕汉斯·萨克塞:《生态哲学》,第 59 页。
② 〔美〕法伊尔阿本德:《反对方法——无政府主义知识论纲要》,周昌忠译,上海:上海译文出版社,1992 年,第 6 页。

原则(经)的绝对性而引向了权威主义,但对这种绝对性的确认本身并非毫无所见。如果扬弃其蕴含的独断论倾向,那么,它对确立坚定的人生信念,克服各种形式的相对主义,似乎可以提供某种价值观的根据。

儒家注重人的理性本质,这一趋向固然随着理欲之辩的展开而多少带有本质主义的色彩,但它在今天却具有了另一重意义。随着对存在意义的关注及反本质主义和非理性主义的兴起,蔑视本质逐渐成为普遍接受的价值原则。所谓"存在先于本质"这一存在主义的命题,便极为典型地表现了这一点。而这一原则的进一步衍化,便是对个体感性生命的突出及感性欲求的鼓励,与之相应的则是对理性的反叛。在弗洛伊德那里,本能的性冲动成为意识的首要内容;在马尔库萨那里,爱欲成为文明的杠杆;而一度泛滥于西方的所谓"性解放"等形式的肉欲放纵,则以实践的方式表现了相近的趋向。面对感性世界的日渐膨胀、喧嚣与理性的沦落,儒家对人的理性本质的确认和强调,或许可以给现代人提供某种清醒剂。确实,如果扬弃其本质主义倾向及对感性存在的相对忽视,那么,儒家的如上价值原则对抑制感性的过度放任、重建存在与本质的统一,当有其范导的意义。

人的现代化是现代文明的基本目标之一。开放的心态、创造的冲动、效率的观念、权利的意识等等,使现代人具有不同于传统的面貌,并能适应工业化的多方面要求。然而,这并不表明现代人格已趋于完善。事实上,技术的专制、普遍的商品化、紧张的人际关系、生存环境的日益恶化等等,已越来越在现代人中投上了各种阴影,使之难以建构健全的人格。人的物化(商品化)、主体性的失落、与他人的对峙等等,从不同方面展示了现代的人格危机,而这种危机更深刻的表现,则是人格的内在冲突。存在主义曾对此作了相当具体的分析。技术异化所带来的压抑感、市场竞争中的不测风云、高效率下的超常节奏、法理关系中的人情淡化等等,使烦、畏、焦虑、冲突等情绪,成为现代人难以排遣的心理体验,并常常导致人格的扭曲。如何使现代人获得健全的人格形态? 这是现代化过程中重建合理性所无法回避的问题:因为正是人本身,构成了现代化的主体。而在这方面,儒家无疑留下了极为丰富的精神资源。如前文一再论及的,追求理想的人格境界,塑造完美的自我,始终是儒家的价值目标。儒家人格理想的某些具体倾向,如内圣的过于强化等,当然已不合乎时代的需要,但它要求超越世俗而培养高尚的德性与情操,形成坦荡、舒展、宽裕的精神世界,并达到人格的内在境界与外在展现的统一等等,这种价值取向无疑可以给现代人提供某种人格理想上的启示。

总之,从天人之际到现实人伦,从二重理性的定位到存在与本质的协调,从外在的世界到内在的人格,儒学潜在的范导功能体现于价值关系的各个方面。就此而言,儒家价值体系显然并非仅仅是历史的陈迹:它可以通过转换而在现代展示其新的生命力。

不难看到,在走向现代的过程中,后发展国家总是面临着双重的历史要求:它既需要完成从前现代向现代的转换,又不能不限制现代化过程可能出现的负面结果,二者体现了不同的作用方向;其间存在着内在的紧张,如上二重要求同时又作为历史前提制约并决定了转换过程的复杂性。从现代化的时代主题出发,首先无疑应扬弃儒家传统中已失去历史合理性的价值观念,以推进现代化过程;相对而言,新儒家在某些方面以前现代的观点批评现代化则未免偏离了现代化的主旋律,这种立场显然不足取。但另一方面,限制现代化负面效应的历史难题又要求我们正视儒家价值体系潜在的规范功能,并努力实现这种传统的精神资源在保证现代化过程健康发展中所可能具有的作用。如果说,前者主要从消极的、否定的方面体现了儒学与现代化的关系;那么,后者则更多地展示了儒家价值体系在现代的积极意义。对儒家价值体系的双重转换,既可视为现代化过程对儒学传统的历史洗礼,又可看作是儒家价值传统向现代化过程的渗入。它从一个侧面体现了传统与现代化的融合,而这种融合的历史意蕴则是重建合理性。

# 后　记

　　数年前,在《王学通论——从王阳明到熊十力》一书的后记中,我曾提到了当时方兴未艾的"文化热"。然而,这种现象今日似乎已成为历史:商品经济的大潮,早已使文化研究由热而冷,并渐趋沉寂。商品经济的如上冲击,无疑令学人感慨和困惑。不过,从另一视角看,文化研究被推到时代的边缘,似乎又有助于它自身的成熟和厚实。事实上,学理的探讨往往是在沉寂中走向深沉。

　　由文化的研究而回溯中国文化的历史演进过程,我们首先面对的,便是居于主导地位的儒学。作为文化长河的主流,儒学曾几经沉浮。自汉武帝独尊儒术以后,它曾长期被视为正统意识形态;在近代,它则经历了冲击与复兴的悲喜剧;进入 80 年代,海外一些学人又提出了所谓儒学第三期发展的预测。凡此种种,既折射了儒学在不同时期的历史命运,又展示了儒学本身的多重内涵。一般而论,文化的内核总是较为集中地体现于相应的价值系统;唯有把握其价值体系,才能由文化的表层进入它的深层。作为观念形态的文化,儒学同样以其独特的价值体系为核心。正是基于如上考虑,我于1989年拟定了"儒学价值体系的历史衍化及其现代转换"的研究课题;同年,该课题被列为国家社会科学基金项目,本书便是这一项目的终端研究结果。

与此前的文化史和思想史研究相近,本书所作的,首先是一种历史的诠释。当然,诠释不同于历史的简单再现,它总是以诠释者的理论视域为背景,并同时展开为一个逻辑重建的过程。事实上,历史的诠释与逻辑的重建往往很难分离,二者从一个侧面展示了历史与逻辑的统一。也正是以此为基本原则,本书对儒家价值体系的考察,并不仅仅限于文化史现象的描述,而是更多地侧重于其历史内涵与逻辑意蕴的双重展示,后者同时又旨在为文化哲学的当代建构提供某种历史的前提。当然,历史的诠释本身又不可避免地会受到历史的限制,并相应地存在自身的问题,本书很难例外;这种限制,唯有在解释过程的历史展开中,才能不断得到超越。

杨国荣

1993 年 10 月

# 再版后记

　　《善的历程》一书完成于 1992 年，同年被列入上海人民出版社的出版计划，但由于当时学术著作出版周期较长，本书直到 1994 年才刊行。出版以后，它曾受到了学界不同形式的关注，然而，由于初版印数不多，需要者后来往往不易找到此书。尽管 2000 年出版社重印了一次，但对此书有兴趣者仍常面临难觅的问题。这样，此书的重版便又一次提上日程。另外，本书第一次印行时，出现了不少脱漏、讹误。2000 年重印之际，我正在哈佛大学从事学术研究，无法对原书作必要的校订，不仅初版时的很多讹误未能改过来，而且由于重新排版，印制过程中又衍生了不少新的问题，一些段落甚至出现了标点符号脱落的现象，这就使重版显得更为必要。

　　本书出版后，以史与思的统一为视域，我曾把关注之点转向中国近代哲学及阳明心学,此后又将道德哲学及形而上学等问题列入研究之域,但儒学并没有因此而淡出我的视野:近代哲学的考察离不开对传统哲学的回溯,后者无疑包括儒学的探析;阳明心学本身可以视为儒学演化的一种形态;道德哲学及形而上学问题的追问,则以历史上的相关沉思为背景,而历史中的哲学显然无法略去儒学。总之,在史与思的互动中,对儒学的思与辨,总是构成了一个内在的方面。更具体地看,《善的历程》完成之后,我对儒学也作过若干专题性的研究。这些工作,在不同的意义上为《善的历程》的重版提供了实质的理论前提。

在逻辑的层面上,本书包含内在的系统及自身的理论脉络;在其既有的形态下,整体性的修订似乎不易展开。同时,就历史的层面而言,作为20世纪末的研究著作,它亦有其特定的意义。有鉴于此,尽管书中的不少问题尚可进一步的讨论,但此次修订,主要着重对初版及重印中的讹误、脱漏等作了核订,原书的基本结构未作改动。当然,书中一些在现在看来已不甚适当的概念、提法,则作了必要的校改。此外,书后增补了若干篇本书初版之后所作的相关研究论文;作为附录,它们从不同的方面体现了我对儒学的进一步理解,可以看作是对原书内容的实质性修订或补充。

十余年前,当本书初版时,我曾特赴冯契先生寓所,呈上样书,请先生指正;当时先生微笑着随手翻阅此书的情景,宛若昨日。然而,时光恒流,先生辞世已有十年。在先生九十诞辰(先生诞生于1915年)与逝世十周年之际,本书的重版,无疑也有特殊的纪念意义。

上海人民出版社的陆宗寅先生为本书的重版付出了种种辛劳,陈赟博士在本书引文的校核方面也做了不少工作,在此,谨致谢忱。

2005年8月20日

# 2021 年版后记

　　本书由上海人民出版社初版于 1994 年,2000 年重印,2006 年由上海人民出版社出版第二版,2009 年作为我的著作集中的一种再次出版。2012 年,本书作为"当代中国人文大系"的一种,由中国人民大学出版社第四次出版。此次刊出,略去了前此的附录,大致恢复了初版的形态。

杨国荣

2021 年 1 月